일하는
해월 최시형의 삶과 사상
한울님

해월 최시형의 삶과 사상
일하는 한울님

등록 1994.7.1 제1-1071
1쇄 발행 2014년 8월 14일
2쇄 발행 2021년 4월 15일

지은이 윤석산
펴낸이 박길수
편집장 소경희
편 집 조영준
관 리 위현정
디자인 이주향
펴낸곳 도서출판 모시는사람들
　　　　03147 서울시 종로구 삼일대로 457(경운동 수운회관) 1207호
전 화 02-735-7173, 02-737-7173 / 팩스 02-730-7173

인 쇄 천일문화사(031-955-8100)
배 본 문화유통북스(031-937-6100)
홈페이지 http://www.mosinsaram.com/

값은 뒤표지에 있습니다.
ISBN 978-89-97472-75-8   03910

이 도서의 국립중앙도서관 출판예정도서목록(CIP)은 서지정보유통지원시스템 홈페이지
(http://seoji.nl.go.kr)와 국가자료공동목록시스템(http://www.nl.go.kr/kolisnet)에서 이용하실
수 있습니다. (CIP제어번호: CIP2014019305)

"이 책은 2007년 정부(교육인적자원부)의 재원으로 한국학술진흥재단의 지원을 받아 수행된 연
구임" (KRF-2007-812-과제번호)."
"This work was supported by the Korea Research Foundation Grant funded by the Korean
Government(Ministry of Education & Human Resources Development)" (KRF-2007-812-과제번호)

일하는 한울님

해월 최시형의 삶과 사상

윤석산 지음

해월은 스승인 수운 선생으로부터 시천주의 가르침을 받아 생명의 본질을 깨닫고, 신(한울님)과 사람을 공경하는 것은 물론 사사물물까지 공경(物物天 事事天)하는 철학을 강조하고 또 모범적으로 실천했다. 일 자체를 한울님의 일로 성화(聖化)하여 일을 하는 세상 모든 사람들은 단지 '일꾼'이 아니라, '일하는 한울님'으로 바라보고 대해야 한다는 것이 해월의 생각이다.

이와 같은 생각을 펼치고 실천하는 해월을 세상 사람들은 '일하는 한울님'으로 부르게 되었다. 그런가 하면 보따리 하나만 짊어지고 이 산에서 저 산으로, 이 마을에서 저 마을로 쫓겨 다니며 살아갔기 때문에 '최보따리'라고 불렀는가 하면, 실제로 머슴으로 일한 적도 있고 한울님의 일을 대행하는 머슴을 자처했으므로 '머슴 교주'라고도 불렀다.

도서출판 모시는사람들

머리말

　흔히 '동학'이라고 하면, 머리띠를 질끈 두르고 죽창을 든 모습을 떠올린다. 이러한 모습을 떠올리는 가장 큰 이유는 바로 동학농민혁명이라는 역사적 사건이 사람들에게 강하게 자리하고 있기 때문이다. 그러나 그것이 동학의 전부는 아니다. 동학농민혁명은 동학이 지향하는 세계관이 시대적·역사적 현실과 만나면서 이룩한 역사의 한 모습일 뿐이다.

　동학은 머리띠를 두르고 투쟁만을 하는 집단이 아니다. 부조화의 삶을 조화의 삶으로, 불균형의 세상을 균형의 세상으로 바꾸고자, '다시 개벽'이라는 새로운 차원의 세상을 열어 가고자 하는 가르침이며, 종교이다.

　필자는 10년 전, 동학 교조인 수운 최제우 선생의 생애와 사상(『동학교조 수운 최제우』, 도서출판 모시는사람들, 2004)을 집필하여 출간하였다. 수운 선생의 가르침의 핵심은 만유(萬有)가 모두 한울님을 모시고 있다는 '시천주(侍天主)'이다. 시천주의 '모심'은 안과 밖으로 한울님 본성과 기운을 깨달아, '나'를 포함한 '우리' 모두 이 우주와 더불어 무궁하다는, '우주적 공동체의 삶'을 우리가 발 딛고 있는 이 지상에서 이루려는 데에 있다.

　수운 선생으로부터 도를 받아 동학의 2세 교주가 된 해월 선생은 수운 선생의 가르침을 이어, 매우 실천적으로 스승의 가르침을 세상에 펼쳐 나간 분이다. 해월 선생의 천지부모(天地父母), 대인접물(待人接物), 삼경(三敬), 이천식천(以天食天) 등의 가르침에는 우리가 살고 있는, 이 현대라는 부조화와 불균형의 시대를 어떻게 조화롭게 살아갈 수 있는가, 이떻게 조화롭게 재편할 수 있는가 하는 문제가 구체적으로 담겨 있다.

이 책은 해월 선생의 종교적 가르침을 바탕으로, 이와 같은 해월 선생의 삶과 생각을 정리한 글이다. 이를 위하여 해월 선생 가르침의 말씀이 담긴 법설을 해득하고자 노력하였고, 또 해월 선생이 살았던 지역을 답사하였다. 잘 알려진 바와 같이 해월 선생은 조선조 조정으로부터 세 번에 걸쳐 집중적으로 지명수배를 받은 인물이다. 그러므로 관의 지목을 피해 태백산맥과 소백산맥이 어우러지는 산간마을 50여 군데를 전전하며 살았다. 이렇듯 몸을 숨기고 살던 곳이기 때문에, 이들 지역은 지금도 오지(奧地) 중의 오지로 남아 있다.

이와 같은 지역을 답사하면서, 역사 속에 묻혀진 이들 장소를 오늘에 다시 찾고자 몇십 년의 세월 동안 노력을 기울인 삼암 표영삼 선생 생각을 하지 않을 수가 없었다. 삼암 선생의 노력이 아니었다면, 이들 해월 선생의 체취와 가르침이 남아 있는 소중한 장소들은 묻혀졌을 것이 분명하다. 이 자리를 빌려 삼암 선생께 머리 숙여 감사의 마음을 보낸다.

올해는 동학농민혁명이 일어난 지 꼭 두 주갑(周甲)이 되는 해이다. '동학농민혁명'이라는 이름은 '동학의 정신으로 무장된 농민들에 의하여 일어난 혁명'이라는 뜻을 지닌다. 따라서 이 이름에서의 '동학'은 '농민'을 직접 수식해 주는 말이 된다. 즉 동학은 억압당하고 있던 당시의 농민들에게 자신들이 이 위기를 극복해 나갈 수 있는 주체임을 일깨워준 가르침이었다.

해월 선생은 바로 민중들에게 자신들이 삶의 주체이며, 역사를 이끌어가는 주역임을 일깨워준 그들의 동학 선생이었다. 비록 가난하고 또 큰 배움도 없는 사람이었으며, 더구나 관의 지목에 쫓기는 사람이었지만, 그의 곁에는 늘 따르는 사람들이 있었다. 원주 송골 마을 해월 선생의 체포지에 무위당 장일순 선생이 주체가 되어 세운 비의 문구와 같이, 해월 선생은 '모든 이웃의 벗'이었다. 그런가 하면, 민중들 속에서 민중들과 함께 일을 하는 '일하는 한울님'이었다.

'동학 선생'으로, '모든 이웃의 벗'으로, 또 '일하는 한울님'으로 살아간 해월. 30여 년간의 짧지 않은 선생의 세월을 따라가며, 오늘 해월 선생의 가르침이, 그 삶이 더욱 절실함을 느끼게 되었다.

어려운 여건 속에서 지속적으로 동학 관련 서적을 출간하는 〈도서출판 모시는사람들〉의 여러분께 동학 천도교를 공부하는 한 사람으로 감사드린다. 더 많은 연구와 관련 서적이 나오기를 기원하며, 이러한 노력으로 오늘 다시 동학이 사람과 사람들 사이에서 환히 피어나기를 간절히 심고한다.

2014년 7월

撫月軒 主人 尹 錫 山 心告

차례

최보따리의 꿈

1.

최보따리 오늘도 한 더위 짊어지고 산을 오르신다. 산 오르시는 베등걸이 땀으로 흠뻑 젖어버린다. 더위야 그저 견디면 되지만, 땀이야 그저 흘리면 그만이지만. 스승님 대구 장대(將臺)에서 아, 아 참수(斬首) 당하시고, 서릿발같은 지목. 뿔뿔이 흩어진 도유(道儒)들 지금은 어느 골짜기로 숨어들었는지, 조금도 짐작할 수 없는 막막의 시간. 최보따리 스승님이 남겨주신 보따리 하나, 오직 그 보따리 하나 등에 지시고 산을 오르신다. 후천 오만년 그 장구한 시간 열어갈, 열어갈 무극(無極)의 보따리.

2.

강원도 충청도 경상도, 태백산맥 소백산맥, 서로들 머리와 머리를 맞대듯 벋어나간 산, 산, 산. 세상의 모든 길들 최보따리 가르치심 같이, 비단 깔리어 훤하게 뚫린 오늘날에도, 하루에 겨우 한두 번 털털이는 시골버스나 간신히 가 닿는 곳. 이곳이 그 분 계시던 곳, 저곳이 그 분 경전(經典) 간행하시던 곳, 바로 저기 저곳이 설법(說法)의 그 말씀 펴시던 곳. 태백산맥, 소백산맥 오늘도 최보따리 땀에 절은 등걸 벗어 부치시고는, 스승님 남겨주신 후천 오만년의 장구한 시간 향해 훌훌 풀어놓으신다.

I.
글을 열며

1. 19세기 조선조를 풍미한 동학

동학이 우리의 역사에 그 얼굴을 구체적으로 드러낸 사건은 잘 알려진 바와 같이 갑오동학농민혁명이다. 갑오동학농민혁명은 한국근대사에서만이 아니라, 동아시아의 역사적 판도를 바꾸어 놓은 크나큰 영향력을 발휘하며 우리 역사 속에 자리하고 있다.

그런데 '동학'이라고 하면, 으레 갑오동학농민혁명을 떠올리고, 이 혁명이 발발한 전라도 호남지역을 떠올린다. 그러나 잘 아는 바와 같이, 동학은 호남이라는 특정 지역에 국한되지만은 않았다. 동학농민혁명의 주체인 동학은 19세기 중엽 이후 삼남 일대는 물론 조선 전역에서 풍미하였다.

동학은 경상도 경주 인근에서 일어나 경상도 일대에 맹렬하게 퍼져나갔다. 그러나 이렇듯 맹렬하게 퍼져나가는 동학의 교세를 우려한 조선조 조정에 의하여 동학은 탄압을 받았고, 그 결과 교조인 수운 최제우(崔濟愚, 1824-1864) 선생이 사형을 당한다는 어려움을 겪었다. 수운 선생의 처형 이후 괴멸의 상태에 놓여 있던 동학 교단은 강원도·충청도·경상도 산간 지역을 떠돌며 포교를 한 해월 최시형(崔時亨, 1827-1898)의 힘으로 다시 재기를 해 나갔다. 이와 같은 면에서 본다면, 강원도·충청도·경상도의 깊고 깊은 산간 지역은 동학이 다시 재기를 했던 중요한 지역이 된다.

강원도 영월, 정선, 인제, 그리고 충청도 단양 등지를 중심으로 태백산맥과 소백산맥이 어우러지는 산간 지역에서 교단을 정비해 나가고, 교세를 불리므로 힘을 키운 동학은 교조신원운동, 동학농민혁명 등을 통하여 대사회적인 활동을 해 나갔다. 즉 경상도는 동학이 일어난 지역이라면, 강원도는 동학이 재기하며 그 힘을 신장시켜나가는 데에 결정적인 역할을 한 지역으로서 그 의미를 지닌다.

이와 같이 교세가 신장되고, 그러므로 힘을 키운 동학은 전라도에 이르러 그 힘을 드러냈고, 또 현실화시키는 운동을 벌여 나갔던 것이다. 전라도에서 발원한 동학농민혁명은 마침내 우리나라 전역으로 확대되었다. 그러나 잘못된 조정의 판단과 이를 틈탄 일본군의 진출은 동학을 섬멸시키는 결과를 가져왔다. 전라도에서 일어난 동학농민군은 이 시기에 충청도에 이르러 일본군의 우수한 화력에 의하여 섬멸을 당한다는 아픔을 겪었다.

이와 같은 면에서 본다면 19세기, 동학은 어느 한 지역에서, 어느 한 얼굴로 우리에게 자리했던 것은 아니다. 경상도·강원도·전라도·충청도, 나아가 황해도·평안도 등지에서 각기 그 주어진 현실 속에서 일어났고, 탄압받고, 또 다시 일어났고, 그래서 새로운 세상을 일으키고자 힘을 모았고, 그 실현을 위한 길을 갔던 것이다. 동학은 이렇듯 19세기, 전 조선을 풍미하였다.

경상도 경주 외곽 한적한 시골, 월성군 현곡면(현 경주시 현곡면) 구미산(龜尾山) 자락에 자리하고 있는 용담(龍潭)¹에서 창도된 '동학'은 그 가르침을 편 지 불과 일 년도 되지 않아 경상도 전역으로 퍼져 나갔다. 잘 알려진 바와 같이 동학은 1860년 4월 5일 가난한 선비 수운 최제우의 결정적인 종교체험을 통해 창도되었다.

그러나 수운 선생은 결정적인 종교체험 이후 1년여간 수련에 전념하며 보냈을 뿐, 세상에 자신의 가르침을 펴지 않았다. 그러다가 이듬해 1861년 6월, 비로소 용담의 문을 열고 제자들을 받아들이기 시작했다. 용담의 문이 열리자, 소문을 들은 세상의 많은 사람들이 찾아와 배움을 청하였다. 이때의 광경을 수운 선생은 다음과 같이 기술하였다.

> 문을 열고 손님을 맞으니 그 수효가 그러하고, 자리를 펴고 법을 베푸니 그
> 재미가 또한 그러하구나.[2]

또한 수운 선생이 쓴 「교훈가」에서는 사람들이 용담으로 찾아오는 광경
을, "그럭저럭 지내다가 통개중문(洞開重門) 하여 두고 오는 사람 가르치니 불
승감당(不勝堪當) 되었더라. 현인군자(賢人君子) 모여들어 명명기덕(明明其德) 하
여내니 성운성덕(盛運盛德) 분명하다."라고 노래하였다. 또 「도수사」에서도,
"불과 일년 지낸 후에 원처근처(遠處近處) 어진 선비 풍운같이 모아 드니 낙중
우락(樂中又樂) 아닐런가."라고 노래하였다. 용담의 문을 열고 가르침을 펼치
니 사람들이 바람에 몰리는 구름같이 모여들었고, 그들을 맞이하는 수운 선
생은 기쁘기 그지없었다는 것이다.

이 당시의 정황을 수운 선생의 수양딸이 또한 증언한 바가 있다. 수운 선
생의 수양딸을 천도교 이론가이자 『신인간』 기자이던 김기전이 1927년에
인터뷰한 기록이 있다. 그때 수양딸은 이미 팔순 노인이었다. 이 기사에 의
하면, 용담 초입의 마룡(馬龍) 일대가 수운 선생을 찾아오는 사람들로 가득
찼다고 한다. 아침에 찾아오는 사람, 저녁에 찾아오는 사람으로 늘 용담은
사람들로 버글거렸다는 것이다. 그때 수운 선생이 살던 집[3]은 용담정 근처
에 있었는데, 그 집은 기와집으로 안방이 네 칸, 부엌이 한 칸, 사랑이 두 칸,
마루가 한 칸, 곳간이 한 칸이었다. 이 방들 중 안방 한 칸을 제하고는 모두
찾아온 사람들이 머물렀다.[4] 또 그때 찾아오는 사람들이 건시(乾柿), 즉 곶감
이나 꿀 같은 것을 가지고 왔는데, 곶감을 먹고 내버린 싸릿가지가 산같이
쌓여서 아랫동네에서 나무하러 가던 일꾼들이 그 싸릿가지를 한 짐씩 지고

가곤 했다. 이렇듯 많은 사람들이 용담 깊은 산 속까지 동학을 배우려고 수운 선생을 찾아왔던 것이다.

그러나 수운 선생이 가르침을 편 지 불과 몇 개월도 안 되어 동학을 배우려는 사람들로 용담 일대가 인산인해를 이루자, 관의 지목이 혹심해졌다. 게다가 마을 사람들은 물론 친척들마저 싫어하고 폄훼하는 기세가 역력하므로, 수운 선생은 부득이 그해 11월경 길을 떠나 전라도 남원 은적암에서 과세하고 다시 몇 개월을 체류하다가 경주로 돌아왔다.

1862년 여름, 이번에는 윤선달이라는 사람이 경주부의 영장(營將)을 부추기는 바람에, 수운 선생이 경주부에 구금되는 사태가 일어났다. 윤선달은 경주 영장과 부동(符同)해서 "이 고을 최 선생이 제자가 천여 명이나 된다. 만약에 최 선생을 잡아다가 다스리면서 제자 한 사람마다 돈 한 꿰미씩만 가져오라고 하면 금방 천 냥 이상이 될 것이다."[5]라고 말했다고 한다. 이때 이미 동학도들이 경주 일원에만 천 명이 넘었음을 알 수 있다.

동학에 입도하는 사람은 날이 갈수록 늘어, 그해(1862) 12월에 흥해 매곡동(梅谷洞)에 있는 제자 손봉조의 집에서는 각 처의 주요 제자들을 모아놓고 접주제(接主制)를 시행했다. 접주제란 접주로 하여금 관내의 교도들을 지도하게 하는 것으로, 이는 동학교도들의 수가 늘고, 그 분포 지역 역시 넓어져, 이들을 효율적으로 지도 교화하기 위한 것이다. 이때 접(接)을 정한 지역과 그 접주는 다음과 같다.

慶州府西 白士吉 姜元甫, 盈德은 吳明哲, 寧海는 朴夏善으로 정하고, 大邱·淸道·경기도 일대는 金周瑞로 정하고, 淸河는 李民淳, 延日은 金而瑞, 安東은 李武中, 丹陽은 閔士葉, 英陽은 黃在民, 永川은 김선달, 新寧은 河致旭, 固城은 成漢瑞, 蔚山은 徐君孝, 慶州本府는 李乃謙, 長機는 崔仲犧로 정하

였다.[6]

　불과 2년이 되지 않아 동학의 세력이 경상도 전역은 물론 충청도와 경기도 지역까지 넓어졌음을 알 수가 있다.

　동학 세력이 이렇듯 급속도로 늘어나자 영남 일대의 유림들 사이에서 동학이 세상을 현혹시키는 사도(邪道)이므로, 이를 금단시켜야 한다는 여론이 비등했다. 유림들이 동학을 배척하는 여론을 모으고자 돌린 「통문」은 이러한 당시 사정을 잘 보여준다.

　　(전략) … 지금 소위 동학이란 것은 어떤 무리의 요마 흉물인지 제 모습을 포장하여 알 수가 없다. 대체로 생각해 보면, 그 지은 이름으로 보아서 그 죄가 만 가지로 드러나니, 곧 서양의 학을 하는 도적들이다. 말하기를 서라 하고 양이라 하고 천주라 하니 우리 동방의 불량배 무리이다. … (중략) … 지식이 얕고 재주가 옅어 새 것을 좋아하여 괴상하게 행하려는 무리는 잘못 빠져들지 않으리라 보장하기가 어렵다. 하물며 무지한 백성은 그들에게 더욱 감염되기 쉬울 것이다. 지금 도모해야 할 것은 빨리 가려내어 마땅히 엄하게 죄주어 다스려야 하리라 생각된다. … (후략)[7]

　인용한 글은 경상도 상주(尙州) 우산서원(愚山書院)의 홍은표(洪殷標)라는 유생이 계해년(1863) 9월 13일에 인근의 도남서원(道南書院)에 보낸 「통문」의 일부이다. 동학을 서학의 무리라고 지목하며, 무지한 백성들이 동학에 잘못 빠져들어 감염되기 쉬우니 빨리 도모하여 엄하게 죄로 다스려야 한다고 경고하고 있다. 이 「통문」을 받은 도남서원에서는 다시 옥성서원(玉成書院) 등 인근의 많은 서원으로 「통문」을 돌렸다. 특히 도남서원의 「통문」에는 동학의 무리가 차츰 많아져 그 세력이 천하에 넘칠 것[8]을 우려하는 대목도 있다.

이 「통문」들이 나돌던 시기는 동학이 세상에 나온 지 불과 2년 정도 경과한 때이다. 그런데 경상도 일대의 서원에서 급격한 확산을 우려하는 「통문」이 나돌 정도로 동학은 무서운 기세로 번져 갔던 것이다. 유생들의 우려는 마침내 조선 조정에까지 다다르게 되었다. 따라서 조정에서는 수운 선생을 체포하고자 전격적으로 왕명을 전유(傳諭)하는 정3품의 무반(武班)인 선전관을 파견하기에 이른다.

선전관 정운구(鄭雲龜)는 무예별감 등을 대동하고 경주를 향해 가던 중, 문경 새재를 넘어서부터 동학에 관한 탐문을 시작했다. 그 결과 "새재를 넘어 경주에 이르기까지 각 주군(州郡)마다 동학의 주문이 끊이질 않았고, 특히 경주 인근에 이르러서는 주막집의 부인네나 산골 아이들까지 모두 위천주(爲天主) 또는 시천주(侍天主)의 동학 주문을 읽는다."[9]는 보고를 조정에 올린다.

선전관 정운구에게 체포된 수운 선생은 경기도 과천까지 압상(押上)되었다가 철종이 승하하므로 다시 대구로 환수(還囚)되어 재판을 받고, 갑자년(1864) 3월 10일 대구 장대에서 참형으로 순도하였다.

수운 선생의 순도와 함께 동학은 심각한 위기를 맞게 되었다. '동학을 한다'는 이유로 관에 잡혀가고 심지어는 죽음을 당했기 때문이다. 그래서 동학도들끼리 상통하지 않는 것은 물론, 우연히 길에서 옛 동지를 만나도 서로 모른 척하고 지나칠 뿐이었다.[10] 게다가 조정에서는 동학의 뿌리를 뽑고자 수운 선생의 수제자인 해월 등에 대하여 지명 수배령을 내렸다.

그러나 해월은 태백산맥과 소백산맥이 어우러지는 경상도와 강원도의 깊은 산간마을로 숨어들었다. 이들 산간마을은 동학의 은거지였을 뿐만 아니라, 동학 교단을 다시 일으키는 기반이 되었다. 1871년경 이필제의 난과의 연루로 인하여 또 한 번의 고비를 겪었으나, 해월 선생의 끊이지 않는 노력으로 1800년대 후반에 이르러서는 수운 시대의 교세를 뛰어넘는 성장을 이룩하였다. 동학은 강원도와 경상도·충청도·전라도 등은 물론, 경기도와 황해도 지역까지 그 교세를 넓혀 1890년대 초에는 그 세력이[11] 몇십 만을 헤아리게 되었다. 마침내 동학 교단은 그 교세를 바탕으로 교조신원운동(敎祖伸寃運動)을 시작하여 우리나라 최초의 민회(民會)[12]를 진행하는가 하면, 척양척왜(斥洋斥倭)의 기치 아래 갑오동학혁명을 일으키기에 이르렀다. 이렇듯 동학은 19세기 중엽에 등장하여 후반에 이르기까지 조선조 사회를 풍미하며, 한국 근세사에 중요한 한 획을 그은 집단으로 자리매김하였다.

2. 19세기 조선조 사회상과 동학

위에서 살펴본 바와 같이, 동학이 몇 차례의 절멸 위기를 겪으면서도 1890년대에는 역사적인 동학농민혁명을 일으킬 만한 세력으로까지 성장할 수 있었던 이유는 무엇인가. 이는 몇 가지 측면에서 거론할 수 있다.

첫째는 동학이 창도되던 19세기, 곧 변화와 혁신을 필요로 하던 조선후기의 시대 상황이다. 둘째는 이러한 시대 요구에 부응하는 최적의 조건을 갖춘 동학의 종교 교의이다. 셋째는 당시 거대 조류를 이루며 물밀어오던 서양 세력에 대한 반발이다. 즉 서세(西勢)의 동점(東漸)에 위기의식을 느낀 것이 우리 전통적인 사유를 바탕으로 한 동학을 적극 선호하는 계기가 되었다. 넷째는 동학의 한울님 관념이나 신앙이 우리 민족 고유의 신앙과 매우 흡사했기 때문에, 신앙 측면에서 아무 거부감 없이 호응을 얻었고, 민중들에게 급속도로 퍼져 나갈 수 있었다.

조선 후기의 가장 심각한 사회 문제는 신분제의 붕괴였다. 조선 사회는 사농공상(士農工商)의 신분제 위에서 질서가 유지되는 봉건적 특징을 띠고 있다. 그러나 조선 사회의 신분 제도는 영정 시대(英正時代)에 이르러 크게 동요하기 시작했다. 그 단적인 예로, 이 무렵 일부 사림(士林)들이 경제적 무능력 등의 원인으로 상민(常民) 또는 천민(賤民)으로 전락하는 경우가 많았음을 들 수 있다. 국왕의 동정을 중심으로 한 국정을 일기체로 기록한 『일성록(日省錄)』에는 "사대부의 집이 그 가난이 점차 극에 달하여 혹은 굶고 배고파 문밖을 나오지 못하는 경우가 있다."[13]거나 "가난한 선비 집에서는 사나흘씩 밥을 짓지 못하는 경우가 왕왕 있어, 그 정경의 불쌍함은 차마 말로 다하기 어렵다."[14]라는 기록이 보이고 있다.

일부 양반층의 몰락은 항산(恒産)이 없음으로 해서 빚어지는 가난이 가장 중요한 원인이었다. 조선 후기로 내려오면서 양반층은 그 수가 증가하면서, 관계(官界)로 나아가는 층과 나가지 못하는 층으로 나뉘게 되었다. 특히 관계로 나가지 못한 양반들 중, 땅이나 재물이 없어 농·공·상에도 참여할 수 없는 이들은 곤궁함을 면치 못했다. 그러므로 이들 중 일부는 생계를 위하여 남의 집 농사를 돕거나 노동을 하는 천민 신분으로 전락하였다.[15]

극빈의 양반이 몰락의 길을 걸어간 반면, 일부 중서인(中庶人) 중에는 신분상승을 꾀하는 움직임이 생겨났다. 중서인들은 신분적인 한계로 인하여 조선 사회에서 많은 어려움을 겪어 왔다. 최초의 위항시집(委巷詩集)이라고 하는 『해동유주(海東遺珠)』의 「서문」에 이러한 모습이 잘 나타난다.

나는 홀로 그들(중서인)이 빈한하고 골몰하여 뜻과 자신의 입지를 크게 펴지 못했음을 아깝게 여긴다. 옛날의 작자들(위항시인들)은 거슬러 올라가 보니 그 중에는 왕왕 뛰어난 재주가 있으나 세상이 알아주지 않아 침억(沈抑)하여 죽은 사람이 있으니 더욱 슬프다.[16]

『해동유주』「서문」에서 말하는 바와 같이, 조선왕조 내내 중서인들은 신분적인 한계로 인하여 자신들의 역량을 발휘하지 못한 채 살아 왔다. 그러나 이들 중서인들 역시 조선 중기를 지나며 신분 상승을 위한 돌파구를 마련하게 된다. 의역인(醫譯人) 중심의 기술직 중인들이 경제적인 성장을 꾀하였고, 경아전(京衙前)이 핵심인 이서층(吏胥層)이 위항문학운동을 전개하여 지적 토대를 구축하면서 결집력을 키웠는가 하면, 서얼층(庶孼層)은 영조의 탕평책에 편승하여 통정운동(通情運動)을 벌이면서 신분 상승 운동을 적극적으로 전개하였다.[17] 그런가 하면, 직업상 최하층의 천민에 속하는 상인이 그 경제적 능력을 바탕으로 신분 상승을 달성하는 사례도 늘어났다.[18]

이처럼 빈한한 양반들의 전락, 능력 있는 중서인의 신분 상승이 교차하며, 조선왕조 질서의 근간인 신분제가 크게 흔들리게 되었다. 이는 사회관계의 변화일 뿐만 아니라 정신적 차원에서의 봉건적 인습이 붕괴되는 조짐이었으며, 한편으로는 능력이나 물질적 가치가 더 중요하게 인식되는 새로운 사회를 예감하는 징조였다. 따라서 비록 조선 후기는 정치적인 파행, 경제적인 파탄으로 안정이 크게 흔들리는 시대였으나, 그렇기 때문에 한편으로는 새로운 가치와 변혁의 기운이 대두하는 시대이기도 했다.

신분제의 붕괴, 사회적·정치적 혼란, 경제적 몰락과 더불어 조선 후기는 서양의 침략으로 인한 위기감이 고조되고 서학 등에 의하여 문화적인 혼란이 가중되던 때였다. 19세기 초 정조가 승하하자, 정조의 왕권 강화 정책인 준론탕평(峻論蕩平)에 반대하는 여론이 일어났다. 그로 인한 정치적 혼란의 틈바구니에서 노론이 세력을 잡게 되었다. 노론은 기호와 영남의 남인 세력을 숙청하였다. 그러나 오래지 않아, 김조순(金祖淳, 1765-1932)이 딸을 순조의 비로 책립하고, 국구(國舅)의 자리에 올라 벽파와 경주 김씨 세력을 축출하고 안동 김씨를 중심으로 하는 세도정치를 펴게 되었다.

세도정치 하에 집권자들은 상습적으로 매관매직의 부정을 저질렀다. 매관매직으로 자리에 오른 목민관들은 다시 백성들을 수탈하였고, 이에 따라 백성의 삶은 피폐해지고 국고는 텅텅 비어 재정 역시 파탄으로 치닫게 되었다. 지배자들은 다시 이를 만회하기 위하여 높은 전세(田稅)를 받거나 공명첩(空名帖)을 발행하는 등, 악순환이 되풀이되었다.

조선왕조 수취 체제의 근간은 '삼정(三政)'이다. 전세(田稅)를 징수하는 전정(田政), 군역 의무자에게 군포를 징수하는 군정(軍政), 구휼을 담당하며 환곡을 관리하는 환정(還政)이 그것이다. 삼정이 법에 따라 공정하게 운영이 된다면 사회경제적으로 큰 문제가 없다. 그러나 특히 이 시기에 부패한 세도정치 하에 온갖 편법이 자행되어 부당하고 과다한 징세가 일상화되고, 그렇게 거둔 세금은 소수 양반 관료나 아전의 주머니로 들어가는 예가 많았으므로 사회적·경제적인 문제를 야기하는 핵심적인 원인이 되었다.

전정은 20년마다 양전(量田)을 하고, 이에 따라 전세가 책정되어야 하는데, 조선 후기에 접어들면서 편법으로 양전이 시행되거나 아예 시행이 되지 않은 채 전세가 책정이 되었다. 그 결과 부패한 관리들에 의해, 권력자는 부농이면서 풍년이 들어도 전세가 면제가 되는 반면, 빈농은 흉작이라도 면제를 받지 못하고 많은 전세를 내는 경우가 비일비재했다.

군정 역시 많은 폐단이 노출되었다. 양반 권력층은 갖은 방법을 동원하여 피역(避役)하고, 힘없는 백성들은 백골징포(白骨徵布), 족징(族徵) 등 부당한 세역에 따라 이중삼중으로 첩역(疊役)하는 부조리가 만연했다.

환정의 폐단도 만만치 않았다. 본래 창고에 있는 곡식을 분급할 때, 반은 분급하고 반은 창고에 남겨 두는 절반분급 절반유고(折半分給 折半留庫)가 원칙이다. 그러나 전량을 강제로 분급하고 장부상에는 허위로 기록하는 사례가 빈발했다. 또 창고에 곡식을 보관할 때 축이 날 것을 예상하여, 환자(還子)를 받을 때 10분의 1씩을 더 받는 모곡(耗穀)을 부정하게 취득하는 사례, 문서상으로만 환곡을 분급하고 부당하게 모곡을 취하는 사례 등 그 폐단이 이루 말할 수 없었다.[19]

이렇듯 삼정의 문란으로 백성(농민)은 도탄에서 허덕이고, 끝내는 농토마저 빼앗기고 유리걸식하는 처지로 전락했다.[20] 게다가 일부 농민들은 무리를 모아 민란을 일으키는 지경에까지 이르게 되었다. 대표적인 것이 1862년 진주에서 일어난 임술민란이다. 이 민란은 진주에서 시작하여 경상도 21개 지역, 전라도 23개 지역, 충청도 13개 지역은 물론 제주도와 경기도 일부, 함경도 등지로까지 확산되었다.[21] 이 시기의 민란은 단순히 생존 문제 해결이 봉기 이유의 전부가 아니었다. 우선 민란은 봉건 관료층과 지주층을 상대로 전개한 항쟁이라는 점에서 반봉건적이다.[22] 즉 조선 후기의 민란은 자연발생적인 것이기는 해도 민중의식을 성장시키는 계기가 되었으며, 나아가 19세기를 변혁의 시대로 이끄는 중요한 전사(前史)가 되었다.

또 이때 경향 각지에 체제를 비판하는 괘서·흉서가 나붙어 민심이 동요하였고, 조선 봉건 체제에 저항하는 변란이 속출하였다. 괘서나 흉서 또는 체제 변혁을 위한 변란은 대부분 잔반(殘班)이나 선달, 무인 또는 중인 계층의 인물이 주도하였다.[23]

이상에서 살펴본 바와 같이, 조선 후기 사회는 신분제 붕괴라는 심각한 사회적 진통을 겪던 시대였다. 신분 상승을 꾀하는 중서인과, 상층 지배 권력으로부터 밀려나 몰락한 양반은 그 신분적 변화 양상이나 입장이 상반되었다. 그러나 이들은 현실을 바라보고 또 제도의 모순을 비판한다는 면에서는 서로 유사한 태도를 취하였다.

즉 의식 있는 몰락 양반이나 신분제의 한계를 절감하던 중서인들은 당시의 사회·정치·경제 체제에 불만을 품고, 자의반 타의반으로 기득권층으로부터 한 발자국 물러나 이를 비판하고 변혁을 꿈꾸며 대안을 모색하는 데에까지 이르렀다. 특히 중인계층의 각성과 의식의 변화는 19세기 척족 세도정치라는 파행적인 정치 행태로 인하여 경직된 사회와 국가 체제에 대한 전면적인 저항의식으로 성장하여 갔다.[24]

이렇듯 동학이 창도되던 조선후기는 시대적인 혼란이 가중되고 이에 따른 민란·변란이 끊이지 않았고, 여러 방향에서 새로운 변혁의 물결이 일어나던 시대였다. 이러한 상황 속에서 변혁을 희구하던 많은 사람들은 당시 파천황적인 교리를 전파하는 동학에서 빛을 보고, 앞다투어 입도하였던 것이다. 그러므로 동학은 창도된 지 불과 2년여 만에 경상도 전역과 충청도 일부 지역까지 퍼져갈 수 있었다. 또한 이러한 시대적 상황이 절멸 위기에 빠진 동학 교단이 끝끝내 부활할 수 있는 주요한 바탕이 되었다.

특히 동학의 시천주(侍天主)의 가르침을 기반으로 한 만인 평등의 이념은 당시 새로운 세상을 꿈꾸던 사람들에게 매우 매력적인 것으로 다가갔다. 동학 근절을 도모하기 위해 도남서원에서 띄운 「통문」에서까지 "(동학도들은) 하나같이 귀천의 차등을 두지 않으니 백정과 술장사들도 오고, 엷은 휘장을 치고 남녀가 뒤섞여 있으니 홀어미와 홀아비가 찾아온다. 또 재물이 있든 없든 서로 돕기를 좋아하니 가난한 이들이 기뻐했다."[25]라고 하였다. 이는 민중의 입장에서 볼 때 동학이 귀천이나 빈부에 차등을 두지 않고 서로 도와 살 길을 열어가는 종교로 여겨졌음을 말해준다. 그러므로 자기 집에 기와를 올릴 수 없을뿐더러, 남자는 상투를 틀지 못했고 여자는 쪽을 찔 수 없으며, 대중 모임에 참석하는 것까지도 차별을 받았던 백정[26]같이 사회적으로 천대 받는 사람들, 또는 과부나 홀아비 같은 외로운 사람들이 모두 찾아와 동학도가 되었다. 또한 "문을 걸어 잠그고 뜻을 구하며 독서에 힘쓰는 선비는 우려할 바는 아니나, 생각이 얕고 재주가 옅어 새 것을 좋아하고 괴상하게 행하려는(好新行怪之流) 무리는 잘못 빠져들지 않으리라 보장하기 어렵다."[27]라는 기록을 보아 당시 상당한 지식을 보유하고 새로운 사조에 많은 관심을 보인 사람들, 다시 말해 시대적 변화를 원하던 사람들 역시 동학에 다수 입도했음을 알 수 있다.

이와 같이 동학에는 당시 가난하고 천대받던 사람들뿐만 아니라, 사회적인 진출이 제한되어 미래에의 희망을 갖지 못하는 사람들, 상당한 학문적 소양을 갖추었으나 기성권력에 편입되기를 꺼려하는 사람, 잔반(殘班)과 퇴리(退吏) 등[28] 시대적 변화를 꿈꾸는 많은 사람들이 입도했다. 이들은 모두 동학의 평등사상이나, 개혁의 의지가 담긴 새로운 가르침에 심취했던 것이다.

한편 당시 새로운 조류로 다가온 서학은 '신 앞에서의 평등'이라는 사상과 서구문명의 보급 등을 통해 조선 사회에 큰 충격을 안기면서 급속도로 퍼져 나가고 있었다. 이로써 중화 중심적 세계관은 점차 쇠퇴하게 되었고, 그만큼 탈중국화된 사상의 필요성이 증대하였다. 즉 당시 사람들은 비 중국적이고 비 유교적인 서구문화를 수용할 것인지, 아니면 서구문명을 외면하고 중국 중심의 세계관과 유교적 전통의 가치를 고수할 것인지, 그렇지 않으면 우리의 전통 문화를 재발견할 것인지의 기로에 서게 되었다.[29] 이러한 흐름 속에서, 서양 세력의 침략성을 우려하고, 서학의 팽배를 심각한 위기로 인식하던 많은 사람들이 유불선 및 우리의 전통 사유에 뿌리를 두고 새로이 창도된 동학에 많은 관심을 갖게 되었다.

동학이 당시 민중들로부터 호응을 받을 수 있었던 또 다른 요인은 동학 신앙 체계의 핵심인 한울님, 또는 한울님 신앙이 우리의 전통 신앙과 매우 흡사했다는 점이다. 그러므로 동학을 신앙으로 받아들이던 당시 사람들에게 동학은 매우 친근한 것으로 다가갈 수 있었다.

수운 선생은 경신년 4월 결정적인 종교체험을 할 당시, 한 신비한 목소리를 듣는다. 수운 선생이 누구냐고 묻자 목소리의 주인은 "세상 사람들이 나를 상제(上帝)라고 부르는데, 너는 상제를 알지 못하느냐?"고 반문한다.[30] 세상 사람들, 곧 우리나라 사람들이 일상 속에서 지고신(至高神)으로 생각해 왔고, 또 지금도 믿고 있는 '상제'라는 존재가 바로 자신이라고 밝힌 것이다. 이처럼 수운 선생이 종교체험을 통해 만나고 깨달은 동학의 신은 우리나라 사람들이 오랫동안 신앙해 왔던 신과 동일한 존재였다.[31] 따라서 동학을 찾은 당시의 사람들은 신앙의 측면에서 큰 거부감 없이 동학을 받아들일 수 있었다. 즉 최고신으로서의 상제 혹은 한울님(天主)를 내세운 동학은 당시 민중들의 오래된 종교심을 자극했고, 이는 동학 수용에 능동적으로 작용하여, 동학의 급속한 포덕이라는 유효한 결과를 가져왔던[32] 것이다.

김승혜는 우리 민족 고유의 신을 "대중들에 의한 융합적 신관으로서, 인격적인 면과 초인격적인 면을 아우르며, 초월성과 내재성을 모두 지닌, 지극히 높으면서도 인간 개개인과 공동체에 지극히 가까운 분"[33]이라고 논급하였다. 시천주(侍天主)의 신 역시 인격적 · 초인격적인 면을 함께 갖추었으며, 초월성 · 내재성을 아울러 지닌 신[34]이다. 따라서 당시의 민중들이 동학의 신앙 체계를 받아들이는 데 있어 아무 거부감이 없었던 것이다.

수운 선생은 동학의 신을 '한울님'[35]이라고 부른다. 반면, 신을 철학적으로 논급할 때는 '지기(至氣)'라는 용어를 사용한다. 실상 '지기(至氣)'와 '한울님'은 같은 대상의 두 측면일 뿐이다. '지기'는 자연과 세계에 두루 충만하고 우주 만물을 관통하면서 멈추지 않고 작용하는 근원적 활력으로서의 신의 비인격적인 측면이고, '한울님'은 그 근원적 활력, 궁극 원리를 감각적 · 경험적 세계를 초월한 주재자(主宰者)로서 인격적으로 파악한 것이다.[36]

수운 선생이 남긴 글은 크게 두 종류로 나뉜다. 하나는 한글가사체의 글들로서 해월이 이를 훗날 『용담유사』로 엮었고, 다른 하나는 한문으로 쓴 글들로 이는 훗날 『동경대전』이 된다. 『용담유사』는 그 특성상 한문을 터득하지 못한 상민이나 천민, 부녀자들도 외워 공부할 수 있게 쓴 경전이다. 이에 반해 『동경대전』은 철학적 사유를 전개하는 데 적합한 문자인 한문으로 되어 있어, 지식인들에게 다가갈 수 있던 경전이다.

이중 『용담유사』의 여덟 편 가사에는 어디에도 '지기(至氣)'라는 용어가 나오지 않고, 오직 '한울님'이라는 용어만 나온다. 즉, 지기라는 용어는 『동경대전』에만 나온다. 수운 선생은 '지기(至氣)' 개념으로 동학의 신을 철학적으로 설명·기술하여 당시 지식층에게 동학의 신관을 주지시키려 했고, 『용담유사』에서는 '한울님'이라는 본래 이름만을 씀으로써 '한울님 신앙'을 정립했던 것으로 생각된다. 그러므로 "하늘도 무심하시지!" 하는 우리 어머니들의 탄식[37]이 그대로 적용되는 동학의 '한울님'은 아무 저항 없이 민중들에게 다가갈 수 있었고, 또 신앙 대상으로 자리할 수 있었던 것이다.

이러한 배경 속에서 19세기라는, 조선 후기 사회의 혼란과 어려움 속에서 일어났던 개혁의 물결과 시대적 요구는 동학과 만나 더욱 커다란 열망으로 확장되었던 것이다.

II.
해월 동학을 만나다

1. 수운 선생을 만나다

봉건 질서의 붕괴, 세도정치로 인한 정치적·경제적인 파탄, 그리고 서세의 동점 등에 따른 혼란과 어려움 속에 도처에서 변혁의 열망이 들끓던 19세기 중엽. 해월 최시형은 새로운 세상을 꿈꾸며 동학으로 몰려들던 당시의 여느 사람들처럼, 1861년 6월경[1] 용담을 찾아가 동학에 입도하였다.[2] 그리고 동학에 입도한 지 채 3년이 되지 않은 1863년 8월 14일 수운 선생으로부터 도통(道統)을 물려받아 동학의 2세 교주가 되었다.

동학 2세 교주 해월(海月) 최시형(崔時亨, 1827-1898)은 70여 년이라는 결코 짧지 않은 삶을 살았다. 그 세월 동안 그는 보통 사람들은 경험하기 어려운 천신만고(千辛萬苦)의 역경을 헤쳐 나갔다. 해월 선생은 아버지가 종수(宗秀)이고 어머니가 월성(月城) 배씨(裵氏)로, 1827년 3월 21일 경북 경주 동촌 황오리(皇吾里)에서 태어났다. 처음 이름은 경상(慶翔)이고 자(字)는 경오(敬悟)이며, 도호(道號)는 해월(海月)[3]이다. 훗날 스스로 이름을 시형(時亨)으로 개명하여, 오늘날 세상에는 최시형으로 널리 알려졌다.

여섯 살 되던 해에 어머니가 돌아가셨고, 영일(迎日) 정씨(鄭氏)를 새어머니로 섬기며 자랐다. 열다섯이 되던 해에 아버지마저 타계하자,[4] 계모 슬하를 떠나야 하는 처지에 놓이게 되었다. 해월은 어린 누이동생과 함께 친척집을 전전하며, 때로는 남의 집 머슴살이 등을 하며 불우한 소년기를 지냈다. 이 무렵의 경험에 대해 해월은 '머슴애'라는 말을 듣는 것이 가장 싫었다고 술회하며, 사람을 함부로 대하지 말도록 단단히 타이르며 경계하였다고 한다.

이렇듯 어린시절에 부모를 여의고, 또 힘든 삶을 살았기 때문에 동학 교단 측의 일부 기록에는 해월이 아무 교육도 받지 못한 무학자(無學者)라고 되어 있다. 그러나 해월은 10세가 되던 해부터 경주의 서쪽 선도산(仙桃山) 밑에 있던 서악서원(西岳書院)에서 공부를 했다는 증언이 전한다. 이때 동문수학한 사람 중 김계사(金桂史, 1832-1910)라는 사람이 있었다.

김계사는 근대 한국의 천재로 알려진 범부(凡夫) 김정설(金鼎卨, 1897-1966)의 스승이다. 또 김범부의 할아버지는 수운 선생보다 한 살이 적지만 수운 선생과는 막역한 친구로 함께 젊은 날을 보낸 사람이기도 하다.[5] 김범부는 할아버지로부터 수운 선생에 관한 이야기를 많이 듣고 이를 바탕으로 훗날 한국일보에 「최수운론」을 연재하였다. 이어서 「최해월론」을 연재하려 하였으나 건강상 미루다가 그만 때를 놓쳤다고 한다.[6] 김계사의 증언은 김정설을 통해 세상에 알려지게 되었다.

이로 보아 해월은 일자무식은 아니었다고 본다. 그러나 훗날 해월이 자신의 가르침을 직접 글로 쓰기보다 구술을 위주로 하고 그의 제자들이 기록으로 옮긴 사실들로 보아,[7] 능숙하게 한문 문장을 지을 수 있을 정도는 아니었던 것으로 보인다. 다시 말해, 해월은 10세 무렵부터 서악서원에서 공부했지만, 집안 형편으로 인하여 오랜 기간 동안 체계적인 공부를 하지 못하고 중단했을 것으로 생각된다.

생부생모를 여읜 이후 떠돌이처럼 살아가던 해월은 열일곱 살 되던 해에 고향마을인 신광면 터일마을(해월이 실제로 태어난 경주 황오동은 어머니의 고향으로, 해월은 당시 풍습에 따라 외가댁에서 태어난다. 터일마을은 부친의 고향이다.) 근처 제지소(製紙所)의 심부름꾼으로 일하게 된다. 제지소에서 일한 지 2년 정도 되었을 때 뜻밖의 중매가 들어왔다. 상대는 오씨(吳氏) 성을 갖고 있는 젊은 과부였다. 비록 과부이지만 재산이 많아 형편이 어려운 해월에게는 어찌 보면 좋은 조건이었다. 그러나 해월은 '이는 예에도 어긋날 뿐만 아니라, 갑자기 부자가 되는 것은 상서롭지 못한 일'이라며 거절했다.[8] 그리고 그해 밀양 손씨를 부인으로 맞아 결혼을 했다. 결혼 후에도 10여 년 동안 흥해 일대 터일마을 안쪽 올금당 마을이나 마복동(馬伏洞) 등지를 옮겨 다니며 살아갔다.[9]

이렇듯 가정을 이룬 후에도 한곳에 안주하지 못하고 이곳저곳을 옮겨 다니며 살던 해월은 서른세 살이 되던 1859년, 마복동을 떠나 그 마을 안쪽 산간에 자리한 화전민 마을인 금등골,[10] 즉 검곡(劍谷)으로 이주했다.

검곡은 경북 포항시 북구 신광면 마북리 안쪽 산속 골짜기 지역이다. 예전에는 몇 가구가 살았는데, 지금은 아무도 살지 않는 첩첩산중일 뿐이다. 검곡은 인가가 있는 마지막 마을인 마북에서 3킬로미터 이상 산속으로 더 들어가야 한다. 산의 입구에서 1킬로미터 정도 들어가면 당수동 마을을 지나 시멘트 포장길이 끝난다. 이곳에 세 가구 가량이 살 수 있는 주거터가 있다. 그곳에서 안쪽으로 좁은 골짜기를 지나면 '상마북지'가 보인다. 좌측 좁은 골짜기를 타고 2킬로미터 정도 올라가면 골짜기 끝에 제법 넓은 너덜 지역이 나온다. 이 너덜은 20여 년 전 좌우로 펼쳐진 산자락에 대규모 벌목이 이루어지면서 일어난 산사태로 인하여 계곡이 메워지면서 생긴 것이다. 골짜기는 비록 크지 않지만, 수량은 제법 많다. 골짜기 물이 합수되는 지점에서 100미터 정도를 더 올라간 계곡 상류에 사방댐이 있고, 그 왼쪽 비탈로 올라가면 집터가 나온다. 집터 주위로는 계단식 밭의 흔적도 있어, 한때 사람들이 이 깊은 산속까지 들어와 농사를 지으며 살았던 것을 알 수 있다. 아랫마을 노인들의 증언에 의하면, 이 집터를 중심으로 1980년대 초까지만 해도 네 가구 정도 사람들이 살았다고 한다.

바로 이곳이 해월이 살던 검곡이다. 마북리에서 검곡으로 들어가는 계곡의 입구에서 이 지역을 바라보면, 다만 첩첩한 산들이 아득할 뿐 그곳에 마을이 있었을 것이라고는 상상하기 어려운 오지이다. 해월은 이곳에서 화전을 일구며 살아갔다.[11] 해월이 동학에 입도하기 전, 나이 서른이 넘어 화전민이 되었다는 것은 그만큼 그의 삶이 어려웠다는 증거가 된다. 가진 땅 한 평 없고 가진 재산도 없어, 깊은 산간 화전민 마을을 스스로 찾아가 터전을 일구었던 것이다. 이러한 해월의 삶이란 결국 당시로서는 가장 소외받는 하층민의 삶이 아닐 수 없다.

동학에 입도한 후, 그의 삶은 관의 지목(指目)을 받아 쫓기는 시간의 연속이었다. 36년이라는 장구한 세월 동안 해월은 강원도, 경상도, 충청도에 걸쳐 있는 태백산맥과 소백산맥의 산간 오지 50여 곳을 전전하였다. 일상적 잣대로 보았을 때 결코 행복하다고 할 수 없는 삶이었다.

그러나 그가 한 생애를 살아가며 펼쳐 보였던 삶의 모습, 또는 그가 세상을 향해 펼친 가르침의 말씀은 수많은 사람들의 마음을 움직였고, 억눌리고 소외된 사람들에게 새로운 삶의 희망을 갖게 하였다. 그런가 하면, 그의 가르침에 따라 동학교도가 된 그들은 격동의 한국 근대사를 헤쳐 나가는 주체로 떠올랐다.

해월은 관의 추적을 받아 산간 오지를 헤매면서도, 흩어진 동학도를 모아들이고 포덕을 계속하여 무너진 동학 교단을 다시 일으켜 나갔다. 뿐만 아니라, 그 힘을 몰아 교조신원운동(敎祖伸寃運動)을 벌였고, 척양척왜(斥洋斥倭) 등의 기치 아래 갑오동학농민혁명을 주도함으로써, 한국의 근대현대사에 중요한 역할을 한 인물로 역사 속에 자리하게 되었다.

또한 그의 가르침들은 현대 사회와 인류가 직면한 위기를 극복할 수 있는 대안으로 오늘날 많은 지성들이 주목하고 있다. 그러므로 해월은 비록 지난(至難)한 삶을 살았지만, 오늘 우리는 고난과 고통에 구애된 해월이 아니라 속박을 떨치고 떠오르는 새 희망, 낡은 세계를 개벽하는 무궁한 기운, 만물을 품어 안은 성자의 모습으로 해월을 떠올리게 된다.

사회적 혼란과 정치적 부패, 경제적 어려움이 만연된 19세기 중반의 조선 땅에서, 해월이라는 한 인물이 역사의 중심인물로 그 삶을 전환할 수 있었던 원동력은 무엇인가. 이는 다름 아니라 해월이 수운 선생을 만나 '동학'이라는 가르침을 받았다는 사실에서 구체적인 원인을 찾을 수가 있다.

수운 선생을 만나기 전의 해월은 당시 시대 상황 속에서 아무 희망을 가질 수 없었던 계층의 사람이었다. 한 사람의 머슴에서 용인(傭人)으로, 그리고 화전민으로, 거기서 거기인 신분을 전전하며 경제적으로나 사회적으로나 극빈의 삶을 꾸려 나가던 사람에 불과했다. 그러나 수운 선생을 만나 가르침을 받고 난 이후, 새로운 눈으로 세상을 바라보고, 새로운 차원의 세상을 펼쳐 가고자 신념을 굳혔고, 또 이를 실천해 나갔다. 그러므로 마침내는 한국근대사 속 우뚝한 민중의 지도자, 나아가 위대한 종교가요 사상가로 자리매김하였다. 따라서 해월에게 있어 수운 선생과의 만남은 그의 삶을 전환시킨 가장 중요한 계기가 아닐 수 없다.

대부분의 종교와 철학 및 문학에서 빛나는 창조는 주로 '만남'의 순간에 배태된다. 이 '만남'은 저항할 수 없는 매혹으로 다가와 그것이 미래의 삶을 위한 것임을 알려준다. 해월에게 있어 수운 선생과의 만남은 감격의 잔잔한 물결이었고, 새로운 삶의 차원으로 몰아간 느닷없는 생기(生起)였다.[12] 이렇듯 해월에게 새로운 차원의 삶을 열어준 수운 선생은 인격적 경이로움을 가능하게 한 성인(聖人)이었다.[13] 그러므로 해월 스승인 수운 선생의 가르침을 눈을 감는 그 순간까지 결코 잊을 수 없다고 고백한다.[14] 해월이 스승을 만난 감회를 그의 「법설」에 이렇게 술회한다.

내가 젊었을 때 스스로 생각하기를 옛날 성현은 뜻이 특별히 남다른 표준이 있으리라 하였더니, 한번 대선생(大先生)을 뵈옵고 마음공부를 한 뒤부터는, 비로소 별다른 사람이 아니요 다만 마음을 정하고 정하지 못하는데 있는 것인 줄 알았노라.[15]

대선생(수운)을 만나 마음공부를 한 이후 해월은 지금까지 자신을 지배해 왔던 '봉건적 인간에의 관념'을 벗어 버린다. 사람은 성현(聖賢)과 우부(愚夫)의 자질이 선천적으로 결정되어 태어나는 것이 아니라, 마음을 정하느냐 정하지 못하느냐에 따라 나뉘는 것임을 깊이 체득한 것이다. 그리고 자신과 같은 빈천한 사람도 '성현'의 경지에 도달할 수 있다는 희망을 갖게 되었다. 이는 결과적으로 성인의 차원도 범인의 차원도 모두 일상의 삶 속에서 찾고자 하는 새로운 삶의 철학을 전개하는 계기가 되기도 하였다.

수운 선생이 모범을 보여주었고 해월이 성범(聖凡)의 준표라고 갈파한 '마음을 정한다'는 것은 무엇을 말하는가. 정할 '정(定)' 자는 동학에서 매우 중요한 용어 중 하나이다. 이 용어가 처음 의미 있게 쓰인 곳은 「주문」이다.

동학의 「주문」은 모두 스물한 자이지만 그중에서도 '시천주(侍天主), 조화정(造化定), 만사지(萬事知)'가 그 핵심이 된다. 이를 다시 '시정지(侍定知)'로 줄여 말하기도 한다. 수운 선생은 이들 '시정지'의 개념을 일일이 해의하였는데, 이중 '정'에 관한 해의를 보면, "한울님의 덕에 합일이 되어 그 마음을 정하는 것"[16]이라고 되어 있다. 이로써 본다면, 해월이 수운 선생으로부터 배운 '마음을 정하고 정하지 못한다는 것(心之定不定)'은 한울님의 덕과 합일되는 경지를 뜻한다.

또한 '한울님 덕과 합일된다'는 것은 곧 '한울님 덕을 회복함'을 전제로 한다. 본연적으로 내가 모시고 있는 한울님을 깨닫고, 그러므로 한울님 마음과 기운을 내 안에서 다시 회복함을 의미한다. 이렇듯 한울님의 마음과 기운을 지키고 또 바르게 하여 일상 속에서 실천해 나가는 수도법을 동학에서는 '수심정기(守心正氣)'라고 한다. 수심정기는 한울님 모심을 개개인이 주체적으로 체득하는 길이요, 또 한울님의 뜻을 우리 삶에서 실천하는 것을 의미한다. 이는 우주적 질서를 내 안에서 회복하는 길(守心)이요, 우주 운행의 법칙에 주체적으로 참여하는 길(正氣)이라고 할 수 있다.

해월은 수심정기(守心正氣) 네 글자를 '천지(天地)가 운절(隕絶)되는 기운을 다시 보충하는 것'[17]이라고 설명하였다. 선천 시대에 인간은 '한울님 모심'을 깨닫지 못한 채 삶을 영위하였으므로, 자신의 생명이 이 무궁한 우주와 어떻게 연결되어 있는지를 알지 못했다. 따라서 수심정기를 통하여 우주적 생명인 한울님 모심(侍天主)을 깨달아, '끊어져 있다고 생각했던 그 천지의 기운(天地隕節之氣)'을 다시 회복하는 길이 된다는 것이다.

이와 같은 관점에서 볼 때 수운 선생으로부터 받은 가르침인 '마음을 정(定)하여 성인(聖人)에 이르는 길'은 우주적 질서를 내 안에서 회복하여 우주 운행의 법칙에 주체적으로 참여하는 한울사람으로 살아가는 것을 뜻한다. 그러므로 해월은 '지벌(地閥) 보고 가세(家勢) 보아 도덕군자라고 추세(趨勢)'[18] 하는 타락한 봉건적 세태가 아닌, 내면적 수행을 통하여 도달하는 한울사람의 경지, 곧 동학적 성현의 길을 가고자 수련에 전심전력하였다. 경주 용담에서 해월이 사는 검곡까지는 약 100리이다. 해월은 한 달에 서너번 씩 용담을 찾아 수운 선생의 가르침을 받고는 다시 검곡으로 돌아가 배운 대로 지극 정성으로 수행에 임하였다.

한울사람의 경지에 이르기 위한 '정(定)'이 개인의 차원을 넘어, '포덕'의 문제나 동학이 지향하는 '다시 개벽'의 차원에서 논의되는 곳은 『동경대전』「논학문」이다. 「논학문」에서 이 '정(定)'을 일러 "군자의 덕은 기운의 바름에 있고, 마음에 정(定)함이 있어 천지와 더불어 그 덕이 합하는 것"[19]이라고 설파하였다. 즉 마음을 정한다는 것은 천지와 더불어 합해지는 군자의 덕을 회복하는 길이라는 의미이다. 반면에 "소인의 덕은 기가 바르지 못하고 마음이 옮겨다니기 때문에 천지와 더불어 그 명을 어기는 것"[20]이라고 말한다.

나아가, 세상 사람들이 군자의 덕을 회복하느냐 아니면 소인의 삶을 사느냐에 따라 성운을 맞이할 수도 있고 쇠운에 빠져 살 수도 있다고 말한다.[21] 다시 말해서 성인의 덕을 회복하는 '정(定)'은 이 세상이 성운을 맞이하는 가장 중요한 계기가 된다는 것이다. 이런 점에서 나 한 사람이 마음을 정하여 한울님 덕을 회복한다는 것은 곧 이 세상을 성운(盛運)으로 이끄는 길이며, 나아가 동학이 지향하는 '다시 개벽'을 이루는 길이기도 하다.

해월이 검곡에서 행하던 수행은 다름 아닌 수운 선생이 경험한 세계에의 열망이었다. 나아가 수운 선생이 지향하던, 부조화와 불균형의 현실을 벗어나 새로운 차원의 삶인 다시 개벽의 세상을 이루고자 하는 열망이었다. 그리고 혹독한 수행의 결과 그는 스승인 수운 선생이 경험한 새로운 차원의 세계를 경험하였고, 다시 개벽의 세상을 이룰 '포덕의 대임'을 받기도 한다.

수운 선생이 관의 지목을 피해 경주 용담을 떠나 전라도 남원(南原) 은적암(隱跡庵)[22]에서 한겨울을 보내고, 경주 현서(縣西)에 있는 제자 박대여(朴大汝)의 집에 와서 머물 때였다. 그때(남원에서 경주로 돌아온 직후)는 아무도 수운 선생의 행방을 모르는 상태였는데, 문득 해월 등 제자들이 찾아온다.[23] 관의 지목을 피해 멀리 떠난 스승에 대한 그리움에 사무치던 중 문득 수운 선생이 거처하는 곳에 대한 영감이 있어 박대여의 집을 찾은 것이다.

해월은 그간 자신에게 있었던 일을 말씀드린다. 먼저 "반 종지의 기름으로 스무하루 밤을 밝혔다."고 이야기한다. 또 계곡을 흐르는 개울을 막고 아침저녁으로 목욕재계하며 수련에 열중하던 어느 날, "건강에 해로운 것은 찬물에 갑자기 들어가 앉는 것이다."라는 천어(天語)를 들었음을 말씀드린다.[24] 이에 수운 선생은 "그것은 곧 조화의 커다란 체험이다. 그대의 마음이 스스로 기뻐 자부함이니라."라고 격려를 했다. 그리고 이내 "포덕을 하라."고 포덕(布德)에 나설 수 있는 권한을 부여해 주었다.

수운 선생이 해월의 신비체험에 대해 듣고 '조화의 커다란 체험'이라고 한 것은 의미심장한 말이다. '조화(造化)'란 궁극적으로 '함이 없이 저절로 되는 자연의 힘',[25] 곧 우주의 힘이며 한울님의 힘이다. 즉 수운 선생의 말에 의하면, 해월은 한울님의 무궁한 힘을 체험하였으므로, 그 효험으로 기름 반 종지로 스무하루의 밤을 밝혔고, 또 천어를 듣는 종교적 신비체험을 하게 되었다는 것이다. 이는 곧 수운 선생이 경신년(1860) 4월 자신이 겪은 종교체험(宗教體驗)을 해월 역시 체험하였음을 공인하는 것이기도 하다. 이것이 해월의 『법설』에서 "지극한 정성과 공경과 믿음으로 천어를 듣게 되고, 또 한울님의 놀라운 힘을 체험하게 되었다."[26]고 말한 의미이다.

이와 같은 공인 이후 해월은 '포덕의 권한'을 부여받았다. 포덕(布德)은 '포교(布教)'와도 통하지만, 그 이상의 의미를 지니고 있다. '포덕'이라는 용어가 동학에서 처음 쓰인 것은 수운 선생이 경신년 4월 결정적인 종교체험을 할 때이다. 수운 선생은 한울님으로부터 영부(靈符)와 주문(呪文)을 받으며 "이 영부로 세상 사람들을 병으로부터 구하고, 주문을 받아 가르쳐서 세상 사람들로 하여금 나를 위하게 하면 너 역시 장생하여 천하에 덕을 펴게 될 것"[27]이라는 가르침을 받았다. 즉 수운 선생이 한울님의 덕을 회복하였으므로, 한울님을 대신하여 그 '한울님의 덕을 세상에 펴라(布德)'는 가르침을 받았다는 말이다.

이처럼 '포덕'은 한울님의 덕을 회복한 사람이 한울님의 덕을 세상에 펴는 것을 의미한다. 그러므로 엄밀한 의미에서 한울님의 덕을 체득하지 못한 사람은 '포덕'을 할 수가 없다. 수운 선생이 해월에게 "포덕을 하라."라고 명했다는 것은 바로 해월이 지극한 정성과 수행으로 한울님의 덕을 체득한 한울 사람임을 인정하는 것이기도 하다. 나아가 '포덕'이란 한울님의 덕을 천하에 펼쳐, 만유가 한울님 덕화로 태어났음을 깨닫게 하고, 이들로 하여금 생명의 본질이 바로 한울님임을 깨닫게 하여 한울님 삶을 살아가게 하는 것을 말한다.

해월이 포덕의 명을 받았다는 것은 세상의 뭇 생령들이 아직은 각성하지 못한 생명의 본질, 곧 나의 생명이 한울님인 우주 생명과 한기운과 한마음으로 상통하므로 한울님이 바로 나이고 내 생명이 곧 한울님의 생명[28]임을 자각하게 하고, 이것이 사회윤리적 원리[29]가 되도록 가르침을 펼쳐 나가라는 명이기도 하다. 즉 한울 생명의 원리를 사회윤리적 관계의 원리로 확장하여 '다시 개벽'을 이루라는 명이기도 한 것이다.

이는 또한 수운 선생이 해월을 '동학 선생'으로 인정하는 절차이기도 하다. 이러한 과정이 훗날 수운의 많은 제자들 중, 학식도 특출나지 않고, 가문이나 지벌, 또 여타의 다른 현실적인 힘도 없는 해월에게 도통(道統)을 전해 주게 한 궁극적인 요인이기도 하다.

해월은 빈곤한 하층 계층에서 태어나 살아가던 한 사람이었다. 그러나 수운 선생을 만나 동학의 가르침을 받고, '마음을 정(定)하느냐 정하지 못하느냐가 곧 성현이 되느냐 우부가 되느냐의 핵심적인 관건이 된다.'는 인간 존재에 대한 본질적인 깨달음을 하게 하였다. 이 깨달음은 해월로 하여금 '빈천의 삶이 아닌, 성현으로서의 삶을 이룩할 수 있다는 새로운 희망'을 갖게 하였고, 이내 이 희망은 해월로 하여금 '놀라운 한울님의 힘'을 체험하게 하는 계기를 이루었다. 그러므로 해월의 평생을 지탱한 마음공부, 마음 철학의 바탕이 되었다.

즉 이 체험과 그로부터 얻은 한울님의 힘은 수운 선생의 순도 이후 36년이라는 장구한 세월을 고단한 피신의 삶을 살면서도 해월로 하여금 우주적 삶을 이 세상에 펴는 '동학 선생'으로서의 길을 가게 하는 원동력이 되었다.

2. 동학 선생으로서의 해월

해월이 비록 스승인 수운 선생으로부터 도통을 물려받은 동학의 2세 교주라고 해도, 현실적으로는 관의 추적을 받아 쫓기며 산간 오지를 전전하고, 자신의 몸 하나 숨기기에 급급한 지명 수배자에 불과했다. 이와 같은 해월이 훗날 민중의 지도자로 우뚝 서고, 또 위대한 사상가로 자리매김할 수 있었던 것은 그가 '동학 선생'으로서의 삶을 굳건히 견지했기 때문이다.

해월이 태백과 소백의 험준한 산속 마을로 들어오게 된 것은 1864년 3월, 수운 선생이 대구 장대에서 사형 당하기 바로 직전이었다. 스승의 체포와 죽음을 뒤로하고, 조여 오는 관의 추적을 피하여 해월은 경상도·강원도·충청도를 넘나드는 깊고 깊은 산간 오지로 숨어들었다.

이때 해월은 38세라는 중년으로 접어드는 나이였다. 이렇게 시작된 도피 생활은 36년이라는 긴 세월 동안 이어져, 1898년 4월 원주 호저면 고산리 원덕여(元德汝)의 집에서 관군에게 체포되고, 서울로 압송되어 그해 6월 2일 72세의 나이로 처형 당할 때까지 계속되었다. 해월은 이 기간 동안 구체적으로 세 차례의 집중적인 수배를 받았다. 첫 번째는 수운 선생 체포 직후 동학의 뿌리를 뽑기 위하여 조선조 조정에서 동학 주요 지도자들을 체포토록 한 것이다.[30] 두 번째는 '이필제(李弼濟)의 난'[31] 이후 내려진 체포령이다. 세 번째는 교조신원운동과 동학농민혁명의 수괴(首魁)로서의 지명수배령이다.

무엇이 한창 나이의 해월로 하여금 태백 준령의 산속을 헤매게 하였으며, 무엇이 그로 하여금 40년 가까운 시간 동안, 끈질긴 관의 추적을 받으며 죽음보다 더한 고통과 허기와 추위 속에서 몇 번씩 포기하고도 싶은 삶[32]을 지탱하게 하였으며, 어떠한 힘이 산간 오지 마을 50여 곳으로 몸을 숨기는 그 고난의 삶을 살아가게 했던 것인가?

기본적으로 해월이 수운 선생으로부터 가르침을 받은 것과, 해월 스스로 성현으로서의 삶을 살아갈 수 있다는 깨달음을 얻고 신비체험을 한 것이 이유가 된다. 그러나 이것이 결정적인 힘으로 작용한 계기는 그 가르침과 체험을 자기 개인의 차원에 한정하지 않고, 세상 사람들 또한 성현의 삶을 살게 하며, 나아가 이들에 의한 새로운 세상을 이룩할 수 있다는 믿음을 갖고 이를 실천한 것이라고 할 수 있다. 즉 이 세상을 '다시 개벽'할 수 있다는 해월의 믿음이 바로 고난을 헤쳐 나갈 수 있게 한 원동력이었다.

동학의 다시 개벽은 모심과 섬김을 통한 '마음 개벽'과 '사회 개벽' 그리고 천리와 인사가 부합하는 '우주 개벽'을 이루는 것을 말한다. 마음·사회·우주 개벽인 '동학의 다시 개벽'은 우주적 생명을 깨닫고, 이를 통해 진정한 생명의 가치를 인류 사회에 구현함으로써, 만유(萬有)와 더불어 조화와 균형을 이루며 살아가는 것을 말한다.[33]

또한 동학에서 성현은 한울님 모신 사람으로 거듭나, 한울사람으로서의 삶을 살아감을 의미한다. 해월은 일찍이 수운 선생을 만나 그의 가르침을 받았다. 이때의 가르침은 단순히 문자를 통한 가르침이 아니다. '영적(靈的) 세계에의 체험'을 통한 가르침이다.

수운 선생은 경신년(1860년) 4월 '궁극적 실체인 한울님'을 만나고 대화하는 결정적인 종교체험을 했다. 이를 통해 한울님으로부터 계시를 받고, 만유(萬有)를 화생(化生)하고 또 생성시키는 근원적인 힘, 즉 '혼원지기(混元之氣)에 의한 생명의 원리'를 깨닫게 되었다. 즉 만유는 우주적 영(靈)에 뿌리를 두고 있어 그 존재가 무궁하며, 궁극적으로 만유는 개체이면서도 동시에 이 무궁한 우주와 하나라는 진리를 체득하였다.[34] 그러므로 수운 선생은 지금까지 자신을 둘러싸고 있던 관념적인 모든 테두리를 해체하고, 무궁한 우주와 더불어 무궁한 존재로 새롭게 태어남[35]을 스스로 체득한 것이다.

이 가르침이란 다른 말로는 시천주(侍天主)의 '모심'을 통해 무궁한 우주와 더불어 무궁한 존재, 곧 한울사람으로서 살아갈 수 있다는 것이다. 그런가 하면, 한울사람으로서의 삶이란 나와 마찬가지로 무궁한 우주에 뿌리를 둔 만유를 '한울'로서 공경해야 한다는 것이었다. 이와 같은 스승의 가르침을 해월은 체화(體化)하고 또 실천하기 위하여 '마음공부'에 전념하였다.

마음공부를 통해 해월이 터득하고 지향했던 '올바른 삶'이란, 모든 생명이 거룩한 가치를 지니며, 동시에 이 생명, 생명 모두가 우주적 조화(調和)를 이루도록 한다는 당위성에 바탕을 둔 것이었다. 그러므로 기본적인 인간성마저 상실한 채 소외당한 당시 민중들의 삶은 해월에게 있어 차마 견딜 수 없는 것이었다.

그러므로 해월은 수운 선생의 '시천주(侍天主)'를 이어, "세상의 모든 사람을 한울님같이 대하고 섬겨야 한다."는 사인여천(事人如天)의 윤리[36]를 천명하고, 이를 실생활 속에서 실천해 나가고자 노력했다. 해월의 사인여천의 윤리는 단순한 휴머니즘이 아니라 우주적 차원에서 펼치는 새로운 인간주의, 즉 생명주의의 실현이라고 할 수 있다.

인류사에 있어, 지금까지 인류의 삶을 지배해 온 원리는 사회진화론에 입각한 경쟁적인 삶이었다. 물론 '사회진화론'은 적자생존의 법칙에 근거하여 19세기 후반 서구에서 발전한 사회 지배 이론이다. 그러나 동양 사회, 특히 당시의 우리 사회에도 이 원리는 그대로 적용되고 있었다고 본다. 즉 사회적인 경쟁이나 체제의 중심에서 밀려난 이들은 천민·빈민층으로 소외된 삶을 살아야 했으며, 이들은 가장 기본적인 인간성마저 유린당한 채 살아야 했기 때문이다.

이러한 시대에 해월은 소외된 사람들에게 '사람답게 살 수 있는 길'을 일깨워 주고 그 길을 열어 내고자 하였다. 즉 해월은 세상 사람들이 상하 주종 질서가 아닌, 한울님을 모신 존재로서 모두가 동등하다는 새로운 윤리에 의한 삶을 살아가도록 가르쳤다. 그러므로 해월은 소외된 이들에게 새로운 삶의 희망을 주는 '동학 선생'으로 자리하게 되었다.

즉 해월은 당시의 인간 삶의 문제를 제도 변혁을 통해 해결하기보다는 인류사적인 면에서 반성하고 또 우주적인 차원에서 해결하고자 고뇌했던 인물이었다. 이와 같은 해월에게서 우리는 '혁명가'라기보다는 '종교가' 또는 '사상가'의 면모를 발견하게 된다. 이처럼 해월은 새로운 삶의 가치를 이 지상에 실현하고자 끊임없이 노력하면서 인간이 만유와 더불어 조화와 균형을 이루는 새로운 세상, 즉 '다시 개벽'을 이룩하고자 한 '동학 선생'이었다.

동학 선생으로서 해월은 산간의 수많은 지역을 전전하면서도 지속적으로 '가르침의 말씀', 곧 법설(法說)을 펼쳤다. 이러한 해월이 펼친 많은 법설들은 민중들 속에서 그들과 더불어 살면서 수운 선생의 가르침을 해월 자신의 방식으로 풀어낸 것이 대부분이다. 예컨대 "도(道)에 대한 한결 같은 생각을 주릴 때 밥 생각하듯이, 추울 때 옷 생각하듯이, 목마를 때에 물 생각하듯이 하라."[37]는 말씀은 곧 산간을 전전하면서, 배를 움켜쥐는 굶주림과 살을 에는 추위, 그리고 목마름 속에서도 바른 도를 잊지 않았던, 해월의 절절한 경험의 표현이라고 할 수 있다.

또 「천지부모(天地父母)」 편에서 해월은 "밥 한 그릇에 모든 세상의 이치가 담겨져 있다."[38]는, 그 유명한 '밥 철학'을 설파하였다. 즉 '밥'은 우리가 아침저녁으로 대하는 평범한 것이지만, 이에는 한 치 한순간도 어긋나지 않는 우주 대자연의 운행과 보이지 않는 수많은 미물 곤충들의 협동, 그리고 숭

고한 인간의 노동이 어우러지는, 그러한 '우주의 진리'가 담겨져 있음을 역설한 것이라고 하겠다.

매일매일 이루어지는, 먹고 입고 잠자는 그 평범한 일상 속에 이와 같이 심오한 우주의 뜻이 담겨 있음을 해월은 그가 겪은 삶을 통해 깨달았고, 또 이 깨달음을 자신과 함께 살고 있는 그 사람들에게 일깨워주었다. 따라서 해월은 "'도(道)'라는 것은 지고한 먼 곳에 있는 것이 아니다. 일용행사(日用行事) 모두가 도 아님이 없다."[39]는 것을 입버릇처럼 강조하곤 했다. 그런가 하면, 한 가정을 이루고 있는 며느리에서 어린아이까지 모두 자신이 깨달은 도를 설명하는 대상으로 삼았다. 그리하여 해월은 사람이 하루하루 생활 속에 행하는 일 그 자체가 바로 한울님(事事天)의 일이요, 사람이 생활 속에서 매일같이 만나고 또 사용하는 사물이 곧 한울님(物物天)이라고[40] 설파하며, 도를 일상의 차원에서 설명해 나갔다.

해월은 이렇듯 '도의 생활화'를 통해 당시 새로운 세상을 염원하던 민중들의 가슴에 깊이 '가르침의 뿌리'를 내릴 수 있었다. 그러므로 해월은 자연 이들 민중들의 지지를 받는 '동학 선생'이 되었고, 민중들은 해월의 가르침에 따라 동학이라는 신앙운동에 참여하고 마침내 변혁의 주체로 성장해 갔다.

또한 해월은 무심히 자라는 한 포기의 풀과 한 그루의 나무, 또 한 떼기의 땅이라도 모두 한울님의 덕화(德化)에 의한 소중한 것임을 실천적으로 깨닫게 되었다. 따라서 해월은 하늘의 '해와 달', 그리고 숲에서 우는 '새소리' 등 자신이 접한 일상의 모든 것 역시 한울님 덕화에 의한 것임을 설파하였다.

해월은 "사람만이 오직 먹고 입는 것이 아니라, 해와 달을 비롯한 만유 역시 먹고 입는다."[41]라고 하여 만유와 우주와 사람과의 유기적 연관성을 갈파했다. 또 "숲속에서 우는 새 역시 한울님을 모시고 있다."[42]라고 하여 천지만물이 모두 한울님을 모신 존재임을 강조했다. 그런가 하면, 이 우주에는 한울님 기운이 가득 차 있으므로 한 걸음이라도 경솔하게 내디디면 안 된다고 가르쳤다.[43] 그러므로 비록 우리가 밟고 다니는 땅이라고 하여도 함부로 뛰지 말며, 침을 멀리 뱉거나 허드렛물을 함부로 땅에 버리지 말라고 말하고 있다.[44]

천지만물에 대한 이러한 생각과 태도는 높은 종교적 경지에 이른 사람만이 보여줄 수 있는 '나와 만물이 하나 된 상태'에서 나온 것이다. 해월은 풀벌레도, 날짐승도, 나뭇가지 하나도 모두 각기 명(命)이 있으므로 나의 목숨과도 같이 소중하다고 생각할 뿐만 아니라,[45] 어린아이가 나막신을 신고 땅을 마구 내디디며 달리는 소리에 가슴을 쓸어내리며,[46] 땅이 느끼는 아픔을 똑같이 느끼는, '만물과 하나 됨의 경지'에 이르러 있었다. 이는 곧 해월이 자의식을 소멸시키거나 자의식의 정도를 마음대로 조절할 수 있는, 매우 높은 종교적인 경지에 이르렀음을 말해 준다.[47]

이러한 경지에서 한울님을 공경하는 경천(敬天)을 넘어, 사람을 공경하는 경인(敬人)과 만물을 공경하는 경물(敬物)의 삼경(三敬) 사상이 배태되었다. 이 삼경 사상은 오늘날 인류가 직면한 환경 위기에 소중한 대안적 가르침이 되고 있다. 즉 현대사회의 생태 및 생명의 문제를 해월은 이미 100년 전에 구체적이며 근원적인 면에서 제시해 놓고 있었다.

이처럼 해월은 가난하고 볼품없는 한 사내에 불과했지만, 수많은 민중들의 전폭적인 지지를 받는 종교적·사상적 지도자가 될 수 있었다. 나아가 새 세상을 희구하는 이들에 진정한 삶의 가치를 제시하는 스승이 되었고, 21세기라는 현대에 이르러서도 인류를 밝히는 등불과 같은 소중한 가르침을 제시하였다.

3. 해월에게 있어 '일, 그리고 조직력'

해월이 동학 선생으로서 민중의 지지를 한몸에 받으며 동학의 교단을 다시 재건할 수 있었던 힘은 어디에서 비롯되었는가. 이는 바로 해월의 한 지도자로서의 모습과 탁월한 '조직력', 그리고 그가 일상에서 보여준 '일'에 대한 새로운 차원의 인식과 전개에 있다고 생각된다. 특히 해월은 높은 종교적 수양을 통해 우리 일상의 '일'에 대한 관념을 혁명적으로 전환시켰다. 그 결과 많은 사람들이 적극적으로 삶의 현장에 참여할 수 있게 하는 활기를 심어 주었다.

일반적으로 일은 천한 사람이나 하는 것이라고 생각한다. 특히 봉건사회에서 이러한 관념은 더욱 강했다. 지배계층은 일을 시키는 사람이라면, 피지배계층은 일을 하는 사람이었다. 그러므로 '일'은 천한 것이라는 관념이 지배적이었다. 봉건사회가 타파되고 민주주의를 기본으로 한다는 현대 자본주의 사회에서도 이는 별로 변하지 않았다. 소위 블루칼라와 화이트칼라에 대한 구분과 관념이 대표적인 것이다. 특히 오늘 한국 사회에서 기피 대상이 되는 3D, 소위 힘들고(difficult) · 더럽고(dirty) · 위험한(dangerous) 업종의 일을 단순한 '노동'으로 인식하기 때문에 생겨난 현상이라고 하겠다.

그러나 일에 대한 일반적인 통념을 벗어 버린다면, 일은 무엇보다도 소중한 것이다. 세상의 모든 것은 일을 통하지 않고 이룩되는 것이라고는 하나도 없다. 그런가 하면, 일은 다만 사람만이 하는 것이 아니라, 천지자연 역시 모두 하는 것이다. 나아가 우주 전체가 함께 어우러져 한 시도 쉬지 않고 하는 것이 바로 '일'이다. 만유가 한가지로 일하지 않는다면, 우리는 한 시도 살아갈 수 없다. 천지자연과 인간이 함께 협력하여 '일'을 함으로써 우주는 유지되고, 우리 역시 살아갈 수가 있다. 우리가 가장 기본적으로 먹고 살기 위해서는 천지자연도 일을 해야 하고, 인간인 우리도 그 일에 능동적으로 참여해야 하기 때문이다. 이처럼 '일'은 다만 노동의 차원이 아니라, 우리를 살아가게 하는 참으로 소중한 무엇이 아닐 수 없다.

'일'에 대한 해월의 생각은 바로 여기서 출발한다. 해월은 '일'은 곧 천지자연(한울님)의 성스러운 일이며, 인간의 일, 즉 노동은 한울님의 일을 우리 현실에서 실천하는 '성스러운 길'이며, 성스러운 한울님의 일에 능동적으로 동참하는 것이라고 설파한다. 그러므로 해월은 언제나 관으로부터 쫓기는 위급한 몸이었지만, 한 시도 손에서 일을 놓지를 않았다. 제자들이 쉬시기를 권할라치면 "언제 한울님이 쉬는 것을 보았느냐?"[48] 하며, 과실나무를 심거나 농사를 짓고, 또 새끼를 꼬았다. 언제 도망을 해야 할지 모르는 처지에서도 씨를 뿌리고 밭을 일구는 모습을 보고, "직접 드시지도 못할 채소는 심어 무엇 하시렵니까?"라고 묻는 제자에게는 "이 집에 오는 누구라도 먹고 이 물건을 쓴들 무슨 안 될 일이 있겠느냐."라며 묵묵히 밭 갈고 씨 뿌리는 데에 전념하였다.[49]

"언제 한울님이 쉬는 것을 보았느냐?"라는 해월의 말은 『주역』의 "하늘의 운행은 건실하다. 군자는 이로써 스스로 힘쓰고 쉬지 않는다.(天行健 君子以自彊不息)"라는 말과도 통한다. 그러나 『주역』에서 '스스로 힘쓰고 쉬지 않는다'는 뜻은 군자의 태도나 몸가짐 또는 공부 등 수행 자세에 있다면, 해월은 다만 수행만이 아니라, 일상사 전부를 아우른다. 다시 말해 이 언명은 궁극적으로 '일'은 '한울님의 일'이며, 인간으로서 한울님 일을 실천하는 것이라는 의미를 담고 있다. 이러한 노동관은 곧 '생활 혁명'[50]의 출발점이 된다.

인류 역사에서 신(神)은 머나먼 초월 공간에 자리하며, 사람들로부터 숭배 받는 그러한 존재였다. 그러나 경신년 4월 수운 선생이 경험한 한울님은 초월적으로 존재하면서 사람들에게 벌이나 복을 주고, 또 명령하고 위계에 의한 지배와 복종을 강요하는 신이 아니었다. '한울님'은 인간과 더불어 살며, 인간과 함께 새로운 세상을 이루고자 하는 신이다. 나아가 한울님은 수운 선생에게 "나 역시 공이 없어서 너를 세상에 내놓았다."[51]고 말하는 노력하는 신이다. 즉 "개벽 이후에 애를 썼으나 공을 이루지 못했는데(勞而無功), 오늘에서 너를 만나 비로소 성공하게 되었다."[52]는 이 말씀은 '노력하는 한울님', '너라는 사람'과 더불어 노력함으로써만이 성공할 수 있는 그러한 신(神)이다.

이렇듯 수운 선생은 경신년(1860년) 신체험(神體驗)을 통해 초월된 공간에서 숭배의 대상으로 존재하던 신을 인간과 세상사를 조율하는 신으로, 적극적으로 활동하며 능동적으로 참여하는 활력 넘치는 '일하는 신'으로 민중 속에 부활시켰다.[53] 그러므로 민중 속에 살아 있는 한울님, 민중과 함께 살아가며 민중의 아픔과 기쁨을 함께하는 한울님으로 자리하게 된 것이다.

일찍이 수운 선생은 "한울님만 믿었어라. 네 몸에 모셨으니 사근취원(捨近取遠) 하단 말가."[54]라고 제자들을 가르쳤다. 한울님이 바로 너희들 자신의 몸, 곧 민중들 그 안에 모셔져 있으니, 먼 곳에다 빌지 말고 가까이를 취하라고 가르쳤다. 이 가르침은 허공 중의 한울님을 향하여 빌고 하소연하는 그러한 의지적(依支的)인 신앙이 아니라, 사람들과 함께 숨쉬고 움직이는 한울님을 신앙하라는 말씀이다. 즉 우리의 삶 가운데 한울님이 계시므로, 우리가 살아간다는 것은 한울님을 능동적으로 세상에 현현시키는 것이 된다. 이는 곧 우리 모두 한울님 모셨음을 깨닫고 그에 따라 살아간다면, 우리 일상사 모두 한울님의 일 아님이 없게 됨을 의미한다. 따라서 우리가 한울님 마음으로 행하는 일은 모두가 한울님의 성스러운 일이 된다는 것이다.

이러한 수운 선생의 한울님관이 그대로 해월에게 이어져, 해월은 자신의 내면에, 또는 민중 속에 부활한 한울님과 더불어 행하는 일이 곧 '한울님의 일'이며, '한울님 일의 실천'임을 강조했던 것이다. 이와 같은 면에서 해월은 사람이 행하는 그 일 자체로 귀천(貴賤)이 나뉘는 것이 아니라고 말한다. 주어진 일을 얼마만큼 정성되고 참되게 실행하느냐 그렇지 않느냐에 따라, 귀하고 천함이 결정된다는 것이다. 다시 말해서 한울님 모신 사람으로서, 쉬지 않는 한울님의 성품 그대로를 자기 일을 통하여 체현하느냐 하지 못하느냐에 따라 그 일의 귀천이 결정된다는 것이다. 이런 기준으로 보면 해월이 몸소 행한 여러 일, 예를 들어 화전을 일궈 농사를 짓거나, 새끼(노)를 꼬거나, 짚신을 삼거나 나무를 심는 것은 지극히 일상적인 일이었지만, 바로 한울님이 행하는 일로서 신성시(神聖視)될 수 있는 것이었다.

이와 같은 해월의 일에 대한 생각은 결국 귀천(貴賤), 성속(聖俗)의 개념을 전혀 다른 차원에서 재정립하는 결과에 이른다. 궁극적으로는 지금까지 인류 사회를 지배해 오던 질서를 뛰어넘는 사상의 일대 전환을 가져오는 계기가 되기도 한다. 즉 현대 시민사회가 강조하는 '노동의 신성함'[55]에 대하여 해월은 좀더 근원적인 면에서 이미 100여 년 전에 이를 몸소 실천하였을 뿐만 아니라, 당시의 민중들에게 각성시키고자 노력한 선지자였다.

해월은 스승인 수운 선생으로부터 시천주의 가르침을 받아 생명의 본질을 깨닫고, 신(한울님)과 사람을 공경하는 것은 물론 사사물물까지 공경(物物天事事天)하는 철학을 강조하고 또 모범적으로 실천했다. 일 자체를 한울님의 일로 성화(聖化)하여 일을 하는 세상 모든 사람들은 단지 '일꾼'이 아니라, '일하는 한울님'으로 바라보고 대해야 한다는 것이 해월의 생각이다.

이와 같은 생각을 펼치고 실천하는 해월을 세상 사람들은 '일하는 한울님'으로 부르게 되었다. 그런가 하면 보따리 하나만 짊어지고 이 산에서 저 산으로, 이 마을에서 저 마을로 쫓겨 다니며 살아갔기 때문에 '최보따리'라고 불렀는가 하면, 실제로 머슴으로 일한 적도 있고 한울님의 일을 대행하는 머슴을 자처했으므로 '머슴 교주'라고도 불렀다.

보따리 하나 짊어지고 세상을 떠돌며, 자기 일을 한울님 일로서 행하는 머슴 출신의 교주, 이것이 바로 '동학 선생' 해월의 모습이었다. 그러므로 당시 억압받던 민중들에게 해월은 참으로 신선하고 새로운 인물이 아닐 수 없었다. '일하는 사람'이 곧 한울님이며, 그 일이 또한 '한울님의 성스러운 일'을 행하는 것이라는 가르침은 세상의 사람들을 한울님으로 거듭나게 하는 가르침이었다. 그러므로 당시 사람들은 동학이 민중들의 손으로 새 세상을 열어갈 수 있는 가르침이라고 생각하게 되었고, 해월을 신뢰할 수 있는 민중의 지도자로 받들 수 있게 하는 중요한 계기가 되었던 것이다.

해월은 절멸의 위기에 처한 동학 교단을 30여 년 만에 삼남을 넘어 강원도, 경기도, 황해도, 평안도, 함경도 일원까지 확산시켰다. 아무것도 지닌 것 없는, 한 지명 수배자였던 해월이 이렇듯 방대한 조직을 이룩하고, 또 이끌어 나갈 수 있었던 것은 '일'에 대한 새로운 인식과 함께 그의 성실성, 그리고 탁월한 조직력에 의한 것이라고 하겠다.

수운 선생 참형 이후 해월이 처음 산간마을로 숨어 들었을 때는 혈혈단신이었다. 또 이필제의 난으로 인하여 태백산 속에 숨어 지내다가 영월 박용걸의 집으로 숨어들 때 역시 마찬가지였다. 그러나 해월 특유의 성실성과 조직력은 30년 후 동학 교단을 전국적으로 확대시키는 결과로 나타났다.

모든 조직의 기본 동력은 서로 믿을 수 있는 신뢰에서 형성된다. 해월은 관으로부터 쫓기는 중에도 스승의 유족(師家)이나 동지들을 한때도 저버린 적이 없었다. 늘 사가를 보호하였으며, 혹 동지가 체포되었을 때는 이를 위하여 아침저녁으로 심고(心告)를 드리고, 구출을 위하여 늘 최선을 다하였다.[56] 그러므로 이들 사이에는 신뢰를 바탕으로 하는 견고한 신앙의 고리가 구축되어 있었다.

해월이 이필제의 난 이후 관의 추격을 피해 다닐 때이다. 해월과 강수(姜洙)가 영월 소밀원(小美阮)에 있는 수운 선생 유족의 집을 찾아갔다. 그때 사모님인 박씨 부인은 정선으로 가고 없고, 마침 이들과 맞닥뜨린 며느리가 목숨을 의탁코자 찾아온 이들을 꺼려 쫓아낸다.[57] 그러나 해월은 훗날 정선에서 어느 정도 안정을 찾은 이후 관의 추적 대상이 되고 있던 수운 선생 유족을 가장 먼저 소밀원에서 정선 유인상이 살고 있는 무은담(霧隱潭)으로 모셔온다. 그런가 하면 수운 선생의 맏아들인 세정이가 인제에서 체포되어 양양 감옥에 갇히자, 혹 세정의 동생인 세청이의 처가가 관의 기찰을 받을 것을 염려하여 세청의 처당숙이 사는 강원도 인제까지 찾아가 알려주는 정성을 보이기도 했다.

이와 같이 해월은 제자들과 스승의 유족, 나아가 그들의 친인척까지 세심히 배려하였으므로, 굳건한 신뢰를 구축할 수 있었다. 이러한 해월의 행태는 천성에서 비롯된 것이기도 하지만, 본질적으로는 해월의 '한울님 신앙'이 그 바탕에 자리하고 있기 때문이다. 한울 사람으로서 한울님의 마음을 생활에서 그대로 실천한 모습인 것이다. 이는 곧 해월이 늘 말하던 "말은 행할 것을 돌아보고, 행동은 말한 것을 돌아보아, 말과 행동을 한결같이 하라. 말과 행동이 서로 어긋나면 마음과 한울님이 서로 떨어지고, 마음과 한울님이 서로 떨어지면 비록 해가 다하고 세상이 꺼질지라도 성현의 지위에 들어가기가 어려우리라."[58]라는 가르침의 실천이기도 하다. '말과 행동이 서로 어긋나면 마음과 한울님이 서로 떨어진다(言行相違 則心天相離).'는 말씀은 단순한 언행일치의 차원을 넘어 내 마음속에서 한울님을 회복함으로써 한울사람으로서의 삶을 실천하는 길임을 강조한 것이다.

또한 해월은 도에 들어오는 도인에게 가장 먼저 종교적 수련을 시킴으로써 신앙심을 고취시키고, 굳은 결속을 장려하였다.[59] 즉 신앙 속에서 신뢰를 쌓고, 신뢰 속에서 신앙심을 다지고 그 결속을 공고히 해 나갔던 것이다. 신앙의 본질인 '믿음'은 세 가지 측면이 있다. 첫째, 자신에 대한 믿음인 '신념'이다. 둘째, 나와 타인 사이의 믿음인 '신뢰'이다. 셋째, 인간과 신 사이에서의 믿음인 '신앙'이다. 해월은 먼저 제자들과 신뢰를 통한 믿음을 확고히 하고자 했다. 특히 새로 입도하는 제자들에게 49일 수련 등을 시킴으로써 이들이 스스로 한울님 모셨음을 체험하게 하고, 도에 대한 신념과 다시 개벽의 이상을 실현하고자 하는 의지를 함양할 수 있도록 하였다. 그러므로 신앙을 통해 신념을 이룩하고, 이를 바탕으로 신뢰를 구축해 나갔다. 이러한 신뢰 구축이 바로 동학 조직을 결속시키는 근원적인 힘이 되었던 것이다.

또한 해월이 동학의 조직을 결속시키는 가장 큰 힘인 '신뢰의 구축'에는 해월의 리더로서의 남다른 모습 때문이다. 해월은 자신의 제자들에게 군림하고 제자들을 부리는 동학 선생이 아니었다. 인간관계의 지평은 서로 역할이 다를 뿐이지, 그 상하의 차별을 지니지 않는다는 것이 해월의 생각이다. 따라서 제자와 해월과의 관계는 새로운 세상을 이룩하고자 하는 파트너로서의 모습이지, 결코 군림하고 종속되는 관계가 아니었다.[60] 즉 해월은 여타의 지도자들과 같이 카리스마적인 모습으로 교도들과의 관계를 맺지 않았다. 어려운 일이 생기면 접주들 또는 교도들과 의논하고 협의하였다.

이러한 해월의 인간관계의 지평은 다름 아닌 동학의 시천주에 의한 것이다. 시천주는 잘 아는 바와 같이 모든 사람이 한울님을 모시고 있으므로, 본원적으로 평등하다는 생각에서 출발을 한다. 그런가 하면, 앞에서 이야기한 바와 같이 '신분'이나 '직분'뿐만 아니라, '일'에서도 귀천이 있을 수 없으며, 그러므로 모두 함께할 수 있는 조력자의 관계를 이루었던 것이다.

바로 이와 같은 관계로 결속된 조직이었기 때문에 해월이 36년간을 산간 마을을 전전하며 숨어 지냈고, 조선조 조정으로부터 세 번씩이나 집중적인 지명수배를 받았어도, 체포되지 않았던 것이다. 대부분 수배자의 체포는 밀고자에 의한 것이다. 밀고는 배반에 의하여 나온 것이고, 이 배반도 엄밀한 의미에서 밀고를 하는 사람과 밀고를 받는 사람 사이에서부터 비롯된다. 36년간 한 번도 밀고를 당하지 않았다는 것은, 바로 해월이 얼마나 많은 덕을 쌓았는지를 알 수 있는 좋은 증거이며, 그 덕의 대부분은 제자들과의 파트너로서의 관계를 지닌 동학 선생이었기 때문으로 판단된다. 그러므로 늘 쌍방향의 열린 소통이 되었고, 서로가 서로를 신뢰하는 차원을 넘어 존중하는 차원으로까지 발전을 하였던 것이다.

해월이 신뢰를 바탕으로 조직을 결속했으며, 서로가 서로에게 조력자가 되는 관계를 이루어 놓음으로써 조직을 더욱 더 공고히 하였다. 그런가 하면, 실질적인 면에서 이러한 조직을 잘 운영하였다. 즉 조직, 운영, 관리에 있어 모두 탁월한 모습을 보였던 것이다.

해월은 궁극적인 모든 힘이 조직을 통해 현실화된다는 사실을 깊이 인지하고 있었다. 그러므로 동학의 세력이 확산되자, 먼저 수운 선생 당시 시작했던 '접(接)'을 재건하여 교도들을 조직화하였다. 접은 속인제(屬人制) 조직으로 연비(聯臂; 사람을 매개로 확장하는) 조직이며, 점조직이다. 예를 들어 내가 포덕한 사람은 그가 사는 지역을 불문하고 내 접에 속하게 된다. 동학이 접 제도를 처음 실시하던 시대는 농경 위주의 사회였기 때문에 사람은 대체로 한 지역에서 여러 대를 걸쳐 살았다. 그러므로 내용적으로는 속인제임에도 겉으로는 속지제(屬地制)와 같이 보이고 있을 뿐이다.

접 조직이 속인제로서 포덕을 통한 인적 관계를 중시했다는 것은 조직 관리에 있어 매우 중요한 점을 시사한다. '포덕(布德)'이란 말 그대로 한울님의 덕을 세상에 편다는 의미이다. 동학에서 교리를 전파하고 도를 전하는 것을 '포덕'이라고 부르는 것은, 내가 깨달은 한울님의 덕을 다른 사람에게 전함으로서 그 사람 역시 한울님의 덕을 깨닫게 한다는 의미이다. 그러므로 내가 포덕하는 사람은 내 제자가 되고, 그와 나는 사제(師弟) 관계가 된다. 따라서 해월이 접주에게 가르침을 내리거나 명을 내리면, 이내 그 접 구성원 모두에게 전달되거나 시행되었기 때문에, 조직은 매우 일사불란하게 된다.

그러나 접을 확대한 이후에도 동학의 조직이 더욱 커지고 같은 지역 내에 다른 접이 두 개 이상 생겨나게 되자, 해월은 이 접들을 효율적으로 관리하기 위한 새로운 방안을 마련한다. 이것이 바로 '포(包)'이다.[61] 접은 속인제이지만, 포는 같은 지역 내의 접들을 아우르는 속지제(屬地制)의 성격을 띤다. 이렇듯 접과 접을 포괄하는 포의 두목은 그 관내의 접주들을 모두 지휘 감독하는 접주의 접주로서 '대접주'라고 했다.

속인제인 접과 속지제의 성격을 지닌 포를 통해 교도들을 교화함으로써 동학의 조직은 좀 더 복잡한 양상을 띠게 된다. 그러나 이와 같은 복잡한 양상이 어느 면에서 더 효과적인 조직 관리 방법이 된다. 같은 지역 내의 접주들을 대접주가 통솔하므로, 접들 간의 독자성을 유지하면서도 조직 관리는 일사불란하게 된다. 이때 대접주는 접주 위의 직책이 아니라, 다만 접주들을 관리하는 대표성만을 지닌다. 즉 대접주는 오직 접주들만 관리를 하는 일종의 행적적인 업무를 수행는 것이지, 대접주의 가르침이 접주에게 하달되고, 다시 접주를 통해 교도들에게 하달되는 체계는 아니라는 말이다. 신앙상 위계로 보면 대접주도 자신이 행정적으로 관리하는 다른 접주들과 마찬가지로 자신의 접만 지도한다. 이런 면에서, '포'는 접의 상위 단위라기보다는 '접 연합체'라고 보는 것이 타당하다.

접과 포 외에도 해월은 새로운 직제를 계속해서 만들어 나갔다. 그중 하나가 한 도(道)를 좌도와 우도로 나누어 통솔하는 편의장 직제이다. 편의장은 전라좌도(동쪽)에 남계천을, 우도(서쪽)에 윤상오를 임명하여 전라도 지역의 동학교도들을 관리하고 또 통솔하였다.[62] 이 편의장 제도는 속인제와 속지제를 혼합한 제도이다. 좌도 우도를 나누는 것은 일종의 속지제에 속하지만, 그 사람의 인선에서는 접을 또한 중시했기 때문에 속인제의 성격도 지니고 있다고 하겠다.

이 과정에서 문제가 야기되기도 하였다. 조직이 방대해지자 생겨난 문제이다. 전라우도 편의장인 윤상오와 좌도 편의장인 남계천은 평소에 서로 반목하던 사이였다. 반목이 심해지자 호남의 지도자들이 해월을 찾아와 의논하는 사태가 일어났고, 나아가 윤상오 쪽에서는 남계천이 미천한 신분의 사람이라며 문제를 제기하였다. 남계천이 백정의 후손이며, 남계천이 맡고 있는 전라좌도 출신도 아니라는 것이 문제의 핵심이었다. 그러나 해월은 "어느 도를 막론하고 사람의 마음이 화순하면 한울님이 반드시 감응한다."고 말하고, 이어서 "비록 나무인형으로 두령을 세운다고 해도 능히 하나같이 어기지 않는다면 도가 스스로 속히 이루어지니라."라고 설득하며, 남계천을 좌우도 편의장에 임명을 했다.

이렇게 되자 윤상오를 따르던 접주들이 크게 반발하였다. 해월은 다시 윤상오의 집을 방문하여 '양반 상놈을 가르는 것은 나라를 망치는 일'이라며 동학 본래의 정신을 들어 설득했다. 해월은 모든 조직에 있어 '화순(和順)'이 무엇보다 중요하다는 것과, 이를 위해서는 비록 그 출신이 비천하더라도 덕망 있는 사람을 지도자로 세워야 함을 강조하였다. 출신 신분이 아니라, 그 사람의 됨됨이가 무엇보다 중요하다는 것이다.

이와 같이 사람을 보는 해월의 눈은 그 신분이라는 외양에 있었던 것이 아니라, 그 사람의 됨됨이와 그가 지닌 능력에 맞춰져 있었다. 그러므로 해월은 늘 "사람은 한 사람이라도 썩었다고 버릴 것이 없나니, 한 사람을 한번 버리면 큰일에 해로우니라. 일을 하는데 있어 사람은 다 특별한 기술과 전문적 능력이 있으니, 적재적소를 가려 정하면 공을 이루지 못할 것이 없느니라."라고 말하였다. 이처럼 지도자 선정이나 조직 구성에서 늘 동학의 사유를 바탕으로 하여 엄정함을 잃지 않았으며, 또 능력과 화순을 강조하였기 때문에 해월의 지도를 받는 동학의 여러 조직들은 일사불란하게 움직일 수 있었던 것이다.

해월이 구상하여 시행한 또 하나의 대표적인 조직 제도는 육임제(六任制)이다. '육임'이라는 이름에서 볼 수 있듯이, 지도급 인사들이 여섯 개의 서로 다른 임무를 수행하면서, 논의하고 토론할 수 있게 한 제도이다. 즉 돈후하여 교화 임무를 수행하는 교장(敎長)과 교수(敎授), 엄정하게 기강 수호 임무를 수행하는 도집(都執)과 집강(執綱), 올곧게 건의의 임무를 수행하는 대정(大正)과 중정(中正)으로 그 임무를 나누었다. 즉 교(敎)는 교화, 집(執)은 기강, 정(正)은 건의의 임무를 각기 정(正)과 부(副)로 나누어 맡는다.[63] 그러나 이는 서로 종속 관계는 아니다. 같은 임무라고 해도 각기 다른 의견을 개진할 수 있도록 마련한 장치라고 하겠다. 그러므로 다양한 의견들을 취합하여 합리적으로 합일점을 찾아 접이나 포에 지침을 내려 보낼 수 있었다.

신권(神權)을 대행하는 막강한 권위를 행사하는 것이 재래의 종교적인 특성이라고 할 수 있다. 그러나 해월은 비록 도를 총괄하는 대도주(大道主)였지만, 합리적인 지도 방안을 마련하기 위하여 이러한 제도를 두었던 것이다. 100여 년 전 해월이 지도하던 동학의 조직에 육임제 같은 제도가 있었기 때문에 동학은 당시 최고의 조직력을 갖춘 집단으로 성장할 수 있었다.

이와 같이 해월은 동학 교단의 견고한 조직을 위하여 내적으로는 신앙심을 통한 신념과 신뢰를 구축하는 한편, 외적으로는 접·포, 편의장 등의 제도를 두어 전국적 규모로 확산된 동학 교도를 관리하였다. 그런가 하면 다양성과 통일성이 조화를 이루는 가운데 교도를 지도하기 위하여 육임제를 시행해 나갔던 것이다. 이런 점에서 볼 때, 해월은 가히 조직 구성이나 관리의 대가라고 할 수가 있다. 이와 같은 해월의 탁월한 조직력이 성실함과 만나, 36년이라는 긴 시간을 산간으로 숨어 다니면서도, 한국 근대사를 이끌어간 크나큰 교단으로 동학을 발전을 시킬 수 있었다.

또한 해월은 이러한 조직을 통해 동학의 가르침을 널리 펼쳐 나갔다. 신망이 두텁고 행실이 돈독한 석망독행(碩望篤行)의 사람을 발탁하여 각수직분(各受職分)을 수행케 하였다. 이를 통해 궁극적으로 '성스러운 한울님의 일'이 세상에 펼쳐지는 '다시 개벽'의 삶을 이룩하려는 데에 동학 선생으로서의 해월이 지닌 본뜻이 있었다고 하겠다.

해월은 단지 신앙의 깊은 경지에 들기만 했던 것이 아니라, 이를 현실에 적용시켰고, 현실 속에서 펼쳐 나갔으며, 이를 통해 새로운 삶의 질서를 이루고자 노력했던 진정한 동학 선생이었다.

III.
수운에서 해월로

1. 해월, 도통(道統)을 전수받다

신유년(1861) 6월부터 포덕을 시작한 수운 선생은 관의 지목과 영남 일대 유생들의 동학 배척 움직임이 강화되자[1] 전라도 남원으로 몸을 피했다가 이 듬해에 용담으로 다시 돌아왔다. 한동안 주춤했던 동학의 교세는 다시 급속 도록 확산되어 갔다. 이때에 동학의 세력은 경주를 넘어 경상도 일원으로 퍼져가고 있었다. 특히 경주의 북쪽과 북동쪽의 홍해, 연일, 영해, 영덕 일 대에서 동학에 입도하는 사람들이 급격히 늘어났다. 이는 수운 선생으로부 터 포덕하라는 명을 받은 해월이 자신이 사는 홍해를 중심으로 적극적인 포 덕했기 때문이기도 하다.

이때 영덕·상주·홍해·예천·울진 등지에서 전문여(全文汝)·오명철(吳 明哲)·박춘언(朴春彦)·박춘서(朴春瑞)·김경화(金敬和) 등 뒷날 동학의 주요 지 도자로 활동하는 많은 사람들이 입도하였다.[2] 특히 연일·영덕·홍해 일대 는 해월이 제지소 용인으로 일하던 시절, 종이를 배달하던 지역이었다. 그 무렵에 이 지역을 자주 드나들며 많은 사람들과 사귄 것이, 이 지역에서 많 은 사람들을 포덕할 수 있었던 기반이 되었다.

동학의 교세가 날로 커지자, 관의 탄압도 노골화되어 수운 선생이 경주 감영에 일시 구금되는 사건이 발생했다. 제자들이 항의하여 수운 선생은 곧 풀려 나왔으나[3] 계속되는 관의 지목에 대처하고, 또 늘어나는 동학교도를 좀 더 효율적으로 관리하기 위하여, 수운 선생은 먼저 경주 지역을 떠나 다 른 지역으로 그 거처를 옮기고자 하였다. 이러한 수운 선생의 뜻을 안 해월이 자신의 집으로 거처를 옮겨가기를 권유하였다. 그러나 수운 선생은 집이 좁다는 이유를 들어 사양했다. 수운 선생은 11월 9일 홍해 매곡동(梅谷洞)에 있는 손봉조(孫鳳祚)라는 제자의 집으로 거처를 옮겼다.[4] 이어 수운 선생은 주요한 제자들을 손봉조의 집으로 모이게 하였다. 수운 선생은 이들 동학 지도자들과 며칠 동안 논의하고 토의한 끝에 12월 그믐에 각처의 접주(接主)를 정했다.

그런데 이때 해월은 접주로 임명되지 않았다. 수운 선생이 접주제를 실시하기 위하여 장소를 물색하는 일을 의논하는 등의 신임을 보였고,[5] 또한 특별히 포덕을 명하기까지 한 해월에게 접을 맡기지 않은 것은, 결국 이 모든 접을 관장하는 도(道)의 주인으로 삼아 도통(道統)을 수운 선생 스스로 해월에게 전해 주려는 생각이 이때부터 있었기 때문으로 생각된다.

'도통 전수'. 이를 동학에서는 '단전밀부(單傳密符)'라고 부른다. '스승으로부터 선택된 제자에게 스승과 제자 둘 사이에 내밀히 전해 주고 받는 밀부(密符)'라는 뜻으로, 동학이 오늘까지 도맥(道脈)을 이어오는 핵심적인 절차이기도 하다. 이렇게 도통을 물려받은 사람은 도의 주인, 곧 대도주(大道主) 또는 도주(道主) 혹은 주인(主人)이라고 불린다.

수운 선생이 해월에게 도통을 전해준 일자와 명칭이 동학·천도교단 내의 기록에 따라 다소 다르다. 『도원기서』에는 1863년 7월 23일 수운 선생이 해월을 북도중주인(北道中主人)으로 삼았다고 되어 있다.[6] 또 『천도교서』에는 이날 해월에게 북접주인(北接主人)을 정하였다고 했다.[7] 『시천교역사』에는 7월 23일에 북접대도주(北接大道主)를 명하였다고 했다.[8] 또 『천도교창건사』에도 이와 같은 기록이 있다.[9] 또한 북접대도주(북접주인)로 정해진 날짜가 7월 23일로 명기되지는 않았지만, 7월 중에 정해진 것으로 추정할 수 있는 기록들이 『본교역사』와 『천도교회사 초고』 등에 나온다. 먼저 『본교역사』를 보면 다음과 같은 기록이 있다.

　　大神師ㅣ 以神師로 爲北接主人ᄒ시고 謂神師曰 天運이 當在君身ᄒ니 以
　　後事ᄂ 君況愼行善攝ᄒ야 體我密付ᄒ고 明我大道ᄒ라.

　이 기록이 6월조 기록과 8월조 기록 사이에 나오는 것으로 보아, 7월의 기
록임을 알 수 있다. 또한『천도교회사 초고』를 보면 다음과 같다.

　　時에 大神師ㅣ 崔慶翔에게 海月堂의 道號를 賜하시고 北接主人을 特定하
　　시고….

　위의 기록 역시『본교역사』와 마찬가지로 6월조와 8월조 사이에 나오므
로 7월의 일로 추정할 수 있다. 이런 점에서『본교역사』,『천도교회사 초고』
는『도원기서』,『천도교서』,『천도교창건사』,『시천교역사』등과 함께 7월
23일 또는 7월 중에 북접대도주에 임명한 것을 알려 주는 기록이다.
　이와 같이 7월 23일에 북접주인에 명하고, 이후 8월 14일에 '전수심법(傳授
心法)'의 식을 거행하고 대도(大道)의 주인으로 삼았다는 기록이『천도교창건
사』에 나온다.[10] 또『시천교역사』에도 8월 14일에 해월에게 종통을 전수해
주었다고 기록하고 있다.[11] 이와 유사한 기록은『천도교회사 초고』에도 나
온다.[12]『천도교서』에는 이날 종통을 전수하였다는 기록은 없고, 다만 "이
로써(自是) 도의 일(道事)을 너(汝)에게 신탁(信託)"[13]한다는 기록만 있다. 또한
『본교역사』에는 8월 14일에 직접 종통을 전수했다는 기록은 없고, 수운 선
생이 해월에게 여러 가르침을 주었으며, 이러한 일이 있은 이후 동학교문에
서 8월 14일을 지통기념일(地統紀念日)로 삼았다는 기록만 있다. 이에 비하여

『도원기서』에는 이와 같은 기록은 없고, 다만 다른 기록들과 유사한 내용과 함께 날이 밝은 다음 날인 15일 새벽에 '수심정기(守心正氣)' 넉 자와 영부, 그리고 '수명(受命)' 두 자를 써서 주었으며, 이어서 '용담의 물이 흘러 네 바다의 근원이 되고, 검악에 사람이 있으니 한 조각 마음이네.(龍潭水流四海源 劍岳人在一片心)'라는 강결(降訣)의 시를 써 주었다는 기록만 있다.[14]

그러나 『도원기서』의 기록을 자세히 살펴보면, 해월이 7월 23일이 아닌, 8월 14일에 정식으로 법통을 이은 것으로 추정되는 문구를 발견할 수 있다. 8월 14일 이전에는 해월을 '경상(慶翔)'이라는 이름으로 기록하였다. 그러나 이후에는 '경상'이라는 이름은 없고, '주인(主人)'이라고 기록하였다. 대도(大道) 또는 도(道)의 주인이라는 뜻에서 이렇듯 기록한 것으로 판단된다. 물론 7월 23일 북도중주인을 삼았다는 기록과 8월 사이에도 '경상(慶翔)'으로 되어 있다. 이러한 사실로 보아 『도원기서』에도 8월 14일에 종통을 전수했다는 기록만 없을 뿐, 이날이 수운 선생에 의하여 해월이 대도의 주인으로서 공인된 날임을 알 수 있다.

한편 현재 발견된 『동경대전』 목판본 중 가장 오래된 판본인 계미중춘판 『동경대전』과 계미중하판 『동경대전』 「의식」 부분에 "선생 포덕 초에 소고기, 양고기, 돼지고기 등을 썼으나, 계해년 8월에 이르러 선생께서 나를 돌아보며 도를 전해 주던 날, '이 도는 유불선 삼교를 겸하여 나온 가르침이기 때문에 고기 종류는 쓰지 않는다.'[15]라고 했다."고 기록되어 있다. 즉 해월 스스로 '계해년 8월 선생님께서 도를 전해준 날(至於癸亥八月 先生顧予傳道之日)'이라고 말하고 있다. 이와 같은 기록으로 보아, 해월이 비록 7월 23일에 북도중주인, 북접주인 등으로 임명을 받았지만, 수운 선생으로부터 공식적으로 도를 전수받은 날은 8월 14일임을 또한 알 수 있다.

그러나 연구자들에 따라 이러한 해월의 '도통 전수'와 '북접주인'이라는 명칭에 대하여 다른 견해를 보이는 경우가 있다. 즉 해월이 과연 이때 수운 선생으로부터 도통을 전수받았느냐는 하는 의문 제기가 하나이고, 또 도통을 전수받았다고 해도 북도중 또는 북접의 주인을 받았으니, 또 다른 남접이 있을 것이라는 견해가 다른 하나이다.

특히 도통 전수에 관하여 박맹수는 초기 동학의 기록인『수운행록(水雲行錄)』과『도원기서(道源記書)』를 비교 검토하며 이러한 견해를 피력했다. 수운 선생 참형 후, 해월이 동학 교단에서 일정한 위치를 얻은 이후『도원기서(道源記書)』라는 동학의 역사서를 간행하고, 이 책을 통해 의도적으로 해월의 역할을 강조했을 뿐만 아니라, 수운 선생으로부터 도통을 전수받은 것으로 기술했다고 논증하고 있다.[16]

『수운행록』은 김상기(金庠基) 교수가 가칭 단곡본(丹谷本)·계룡본(鷄龍本)·도곡본(道谷本)·용강본(龍岡本) 등을 수집, 종합적으로 정리하여 '수운행록'이라는 이름을 붙여 세상에 알린 문건이다.[17]『수운행록』이 기록된 연대는 알수가 없다. 초기에 표영삼은 수운 선생이 참형 당한 후인 1865년경에 기록된 것이라고 추정했다.[18] 그러나 뒷날 표영삼은 이『수운행록』의 가장 근실한 기초가 된 단곡본은『대선생주문집』을 그대로 옮긴 것이며, 이 과정에서 의도적으로 오히려 해월의 역할을 축소하고자 왜곡한 흔적이 있다고 고증하였다.[19] 또한 훗날 표영삼은『대선생주문집』은『도원기서』중 수운 선생부분만을 떼어 펴낸 것이라고 하며,『수운행록』이 오히려『도원기서』보다 훨씬 후대의 기록이라고 고증했다.[20] 실상『수운행록』을 살펴보면, 오히려 이 기록이 해월의 역할을 축소한 흔적이 역력하다. 특히『수운행록』은 제목 그대로 수운 선생의 일을 중심으로 기록한 것이기 때문에 해월의 일이 축소된 것이 아닌가 추정이 된다.

『수운행록』에 해월이 도통을 전수받은 기록이 명시적으로 나오지 않는다고 해도, 해월이 수운 선생으로부터 도통을 전수받았다는 사실을 추정하게 하는 몇 가지 정황을 『수운행록』에서도 찾을 수 있다. 오명철이라는 인물은 해월의 연비(聯臂), 곧 해월의 연원(淵源)에 속한다. 해월이 영덕에서 포덕한 사람이기 때문이다.[21] 수운 선생은 매곡동 손봉조의 집에서 개접을 하며, 이 오명철을 영덕 접주로 지명을 한다. 그러면서 정작 오명철을 포덕한 해월에 게는 어느 접(接)도 맡기지 않은 것으로 보아, 이는 해월에게 더 큰 일을 맡기기 위한 조처가 아닌가 생각할 수 있다.

또한 해월이 도통을 전수받았다는 1863년 8월 14일에 『수운행록』에는 『도원기서』의 기록과는 다르게, 해월이 박하선(朴夏善)을 비롯한 예닐곱 사람이 함께 수운 선생을 만난 것으로 되어 있다. 그러나 이처럼 여러 사람들과 함께 수운 선생을 만났다는 사실이 해월 혼자만 수운 선생을 만났다는 것보다 오히려 해월의 위상을 높이는 결과가 된다. 특히 박맹수가 해월이 도통을 전수 받은 사실이 없다는 증거로 인용한 『수운행록』의 기록에 의하면, 15일 새벽 수운 선생은 여러 제자들이 있는 자리에서 '용담(龍潭)의 물이 흘러 사해(四海)의 근원이 되고, 검악(劍岳)에 사람이 있으니 한 조각 굳은 마음이라(龍潭水流四海源 劍岳人在一片心)'라는 시를 써주며, '이 시는 장래의 일을 위하여, 결(訣)을 받아 지은 시이다.'[22]라고 말한다. 여기서 '검악(劍岳)'은 해월이 살고 있는 '검곡'을 뜻한다. 수운 선생 자신을 상징하는 '용담'의 대구(對句)로 '검악'을 제시한 것은 해월을 자신의 뒤를 이을 법통의 적자(嫡子)로 여러 제자들 앞에서 공인하는 모습이라고 할 수 있다.

해월이 도의 계승자였음을 알 수 있는 또 다른 정황이 있다. 수운 선생이 대구 감영에서 취조를 받을 때, 감영에서는 수운 이외의 주요 동학 지도자들을 파악하고 잡아들이고자 했다. 이때 중요 인물로 거론했던 몇 사람의 명단 속에 해월의 이름이 들어가 있는 것으로 보아,[23] 해월이 당시 매우 영향력이 있는 제자였음을 알 수가 있다. 그런가 하면, 수운 선생으로부터 직접 가르침을 받은 강수(姜洙) 등의 큰 제자들이 훗날 해월을 대도주(大道主)로 모시고 도차주(道次主)나 접주(接主)로서 그 소임을 맡았고, 또한 수운 선생이 처음 접주제를 실행하며 영양(英陽) 접주로 임명했던 황재민(黃在民)도 해월이 영양 일월산에 있는 산간마을 용화동에서 다시 동학 교단을 재건을 할 때, 해월을 '주인(主人)', 곧 '대도(大道)의 주인'으로 모셨던 사실들로 보아, 해월이 동학의 교단을 장악한 이후 임의로 도통을 물려받은 듯이 꾸민 것은 결코 아님을 알 수가 있다. 『도원기서』가 해월의 도통 전수를 꾸민 것이 아니라, 오히려 『수운행록』이 해월의 도통 전수를 누락한 것으로 판단된다.

또 조경달은 해월이 가난하고 학식이 없어 수운 선생과 같이 교리문답을 할 수 있을 정도의 실력을 갖추지 못한 사람이기 때문에 도통을 계승할 입장이 아니었다고 추론하였다.[24] 그러나 가난하고 학식이 없는 해월에게 도통을 전수했다는 사실이 바로 수운 선생의 남다른 점이라고 할 수가 있다. 재산이나 학식이 아니라 해월의 신앙인으로서 모습이나, 그 성실성과 실천력을 일찍이 파악한 수운 선생은 다른 제자들을 물리치고 해월에게 그 도통을 물려주었던 것이다.

또한 해월은 당시의 주요 지식인에 버금가는 정규 교육을 받지 않은 것은 분명하나, 어린 시절 김계사라는 사람과 서당에서 동문수학했으며, 어느 정도의 교육을 받았다. 그러나 중요한 것은 '가난함과 무식함'이 동학 교문에서 선생을 정하는 데 장애가 되지 않는다는 사실이다. 만약에 동학의 교문이 '가난이나 교육을 받지 못함'을 그 인물의 평가의 고려 기준으로 삼았다면, 수운 선생이 해월에게 포덕하도록 명하지도 않았을 것이다. 나아가 강수와 같이 상당한 지식을 지니고 있었던 인물이 훗날 어떻게 해월을 '도의 주인(主人)'으로 섬길 수 있었으며, 이필제의 난 이후 해월이 혈혈단신이 되었을 때, 정선의 시골 양반인 유인상(劉寅常)이나 전세인(全世仁) 등 지식인들이 어떻게 해월을 따라 입교하고 동학교도가 되었겠는가.

통상적인 기준, 곧 가난하고 학식이 없으면 지도자가 되지 못한다는 통념으로 해월이나 수운 선생을 파악하면, 동학의 진정한 가치를 보지 못하는 결과를 가져올 수도 있다. 해월은 36년간이라는 긴 세월을 스승인 수운 선생의 뜻을 받아 동학을 지키고 다시 일으킨 동학 교문의 유일한 도통 계승자였음을 역사는 증명하고 있다.

도통을 전수하면서 수운 선생은 해월에게 '해월(海月)'이라는 도호를 내린다. 수운(水雲)의 '수(水)'와 해월의 '해(海)'는 '물'이라는 의미에서 서로 통한다. 또 '운(雲)'과 '월(月)'은 '천상에 자리하고 있다는 면'에서 서로 통한다. '물이 흘러 흘러서 가면 이내 바다에 이를 것이고(水流乃到海), 구름이 걷히면 이내 달이 나타난다(雲卷卽顯月).'는 의미에서, 도호를 이렇듯 준 것이 아닌가 생각된다. 이렇듯 수운 선생이 직접 지어준 '해월'이라는 도호에서도, '수운과 해월'의 관계를 읽을 수 있다.

또한 해월이 받은 '북접주인'에 대하여, 많은 동학 연구자들은 이 '북접(北接)'과 상대를 이루는 또 다른 조직인 '남접(南接)'이 있을 것이라고 추정하고 있다. 남접 문제에 관해서 학계에서는 두 방향으로 논의되어 왔다. 일반적으로 갑오년(甲午年, 1894) 동학농민혁명 당시 해월을 중심으로 하는 온건파의 '북접'과 전봉준 등을 중심으로 하는 강경파인 '남접'이 별도로 존재한 듯이 기술한 것이 남-북접과 관련한 학계의 일반적인 의견이다.

그런가 하면, 해월을 중심으로 사회적인 활동을 주로 하는 '북접 계통'의 천도교가 있고, 은둔하여 수련을 주로 하며 신앙하던 '남접 계통'의 종파가 있었다는 주장도 있다. 그러나 이들 주장을 검토해 보면, 북접은 하나인데 비해 남접을 자칭한 동학의 계파나 집단은 한둘이 아니었음을 알 수 있다.

또 자칭 남접 계통 동학은 대부분 '남접 주인'으로 '청림(靑林) 선생'을 내세 운다. 청림과 남접을 자처한 동학의 대표적인 분파로 상주(尙州) 동학교(東 學敎)와 청림교(靑林敎)를 들 수 있다.[25] 그러나 이들이 수운 선생으로부터 도 를 받았다고 내세운 청림 선생, 곧 김시종(金時宗), 김낙춘(金洛春), 정시종(鄭侍 宗) 등은 모두 허구의 인물임이 상주 동학교의 실질적인 창시자인 김주희(金 周熙)의 아들 김덕룡(金德龍)의 증언으로 이미 밝혀진 지 오래이다.[26] 또한 청 림교의 경우 3·1운동 이후, 민족독립운동에 가장 큰 역할을 했던 천도교를 분열시키기 위한 일제의 방침에 따라, 일제의 공작으로 분립된 종단이다.[27] 따라서 청림교에서 내세운 청림 선생 역시 허구의 인물임에 틀림 없다.

결국 남접 주인인 청림 선생은 상주 동학교의 실질적인 창시자인 김주 희[28]가 남접의 근거를 마련하기 위해 가공의 인물로 내세운 것으로 추정된 다. 김주희는 1861년생으로 수운 선생이 참형을 당한 1864년에는 불과 4세 밖에 되지 않았다. 따라서 김주희가 청림 선생을 자처했다면 수운 선생으로 부터 남접의 도주로 임명받았을 리가 만무하다. 이로 보아 본래 '청림'이라 는 인물은 없었음에도, 자신이 세운 동학 계파의 연원을 직접 수운 선생에게 대고, 수운 선생 법통의 적자(嫡子)임을 내세우기 위하여, 이렇듯 해월과 그 연대가 비슷한 사람을 가공으로 내세웠던 것으로 이해할 수 있다.

실상은 동학에 관한 어떤 기록에도 수운 선생이 해월 이외에 다른 사람에 게 법통을 물려주었다는 내용은 없다. 법통을 전해준 것은 오직 계해년(1863 년) 7월 23일 해월을 '북도중주인' 또는 '북접주인'이라 명명하고, 8월 14일에 도통을 물려준 기록뿐이다.

또한 '북접', '북접주인'이라는 용어는 1880년에 작성된 동학의 초기 기록 에도 나오지만, '남접'이라는 용어가 본격적으로 등장한 것은 이보다 근 30 년 후인 1894년에 이르러서이다. 이 당시 '남접'이라는 용어가 보이는 기록은 대부분 동학을 토벌한 관변기록(官邊記錄)이나 토벌군 측의 기록이다. 즉 유학자인 황현(黃玹)의 『오하기문(梧下記聞)』, 이두황(李斗璜)의 『양호우선봉일기(兩湖右先鋒日記)』, 당시 주한일본공사에 보고된 문서, 또는 동학군을 토벌한 일본군 사령관의 보고서, 『전봉준공초』 등이 그것이다.[29]

이들은 모두 1894년 이후에 작성된 기록들이다. 또한 이들 기록은 '남접'을 한결같이 전라도 동학교도 중에서 1894년 3월을 전후하여 봉기한 세력들을 지칭하고 있다. 이는 곧 본래 동학의 내부에 북접과 대를 이루는 남접이라는 조직은 없었는데, 1890년대에 들어와서, 동학의 조직이 방대해지고, 그러므로 해월의 지도 체제에 대하여 이견을 지닌 일군의 동학 지도자들이 스스로를 '남접'이라고 부른 것을, 동학군을 토벌한 관군이나 일본군 측이 그대로 받아 기록한 것으로 판단된다.

특히 해월이 동학혁명 당시 각 포에 보낸 「통유문(通諭文)」에, "이제 들으니, 호남의 전봉준과 호서의 서인주가 문호를 별도로 세워 남접이라 이름을 삼고…"라고 한 기록을 보아, 이 '남접'이라는 이름이 이때에 이들 전봉준이나 서인주에 의하여 쓰였음을 알 수가 있다.

그러나 많은 자료에서 찾을 수 있는 바와 같이, 당시 남접의 지도자로 일컬어지는 김개남(金開南)·손화중(孫化中)·김낙철(金洛喆)·김낙봉(金洛鳳) 등도 해월에 의하여 대접주 또는 접주, 육임직에 임명되었다. 특히 김낙봉은 전봉준이 고부에서 난을 일으키자, 당시 충청도 청산(青山) 문암리(文巖里)에서 강석(講席)을 벌이고 있던 해월에게 곧장 달려가 이를 보고하였다.[30] 또한 동학농민혁명 이후 전봉준이 관에 체포되어 심문을 받을 때, "동학교도 중 접주(接主)의 차출은 모두 누가 하느냐?"라는 물음에 "모두 최법헌(崔法軒, 해월을 뜻함)으로부터 나왔다."라고 대답하고 있으며, "호남(湖南), 호서(湖西) 모두가 같으냐?"는 물음에 전봉준이 "그렇다."라고 대답하고 있다.[31]

이로 보아 당시 일부 남접을 칭하는 계파가 동학 내부에 있었다 해도, 이들에게는 '남접 주인'은 없었고, 이들 모두 해월의 지도 체제 아래 있었음을 알 수가 있다. 다시 말해 남접이라는 용어는 동학 지도부에서 정통적으로 사용해 온 것이 아니며[32] 동학 계열의 일부 신흥 교파가 남접을 자칭하거나, 해월 지도하의 동학 교단 내에 스스로 자기들을 '남접'이라고 구분했던 것에 불과한 것임을 알 수가 있다.

그러면 왜 해월은 고집스럽게 '북접'이라는 이름을 평생 사용해 왔는가. 이에 대하여 대부분 연구자들은 '북접'이라는 용어를 고집한 것은 해월이 수운 선생으로부터 직접 도통을 전수받았다는 정통성을 보이기 위해서라고 평하였다.[33] 이에 더하여 필자는, 스승인 수운 선생으로부터 해월이 받은 직책이 오직 '북도중주인'뿐이었기 때문이라고 생각한다. 자신을 '북도중주인'이라고 임명한 수운 선생이 순도한 이후 그 명을 어길 수 없어, 평생 이 이름을 지키며 살았던 것이라고 할 수 있다.

이렇듯 계해년(1863년) 중추절 전날 밤, 수운 선생으로부터 도통이 전수된 사람은 해월 한 사람뿐이었고, 그 후나 그 전에 누구에게도 도통이 또 전수되었다는 기록은 어디에서도 찾을 수가 없다. 특히 남접을 따로 조직하거나, 남접대도주(南接大道主)를 두었다는 기록은 더더욱 찾을 수가 없다. 따라서 최경상을 '북접주인', '북접대도주', '북도중주인' 등으로 명하고 도통을 전수한 것은 당시까지 수운 선생 자신이 생존하고 있으므로, 수운 선생 자신이 거처하는 지역보다 지역적으로 북쪽에 살고 있으며, 그 북쪽을 중심으로 포덕을 하고 또 지도를 하라는 의미에서 '북접'이라는 용어를 사용했던 것이라고 하겠다.[34]

계해년(1863), 이제 각처의 접주도 정해졌고, 그래서 더욱 공고해진 동학의 조직 위에, 수운 선생은 해월에게 그 법통을 물려주게 된다. 더욱 더 심해지는 관의 지목과 이제 머지않아 닥칠 위기를 예감이나 한듯이, 수운 선생은 그 준비를 위하여, 그간의 수련과 수행으로 그 도력(道力)을 이제는 믿을 수 있게 된 큰 제자 해월에게 '단전밀부(單傳密符)'라는 도통(道統) 전수의 의식을 행한 것이다. 비록 해월이 가난하고 또 학식도 많지 않은 사람이지만, 어느 누구 못지않은 수련의 높은 경지에 이르렀음을 수운 선생은 이렇듯 증명해 주었다. '그 그러함을 아는 사람과 그 그러함을 믿는 사람과 그 그러함을 기쁘게 느끼는 사람'이 서로 거리가 있듯이,[35] 해월은 어느덧 '다만 아는 사람', 또 '다만 믿는 사람의 경지'를 지나, '마음으로 도를 기쁘게 느끼고 행하는, 도의 경지에 깊이 들어가 있는 사람'이었던 것이다.

그날 이후 수운 선생은 경주 용담을 찾아오는 모든 동학의 교도들에게, "용담에 오기 전에 먼저 검곡(劍谷)을 거쳐서 오라."는 명을 내린다.[36] 즉 동학의 모든 공식적인 절차는 이제 새로이 법통을 이은 검곡의 주인, 바로 해월에게 있음을 강조한 말씀이라고 하겠다.

후천 오만년을 열어갈 대임(大任)을 맡게 된 해월은, 그 이후 스승인 수운 선생의 참형이라는 아픔을 감내해야 했으며, 집요한 관의 추적 아래 태백과 소백의 험난한 산속을 40년 가까운 긴 세월 동안 숨어 다니는 가운데서도 동학 교단을 전국적인 규모의 교세로 키워 나갔다.

19세기 중후반, 기존 질서가 하염없이 붕괴하는 가운데 서양이라는 이질적인 세력이 물밀듯이 밀려들어오는 이중의 고통 속에 암담했던 시대를, '다시 개벽'이라는 거대한 꿈을 끌어안은 채, 천민도 양반도 없는, 배고픔도 헐벗음도 없는, 생명이 온전한 생명으로서 존중되는 그러한 세상을 향하여, 해월 그는 묵묵히 걸어 나갔다. 태백의 준령, 그 거대함보다도 더 큰 고난을 짊어지고, 그렇게, 그렇게 후천이라는 전혀 새로운 차원의 삶을 향해 걸어 나갔던 것이다.

2. 수운의 참형과 '역유여(力有餘)'로서의 해월

수운 선생은 본격적인 포덕을 전개한 지 만 3년도 되지 않아 조선 조정의 선전관 정운구에 체포되어 대구 감영에 구금되었다. 수운 선생 체포 당시(1863.12) 몸을 피했던 해월은 위험을 무릅쓰고 대구 성중으로 들어가 여러 경로를 통해 수운 선생을 면회할 방법을 주선하였다. 결국 옥리(獄吏)인 곽덕원(郭德元)을 만나 그의 하인으로 위장하여 감옥으로 들어가 수운 선생을 만날 수 있었다.[37]

수운 선생은 위험을 무릅쓰고 찾아온 해월에게 시 한 수를 전해 준다.[38] 오늘날 「유시(遺詩)」라는 이름으로 전하는 이 시는 많은 의미를 담고 있다.

> 등불 환히 비추는 물 위, 아무런 혐의의 틈이 없구나.(燈明水上無嫌隙)
>
> 기둥은 마른 것 같으나 아직 그 힘이 남아 있도다.(柱似枯形力有餘)[39]

첫 구절, '등명수상무혐극(燈明水上無嫌隙)'은 수운 선생 자신의 결백함을 노래한 것이다. 등잔의 불빛이 물 위로 비추게 되면, 밝은 불빛 아래서 그 물은 아무 틈이 없음을 분명하게 확인할 수 있다. 이렇듯 물이 아무 틈이 없듯이 수운 선생 자신은 틈도 또 혐도 없는 삶을 살아왔다는 것이 강조되어 있다. 특히 여기서 '틈'은 '혐의의 틈', 곧 '혐극(嫌隙)'이다. 즉 혹세무민(惑世誣民)의 혐의로 잡혀서 취조를 받고 있지만, 그 혐의는 결코 사실이 아님을 강변하는 것이다.

그런가 하면, 이 첫 구절은 이중(二重)의 의미가 담겨져 있다. 즉 수운 선생의 삶이 아무런 혐극(嫌隙)이 없듯이, 한울님의 도(道) 역시 물 위에 환히 빛나는 불빛과도 같이 세상의 모든 곳을 밝혀주는, 참된 진리라는 의미를 담고 있다.[40] 따라서 이 구절은 수운 선생의 삶은 곧 한울님의 도를 이 세상에 펴고 실천하는 삶이었음을 의미하기도 한다. 한울님의 도란 마치 물 위를 환하게 비추는 밝고 밝은 불빛과 같은 것이며, 나(수운)의 삶 역시 이 밝고 밝은 한울님의 가르침을 세상에 펴는, 그러므로 조금의 혐극(嫌隙)도 없는 삶이라는 의미를 표현하고 있는 것이다.

그러하므로, 이제 수운 선생이 선천(先天)의 잘못된 인식과 제도에 의하여 죽임을 당하게 되어도, 그래서 자신이 펼친 무극대도가 지금은 죽은 나무와 같이 보일 수 있으나(柱似枯形), 한울님의 뜻과 도가 세상에 전해지는 한, 그 나무는 죽은 것이 아니라는 의미가 두 번째 구절인 '주사고형력유여(柱似枯形力有餘)'에 담겨 있다. '힘이 남아 있으므로(力有餘)', 뒷날 겨울나무가 봄을 맞으면 잎을 틔우고 꽃을 피우듯이, 이 세상에 한울님의 도가 펼쳐지게 될 것이라는 의미가 들어 있는 것이다.

또한 수운 선생은 해월에게 「유시」와는 별도로 '고비원주(高飛遠走)'라고 쓰인 쪽지를 전해 주고, 성을 나가는 즉시 멀리 도망하라는 당부를 한다.[41] 이는 수운 자신이 죽게 되어도, 한울님의 도를 이은 해월은 살아남아 도를 세상에 펴라는 뜻을 담고 있다. 따라서 이 「유시」에서 '역유여(力有餘)', 곧 '남아 있는 힘'은 바로 해월을 지칭하며, 동시에 해월이 세상을 향해 펼쳐 나갈 동학의 가르침을 지칭한다고 할 수 있다.[42]

수운 선생을 마지막으로 만나뵙고, 극적인 가르침을 받은 해월은 대구 성을 빠져나와 안동·영덕 등지로 숨어 다니다가, 강수가 거처하는 직천(直川)으로 갔다. 수운 선생이 수욕(受辱)을 당한 사실을 들은 강수는 애통해 마지 않았다. 슬픔 속에서도 강수는 해월에게 동학의 장래를 위해 신중을 기하여 몸을 잘 보전할 것을 당부한다. 강수의 집에서 하루를 머문 해월은 영해를 거쳐 평해(平海)로 가서 황주일(黃周一)을 만났다. 동학이 창도된 경주 지역은 이제 그 지목이 어느 곳보다도 심할 것이고, 또 수운 선생이 참형을 당한 대구 일대 역시 동학에 대한 검색이 강화되었을 것은 자명한 일이다. 그러므로 해월은 이들 지역에서 멀리 떨어진 경주의 동북쪽으로 몸을 피했다.

평해에서 해월은 갑자년(甲子年, 1864) 한여름과 가을을 보낸다. 이곳에서 해월은 여느 일꾼들과 마찬가지로 하루도 쉬지 않고 나막신을 만들어 파는 것으로 업을 삼아 살았다. 타고난 근면함을 발휘하며 낮이면 동네 사람들과 간간이 어울리기도 하고, 나막신을 만들거나 짚신도 삼고 멍석도 짜서 생계를 꾸리는 한편,[43] 밤이면 고요히 앉아 수련하는 생활을 계속했다.

한동안 평해에서 생활한 해월은 울진군의 작은 해안 마을인 죽변(竹邊)[44] 등지를 거쳐 경북 영양 용화동(龍化洞)이라는 산간마을로 들어갔다. 그런데 해월이 평해에서 용화동으로 가는 과정이 여러 기록마다 서로 다르다. 이에 대한 상세한 논의가 필요할 것으로 생각된다.

『천도교서』에는 해월이 1865년 정월 평해에서 울진군 죽병(뱅)리로 처자와 수운 선생 부인을 대동하고 갔으며, 이후 1867년 2월 죽병리에서 예천 산수리로 옮겨 가고, 수운 선생 부인은 상주 동관암으로 분거(分居)했다고 되어 있다. 이어 1868년 3월 해월이 다시 영양 일월산 용화동 죽현(竹峴)으로 이거(移居)했다고 되어 있다. 『본교역사』와 『시천교역사』 역시 죽병리(1865년) → 수산리(1867년) → 영양 용화동 죽현(1868년)으로, 『천도교서』와 같은 과정으로 되어 있다. 또한 『해월선생문집』도 역시 이와 같은 과정을 거쳐 용화동 죽현으로 간 것으로 되어 있다.

이에 비해 『천도교회사초고』에는 을축년(乙丑年, 1865년)에 먼저 해월이 용화동으로 옮겨 갔고, 그해 7월 상주 동관암(東關岩)에 머물고 있던 수운 선생 부인이 해월이 용화동에 있다는 말을 듣고 찾아왔으며, 이후 다시 해월이 수운 선생 부인을 모시고 죽변으로 갔다고 되어 있다. 그리고 곧 용화동으로 다시 왔다가,[45] 1867년 2월 예천(醴泉) 수산리로 이주하였고, 1868년 3월 다시 용화동으로 옮겨 갔다고 되어 있다. 그러나 『천도교창건사』는 좀더 복잡하게 되어 있으며, 다소 혼란이 보인다. 즉 을축년(乙丑年, 1865) 정월 죽병리로 옮기고, 6월에 영양 용화동으로 옮겨 갔다고 했다. 이어 1867년 봄에 죽병리에서 수산리로 옮겨갔다고 했다. 그런데 용화동에서 다시 죽병리로 옮겨 간 기록은 없고, 용화동에 있던 해월이 갑자기 죽병리에서 수산리로 이거했다고만 되어 있다. 이후 1869년 용화동에 있는 것으로 기록이 되어, 언제 수산리에서 용화동으로 이거했는지가 누락되어 있다.

가장 간략하게 기록이 된 것이 『도원기서』이다. 이 자료에는 해월이 죽변(병)으로 옮겨 간 기록이 없고, 평해에서 1년 정도 살다가 용화동으로 직접 옮겨 간 것으로 기록되어 있다.

이들 여러 기록들을 정리하면, 분명한 것은 평해라는 동해 바닷가 마을에서 용화동이라는 산간마을로 옮겨 갔다는 사실이다. 이 과정에서 죽병리에 잠시 있다가 용화동을 거쳐 다시 죽병리로 돌아왔다가 다시 수산리를 거쳐 용화동으로 갔다는 기록이 있는가 하면, 죽병리에서 처음 용화동으로 가지 않고 수산리를 거쳐 용화동으로 갔다는 기록도 있다. 즉 이들 서로 다른 기록에서는 첫째, 처음 용화동에 온 시기가 1865년이냐 아니면 1868년이냐 하는 문제가 제기된다. 둘째, 죽병리라는 마을에는 해월이 한 차례 살았느냐 아니면 두 차례에 걸쳐 살았느냐 하는 문제가 제기된다.

서로 다른 여러 기록 중에서 흥미를 끄는 것은 해월이 죽병리로 옮겨 갈 때 수운 선생의 부인과 그 가족을 모시고 갔다는 내용이다. 『도원기서』와 『천도교회사 초고』에는 해월이 용화동에 머물 때 소식을 듣고 수운 선생의 부인이 찾아온 것으로 되어 있다. 즉 해월과 수운 선생 유족이 만난 사실이 매우 구체적으로 기록되어 있다. 이에 비하여 죽병리로 수운 선생 부인을 모시고 갔다고 한 『천도교서』, 『본교역사』, 『시천교역사』, 『해월선생문집』 등에는 어떻게 해월이 수운 선생의 유족들을 만나게 되었는지에 관해서는 기록되어 있지 않다.

해월이 수운 선생 참형 이후 뿔뿔이 흩어져 그 생사도 알지 못하던 수운 선생의 가족을 다시 만난 것은 매우 중요한 일이 아닐 수 없다. 그러나 이들이 어떻게 만났는지에 대한 설명도 없이 다만 죽병리로 옮겨갈 때 모시고 가서 살게 되었다고 되어 있는 것이 왠지 어색하다.

그런가 하면, 많은 기록들이 수운 선생의 부인 등 가족은 1865년경에는 정선 문두곡(文斗谷)이라는 곳에서 단양접주 민사엽(閔士燁)의 도움으로 살다가, 민사엽이 사망하자 살아갈 길이 없게 되어 황성백(黃聖白)을 위시한 상주 도인인 김경여, 김경필 등의 도움으로 상주 동관리 산중에 가서 남육생(南陸生)의 집에 은거하였다고 되어 있다.[46] 이로 보아 이 시기에 해월이 수운 선생 가족을 대동하고 죽병리로 옮겨 갔다는 것은 잘못된 기록이라고 하겠다.

따라서 좀 더 합리적으로 기술한 것은 『천도교회사 초고』가 아닌가 생각된다. 평해에서 용화동으로 이거하고,[47] 이곳에서 소식을 듣고 찾아온 수운 선생의 부인을 비롯한 가족을 만나 함께 살다가, 잠시 죽병리에 이거했다가 용화동으로 다시 돌아왔고, 또 다시 예천 수산리로 잠시 이거했다가 다시 용화동으로 돌아오는 과정을 그려 볼 수 있다. 즉 해월은 평해 생활 이후 용화동 죽현에 그 주된 근거지를 두고 어떤 사태가 일어나면 잠시 죽병리나 수산리 등으로 옮겨 간 것으로 추정된다.

이와 같이 1865년에서부터 1868년까지 3년여를 용화동을 중심으로 죽변, 수산리 등의 경상도 일원을 떠돈 것은 안전하게 은거하면서 동학을 다시 재건할 장소를 찾기 위해서라고 생각된다. 그러므로 해월은 태백산맥이 어우러지는 경북 영양군 일월산에 자리한 작은 산간마을 용화동 일대를 동학을 다시 일으킬 최적의 장소로 마음속으로 정했던 것이라고 생각된다.

오랜 기간을 고르고 골라 은신처로 정한 이곳 용화동에서 해월은 생사를 알지 못했던 스승의 부인과 그 가족을 다시 만났고, 사방으로 흩어졌던 옛 동지들을 다시 모아들이기 시작했다. 관의 추적으로 목숨이 경각에 달려 있는 상황 속에서도 이렇듯 해월은 "등불이 밝아 물 위로는 아무런 혐의의 틈이 없고, 기둥이 마른 것 같으나 힘이 남아 있다."는 스승의 유지를 받들어 교단을 다시 일으키고자, '고비원주(高飛遠走)'하며 안전한 지역을 물색하여 정착하였고, 동학 교단의 재건을 위한 준비를 해 나갔다.

수운 선생의 참형은 비록 수운 최제우라는 한 사람의 목숨을 빼앗은 결과를 가지고 왔지만, 그 가르침은 결코 죽지 않아 도통(道統)을 물려받은 동학의 장자(長子) 해월을 통해 다시 살아나고자 그 안으로부터 '역유여(力有餘)의 불'을 이렇듯 피워 가고 있었다. 태백산맥 오지의 험난함이 어우러진 산간 마을 용화동 윗대치(上竹峴)에서 해월은 동학 재건을 위한 꿈을 서서히 펼치기 시작하였다.

IV.
용화동(龍化洞) 시대와
영해 작변

1. 무너진 교단의 기틀을 잡다

해월이 1865년부터 드나들며 1868년에는 완전히 정착한 용화동은 영양군에 있는 작은 산간마을이다. 영양은 본래 영양현(英陽縣)이었지만, 대부분 산간 지역으로 인구도 적고 또 지역도 좁아 당시는 영해부(寧海府)에 속해 있던 마을이었다. 주민들이 복현(復縣)을 청원하여 한때는 현(縣)으로 승격이 되었다가 다시 진보현의 속현(屬縣)이 되었고, 또 주민들의 청원에 의하여 독립된 현이 되기를 반복하던, 규모나 면적이 매우 작은 현이었다. 현재도 전국에서 가장 작은 군(郡)으로 6개의 면(面)이 있을 뿐이다.

이렇듯 작은 영양에서도 용화동(龍化洞)은 태백산맥의 한 자락에 자리 잡은 1,218미터의 일월산 뒤쪽 계곡인 죽현(竹峴, 대치)이라는 깊은 골짜기에 위치한 산간마을이다. 영양 읍내에서도 50리 이상 떨어진 일월산의 중턱에 자리하여 이 마을로 들어가는 동구(洞口)에서 막장까지는 그 거리가 30리나 된다. 이곳 용화동은 용화, 대치, 윗대치 등의 세 마을로 구성되어 있는데, 이들을 총칭하여 '용화동'이라고 부른다.

용화동은 '대치', '윗대치' 같은 지명에서 알 수 있듯이 여러 집이 모여 있는 정상적인 형태의 마을이 아니다. 일월산 산비탈 또는 언덕에 한두 채의 집이 자리하고 있는 곳이다. 그래서 집이나 밭이 산비탈에 비스듬히 자리하고 있고, 집과 집을 잇는 길도 산길 소로로 이어져 있어, 마치 집들이 산속에 이리저리 숨어 있는 것 같은 전형적인 산간마을이다. 그러나 지금의 윗대치 마을은 일월산 산간마을이 지닌 무공해와 청정 등의 특성을 잘 살려

'자연 생태마을 대티골'을 조성하였고, '대티골 아름다운 숲길' 등을 운영하며, 관광객 유치에 힘쓰는 마을이 되어 있다. 특히 윗대치 마을은 우리나라 대표 청정지역인 청송, 영양, 봉화, 영월 4개 지역을 잇는 '외씨버선길'의 중심축으로 다양한 문화 활동과 친환경 먹거리, 전통 난방 방식의 숙박시설인 황토구들방을 준비해 놓고, 또 다른 의미에서 영양 일대의 명소로 자리하고 있다. 윗대티 마을이 그 중심이 되는 '외씨버선길'이라는 이름도 실은 이곳 영양 출신의 시인인 조지훈의 대표작인 「승무」의 '돌아설 듯 날아가며 사뿐히 접어 올린 외씨버선이여!'라는 시의 구절에서 따온 이름이다.

해월이 이곳 영양 용화동을 동학 교단을 다시 일으킬 근거지로 생각하고 찾아 들어온 것은, 이미 수운 선생 당시부터 동학의 교세가 크게 이름을 떨치던 지역이기 때문이다. 대구 감영에서 수운 선생을 문초할 당시 '영양 일월산에 결막(結幕)을 짓고 모여서 모의를 했다.'는 사실에 주목하고 이를 집중적으로 추궁을 했다. 결막을 짓고 사람들을 모아들였고 또 입산행제(入山行祭)했다는 것은 다름 아닌 역모나 민란을 꾸몄다는 의미로 이해할 수 있다. 취조관은 수운 선생을 역모나 민란의 주모자로 몰아가기 위하여 영양 일월산에 있던 결막에 드나들었는지를 집중 추궁했다. 즉 수운 선생이 영양 일월산을 중심으로 '소와지설(騷訛之說)', 곧 세상을 소란스럽게 하는 와전을 꾸몄던 일당들과 어떻게 연계되어 있는가를 추궁했다. 그러나 수운 선생이 이곳 영양까지 온 적이 없었기 때문에 추궁은 실패했다.[1]

그러나 영양 일월산을 중심으로 적극적인 동학 교도들이 모여 어떠한 모의를 하고 있었음을 이러한 자료는 말해 준다. 또한 수운 선생이 대구 감영에 구금이 되었을 때, 비록 영양이 일월산을 의지하고 있는 작은 고을이지만, 이곳 영양의 접에서 안동(安東)의 접과 합하여 오백 금을 염출하여 그 비용으로 쓰기도 했다.[2] 이만큼 영양, 일월산 등지는 수운 선생 당시부터 열렬

한 동학 교도들이 집결해 살던 곳이다.

해월이 산간마을인 용화동을 은거지로 택한 또 하나의 이유는 이곳의 지형 조건 때문으로 생각된다. 용화동 윗대치는 일월산 동쪽 깊은 골짜기에 자리하고 있으며, 봉화 쪽으로 넘어가는 길목이어서 만일의 사태가 벌어지면 피신하기가 쉬운 지역이기도 하다. 또한 이곳 용화동을 비롯한 영양 일대의 마을들은 각성바지들로 구성되어 있는 곳이 많다.[3] 예로부터 같은 성씨끼리 모여 사는 집성촌(集姓村)은 그 유풍이 강하고, 또 이에 의한 강한 배타성 등으로 타 지역 사람이 섞여 살기에는 어려움이 많다. 더구나 해월과 같이 관의 지명수배를 받아 쫓기는 사람일수록 그 어려움은 컸을 것이다. 그러므로 각성바지들이 촌락을 이루어 사는 영양 용화동은 해월이 숨어 살기에 적합한 곳 중의 하나이기도 했다.

해월이 용화동으로 들어와 자리를 잡자, 각처에서 숨죽이며 살던 동학의 많은 인사들이 모여들었다. 이때 용화동으로 해월을 찾아와 같이 살게 된 사람들은 전성문(全聖文), 전덕원(全德元), 정치겸(鄭致兼), 전윤오(全潤晤), 김성진(金成眞), 백현원(白玄元), 박황언(朴皇彦), 김계악(金啓岳), 황재민(黃在民), 권성옥(權成玉), 김성길(金成吉) 등이다.[4] 또한 해월은 용화동 일대의 주민 30여 호를 포덕하여, 이곳 용화동은 명실상부하게 해월에 의한 새로운 동학 시대를 여는 중요한 장소로서 자리매김하게 된다.

해월은 동학 교단의 부활을 위하여 영양에서 그 기지개를 펴기 시작했다. 해월은 먼저 동학 경전을 정비하는 작업을 했다. 그 일환으로 해월은 스승으로부터 가르침을 받은 『동경대전』과 『용담유사』를 모두 외어 가며, 이를 제자들로 하여금 받아 쓰게 했다.[5] 관의 추적도 서서히 잦아들고, 그래서 다소나마 숨을 돌릴 만하게 되자, 수운 선생의 참형 이후 흩어졌던 동학 도인들이 다시 모여들었고, 이들을 중심으로 동학 교단을 재건하고자 동학의 경전을 구송(口誦)으로 복원하는 활동을 시작한 것이다. 경전 필사(筆寫)를 통해 도인들의 마음속에 동학의 가치를 올바르게 심어주고 또 신앙적인 결속을 다지기 위하여 경전 복원 작업을 가장 먼저 시행했던 것이다.

경전 필사에 이어 해월은 그간 중단했던 종교의식을 본격적으로 시행하기 시작하였다. 춘하추동, 일 년에 네 차례씩 기간을 정하여 도인들의 수련(修煉)을 지도하는 계획을 세우고, 실행에 옮겼다. 수련은 49일간 매일 주문을 외우며 행하는 것으로,[6] 이는 수운 선생이 도를 얻기 전 천성산(千聖山) 적멸굴(寂滅窟)이나 통도사 내원암(內院庵), 또는 용담 등지에서 행했던 수련 방법이기도 하다. 즉 해월은 수련을 통하여 마음공부를 하고 신앙심을 높이며, 동학의 조직력을 강화하고자 했다.

그 무렵에 해월이 용화동에 자리 잡고, 다시 동학을 펴고 있다는 소문을 듣고 상주 동관음(東觀音, 東觀岩)에서 숨어 지내던 수운 선생의 유족들이 찾아왔다. 해월은 사모(師母)이신 박씨 부인과 그 자녀들에게 살던 집을 내주고 자신은 아랫마을로 이주를 했다. 이때부터 박씨 부인과 그 아들들이 사는 집을 큰집, 즉 대가(大家)라고 부르게 되었다.[7] 마을의 가장 어른인 스승의 부인이 거처하는 집이므로, 이렇게 높여 부른 것이다.

박씨 부인과 자제들도 같이 살게 되었고, 또 옛 동지들도 모이자 해월은 수운 선생의 기일인 3월 10일, 생신일인 10월 28일 그리고 수운 선생이 한울님으로부터 무극대도를 받은 4월 5일 등에 제사를 주관하게 되었다. 제례를 모신다는 것은 돌아간 분을 추모하고, 나아가 그분의 유지를 오늘에 받든다는 정신이 깃든 중요한 의식이다. 동시에 해월이 스승의 제사를 모신다는 것은 각지로 흩어진 동학도들을 다시 모으고, 나아가 붕괴된 교단을 다시 일으키는 매우 중요한 방법의 하나이기도 했다.[8]

다시 말해서 수운 선생의 가르침을 받은 제자들이 비록 지금은 관의 지목을 피해 숨어서 지내지만, 무극대도를 받은 도통일이나 스승의 기일을 맞게 되면, 자연 스승을 생각하는 마음이 더욱 간절하게 되고, 그러므로 스승의 제사를 모시러 스승의 유족들이 거처하는 큰집으로 모여드는 것이 자연스러운 현상이다. 이렇듯 모여든 제자들은 스승의 제례를 모시고, 둘러앉아 스승에 대한 회고담 등을 나누게 될 것이고, 이러한 이야기가 진전되다 보면 교단의 앞날에 대한 의견이 나오게 되고, 나아가 교단을 다시 일으켜 스승의 유지를 받들어야 한다는 새로운 결의 역시 나오게 마련이다.

이와 같은 해월의 생각은 주효하였다. 따라서 기일과 승통일에 모여든 동학도들을 중심으로 해월은 정기적인 계(稧) 형식의 조직을 결성하기에 이른다. 수운 선생의 순도일(3월 10일)과 생신일(10월 28일), 봄 가을로 일 년에 두 차례씩 정기적인 계 모임을 갖기로 결정하였다. 또한 매번 모임마다 운영 기금으로 4전씩을 염출하는 계안(稧案)도 마련하였다.[9] 즉 해월은 이렇듯 계를 통한 새로운 신앙결사를 해 나갔다. 한국 사회의 전통적인 결사 형태인 '계'를 조직하여, 동학이라는 공통된 의지를 집단적으로 표현할 수 있는 계기를 마련하는 한편, 조직적인 질서를 교도들에게 부여하는 계기를 마련했다. 나아가 이들 모두에게 동학이라는 동일한 신앙, 동일한 가르침을 받은 사람들이라는 각성을 더욱 공고히 하는 동기를 부여해 주었다.

특히 이 무렵 해월은 상주 접주인 황문규 등 상주(尙州)의 교도들로부터 적극적인 후원을 받았다. 이렇듯 용화동 윗대치를 중심으로 사람들이 모여들고, 또 경상도 북부 지역으로 그 교세를 넓혀 가게 되면서, 각지에 숨어 있던 동학 교도들이 다시금 하나 둘 용화동으로 모여들었다. 이곳 용화동을 중심으로 다시금 동학의 바람이 서서히 일어나기 시작했던 것이다.

그러던 1869년 3월 어느 날, 양양(陽襄)에서 왔다며, 최희경(崔喜慶)[10]과 김경서(金慶瑞)라는 사람이 해월을 찾아왔다. 양양은 해월이 아직 세력을 미치지 못하고 있던 지역의 하나이다. 영덕이나 영해보다는 북쪽에 자리하고 있으며, 강원도에 속한 지역이다. 이곳에서 이들은 공생(孔生, 이름은 미상)[11]이라는 사람으로부터 가르침을 받았다고 했다. 주문을 가르치고, 다소 신비한 일들을 보이기는 하였지만, 그래도 왠지 석연치가 않아 소문을 듣고 용화동까지 해월을 찾아왔다고 했다. 두 사람에게 해월은 동학의 바른 주문 등을 전해주었다. 또한 해월은 이들로부터 양양 지역에도 동학을 공부하고자 하는 사람들이 많이 있음을 알고는, 박춘서(朴春瑞)를 대동하고 양양 지역을 순방하여, 30여 호를 포덕하였다.[12] 이처럼 용화동 시절의 해월은 안정된 근거를 바탕으로 경상도를 넘어 강원도 일원에까지 동학의 조직을 넓혀 갔다.

그로부터 1년여가 지난 1870년 10월, 양양의 공생이라는 사람이 용화동에 나타났다. 그는 수운 선생의 맏아들인 세정(世貞)에게, "지금 양양의 도인들이 선생님의 집안을 모시고 영월(寧越)로 옮기기를 원하고 있습니다. 그곳으로 옮기면 출입하고 서로 만나기도 좋고, 생계 역시 이곳보다 좋아질 것이니, 영월로 옮기심이 어떻습니까?"라고 권했다. 세정이 이 말에 현혹이 되어 모든 가족을 이끌고 영월 소밀원(小密院, 小美院)으로 이주하였다.[13]

마침 영월 소밀원 근처에는 장기서(張奇瑞)가 살고 있었다. 장기서는 수운 선생이 대구 장대에서 참형을 당할 당시 유배형을 받아 이곳으로 유배를 온 이경화(李慶化)로부터 동학의 가르침을 받은 사람이다.[14] 즉 공생은 수운 선생의 유족들을 바로 이경화가 지도했던 장기서가 살고 있는 영월 소밀원으로 데리고 간 것이다.

이러한 정황으로 미루어 볼 때, 공생과 장기서 등은 수운 선생 순도 이후 해월과 연계하지 않은 채 별도로 활동했던 사람들임을 알 수 있다. 그들은 나름대로 자신들이 동학의 정통임을 내세우기 위하여, 수운 선생의 유족들을 자기 조직 안으로 끌어들인 것이라고 하겠다.

이렇듯 용화동을 중심으로 해월이 동학 교단을 재건하고 그 활동 범위를 넓혀 가자, 숨어 있던 동지들이 이곳으로 찾아오는 경우도 있었지만, 반면에 해월과는 다른 동학의 조직이 다른 지역에서 활동을 전개하기도 했던 것으로 생각된다. 그러면서 서로가 정통성을 확보하고자 노력한 것으로 풀이된다. 이로 보아, 이 무렵까지만 해도 해월의 지도 체제에 동의하지 않는 동학의 다른 조직 역시 존재하고 있었음을 알 수 있다.

2. 신앙 공동체 마을 용화동

영양군의 깊은 산간마을 용화동에 자리 잡은 해월은 수운 선생의 기일(忌日)과 생신일, 도통기념일 등에 제례를 주관하면서 명실상부한 동학의 적통자의 길을 가기 시작하였다. 또 계(禊)를 결성하고, 경전(經典)을 필사하며, 특별 수련을 시행하고 순회 설법을 하는 등 다양한 방법으로 교단의 결속력을 재건해 나갔다.

해월은 1865년 10월 28일, 수운 선생 순도 후 처음으로 맞이하는 선생의 탄신일을 맞아 검곡(劍谷)에서 탄신제례를 모시기로 했다. 소식을 들은 많은 도인들이 모여들었다. 제례를 봉행한 후 해월은 강론을 폈다. 강론 설법의 요지는 '모든 세상 사람이 평등하다'는 말씀이었다.

> 人은 乃天이라 故로 人은 平等하야 差別이 없나니 人이 人爲로써 貴賤을 分함은 是이 天에 違함이니 吾 道人은 一切 貴賤의 差別을 撤廢하야 先師의 志를 副함으로써 爲主하기를 望하노라.[15]

세상 사람은 모두 한울님을 모시고 있으므로 사람(人)이 이에(乃) 한울님

(天)이며, 따라서 '인위로써 귀천(貴賤)을 나누는 것은 천리(天理)에 위배'된다는 것이 검곡 설법의 요지이다.

또 다음 해인 1866년 3월 10일 수운 선생 순도일에는 용화동 윗대치의 수운 선생 가족이 거처하는 대가에서 제례를 치렀다. 이때 참석한 사람들[16]을 향해 이와 유사한 설법을 폈다. 검곡에서는 '귀천의 차별을 철폐'하자는 것이었고, 용화동에서는 '적서(嫡庶)의 차별을 타파'해야 한다는 설법이었다.

自今으로 吾 道人은 嫡庶의 別을 打破하야 天然의 和氣를 傷치 말라.[17]

해월이 귀천(貴賤)·적서(嫡庶)의 차별을 타파하자고 강조한 설법은 다만 근대적 평등의 의미에 한정되지 않는다. 귀천과 적서 차별이 천연(天然)의 화기(和氣)를 상(傷)하게 한다면 그것의 타파와 철폐는 천연의 화기를 회복하는 것이 궁극적인 목적이 된다. '천연의 화기'란 시천주(侍天主)의 다른 표현이다. 세상 모든 사람이 한울님을 모시고 있으므로 본원적인 의미에서 우주의 대생명(大生命)을 지닌 동등한 존재이다. 그러므로 귀천과 적서로 사람을 차별한다면 우주 대생명의 이법을 어기는 일이라는 의미가 여기에는 담겨 있다.

해월이 용화동에 은거하며 동학 교단 재건을 준비하던 1866년은 병인양요(丙寅洋擾)가 일어난 해이다. 프랑스의 극동 함대 사령관은 북경 주재 프랑스 공사와의 합의하여, 조선 조정이 천주교를 박해하고 특히 프랑스 선교사 9명을 체포·처형한 것을 내세워 조선을 공격해 왔다. 8월 10일에는 군함 두 척을 보내, 한강으로 군함이 들어올 수 있는가를 측정하기 위하여 마포 서강(西江)까지 들어와 측량을 했다. 이후 9월 6일 강화도 갑곶진(甲串鎭)에 상륙·공격을 감행하여 막대한 피해를 입혔다. 또한 10월 26일에는 한강을 거슬러 올라와 문수산성(文殊山城)을 공격하여 큰 피해를 입혔다. 이러한 프랑스군의 침입에 조정에서는 양헌수(梁憲洙)를 천총(千摠)으로 발령하여 강화도에 진을 치고 있는 프랑스군을 공략하였다. 양헌수는 11월 7일 강화도 정족산성(鼎足山城)을 탈환하고 이후 프랑스군을 퇴치하였다.

병인양요 이후 조정에서는 서학에 대한 탄압의 고삐를 더욱 단단히 조이게 되었다. 서학에 대한 탄압이 강화되면서 상대적으로 동학에 대한 관심이나 탄압이 수그러들게 되었다. 또한 각처의 동학도들은 양요로 인하여 나라가 뒤숭숭해지니, 어떻게 대처를 해야 할지 알 수도 없고 하여, 해월을 찾아 용화동으로 오는 사람들의 수가 더욱 많아졌다.[18]

해월의 거처나 수운 선생 유족의 거처를 알지 못하는 동학도들은 해월을 어떻게 하면 다시 만날 수 있는지 사방으로 수소문했다. 강수(姜洙)도 그중 한 사람이다. 강수는 영덕(盈德) 사람으로 훈장을 하던 사람이다. 일찍이 수운 선생에게 나아가 도를 닦는 절차를 묻기도 하였고, 「좌잠(座箴)」[19]의 근간이 되는 성경신(誠敬信)에 관한 가르침을 수운 선생으로부터 직접 듣기도 한 사람이다.[20] 또한 수운 선생이 「흥비가(興比歌)」에 관하여 논하며 면강(面講)을 할 때 좌중에서 홀로 면대(面對)하여 묻고 답한 사람이다.[21] 이러한 강수는 수운 선생 유족과 해월의 거처를 알고자 백방으로 수소문해 왔다. 1866년 3월 10일 수운 선생 종기일(終期日)을 맞아 자제들이 필히 용담으로 올 것으로 생각하고, 경주 가정리 지동(芝洞)의 수운 선생 장조카인 최세조(崔世祚)의 집을 찾아갔다. 저녁부터 새벽까지 기다려도 아무도 오지를 않자 낙담을 하여 최세조에게 작별을 고하고 되돌아갔다. 그러던 중 해월이 영덕 지역으로 심부름을 보낸 전성문(全聖文)을 만나 해월과 사가(師家) 행방을 물었다. 전성문이 처음에는 의심하여 대답하지 않다가, 강수가 너무 슬퍼하는 모습을 보고 용화동 거처를 알려주었다. 이에 강수는 뛸 듯이 기뻐하며, 해월이 직접 포덕한 박춘서(朴春瑞)에게 즉시 통지하여 함께 그날로 해월을 방문했던 것이다.

이렇듯 하나 둘 모여든 동학도들과 함께 일월산 용화동은 동학을 다시 일으키고자 하는 새로운 중심 지역으로 떠오르게 되었다. 찾아오는 사람들을 맞이하여 계를 조직하고 또 계안을 작성하여 각지의 동학도들에게 돌리기도 했고, 또한 해월이 직접 나서서 조직을 결속시키는 순회 포덕 활동도 재개하였다.

1867년 10월 중순경 해월은 흥해 지역을 순회하였다. 이곳은 수운 선생 당시 처음 개접(開接)했던 곳으로 동학도들 역시 많이 남아 있었다. 또한 흥해는 해월의 처가 동네이기도 하고, 오랫동안 직접 포덕을 했던 지역이기도 했다. 이곳에 이르러 해월은 다음과 같은 긴 설법을 하였다.

> 吾이 血塊이 아니어니 어찌 是非의 心이 無하리오마는 만일 血氣를 用한 則 天主의 心을 傷하나니 故로 吾이 此를 爲치 아니하노라 吾이 또한 五臟이 有하거니 어찌 情慾이 無하리오마는 然이나 吾이 此를 不爲함은 天主를 恭敬하는 故니라.
>
> 吾는 비록 婦人小兒의 言이라도 또한 可히 學할 것은 學하며 師할 것은 師하노니 是이 善言은 一切 天主의 語임으로써니라 然한데 今에 諸君을 見컨대 自尊하는 者이 多하니 可嘆하도다 君이 또한 身이 有하거니 어찌 此心이 無하리오마는 吾이 此를 不爲함은 是이 天主를 養치 못할가 恐함이로다.
>
> 思하라 矯情侈靡의 心이 長하야 終에 何를 爲하리오 다만 天主에게 辱될 따름이니라 吾이 人을 見한 바 多하되 道를 好하는 者 見치를 못하였노라 大凡 外飾者는 道에 遠하고 眞實者는 道에 近하니라 吾이 外飾을 避하고 眞實을 主함은 天主를 養코자 함으로써니라.
>
> 如干開心으로써 어찌 道를 通하엿다 하리오 반듯이 侍字의 本義를 體得하

야써 聖心功化의 妙를 得한 後에 能히 庶幾하나니 其然을 知하는 者와 其然을 得하는 者와 其然을 用하는 者이 스스로 距離가 甚遠하나니 君等 侍天主의 本義를 應用케 된 然後에야 처음으로 達通者라 謂할지니라.

我이 我의 心을 定함을 可得하면 이에 天下에 別人이 없음을 知할지니라 吾이 少時에 自思하야 心을 學한 後로부터는 聖人이 別人이 아니오 오즉 心의 定不定에 在함을 覺하였노니 堯舜의 心을 用하면 누이 堯舜이 아니며 孔孟의 心을 用하면 누이 孔孟이 아니리오 諸君은 此를 體하야 自彊不息함이 可하니라.[22]

해월의 홍해 설법을 현행『천도교경전』에 편입된『해월신사법설』과 비교해 보면「대인접물」,「독공」등 여러 법설이 혼재해 있다. 그러나 올바른 수련을 위해서 필요한 마음가짐을 말씀한다는 점은 공통적이다.

이 법설의 주를 이루는 '양천주(養天主)'는 수운 선생이 천명한 '시천주(侍天主)'를 좀 더 실천적인 면에서 풀어낸 가르침이다. 양천주의 '양(養)'에 관하여 대부분 연구자들은 '내 몸에 모시고 있는 한울님 마음을 기르는 것'으로 풀이한다.[23] 즉 양천주는 인격적 성장을 위한 자기 수양이라고 보고 있다.[24] 그런가 하면, 여기서 '양(養)'은 '기른다'는 뜻이 아니라, '내 몸에 모신 한울님의 뜻을 부모님의 뜻처럼 잘 받들어 모신다.' 즉 '봉양(奉養)한다'는 뜻으로 해석해야 한다는 주장도 있다.[25] 그러나 사실 이 주장들은 근원적으로는 다르지 않다. 내가 모신 한울님 마음을 잘 기르기 위해서는 당연히 한울님의 뜻을 잘 봉양해야 하기 때문이다. '봉양'이 마음가짐이라면 '기르는 것'은 실천이다. 따라서 양천주의 '양'은 '한울님 뜻을 잘 받들어 모셔(奉養), 그 마음을 키워나간다.'는 뜻이라고 해석할 수 있다. 다시 말해, 시천주를 통해 한울님 모심을 깨달은 이후에도 더욱 지극하게 한울님을 공경하는 삶을 영위하기 위하여 '양천주'를 해야 하는 것이다.

위에 인용된 법설에서 또 하나 주목할 점은 교도들에게 매우 솔직하게 자신을 드러내는 해월의 모습이다. 보통 종교 지도자라고 하면 자신을 신비화하거나 종교적인 권위를 드러내려고 하는 것이 일반적이다. 그러나 해월은 '다른 사람과 마찬가지로 하나의 핏덩어리가 아니므로, 나 자신 역시 시비하는 마음이 생긴다.'라거나 '나도 다른 사람과 같이 오장(五臟)이 있으므로 정욕(情慾)이 있다.'라고 고백하듯 말한다.

해월은 이렇듯 자신을 인간적으로 솔직하게 드러냄으로써 자신 역시 일반 교도들과 다름없는 한 사람임을 설파한다. 그러면서 마음속에서 혈기(血氣)를 내면 한울님 마음을 상하게 할 것이요, 정욕에 매달리면 한울님을 공경하는 데서 멀어지기 때문에 이를 도력으로 다스리고 있음을 말한다. 그리고 누구나 혈기와 정욕을 종교적 수련으로 순화하고 한울님을 공경하여 올바른 수행자의 길을 갈 수 있다고 강조한다. 나아가 이런 점에서 공맹(孔孟)이나 요순(堯舜)이 별스런 사람이 아니요, 공맹의 마음을 쓰고 요순의 마음을 쓰면 누구나 바로 공맹이요 요순이라고 해월은 가르친다.

그러므로 이 흥해 설법은 귀천 구별 타파의 검곡 설법과 적서 차별 철폐의 용화동 설법과 근원적인 면에서 같은 것이다. 사람은 누구나 한울님을 모시고 있으므로 '사람이 곧 한울님(人是天)'이기 때문이다. 그러나 흥해에서의 설법은 검곡이나 용화동에서 행했던 설법을 좀 더 구체적이고 실천적인 차원으로 설명한 것이라고 하겠다.

나아가 해월은 귀천, 적서의 차별이 없는 근본적인 자리에 도달하기 위해서는, 사람들 모두 그 내면에 한울님 마음을 회복해야만 한다는 사실을 강조한다. 즉 "사람이 바로 한울님이고, 한울님이 바로 사람이다. 따라서 사람 밖에 한울이 없고 한울 밖에 사람이 없다. 또 마음은 한울님에 있고, 한울님은 마음에 있다. 그러니 마음이 곧 한울님이다. 한울님과 마음이 본래 둘이 아니니, 마음과 한울님이 서로 합해야만이 마침내 진경(眞境)에 이르렀다고 말할 수 있다. 반대로 마음과 한울님이 서로 어긋나면 이는 진정한 시천주가 아니다."[26]라고 강조하여, 지극한 수련을 통해 한울님 마음을 회복한 이후라야 '사람이 바로 한울님'이 됨을 설파하였다.

이와 같이 해월은 철저한 수도자의 자세와 마음을 스스로 지키려고 노력하였고, 또 이를 동학교도들에게도 강조를 했다. 그러므로 해월은 일 년에 네 차례씩 특별 기간을 정하여 수련을 시행하고 또 지도하였던 것이다. 이와 같이 해월의 용화동 시대를 통해 서서히 그 기운을 회복하면서 동학 교단은 영적 생활을 통한 신앙공동체(信仰共同體)로 성장해 나갔다.

그러나 용화동에서의 신앙운동을 통해 기운을 회복해 가던 동학 교단은 이필제와의 조우하면서 다시 한 번 시련의 골짜기로 내몰리게 되었다.

3. 영해 민란과 교조신원운동

용화동에서 신앙운동을 전개한 지 5년이 지난 1870년 10월, 영해 지역의 교인이라는 이인언(李仁彦)이 이필제(李弼濟)[27]의 심부름으로 해월을 찾아왔다. 이인언의 말에 따르면 이필제는 계해년(1863년)에 수운 선생으로부터 입도(入道)하였는데, 그 직후에 지리산에 들어가 최근까지 6, 7년간 두문불출하였기 때문에 갑자년(1864년) 수운 선생 조난(遭難) 사실을 알지 못했다. 뒷날 산에서 나와 이 소식을 듣고는 제자 된 연분으로 분함을 이기지 못하겠기에 '교조신원(敎祖伸寃)'의 뜻을 전하고자 자기를 보냈다고 했다.

이필제에 관하여 천도교단 측의 일부 기록에는 "수운 선생이 득도 이전에 천하를 주유(周遊)할 때에 문경 새재에서 큰 도적떼를 만났는데, 그때 이들

도적의 무리가 수운 선생의 말과 인격에 감복하여 추종을 맹세하였다고 한다. 훗날 그 우두머리가 경주로 와서 수운 선생을 뵙고 입도하였는데, 이가 바로 이필제이다."[28]라고 되어 있다.

그러나 이러한 이야기는 『천도교창건사』와 『동학사』에만 나오는 것으로, 그 진위가 확인되지 않는다. 이필제는 1859년 이홍(李泓)이라는 이름으로 변란을 기도하다가 고변으로 관에 체포되었고, 같은 해 5월에 사기죄로 몰려 영주로 정배를 가서 1년을 살다[29] 공주로 돌아온다. 이후 관의 지목을 받아 도피의 생활을 하면서도 1861년, 1866년, 1869년 등 각지로 돌아다니며 계속 작변을 기도한 인물이다.[30] 특히 이필제는 무과를 한 사람으로, 수운 선생이 주유팔로[31]할 당시 이필제가 문경 새재에서 도적의 우두머리 노릇을 했다는 내용은 어울리지가 않는다. 따라서 이와 같은 이필제와 수운 선생에 관한 동학 교단의 일부 기록은 신빙성이 매우 떨어진다.

또한 이인언이 해월에게 말한 '계해년(1863)에 입도하고, 지리산에 들어가 두문불출했다.'는 말은 그간 이필제의 행적으로 보아 거짓말이 분명하다. 이필제가 6, 7년을 두문불출을 했다면, 1866년과 1869년에 진천 등지에서 어떻게 작변을 기도할 수 있었겠는가. 이 기간 동안 이필제는 사방으로 다니며 변란을 기도했다. 즉 어느 부분을 보아도 이필제가 동학에 입도했다는 말은 자신이 꾸며낸 이야기로밖에 생각되지 않는다.

이필제가 당시의 불만 세력을 규합하여 여러 번 변란을 기도했지만, 사전에 고변을 당하거나 실패했다. 특히 1870년 2월 진주변란을 기도하다가 고변되어 관의 추적을 받던 중, 오래전부터 드나들며 안면을 익힌 동학 교도들이 많은[32] 영해 지역으로 1870년 7월에 들어왔다. 그리하여 그 전부터 알고 지내던 영해 지역의 동학도들과 접촉하게 되었다.

영해는 본래 박하선(朴夏善)이 접주로 있던 지역으로, 수운 선생이 대구 감영에 갇혀 있을 때에는 육백 금을 염출하여 옥바라지를 할 정도로,[33] 그 교세와 열의가 대단한 지역이었다. 또한 이곳 영해 지역에서 동학에 입도한 사람들은 대부분 서얼 출신의 신향(新鄕)들이다.[34] 이들 신향들은 구향들로부터 탄압과 멸시를 받아, 불만이 높은 사람들이었다.[35] 이필제는 이와 같은 불만 세력의 틈을 비집고 들어갔다. 특히 이필제가 접촉했던 동학 교도 박사헌(朴士憲)은 수운 선생 참형 이후 체포되어 가혹한 신문을 받고, 그 후유증으로 목숨을 잃은 영해 접주 박하선의 아들이다. 이필제는 이들의 불만을 촉발시켜 규합을 강화하고, 좀 더 큰 세력으로 거사하기 위하여 해월과의 연대를 시도한 것이라고 하겠다.

해월은 이필제의 제의에 응낙하지 않았다.[36] 가장 근본적인 이유는 이필제라는 인물을 믿을 수 없었기 때문이다.[37] 또 이제 겨우 관의 추적을 벗어나 용화동을 중심으로 자리를 잡기 시작하여, 아직 관을 상대로 교조신원운동을 하기에는 시기상조라고 생각했기 때문이기도 하다. 그래서 해월은 뒷날 이필제를 만난 자리에서 거사를 가을로 미루면 어떠냐는 의견을 내기도 했다.[38]

마음이 다급해진 이필제는 이인언에 이어 박군서(朴君瑞), 박사헌(朴士憲), 권일원(權一元) 등을 차례로 보내 만나보기를 청하였다. 1870년 10월에서부터 1871년 2월까지 네 사람을 다섯 차례나 번갈아 보내면서 이필제는 해월과의 연대를 집요하게 제의하였다. 이렇듯 집요한 시도에 해월은 마지못해 이필제를 만나보기로 작정한다.

해월을 만난 이필제는 자신은 천명을 받은 사람이며, 단군(檀君)의 영(靈)이 유방(劉邦)에게 화하여 태어났고, 또 유방의 영이 주원장(朱元璋)에게 화하여 태어났으며, 지금 단군의 영이 다시 세상에 태어났으니 바로 자신이라고 소개한 후에, 수운 선생 신원(伸冤)의 필요성을 피력했다. 그 이후 뭇 백성의 재앙을 구하고, 중국(中國)을 창업하겠다는,[39] 매우 엉뚱한 견해를 피력하였다.

이런 엉뚱한 말을 하게 된 것은 이필제가 26세 되던 1850년 풍기의 외가에 갔을 때 우연히 만난 허생관(許生瓘)이라는 사람의 영향이라고 생각된다. 허생관은 이필제를 세 번씩이나 찾아와 서양을 누르고 북쪽 흉노를 막을 사람은 오직 그대뿐이니 나라를 위해 큰일을 하라는 당부의 말을 했다고 한다.[40] 그때부터 이필제는 스스로 나라를 위해 큰일을 해야 한다고 마음먹었고, 나날이 그 망상을 키워 오던 중 이렇듯 이치에 닿지 않는 말을 서슴지 않고 하기에 이르렀던 것이라고 생각된다.

또한 이필제는 병자호란 이후 대두되었던 북벌론에 깊이 매료되어 있었다고 한다. 따라서 이필제의 본의는 수운 선생의 신원보다는 변란을 일으켜 조정을 전복하고, 그 여세를 몰아 북벌을 도모하여 중원을 정벌하는 데에 있었다. 그러기 위해서 먼저 영해부를 점령하여 근거를 마련해야 하는데, 영해부를 성공적으로 점령하기 위해서는 많은 인원이 필요했다. 이에 당시 영양 용화동을 중심으로 경상도 일대의 동학교도들을 장악하고 있던 해월과의 연대가 무엇보다도 시급하다고 판단했던 것이다.

이필제는 1859년 변란을 도모한 이후 일년이 멀다하고 지속적으로 기회를 엿보거나 변란을 주도했다. 그동안 이필제는 이홍(李泓), 창석(滄石), 주성칠(朱成七), 주지문(朱趾文), 진명숙(秦明肅), 이일회(李一會), 이제발(李濟潑) 등 여러 이름으로 변성명하고, 그 성씨도 서씨, 정씨 등으로 바꿔 가며 사람들을 현혹하여 무리를 지어 난을 일으키고자 했다.

이필제는 본시 양반의 후예로 그 본명이 이근수(李根洙)이다. 한때 무과에 급제한 한량으로 자처하였다. 젊었을 때에는 불미스러운 일로 인하여 경상도 영주로 유배된 일도 있다. 이필제는 적소(謫所)에서 해배(解配)된 이후부터 변란의 계획을 세웠다. 특히 이름을 이필제(李弼濟)로 바꾸고는, 그중의 '필

(弼)'을 파자(破字)하여 『정감록』에 나오는 '궁궁(弓弓)'이 곧 자신이며, 자신이 출생한 해가 을유년(乙酉年)임을 들어, 다시 '을을(乙乙)'이 곧 자기 자신이라고 사람들을 현혹했다.[41] 즉 사람들이 한창 유행하던 도참서(정감록)에 나오는 '궁궁을을(弓弓乙乙)'이 가장 안전한 피난처라고 믿던 당시의 세태를 십분 활용하여 사람을 모으고 난을 꾸몄던 것이다.

결국 이필제는 당시 민간에 유포되어 있는 도참설을 이용하여 민중들을 규합하고 변란을 꾀하여 역성혁명(易姓革命)을 이루고자 했던 것으로 생각된다. 그러므로 해월을 만났을 때에, '단군(檀君)의 영이 다시 화하여 내가 태어난 것'이라는 엉뚱한 소리를 했던 것이다.

영해로 들어온 후 이필제는 먼저 자신을 동학 교도라고 속인 다음에,[42] 마치 신비한 술수라도 있는 듯이 언행을 하여 더욱 사람들을 현혹시켰다.[43] 특히 아버지의 죽음 때문에 관에 원한이 깊은 박사헌을 충동질하여 일월산 형제봉 아래 병풍바위(屏巖)가 있는 산간마을의 박사헌의 집을 활동 근거지로 삼았다. 이어 이필제는 영해 관내 동학 교도 100여 인을 끌어 모았다. 그러나 이 100여 명으로는 세부족이므로, 해월과 연계하고자 만남을 주선하였던 것이다.

이필제를 만난 이후 해월은 다른 교도들은 어떻게 생각하는가를 알아보기 위하여, 평해로 올라가 전동규(全東奎)를 비롯한 여러 교도들을 만난다. 그들은 모두 거사에 참여할 뜻을 보였다. 이어서 강수는 돌아오는 길에 박춘서를 만나 의견을 들었다. 또 청하(淸河)에 가서 배소(配所)에서 돌아온 이경여(李敬汝) 부자와 아우, 조카들을 만나기도 했다. 이들은 한결같이 적극 참여하겠다는 뜻을 보였다.[44] 특히 이경여는 수운 선생 참형 당시 영양에서 결막(結幕)을 짓고 사람들을 모아 모의하다가 체포되어 귀향을 간 교도였다. 따라서 해월이 이들의 의견을 무시할 수 없는 것이 당시 상황이기도 했다.

각 지역을 다니며 의견을 듣고, 다시 용화동으로 돌아온 해월은 당시 용화동의 지도급 인사인 이군협(李群協), 정치겸(鄭致兼) 등과도 상의했으나 이들도 거사에 찬성하였다. 대세가 이렇게 돌아가니, 해월로서도 하는 수 없어 동참을 허락하게 되었다.

해월이 참여를 결정하고, 출정에 앞선 제례를 올린다고 알리자 병풍바위로 모여든 인원은 500여 명에 이르렀다.[45] 그 지역도 영양, 영해, 울진, 경주, 밀양, 안동, 상주, 울산, 평해, 영산, 영덕, 청하, 진보, 영일 등 경상도 전역을 망라했다.[46] 수운 선생이 대구 장대에서 참형을 당한 3월 10일, 공격에 앞서 군제(軍制)를 조직하고, 저녁에는 천제(天祭)를 지냈다. 천제는 동학의 의식으로 행하였다. 의식을 마친 참여자들은 저녁 6시경 출동 명령과 함께 20여 리 상거의 영해부를 향하여 달려 나갔다. 이때 해월은 이 대열에 직접 참여하지는 않고, 곧바로 영양 윗대치로 돌아갔다.

이필제를 선두로 한 교도들은 영해부를 공격하여 불을 지르고 성을 점령한 뒤, 체포한 영해부사를 살해했다. 다음날 이필제는 읍민들을 달래기 위하여 공전(公錢)과 술을 나누어주고, 부사가 저지른 탐학(貪虐)을 공개리에 성토하였다. 그러나 부사를 치죄(治罪)할 때도 그랬지만, 이필제는 본래 명분으로 내걸었던 수운 선생 신원에 관하여서는 한마디도 하지 않았다. 또한 이필제 등이 체포된 후 가담자들을 심문한 기록에 어느 누구도 '교조신원운동'에 관하여 언급한 사람은 없었다. 즉 이필제는 본래부터 영해부를 장악하는 데 뜻이 있었지, 수운 선생 신원에는 뜻이 없었다고 하겠다.

이필제 등은 백성들의 협조를 기대하고 있었지만 백성들은 도망을 가거나 몸을 숨겨 조금도 협조를 받을 수가 없었다. 더구나 진용을 갖춘 관군이 공격해 온다는 소문이 나돌자, 참여자들조차 읍성을 빠져나가 각기 흩어져 달아나기에 바빴다. 세부득이 이필제 역시 영해부에서 빠져나와, 영양으로 이어지는 높은 수창고개를 넘어 해월이 있는 영양 윗대치로 도망하여 들어갔다. 같이 동행한 인원은 모두가 삼십여 명 정도였다.[47]

영해에서 붙잡힌 권영화(權永和)의 자백을 통해 동학 교도들이 영양 일월산 용화동으로 들어간 것을 알고,[48] 영양현감이 크게 군사를 동원하여 윗대치를 공격하였다. 동학 교도들은 계속되는 공격을 피해 사방으로 달아나기 바빴다.[49] 해월과 이필제 등은 간신히 봉화로 피신을 하였다가, 낮에는 숨고 밤에는 걸어서 수운 선생의 유족들이 살고 있는 영월 소밀원으로 찾아 들어간다. 간신히 밥 한 그릇을 얻어먹고는, 다시 단양 가산리(佳山里)로 정기현을 찾아갔다. 이곳에서 강수와 전성문은 영춘(永春)의 김용권(金用權)의 집에, 이필제는 김창화의 집에, 해월은 정석연의 집에 몸을 숨겼다.

해월은 이곳에서 가족을 불러 살림을 꾸리고 남의 집 고용살이를 하며 근근이 지내게 되었다. 두어 달이 지난 5월 어느 날 강수가 찾아와 이내 곧 관군이 체포를 하러 들이닥칠 것이니 도망을 해야 한다고 알리는 바람에 가족도 건사하지 못한 채 영월 피골, 즉 직동(稷洞) 정진일(鄭進一) 집으로 피신하였다. 뒤이어 닥친 관군들에게 손씨 부인을 비롯한 가족들은 체포되었다.

이로부터 3개월이 지난 8월 2일 문경 초곡(草谷)에서 이필제와 정기현이 다시 변란을 일으켰다가, 수하 수십 명과 함께 현장에서 체포되었다. 관에서 잔당을 체포하기 위하여 요소요소마다 초막을 치고 검문을 강화하고 추격망을 넓혀 가므로, 해월과 강수는 다시 길을 떠나 소밀원의 수운 선생의 유족들을 찾아갔다. 그러나 이곳에도 있을 수가 없어 길에서 우연히 만난 영양의 접주 황재민과 함께 태백산, 사람들의 왕래가 없는 깊은 산골짜기를 찾아들었다.

이필제의 선동으로 일어난 영해 변란에서 동학교도 100여 명이 체포되었고, 이로 인하여 고향을 등진 사람도 200여 명에 달했다. 극심한 취조 중에 죽은 사람만 12명이고, 효수된 사람이 32명, 그 외의 인원은 정배를 보내거나 관할 관청으로 보내졌다.[50]

신미년(1871년)에 이필제 주도로 전개된 봉기 성격에 관하여, 일부 연구자들은 '변란(變亂)'으로 보고, 또 일부에서는 '영해교조신원운동'으로 본다. 이필제가 동학 교도들을 모아들일 때나 또 해월에게 접근할 때나 모두 수운 선생 신원을 표방했기 때문이다. 특히 이필제는 거사 날짜를 수운 선생 조난일인 3월 10일로 정했다. 그런가 하면, 수운 선생 스스로 도를 '동학(東學)'이라고 이름을 했다는 사실을 들어,[51] 동쪽 지역인 영해에서 거사해야 한다고 주장하였으며,[52] 수운 선생 신원에 뜻이 있음을 강조하였다. 이처럼 동학 교도를 끌어들일 때는 수운 선생 신원을 내걸었지만, 그러나 실제에 있어서는 전혀 다르게 진행이 되었다.

이필제에 관한 평가는 극단적인 두 흐름이 있다. 비범한 사람으로 뛰어난 언변과 학식을 지닌 호걸이라고 이야기가 되는가 하면,[53] 준비성도 없고 또 교활한 사람으로 이야기되기도 한다.[54]

이필제 추종자들은 그를 『정감록』 등 참서(讖書)에 나오는 '진인(眞人)'이라고 증언한다. 요즘 말로 하면 카리스마가 있었던 것으로 추정할 수 있다. 이처럼 특유의 모습과 사고방식, 이필제가 표방한 북벌 의지 등은 당시의 난세에서 피난처를 찾는 대중들을 규합시키는 큰 힘이 되었다.[55] 이와 같은 점에서 본다면, 영해 작변은 동학 교도가 여러 면에서 주체가 되고 또 주력이 되었지만, 교조신원운동(敎祖伸寃運動)이라기보다는 조선조 후기에 지속적으로 일어났던 민란의 하나로 보는 것이 옳다.

한편 해월이 결국 이필제의 제의를 수락하고 민란에 참여함으로써, 겨우 신앙공동체 마을을 이루어 어렵게 동학의 맥을 되살려 가던 영양 일월산의 용화동은 풍비박산이 되고 말았다. 수운 선생 참형 이후 궤멸의 위기에 빠졌던 교단을 일으키고, 영양 용화동을 중심으로 이제 영덕, 울진, 평해, 영해, 경주 등지로 그 교세를 서서히 키워 나가던 동학 교단…. 이필제의 난은 이러한 이들의 싹을 그 밑둥치부터 뭉텅 잘라 버리는 사건이 되고 말았다. 그리하여 해월은 다시 지명수배자로 태백산 깊은 산속으로 숨어들어야 하는 처지가 되고 말았다.

4. 대인접물의 법설과 참회기도

이필제의 난 이후, 주문(呪文) 소리와 함께 시천주(侍天主)의 강론이 펼쳐지던 용화동은 일시에 '적도(賊徒)들의 은거지'로 전락하였다. 용화동에서만 영양현감이 이끄는 관군들에 의하여 숨어 있던 동학 교도 13명이 죽었고 10여 명이 체포되었다.[56] 그러나 해월을 비롯한 대부분은 어렵사리 용화동을 빠져나갔다. 관에서는 이들을 잡기 위하여 장교 및 군졸을 보내 수색과 추적을 강화하였고,[57] 따라서 해월은 다시금 도망자 신세가 되었다.

특히 그해(1871) 8월 이필제가 다시 문경에서 김기현과 함께 거사를 일으키려다가 잡혀 처형을 당했다. 문경 사건 직후, 인근 고을 포졸들이 어느 마을 어느 골짜기 할 것 없이 퍼져서 이르지 않는 곳이 없게 되었다.[58] 이와 같은 상황 속에 이제는 밥 한끼, 잠 한숨도 편히 구할 수 없게 된 해월은 강수, 황재민 등과 함께 태백산 깊은 산속으로 들어가기로 마음먹었다.

해월 일행은 배가 고프면 열매를 따거나 나물을 캐먹고, 목마르면 샘을 마시며 산속 깊은 곳, 바위틈에 의지하여 초막을 엮고는 몸을 의지하였다. 때는 음력 9월로 아침저녁으로는 차가운 서리가 내리고, 밤이면 제법 차가운 바람이 살 속을 파고드는 계절이었다. 이곳 산간에서 이들은 변변히 먹지도 또 입지도 못한 채 살아가기를 14일간이나 하였다. 이때의 참담한 모습을 『도원기서』에는 다음과 같이 기록하고 있다.

> 무릎이나마 간신히 펼 수 있는 바위를 찾아 이파리를 쓸어내고 자리를 만
> 들고, 풀을 엮어 초막을 지었다. …(중략)… 범 우는 소리 들릴 즈음에, 일어나
> 앉으니 공경하는 생각을 권함이 있는 것과 같고, 마시지 못하고 먹지도 못한
> 지가 열흘이요, 소금 한 움큼도 다 떨어지고, 장(醬) 몇 술도 비어 버렸다. 바람
> 은 소슬히 불어 옷깃을 흔들고, 아무것도 입지 못해 헐벗은 몸으로 장차 어떻
> 게 할 것인가?[59]

태백산 깊은 산간에서 지내는 동안 해월은 바위에서 떨어져 죽을 생각까
지 했다고 한다.[60] 추위와 굶주림은 그래도 참아낼 수 있지만, 해월이 정작
견딜 수 없었던 것은 잡혀 가거나 죽은 동지들에 대한 생각, 그리고 스승의
유훈을 제대로 지키지 못한 자책이었을 것이다. 이와 같은 자책이 바로 해
월로 하여금 죽을 생각으로까지 몰아간 것이라고 하겠다.

이필제가 동학 교도들에게 접근할 수 있었던 이유는 세 가지였다. 하나는
수운 선생 신원이라는 대의명분이며, 둘째는 영해 동학 교도들이 지니고 있
던 불만, 즉 신향과 구향 간의 갈등의 틈이다. 마지막 하나는 이필제가 스스
로 진인(眞人)인 듯 행동했고, 이에 현혹되었음이 그것이다. 이러한 세 요소
는 결국 변란을 성사시키기 위한 이필제가 보인 위계(僞計)이기도 했다. 이
러한 위계에 의하여 모든 것을 잃게 된 사실이 해월로 하여금 더 못 견디게
했을 것이다. 특히 이 위계는 동학이 지향해야 할 신앙적 신념과도 어긋나
는 것이기도 하다. 동학의 진정한 가르침은 '진인'의 출현을 통해 새로운 세
상을 이룩하는 것이 아니고, 모든 사람들이 지극한 수련을 통해 동귀일체(同
歸一體)의 세상을 이루는 데에 있기 때문이다. 해월이 어떤 형태로든, 이필제

에게 동조했던 것은 바로 이와 같은 위계에 속아서, 자신이 지녔던 동학에의 신념체계에 잠시나마 동요를 일으켰다는 한 증거이기도 하다.

삶과 죽음의 기로를 넘나들던 해월은 결국 강수와 함께 태백산 줄기 아래의 작은 마을, 영월 직동(稷洞)에 있는 박용걸(朴龍傑)의 집을 찾아들었다. 같이 지내던 황재민은 견디다 못하고 그 전날 먼저 영남을 향해 떠났다.

직동은 오늘날 영월군 중동면 직동리로, 해월 등이 숨어 지내던 태백산의 매봉산(每峰山), 백운산(白雲山), 두위봉(斗圍峰), 질운산 등 해발 1,000m가 넘는 산들로 둘러싸여 있는 깊은 산간마을이다. 중동면에서 상동읍 방향으로 31번 국도를 따라 4킬로미터 정도를 가면, 직동리로 들어가는 소로가 나온다. 이 소로에서 두위산까지의 지역이 직동리이다. 길 옆으로는 두위산에서 흘러내려오는 계곡 물이 제법 큰 세를 이루며 구불구불 흘러간다. 이 계곡이 직동 계곡이다. 직동 계곡 주변으로는 애마골, 두무동, 큰터, 멧골, 찰골, 옹골, 직동골 등 작은 자연부락들이 자리하고 있다.

계곡 주변은 곳곳이 절경을 이루고 있다. 아직 개발의 손길이 미치지 않아 자연 그대로의 모습을 지닌 계곡은 때로는 작은 모래톱을 이루기도 하고, 때로는 사람들이 들어가 앉을 수 있는 아담한 소(沼)를 이루기도 하며, 영월 특유의 소박한 정취를 보여주고 있다. 직동 계곡 삼분의 일 지점쯤에 자리한 큰터에서 동북쪽으로 작은 길이 나 있는데, 이 길을 따라가면 영화 「엽기적인 그녀」 촬영지가 나온다. 이 촬영지는 정선에 속한다. 큰터에서 촬영지가 있는 정선 지역으로 넘어가는 길을 버리고, 왼쪽으로 난 길을 따라 들어가면 직동 계곡이 두위산과 만나는 계곡의 막장에 이른다. 이 막장에 이르는 초입부터 자리한 작은 산간마을이 직동골로, 박용걸의 집이 있던 곳이다. 마을로 들어오는 계곡의 길만 제외하고 주위가 모두 산으로 둘러싸인, 말 그대로 막장의 작은 산간마을이다.

해월이 이필제의 난에 연루되어 많은 교도들을 잃고 또 동학 조직이 산산이 깨어져 버렸을 때 은신처가 되었고, 훗날 다시 동학 교단을 일으키는 데 중요한 바탕이 되었던 산간마을 직동은 해월 등의 동학과 어떤 인연을 지닌 마을이며, 해월에게 결정적인 도움을 준 박용걸은 해월과 어떤 관계인가.

박용걸이 어떤 인물인지 자세히는 알 수 없다. 『천도교서(天道敎書)』나 『천도교창건사』 등 천도교단의 기록에 의하면, 박용걸이 우연히 깊은 산간에서 해월 일행을 만난 것으로 되어 있다.[61] 특히 박용걸은 전날 밤 현몽(現夢)이 있어 나무를 하러 왔다가 우연히 해월의 일행을 만났는데, 해월은 박용걸에게 도움을 청하여, 며칠 후 산을 내려가 박용걸의 집에서 유숙하게 되었다고 기록되어 있다. 해월과 박용걸의 만남을 '박용걸의 꿈(現夢)'에 의한 것이라고 다소 신비하게 기록하였다.

그러나 이보다 앞선 기록인 『도원기서』에는, 태백산으로 들어가기 전에 해월 일행이 이곳 직동의 정진일의 집[62]과 박용걸의 집에 잠시 머물렀다고 되어 있다.[63] 다시 말해 관군의 추적을 피해 이곳 직동에 숨어 있다가, 관의 기찰이 이곳까지 미치자 인근의 산속으로 피하게 되었고, 기찰이 뜸해진 틈을 타 박용걸이 다시 해월 일행을 집으로 안내해 온 것이라고 하겠다.

이와 함께 생각할 것은, 해월이 처음 직동에서 숨었던 집의 주인 정진일은 이필제와 함께 문경에서 변을 일으킨 양양 사람 정기현(鄭基鉉)의 일족이라는 사실이다.[64] 이로 보아 해월이 영월 직동으로 숨어들어오게 된 것은 정기현의 알선에 의한 것이 아닌가 추정된다. 그 과정에서 박용걸을 알게 되었고, 이곳 직동이 동학 재건의 중추 요지로 떠오른 것이라고 하겠다.

해월은 이곳 박용걸의 집에서 천신만고를 곱씹으며 1871년 겨울을 보낸다. 안전하게 거처할 자리를 마련해 준 박용걸과는 의형제를 맺고, 또 해월 일행에게 옷을 만들어 준 박용걸의 형을 입도시키기도 했다.[65] 또한 이곳 출신으로 박용걸의 친구인 지달준(池達俊)이 영월 관아에 수리(首吏)로 근무를 하며 적극적으로 보호하였기 때문[66]에 안전하게 겨울을 날 수 있었다.

겨울이면 눈이 유난히 많이 오는 깊은 산간마을 직동. 그래서 온통 눈 속에 파묻혀 잠자듯 고요한 직동 마을은 해월이 은신하며 재기를 도모할 수 있었던, 동학 교단에 있어 매우 중요한 역사적인 마을이다. 이곳에서는 박용걸이나 그 형을 비롯한 인근의 많은 사람이 경제적인 뒷받침을 해 주었기 때문에 해월은 아무 어려움 없이 겨울을 날 수 있었고, 나아가 교단 재건의 새로운 의욕을 회복하여 계획을 세울 수가 있었다.

새로운 계획이란 다름아닌 신앙 수행을 강화하는 것이었다. 이필제와 같은 사람의 위계에 넘어간 것도 결국 그 신앙의 심지가 굳건하지 못했기 때문이요, 궁극적으로 후천개벽의 새 세상을 열어 가기 위해서는 무엇보다도 자신을 비롯한 세상 사람들이 올바른 수행을 통하여 잃어버린 본성을 회복해야 함을 해월은 더욱 깊이 자각했던 것이다.

그러므로 이후 해월은 태백산 적조암(寂照菴)을 비롯하여 단양, 정선, 익산 사자암(獅子菴), 공주 가섭사(迦葉寺) 등지에서 여덟 차례나 49일 특별기도를 주도하였다. 특히 이때 해월과 함께 수도했던 사람들은 뒷날 동학을 이끄는 중요 지도자로 성장하였다. 즉 해월은 49일 특별기도를 통하여 무너진 동학을 재건해 나갔으며 동학의 제도를 정비하는 중요한 바탕으로 삼았다.

해월은 이곳 직동에서 잠시도 쉬지 않고 새끼를 꼰다거나 짚신을 삼고 또 땔나무를 해 오는가 하면, 쉬는 시간에는 조용히 앉아 수련에 임하곤 하였다. 이와 같은 해월의 모습에 감복을 하여 박용걸의 집안 모두가 독실한 동학 교도가 되었다. 그렇게 되자 해월은 박용걸의 집 뒷방에 기도소(祈禱所)를 마련하고, 이곳에서 49일 기도를 행하였다.[67]

12월에 이르러 각처에서 사람들이 해월을 찾아 직동으로 왔다.[68] 이때 모인 사람들은 주로 정선 지역 교도들이었다. 경주와 검곡, 용화동과 영해 등지는 모두가 경상도 권역이었다. 그러나 영월이나 정선은 도계(道界)를 달리한 강원도 지역으로, 특히 태백산맥 중의 산간 지역이다. 따라서 이 두 지역에 대해서는 경상도 지역에 비하여 동학 교도에 대한 관의 기찰이 상대적으로 소홀했다.[69] 이와 같은 점 때문에 박용걸 등은 해월과 연결이 될 수 있었고, 또 이필제의 난이 일어나자 수운 선생의 부인이 정선 남면(南面)으로 피난을 할 수가 있었던 것이다.

해월은 박용걸의 집으로 자신을 찾아온 사람들에게 법설을 펼친다. 이와 같은 면에서 본다면, 영월 직동 박용걸의 집은 해월의 은거지이며, 당시 동학 교도들의 유일한 연락처이자, 특별기도와 법설을 행하는 비밀 포교지(布敎地)라고 할 수 있다. 이때 해월이 행한 법설은 다음과 같다.

> 聖人의 德은 春風太和의 元氣이 草木群生에 布함과 如하야 萬物이 此化育中에서 生長하나니 仁에는 大人의 仁이 잇스며 小人의 仁이 잇나니 먼저 自己의 氣를 正하고 人의 氣를 化케 함은 仁人의 心이며 聖人의 德이니라 故로 德으로써 인을 化하는 者 天을 順하는 者며 力으로써 人을 服하는 者는 理에 逆하는 者니라.
>
> 大抵 待人接物은 隱惡揚善으로써 爲主하되 人이 暴怒로써 我를 對하거든 我는 仁恕로써 人을 待하고 彼이 巧詐로써 辭를 飾하거던 我이 眞實로써 彼를 待할지며 彼이 勢와 利로써 我를 凌壓하거던 我이 至公正義로써 彼를 順受한 즉 擧天下이 自然히 化에 歸하나니라.
>
> 萬事이 言키는 易하고 行키는 難하나니 此地頭에 立하야 可히 道力을 見할진저 其或道力이 未充하야 急遽히 難忍處를 常하거던 문득 呪文을 思하라.
>
> 凡臨機處事에 至하야 愚黙訥 三字로써 體를 삼을지니, 만일 輕率히 言을

發하고 事를 行하면 반듯이 事에 狼狽를 招할 것이오 延하여 非人의 讒訴에
陷하나이라.

非人이라도 直히 此를 非人으로 待치 말고 先히 我의 心을 正하야 春風和
氣와 如한 氣像으로 彼를 待하면 木石이 아닌 者 어찌 此에 和치 아니하리오
人이 來하거든 人이 來하였다 하지 勿하고 天이 來하신다 云하라.[70]

이 직동 설법을 천도교단의 『해월신사법설』과 비교해 보면, 「성인지덕화
(聖人之德化)」의 일부와 「대인접물(待人接物)」 일부가 된다. 그러므로 천도교의
역사서에는 해월이 직동에서 「대인접물」을 설법했다고 기록하고 있다.

먼저 해월은 덕으로서 사람을 교화하는 것이 순천(順天)이라면, 힘으로 사
람을 굴복시키는 것은 역천(逆天)이라고 역설한다. 힘으로, 무력으로 수운
선생의 신원을 이루겠다며 영해부를 습격한 것이 얼마나 잘못된 것이었는
지를 스스로 반성하는 말이기도 하다. 이와 같은 반성이 훗날 해월로 하여
금 교조신원운동을 비폭력 평화적 시위로 일관하게 한 것으로 생각된다.

이어 해월은 '우(愚), 묵(黙), 눌(訥)'의 수행 태도를 역설한다. 우(愚)는 곧 우
직(愚直)으로, 반대 개념은 교사(巧詐)이다. 또 묵(黙)의 반대 개념은 교언(巧言)
이다. '눌(訥)'의 반대 개념은 현언(衒言)이다. '교활한 거짓(巧詐)'으로 상대를
속이고, 또 '꾸민 말(巧言)'로써 사람의 마음을 사려 하고, 스스로 자만하며 또
'현란한 말(衒言)'로 상대를 어지럽히는 것은 궁극적으로 상대를 속이는 행
위요, 한울님을 속이는 일이 된다. 우·묵·눌을 지키지 못하는 데서 인생
의 낭패가 생겨난다는 것이 말씀의 요지이다. 이 또한 해월 스스로 이필제
의 교사와 교언과 현언에 마음이 흔들려 낭패를 본 경험을 토대로 한 말씀
이다. 이와 같은 뼈아픈 경험을 바탕으로 해월은 동학 교도들에게 우(愚), 묵
(黙), 눌(訥)의 가르침을 폈던 것이다.

나아가 해월은 '사람이 오거든 사람이 왔다고 하지 말고 한울님이 오신다 말하라.'라고 하여, 내가 대하는 사람은 궁극적으로 한울님을 모신 존재이기 때문에 한울님 대하듯이 해야 한다는, 사인여천(事人如天)의 설법을 하고 있다. 진정으로 한울님 모셨음을 깨달은 사람은 '타인의 아픔을 자신의 아픔으로 느끼고 받아들이며, 타인의 기쁨이 자신의 기쁨이 되는 경지'에 이르게 되고, 나아가 사람을 대하는데 교사(巧詐)와 교언(巧言)과 현언(衒言)이 있을 수 없게 된다. 따라서 한울님 같이 사람을 섬긴다는 사인여천의 경지가 자연스럽게 이룩될 수 있다는 것이다.

해월은 박용걸의 집에 마련한 기도소에서의 49일의 기도가 끝나는 1872년 1월 5일[71]에는 특별히 인근의 여러 접주들을 모아놓고는 지난날의 허물을 뉘우치는 축문(祝文)을 지어 한울님께 고하는 고천식(告天式)을 행하였다.[72] 수운 선생 당대에 천제(天祭)를 지낼 때에 읽던 「축문(祝文)」이 있었다. 일반 여항에서 쓰는 대부분의 축문은 말 그대로 '복과 안녕을 비는 글'이지만,[73] 동학에서의 「축문」은 자신이 지닌 허물을 참회하고 비는 글이다. 수운 선생 당대의 축문은 다음과 같다.

조선에 태어나 살면서 욕되이 인륜에 처하여 천지의 덮고 실어주는 은혜를 느끼며 일월이 비추어 주는 덕을 입었으나, 아직 참에 돌아가는 길을 깨닫지 못하고 잃음이 많더니, 이제 이 성세에 도를 선생께 깨달아 이전의 허물을 참회하고 일체의 선에 따르기를 원하여 길이 모셔 잊지 아니하고 도를 마음공부에 두어 거의 수련하는 데 이르렀습니다. 이제 좋은 날에 도장을 깨끗이 하고, 삼가 청작과 서수로써 받들어 청하오니 흠향하옵소서.[74]

한울님의 은혜를 받고 살아가면서도 그 은혜를 깨닫지 못하며 살아온 이

전의 허물을 깨닫고 깊이 참회하며 일체의 선을 따르고 한울님을 길이 모셔 잊지 않겠다고 서원을 하는 것이다. 해월이 직동에서 행한 고천식에서 읽은 '축문'도 바로 수운 선생 당대의 '축문'과 같은 형식이었을 것으로 추정된다. 특히 이필제의 의도를 바르게 파악하지 못하고, 그러므로 수많은 교도들이 희생되고 스승의 가르침을 올바르게 처신하지 못했음을 깊이 뉘우치고(悔過), 그 허물을 한울님께 고하는 의식을 행한 것으로 생각된다.

'회과(悔過)', 자신의 잘못을 뉘우친다는 이 말은 종교에 있어 가장 중요한 의미를 지닌 말이 아닐 수 없다. 앞서 논의한 「대인접물」에서도, '내 핏덩어리만이 아니니 어찌 시비하는 마음이 없으리오.'라고 스스로 고백하였듯이 해월은 늘 자신을 뒤돌아보고 자신의 솔직함을 그대로 드러내는 사람이다.

자신의 잘못을 뉘우치는 참회는 어느 의미에서 자신을 낮은 자리에 둘 때 가능하다. 자신이 우월하다고 생각하는 한 참회는 가능하지 않다. 자신을 낮은 자리에 두어야 자신을 돌아볼 수 있고, 그래야만 자신의 과오를 발견하게 되고, 그 과오를 참회할 수가 있는 것이다. 해월은 늘 자신을 낮은 자리에 두었던 사람이다. 그러므로 항상 '나는 비록 도를 통하지 못했으나 여러분은 먼저 대도를 통하라.'[75]라고 당부하거나 '비록 부인과 어린아이의 말이라도 배울 만한 것은 배우고 스승으로 모실 만한 사람이면 스승으로 모신다.'[76]고 말하고 있는 것이다. 이와 같이 해월은 자신을 낮은 곳에 두고 사람을 대하고, 또 정직하게 자신의 잘못을 돌아보고는 이를 되풀이하지 않고자 노력하는 사람이었다. 특히 해월은 고천식을 통해 신앙의 심지가 외적인 영향에 의하여 흔들렸음을 가장 크게 부끄러워하고, 이를 참회했을 것으로 생각된다. 해월은 이때를 당하여, "나의 심주(心柱)를 굳건히 해야 이에 도의 맛을 알 수 있다."[77]는 수운 선생의 가르침을 더욱 실감했을 것으로 생각된다.

이필제는 늘 『정감록』 등의 도참서의 논리에 의탁해, 세상을 구할 진인(眞

人)이 출현한다는 말로 사람들을 현혹했다.[78] 그러나 정감록 등의 진인 출현은 엄밀한 의미에서 미래에 대한 비전과 신념 체계가 매우 취약하다. 현실에 대한 믿음이 상실되고 나아가 미래에의 확신이 없을 때, 도참류의 막연한 예언에 의지하는 것이 보통 사람들의 성향이다. 동학 교도들이 이필제에게 쉽게 현혹된 데에는 바로 이와 같은 당시 사회적 심리가 작용을 한 것이다.

그러므로 해월은 바로 이와 같은 점을 깊이 참회하고, 한울님께 자신의 허물을 고하는 고천식을 행했던 것이다. 기록에 의하면, 수운 선생 당시에는 '포덕식(布德式)', '입도식(入道式)', '치제식(致祭式)', '제수식(祭需式)' 등의 종교의식이 있었다.[79] 또한 수운 선생을 취조하는 과정이 기록된 관변기록(官邊記錄)에 의하면, 당시의 동학교도들은 산천을 찾아가 종교적 의식을 행하고는 「검결(劍訣)」을 부르고 검무를 추었다고 되어 있다.[80] 이러한 '산제(山祭)'를 초하루와 보름날, 이렇게 한 달에 두 번씩 열었다고 한다.[81] 이 산제는 또한 교도들이 모여서 종교적 의식과 검무 등을 행하고, 또 강도(講道)를 하는 등, 초기 동학의 주체들이 그들의 메시지를 분배·보급하고 학습하던 공동마당이자 공시망(公示網)[82]의 기능을 담당했다.

그러나 해월 시대에 이르러 교단 공식 석상에서 「검결」을 부르거나 검무를 추었다는 기록은 없다. 이는 수운 선생이 관에 체포되어 문초 받을 때, 이 「검결」이 반역을 고취시키는 '칼노래' 또는 '칼춤'으로 혐의의 초점이 되었기 때문이다. 그래서 해월은 이 검결이나 검무를 의도적으로 피하고 모든 의식에서 제외시켰다. 따라서 직동에서 1872년 1월 5일 해월이 행한 의식은 대체로 '제수식'과 같은 형식일 것으로 생각된다.

그렇게 해월은 수운 선생 참형 후 절망 상태에 빠졌던 그 당시와 마찬가지로 영해 작변 이후의 질곡에 처한 막장에서, 조금씩 조금씩 재기의 발판을 구축해 나아갔다. 영월 깊은 산간마을에서 새로운 세상의 꿈을 향하여.

V.
새로 열어 가는
하늘

1. 적조암(寂照庵) 사십구공(四十九工)

동학 교단 자료에 의하면, 영월 직동에서 어느 정도 안정이 되자 해월은 소밀원에 있는 수운 선생 유족들을 찾아갔다. 유족들이 살고 있는 집에는 쌀도 한 톨 없었고, 수운 선생 부인은 병환으로 누워 있는 형편이었다. 해월이 순흥(順興)으로 사람을 보내 급히 쌀을 조달하여 구완을 했다.

그런데 그즈음에, 순흥의 임생(林生)이 다시 돌아와 양양(襄陽)에서 수운 선생의 맏아들인 세정(世貞)이가 관에 체포가 되었다는 소식을 전하였다. 세정이가 체포된 것도 걱정이고, 또 머지않아 이곳 소밀원에까지 화가 미칠 것이 큰 걱정이 되었다. 그래서 해월은 스승의 유족들을 박용걸의 집으로 옮기기로 하였다. 이때 정선의 유인상을 비롯해, 안시묵(安時黙), 홍석범(洪錫範), 김경순(金敬淳) 등이 적극 도와주었다. 또 이 시기에 이르러 정선에서는 새로운 사람들이 동학에 입도하면서 교세도 점점 확장되어 갔다.[1]

1872년 3월에 이르러 수운 선생 유족은 홍석범의 집으로 거처를 옮겨갔다. 3월 10일은 수운 선생 기일이라, 유인상 등이 참례하여 제사를 모셨다. 이후 정선의 동학 교도들이 50금을 모아 영춘 장현곡(獐峴谷)에 집을 마련하여 수운 선생 유족을 다시 옮겨 가게 하였다. 이때에는 박용걸이 정성을 다하여 많은 도움을 주었다.

3월 23일에 해월은 강원도 인제군 남면(南面) 무의매리(舞依梅里)로 김병내(金秉鼐)를 찾아간다. 김병내는 세청의 처당숙이다. 해월이 인제라는 먼 강원도 북부 지역까지 찾아간 이유는, 세정이 인제 귀둔리에서 체포되어 양양옥에 갇힌 이후 세청의 처가 권속까지 그 영향이 미칠 것이 걱정이 되어 알려주기 위해서였다. 해월이 세청이와 임생을 대동하고 인제에 도착했을 때에는 김병내 일족도 양양 감옥 소식을 듣고 몸을 피하여 산간 지역으로 옮겨 가고자 할 때였다. 해월은 김병내, 김연순(金演順), 김용진(金龍鎭) 삼숙질(三叔侄)과 그 가권을 인솔하여 홍천(洪川) 속사둔(束沙屯), 치곡점(雉谷店), 원주 태장(台場), 신림점(新林店) 등지에서 하루씩을 자고, 횡패점(橫唄店)까지 안내하고 정선 무은담 유인상의 집으로 돌아왔다.[2]

특히 인제 지역 방문 때 해월은 김병내의 조카인 김용진(=金演局, 훗날 해월의 수제자 중 한 사람이 됨)을 입도시켰다.[3] 김용진은 김연순과 형제이며, 이곳 대소백산(大小白山 : 태백산맥과 소백산맥이 만나는 지점. 兩白山이라고도 함) 지역으로 이사온 후, 수운 선생 유족이나 해월 등이 사는 곳에서 가까운 영춘으로 다시 이사를 와 살게 되었다.

경상도 일원의 동학 교도는 관의 추적으로 인하여 모두 잡혀 가거나 흩어졌지만, 강원도에는 그래도 동학 교도들이 나름대로 활동하고 또 새로운 사람들이 입도하고 있음을 이 자료들은 말해 준다. 그러나 이곳 강원도에도 기찰과 고변의 손길이 미쳐,[4] 완전한 안전지대는 아니었다. 그러므로 해월은 강원도 산간 골짜기마다 깃들어 사는 교도들을 수습하고, 또 한편으로는 스승의 유족들을 돌보고자 바쁘게 강원도 일원을 돌아다녔던 것이다.

1872년 4월 5일 수운 선생의 득도일을 맞아 박용걸의 집에서 기념 제사를 모셨다. 이후 해월과 강수는 머물 곳이 없어 정선의 유인상의 집에 거처하면서 집안 조용한 곳을 택해 전성문 등과 함께 49일의 특별기도를 봉행하기도 했다.[5] 5월 12일, 양양옥에 갇혀 있던 세정이가 장(杖)에 맞아 죽었다는 전갈이 전해졌다. 9월에는 다시 지목이 강화되었다. 그리하여 수운 선생 유족을 정선으로 모셔오기로 하고 무은담 유인상의 집으로 우선은 모셔왔다.

이후 정선 교도들의 도움을 얻어 정선 동면(東面)의 일명 '싸내', 곧 미천(米川)으로 가 안주하게 되었다. 이처럼 영월과 정선 일대가 새롭게 동학을 일으키는 비밀 포교지로 자리하게 되었다.

정선 무은담에 사는 유인상(劉寅常)은 해월이 이필제의 난으로 영월 직동에 피해 살면서 만난 사람이다. 그 과정을 자세히 알 수는 없으나, 1871년에 해월을 만나 동학에 입도하였다고 스스로 말하고 있다.[6]

해월은 영월 직동으로 숨어 들어온 후 정선의 교도들은 지속적으로 왕래를 하게 된다. 이때 이곳 직동을 방문한 유인상을 해월이 직접 포덕하였고, 이후 그간 유인상이 정선 지역에서 많은 사람을 포덕한 사실을 높이 사 이 지역 도접주(都接主)에 임명하였다.[7]

유인상이 어떤 이유에서 영월의 산간마을 직동을 방문했는지는 알 수가 없다. 유인상이 드나들던 박용걸의 집은 그 택호가 '해주(海州)'[8]로서 해주 박씨라고 추정이 된다. 유인상의 증손인 유돈생 씨의 증언에 의하면, 유인상의 어머니, 곧 유돈생의 고조할머니가 '박씨'였다고 한다. 이와 같은 증언을 토대로 족보를 확인한 결과 성씨가 박씨로 나와 있었다. 이로 보아, 유인상과 박용걸이 내외종(內外從) 간이 아닌가 추정된다. 따라서 외가 마을을 찾아온 유인상이 해월을 만나 동학에 입도한 것으로 추정된다.

유인상은 1843년생으로 해월보다 16년 연하이다. 동학에 입도하던 1871년 그의 나이는 28세였다. 무은담이라는 이름 좋고, 또 산수가 좋은 태백산 자락에 살면서, 학문과 재력을 어느 정도 갖추고 있는 시골 양반이다.[9] 그러므로 곤경에 처한 해월에게는 더할 수 없이 큰 후원자가 아닐 수 없었다.

유인상이 살았던 무은담은 정선군 남면 문곡리에 위치하고 있다. 무은담 앞으로는 고한읍 갈래천에서 발원한 계곡의 물이 흐르고 있다. 그래서 지금은 국도에서 유인상이 살던 집터로 들어가려면, 계곡의 물을 건너든지, 개천을 가로지르는 철길 난간에 만든, 겨우 사람 하나 지날 수 있는 난간을 따라 물을 건너야 한다. 개천 건너로는 바로 높은 산봉우리가 우뚝 서 있다. 이 개천에서는 물안개가 늘 피어올라 앞산 봉우리를 휘감고 있기 때문에, 그 풍광이 마치 무릉도원과 같이 아름답다고 한다. 또 안개가 늘 피어올라(霧) 그 안개 속에 숨어 있는(隱) 못(潭)이라는 뜻에서, 그 이름을 '무은담'이라고 했다고 한다. 지금 현지의 사람들은 '무른담', '물은담'이라고 부른다. 행정구역상에는 없는 지명이다.

무은담과 영월 직동은 그다지 멀지 않다. 무은담에서 벌어곡을 지나 자울재 고개를 넘어, 함백(咸白)을 거쳐, 길운산(吉雲山) 옆으로 난 고개를 넘으면 직동 바로 아랫동네인 큰터 골짜기가 나온다. 아마도 이 길로 해서 유인상은 동학 선생인 해월을 찾아가 만났을 것이다.

해월은 직동에 머무르며 각처의 인재들에게 동학을 강도하는 한편, 유인상과 김해성 등을 통해 수소문하여, 정선에서 태백으로 넘어가는 험준한 산자락의 정암사(淨岩寺)에 딸린 적조암(寂照庵)이라는 암자를 알게 되었다.

정암사는 일명 갈래사(葛來寺)라고도 한다. 『삼국유사』에 의하면, 신라의 고승 자장(慈藏)이 세운 절이다. 자장이 수행을 하던 중 문수보살을 만났는데, 문수보살은 자장에게 "신라에 정법(正法)을 세우기 위해서는 '갈반처(葛蟠處), 곧 칡넝쿨이 드리워진 곳으로 가라.'는 계시를 듣는다. 이후 전국을 찾아 헤매다가, '숲과 골짜기가 해를 가리고 멀리 세속의 티끌이 끊어져 정결하기 짝이 없는' 태백산 깊은 자락에 절을 창건하기에 이른다. 석가모니의 진신사리를 모시려고 사리탑을 세우려 하는데 계속 쓰러지므로 자장이 간절히 기도하니, 하룻밤 사이에 칡 세 줄기가 지금의 수마노탑 · 적멸보궁 · 본당 터로 가지를 뻗어, 그 자리에 절을 지을 수 있었다. 그래서 이름이 '갈래사'이다. 또한 정암사는 자장이 당나라에서 부처님의 진신사리를 가지고

와 봉안한 다섯 절(통도사, 법흥사, 상원사, 봉정암, 정암사) 가운데 하나이다.

적조암은 고한읍에서 약 6킬로미터 북동쪽 해발 1,200미터 고지대에 있는 작은 암자이다. 적조암과 정암사는 강원도 동부에서 가장 높은 해발 1,573미터의 함백산의 한 봉인 천의봉(天宜峯) 자락에 자리하고 있다. 주위에는 태백산(1,567m), 태장산(1,409m), 대덕산(1,307m), 백운산(1,426m), 매봉산(1,303m), 조록바위봉(1,087m), 지장산(931m) 등이 자리하고 있다.

정선에서 사북을 지나, 고한 마을에 이르면 태백산맥으로 이르는 험준한 구릉을 만난다. 이곳 고한에서 다시 지금의 강원랜드 방향으로 계곡을 따라 2킬로미터 정도 올라가면 정암사를 만나고, 이곳에서 다시 1킬로미터쯤 고갯길을 따라서 가면, 왼쪽으로 인가 두어 채를 볼 수 있다. 옛날에는 탄광촌으로 번성했으나 지금은 광부들이 살던 집들은 모두 없어지고, 농사를 짓는 사람들이 살고 있다.

바로 이곳에 '적조암 가는 길'이라는 팻말이 있다. 팻말을 따라 그리 가파르지 않은 산길을 따라 20분 정도 올라가면 적조암과 자작나무 샘터 쪽으로 가는 작은 삼거리가 나온다. 이 표지석을 지나 다시 30분 정도 산을 오르면, 제법 넓은 지대가 나오는데, 이곳이 바로 적조암이 있던 곳이다. '적조(寂照)'라는 암자의 이름과 같이 깊은 산속 정적만이 맴돌고 있는 곳이다. 본사인 정암사에서도 제법 떨어졌고, 지금은 정선·고한에서 태백으로 넘어가는 만항재 길이 자동차가 다니는 길로 뚫려 있지만, 해월이 이곳을 찾아올 당시는 산길조차 없었던, 그야말로 태백산맥 깊은 산속이었을 것이다. 그러므로 해월과 같은 사람들이 숨어 수련을 하기에는 참으로 적당한 곳이다.

지금은 적조암은 없어지고, 판넬로 지은 집이 한 채 있을 뿐이다. 이 집에 스님이 한 분 거처하는데, 그분 말로는 이 집이 적조암이고 자신이 적조암의 주인이라고 한다. 집 뒤로 올라가면 사람들이 기도를 드린 흔적이 있는 자리가 나온다. 지금은 옛날의 적조암 모습도 사라졌고, 그 옛날의 유래를 알 수 있는 것은 하나도 찾을 수가 없는 그저 적막한 산속일 뿐이다.

해월은 이곳 적조암을 49일 특별기도 장소로 정하고, 먼저 강수와 김해성, 전성문 등을 보내 사정 등을 알아보게 하였다.[10] 강수가 이곳 적조암을 찾아갔을 때는 노승이 혼자 암자를 지키고 있었다. 전후 사정을 이야기하니, 노승은 선뜻 머물기를 허락하였다.

이 노승을 동학 교단 기록에는 '철수자(哲秀子)', 철수자(哲修子), '철수좌(哲首座)' 등으로 표기하여, 마치 스님 이름인 양 기록하고 있다. 이중 '철수자(哲秀子)와 철수자(哲修子)'는 잘못된 표기이다. 더구나 이는 스님의 이름이 아니다. 수좌(首座)란 불교의 용어로, 선원(禪院)에 들어 공부를 하는 스님을 일컫는다. 또 철수좌(哲首座)란 이들 중에서도 높은 경지에 이른 선승을 일컫는다. 그러니 당시 적조암을 지키고 있던 노승은 매우 높은 경지에 이른 선승(禪僧)이었음을 알 수가 있다.

해월 등은 적조암에서 49일을 한정하고 특별수련에 임하였다. 대부분의 자료에는, 해월 등이 적조암에서 수련을 한 해가 계유년(癸酉年), 곧 1873년이라고 되어 있다.[11] 그러나 『도원기서』에만은 임신년조(壬申年條, 1872)에 이 기사가 실려 있다. 『도원기서』가 가장 오래된 자료이며 또 이후 동학 역사서의 저본이 되었다는 사실[12] 이외에도, 해월 등이 적조암에서 기도를 마친 것이 1872년 12월 5일이고, 산을 내려와 정선·영월 등지로 떠돌며 일 년 가까이 지낸 후 유인상의 집에 거처할 때인 1873년 12월 10일에 수운 선생 부인의 부음을 들었다는 사실[13] 등을 참고할 때, 해월 등이 적조암으로 들어간 해는 1872년이 분명하다. 다른 기록에서는 적조암에서 내려온 이후 해월이 1873년 1년간 영월·정선 등지로 다니며 수련 지도를 한 사실이나, 강수가 단양(丹陽)에서 훈장을 하며 살았다는 기록[14]이 누락되며 일으킨 착오라고 하겠다. 『천도교창건사』 등 해월이 1873년 10월에 적조암으로 들어갔다고 기록한 자료들에는 공통적으로 1872년 9월부터 다음 해 1873년 12월까지의 사실이 누락되어 있다. 이와 같은 여러 정황으로 보아 해월 등이 적조암으로 49일의 특별기도를 위하여 들어간 해는 1872년 10월이 맞다.

해월은 강수, 유인상, 전성문, 김해성 등과 적조암에 갔다. 1872년 10월 15일의 일이다. 다섯 사람이 둘러 앉아 정성으로 하루 삼만 독씩 동학의 주문을 읽으며 수련에 임하였다.[15] 동학의 주문은 '지기금지원위대강(至氣今至願爲大降)'의 강령주문(降靈呪文)과 '시천주조화정영세불망만사지(侍天主造化定永世不忘萬事知)'의 본주문(本呪文)으로 되어 있다. 강령주문과 본주문을 합하여 3·7자 주문, 곧 스물한 자 주문이라고 말한다.

하루 삼만 독씩 주문을 읽었다면,[16] 잠자는 시간을 제외하고는 거의 주문에만 전념하였다는 이야기가 된다. 또 49일의 수련을 끝마치고 그 후 며칠 간은 한울님과의 영적(靈的) 교류를 상징하는 영부(靈符)를 그렸다고 되어 있다.[17]

수운 선생은 경신년(1860) 4월 결정적인 종교체험을 할 때, 한울님으로부터 주문(呪文)과 영부(靈符)를 받았다. 수운 선생의 종교체험 가운데 한울님과 수운 선생이 대화를 한 부분은 다음과 같다.

나에게 영부(靈符)가 있으니 그 이름은 선약이요 그 형태는 태극이요 또 형태는 궁궁이라. 나의 영부를 받아 세상 사람들을 병으로부터 구하고 나의 주문을 받아 사람들을 가르쳐 나를 위하게 하면 곧 너 역시 장생(長生)하여 천하에 덕을 펴리라.[18]

동학에서 주문을 '한울님을 지극히 위하는 글'[19]이라고 말한다. 한울님을 지극히 위한다는 것은 한울님의 뜻에 따라 산다는 의미와 서로 통한다. 나아가 이는 곧 지공무사(至公無私)한 한울님 마음을 회복하여, 한울님과 같은 마음으로 세상을 살아간다는 의미이기도 하다.[20] 따라서 주문이란 '영적 주체인 한울님 모심을 깨닫고 올바른 삶을 실천하며(侍天主)', '한울님의 덕과 한울님 마음을 체득하여 새롭게 태어나며(造化定)', '이로써 한울님의 경지에 이르러 우주만사(宇宙萬事)를 모두 알게 되는(萬事知)'[21] 길이기도 하다.

주문과 함께 한울님으로부터 받은 영부는 '그 형상은 태극(太極)이요, 또 다른 형상은 궁궁(弓弓)'이라고 했다. 궁궁(弓弓)이라는 글자 모양은 태극의 모형과 비슷하므로 그 형태가 태극이고 또 궁궁이라고 말했다고 볼 수 있다. 그러나 이는 다만 그 모형만을 뜻하는 것은 아닌 듯하다. 해월은 궁궁 또는 궁을을 '마음'이라고 해의한다.[22] 이어서 "궁은 천궁(天弓)이요 을은 천을(天乙)이니, 궁을은 천지(天地)의 형체"[23]라고 말한다. 이러한 수운 선생의 설명과 해월의 해의를 종합해 보면, 영부란 다름 아닌 우주의 근원을 표상하여 약동(躍動)하는 천지의 형체를 나타낸 것이요, 동시에 사람의 본원적인 마음[24]을 형상화한 것이 된다.

일반적으로 '영부(靈符)'를 '신령스러운 부적(符籍)'이라고 부르는 경우가 많다. 그러므로 부적의 부정적인 면, 즉 기복(祈福)이나 축사(逐邪)의 민간신앙의 측면에서 영부를 해석하고, 이해하기가 쉽다. 그러나 본래 '부적(符籍)'이란 '부합(符合)'의 의미를 지닌 말이다. 따라서 영부란 '영(靈)'의 부합(符合)', 즉 '신령스러움의 부합'을 뜻한다. 수운 선생이 결정적인 종교체험의 순간에 들었다는 한울님 마음이 수운 선생의 마음과 한 치도 어긋남이 없이 부합했다는 '오심즉여심(吾心卽汝心)'[25]의 표상이 곧 영부이다. 한 치의 오차도 없이 나의 마음과 천지의 형체가 부합된 것을 영부라고 이름한 것이다.

이와 같은 여러 견해로 보건대 영부(靈符)란 '나와 한울님이 일체를 이루어, 내 안에서 한울님을 회복하는 것'이요, 내 안에 모신 한울님의 무궁성을 깨닫는 것을 의미한다. 영부를 통하여 내 안에 모셔진 한울님의 마음과 기운을 회복하고 나아가 '생명의 무궁성'을 깨닫게 되므로, '영부'를 선약(仙藥), 또는 불사약(不死藥)이라고 지칭한다. 그러므로 수운 선생은 "가슴에 불사약을 지녔으니 그 형상은 궁을이요, 입으로 장생하는 주문을 외우니 그 글자는 스물한 자이다."[26]라고 말하고 있다.

주문을 주야로 외우며, 또 영부도 그리며 해월과 강수 · 유인상 · 전성문 · 김택진 등은 함백산 깊은 산속에서 이렇듯 49일을 보냈다. 해월은 일찍이 "사사로운 욕심을 끊고 사사로운 물건을 버리고 사사로운 영화를 잊은 뒤에라야, 기운이 모이고 신이 모이어 환하게 깨달음이 있으리니, 길을 가면 발끝이 평탄한 곳을 가리키고 집에 있으면 신이 조용한 데 엉기고 자리에 앉으면 숨결이 고르고 편안하며, 누우면 신이 그윽한 곳에 들어, 하루 종일 어리석은 듯하며 기운이 평정하고 심신이 청명해진다."[27]고 수련 삼매의 경지를 말한 바 있다. '사사로운 욕심을 끊고, 사사로운 물건과 영화를 버림으로써' 비로소 도달할 수 있는 세계, '기운이 모이고 신이 모이어 깨닫게 되는' 그 본원적 밝음의 세계[28]를 향하여 자신의 마음을 닦고 연마하며, 해월은 이곳 눈 덮인 함백산 적조암에서 49일의 수련에 정진하였다.

적조암 49일 기도는 해월이 새로이 교단을 정비하는 결정적인 계기가 되었다. 특히 적조암 49일 기도 이후, 해월은 이 49일 특별기도를 동학 교단의 주요 수행법으로 정하고는, 지속하게 된다. 즉 단양 · 정선 · 등지와 익산의 사자암 · 가섭사 등지에서 훗날 동학의 주요 지도자가 된 손병희, 박인호, 서인주(徐仁周), 손천민(孫天民), 이원팔(李元八) 등을 지도하며 49일 특별 수련을 행하기도 하였다. 무너진 교단을 일으키는 길은 다름 아닌 수련을 통한 '신앙 결사'에 있음을 해월은 깊이 자각하고 실행에 옮겨 가고 있었다.

적조암에서의 기도를 마치고, 해월은 한편의 강시(降詩)를 짓는다. 음력 12월 5일, 온 천지가 하얀 눈으로 덮인 함백산 산중에서 49일의 기도를 마치고 문득 닫힌 문을 열고 세상을 내려다보니, 적조암 앞으로 보이는 거봉(巨峰)들인 백운산이며, 두위봉 등은 모두 흰 눈을 뒤집어 쓴 채 장관으로 눈앞에 펼쳐지고 있었다. 49일간의 독공(篤工)을 하며, 해월 스스로 마음에 새긴 새로운 결의의 그 벅참이, 마치 겨울산의 장관과도 같이 온 천지에 펼쳐지고 있음을 해월은 느꼈다. 이러한 감회를 다음과 같은 시로 썼다.

> 태백산 중에 들어 49일의 기도를 드리니 (太白山中四十九)
> 한울님께서 여덟 마리 봉황을 주어 각기 주인을 정해주셨네 (受我鳳八各主定)
> 천의봉 위에 핀 눈꽃은 하늘로 이어지고 (天宜峯上開花天)
> 오늘 비로소 마음을 닦아 오현금을 울리는구나 (今日琢磨五絃琴)
> 적멸궁에 들어 세상의 티끌 털어내니 (寂滅宮殿脫塵世)
> 뜻있게 마치었구나, 49일간의 기도를 (善終祈禱七七期)[29]

기도는 곧 마음을 닦는 수련이다. 그러므로 기도를 마친 후 오현금을 울리듯이 마음이 맑아지고, 샘물이 다시 차오르듯이 새로운 기운이 돋아남을 해월은 스스로 이렇듯 노래했다. 그런가 하면 봉황을 가슴에 받아 각기 주인을 정해주듯이[30] 새로운 웅지(雄志)를 기도 기간 중에 마음속 깊이 키울 수 있었다. 49일간의 기도는 지난날의 번뇌와 고통을 떨쳐 버리는 계기가 되었고, 온 천지를 덮은 흰 눈같이 세상을 뒤덮을 새로운 힘을 얻는 그런 기도가 되었다. 그러므로 '진정 뜻이 있는 49일 기도를 마치게 되었다.'고 해월은 술회하고 있다.

미래로 날아가는 날개를 펼칠 봉황을 가슴에 안고, 태백의 정상보다도 더 높은 포부를 품은 채, 적조암 굳게 닫힌 문을 밀쳐 열고, 해월은 굳건한 재기(再起)의 첫 발걸음을 힘차게 내딛고 있었다.

2. 청수일기(淸水—器)의 제례법

적조암 49일 기도를 마치고, 해월은 처음에는 정선의 유인상의 집으로 가서 머물렀다. 이후 잠시 영월 전성문의 재당질녀의 집으로 가 과세(過歲)를 하고, 1873년 초 다시 유인상의 집으로 왔다. 해월은 이곳에 머물면서 인근의 동학 교도들을 찾아다니며 설법도 하고, 수련 지도를 하였다. 잠시라도 교도들의 마음이 흐트러질 것을 걱정하여 지도를 게을리 하지 않았다.

계해년, 1873년도 거의 다 저물어 가는 12월 10일. 수운 선생의 부인인 박씨 사모님이 환원하였다. 맏아들 세정은 양양옥에서 장살(杖殺)을 당하였고, 이제 사모님마저 돌아간 것이다. 김계악과 함께 달려가 시신을 수습했으나, 땅이 얼어 장례를 치르지 못하고, 해토되기를 기다려 다음 해인 1874년 2월 19일에야 장례를 치렀다.[31]

그간 수운 선생의 미망인인 박씨 부인이 겪은 고초란 이루 형용할 수 없는 것이었다. 수운 선생 참형 이후, 제자들의 도움으로 근근이 살아가다, 관의 추적과 체포령이 내려지면 이내 보따리를 싸서는 가족을 이끌고, 더 깊은 산중 마을로 옮겨다니며 고단한 한 생애를 살았던 사람이다.

박씨 부인은 동학 창도 이후 최초로 동학에 입도한 사람이기도 하다.[32] 근암공 사후에 가세가 기울고 결정적으로 화마에 집과 남은 재산을 모두 잃고 말았으며, 수운 선생은 10여 년 동안 주유천하를 계속했던 관계로 자녀들을 보살피며 살림을 꾸리느라 형용하기 어려운 생활을 해 온 박씨 부인이다. 특히 수운 선생이 종교체험을 하는 과정에서는 선생이 실성을 했다고 생각하여 한때는 용담정 앞 계곡물에 빠져 죽으려고까지 했다는 일화도 있다.[33] 이와 같이 한 생애를 고난 속에서 살아온 수운 선생의 부인이 한많은 생을 마감한 것이다. 이때가 향년 49세이다.[34]

이즈음 해월은 또 한 사람의 상(喪)을 치른다. 49일 기도처를 제공한 적조암의 노스님이 입적한 것이다. 해월은 1874년 2월 적조암으로 노스님을 방문하였다. 해월과 의형제(誼兄弟) 사이인 박용걸의 친형의 주선으로 노스님을 위한 가사 한 벌을 지어가지고 찾아갔다.[35] 이때 노승은 노환으로 거동이 불편하여 바깥출입을 하지 못하고 있었다. 새로 마련한 옷을 입혀드리고 돌보던 중 노승이 입적하였다. 이에 해월은 본사(本寺)인 정암사에 이를 알리고, 노승의 장례를 손수 치러 주었다. 노스님이 종파를 넘어 자신에게 베푼 은혜를 생각하며 해월은 정성을 다하여 장례를 치러 준 것이다.

잇따른 장례 후, 해월은 안동 사람 권명하(權明夏)의 도움으로[36] 단양 남면(南面) 사동(寺洞) 도솔봉 아래에 집을 마련하였다. 이곳을 거처로 정한 것은 일찍이 적조암의 노스님이 살기 좋은 곳이라고 알려주었기 때문이다.[37] 그때는 부인 손씨의 소식을 모르는지도 벌써 3년이 되던 때였다. 손씨 부인은 이필제의 난으로 쫓길 때 정석현의 집에서 관군들에게 잡혀 갔었다. 3년이 지나도록 손씨 부인은 돌아오지 않고 소식조차 없자, 해월을 보살피던 제자들이 재가를 권하였고, 해월은 안동 김씨를 부인으로 맞아들였다. 사동의 집은 곧 해월이 김씨 부인과 새로운 살림을 시작한 곳이다.

강수, 김연국, 김용순 등도 해월의 집 근처로 와서 같이 살았다. 그리하여 이곳 사동에서의 생활은 어느 정도 안정을 찾아가기 시작하였다. 해월은 사동에서 과세하며 1875년 정월에 첫아들 덕기(德基)를 출산하였다. 태어난 곳이 도솔봉 아래이기 때문에 '도솔이'라고도 불렀다. 해월은 이때 49세로 지천명(知天命)을 바라보는 나이였다. 평생을 산간으로 쫓기어 숨어 다니느라,

50이 다 된 나이에 비로소 첫아이를 얻게 된 것이다.

1875년 2월 하순, 관의 지목도 느슨해졌고 하여, 조금 큰 마을인 송두둑, 곧 송고촌(松皐村)으로 이주를 하였다.[38] 송두둑이나 사동은 모두 장정리(長亭里)에 속하는 마을로, 이곳에서 왼편 도솔봉 쪽으로 들어가면 사동이고, 바로 올라가면 해월이 훗날 『용담유사』를 처음 목판으로 간행한 샘골, 곧 천동(泉洞)이다. 그만큼 송두둑이라는 마을은 사람들이 왕래하기에 수월한 곳이기도 하다.

출산과 이주 등으로 분주한 나날을 보내던 어느 날, 수운 선생의 하나밖에 남지 않은 아들 세청이 세상을 떠났다는 비보가 전해진다. 병으로 오랫동안 고생하다가 끝내 일어나지 못하고 장기서(張基瑞)의 집에서 환원을 하고 만 것이다. 박씨 부인, 맏아들 세정에 이어 둘째아들인 세청이마저 환원하고, 수운 선생의 세 딸은 모두 다른 집안으로 시집을 갔기 때문에, 이제 수운 선생의 유족은 아무도 남아 있지 않게 된 셈이다. 그렇게 되자, 지금까지 유족을 중심으로 진행하였던 수운 선생의 향례는 자연 해월이 그 중심에 자리하게 되었다.[39] 즉 이때부터 제사권을 해월이 완전히 행사했고,[40] 그간 수운 선생의 유족을 중심으로 왕래하던 강원도의 양양, 인제 등지의 동학교도들도 자연스럽게 해월 주변으로 모여들게 되었다.

불안하고 어수선한 갑술년(1874)을 넘기고 을해년(1875)의 초중반을 지나, 다시 가을이 되었다. 해월은 추석날을 기하여 각 지역의 지도자들을 모이게 하였다. 이필제의 난 이후 새로운 교단 체제를 시행할 계획을 위한 제례를 지내기 위해서다. 그러한 계획을 시행할 만큼 송두둑 시기의 동학 교단은 한숨을 돌리고 있었다.

제례에 참석한 사람들은 강수, 유인상, 전성문, 박규석, 김연순 등이었다. 해월과 신의로써 의형제를 맺고 생사의 고비를 함께 넘긴 강수와 전성문,[41]

태백산에서 추위와 굶주림 속을 헤매던 중에 결정적으로 도움을 받은 박용걸, 그로부터 이어진 유인상과의 인연, 그리고 새로이 연계를 강화하게 된 강원도 양양·인제 등지의 교도들, 또 인제에서 태백산 부근으로 이주를 해온 김연순·김연국 등은 해월이 다시금 동학의 교단을 일으키는 데에 결정적으로 도움을 준 사람들이다. 해월은 바로 이들을 중심으로, 정선의 교도들의 도움을 받아[42] 새로운 출발을 다짐하는 제례를 거행하였다.

처음에는 제수(祭需)를 마련하여 제상을 차리고자 하였다. 그러나 제례를 행하려 할 즈음, 해월이 문득 강화(降話)의 가르침을 받고는 앞으로는 제물을 진설하지 않고, 오직 청수(淸水) 한 그릇만 모시고는 제례를 지내는 날이 올 것이라는 설법을 한다. 『천도교서』에 다음과 같은 기록이 있다.

余이 過去多年에 各種飮食의 物로써 祈禱儀式의 準的을 行하얏으나 이는 아직 時代의 關係로부터 出한 所以니 日後는 一切儀式에 但히 淸水 一器만 用하는 日이 有하리라.

동학 교단의 다른 기록들에는 이와는 다소 다르게 되어 있다. 『천도교회사초고』에는 "강화(降話)로써 어육주초(魚肉酒草)를 쓰지 말라는 가르침을 받고 설법을 했다."[43]고 되어 있다. 또한 『도원기서』에는 청수일기(淸水一器)만으로 제례를 지낸다는 말은 없고, 다만 "황육(黃肉)을 쓰지 않는 새로운 제례를 제정하였다."[44]고 되어 했다. 그러므로 연구자들 사이에서 과연 청수일기만으로 제례를 행하는 것이 동학의 새로운 제례법으로 이때 정해진 것이냐, 아니면 청수 의식은 그 이후에 생겨난 것이냐의 문제가 대두되었다.

표영삼은 『동경대전』계미중하판에 실려 있는 수운 선생 당시의 의식인 치제식(致祭式), 포덕식(布德式), 입도식(入道式) 등에도 청수에 관한 기록이 없는 것으로 보아, 청수를 모시는 것은 동학 초기에는 없었던 의식이라고 말했다. 또한 황육을 쓰지 못하게 한 것은 단순히 경제적인 부담을 덜기 위함이라고 말한다.[45]

그러나 『도원기서』의 '황육(黃肉)을 쓰지 말도록 했다'는 기록은 전례를 보아 납득이 가지 않는 부분이다. 표영삼이 제기한 자료인 계미중하판 『동경대전』의 의식 부분에는 분명 '계해년(1863) 8월 수운 선생이 해월에게 도를 전해 주고, 고기 종류는 쓰지 말도록 당부를 했다.'[46]고 되어 있다. 그런데 이 시기에 해월이 황육 등 고기를 제수로 차려놓았다가, 다시 치우라고 한 것은 납득하기 어려운 부분이다.

또한 해월 사후 그의 가르침을 직접 받은 제자들이 교단을 운영하던 20세기 초, 동학(천도교) 교단에서는 '청수(淸水)'를 모시는 것이 매우 중요한 종교의식이었다. '청수' 의식은 그 이전의 기록에서는 찾을 수가 없는 것이 사실이다. 청수에 관한 교단의 공식적인 기록은 3세 교주인 의암 손병희가 동학을 천도교로 대고천하(大告天下)한 이후 오관(五款)을 제정하면서 처음 등장한다. 그러면 청수는 그때 처음 사용한 것이냐 하는 의문이 생긴다.

그러나 1872년에 해월을 만나 입도했고, 그 이후 오랫동안 해월을 모셨던 구암(龜菴) 김연국(金演局)이 1900년대 초 시천교(侍天敎)의 대례사(大禮師)로 갔다가 상제교(上帝敎)로 분립하여 나간 이후, 상제교에서도 청수를 모신 것으로 보아,[47] 청수는 의암이나 구암이 해월로부터 배워서 물려받은 것이라고 추정하는 것이 합리적이다. 만약에 의암이 천도교로 개명을 하면서 비로소 청수가 의식이 된 것이라면, 의암이 주도하는 천도교를 등진 구암이 청수를 모셨을 리는 만무하다. 따라서 비록 동학 초기 기록에는 청수 부분이 없지만, 동학 교단에서 청수를 모신 것은 초기부터였다고 생각이 된다.

특히 해월이 앞으로는 '청수일기'만으로 제사를 모실 날이 올 것이라는 설법은 '강화(降話)의 가르침을 받고' 행한 것이며, 또 이러한 새로운 제법을 사용하게 된 것은 '전일의 동정(動靜)이 있어서 허락한 것'[48]이라고 말한 점으로 보아, 단순히 경제적 부담 때문이라기보다는, 종교적으로 매우 의미심장한 일이었음을 알 수가 있다. 따라서 해월은 강화지교(降話之敎)에 따라 제수를 철수하고, 청수일기의 새로운 제례법을 구상하였던 것으로 생각된다.

해월은 훗날 이천 앵산동(鶯山洞)에서 행한 「향아설위(向我設位)」 설법에서 '제사를 지낼 때 절을 하는 것은 마음으로 하는 것이 옳다.'고 말하고, 이어 '만반 제수를 차려 놓는 것이 정성이 아니고, 단 청수 한 그릇이라도 지극한 정성으로 다하는 것이 옳다.'고 강조하였다. 또한 '상기(喪期)는 어떻게 하는 것이 좋으냐.'는 제자의 물음에, '마음으로 백년상을 모시는 것이 옳다.'[49]고 답하였다. 이러한 해월의 법설은 동학의 신앙 정신에 기초한 말씀이다.

동학의 가르침은 천당과 지옥이 다른 차원의 공간에 있는 것이 아니며 또 한울님이 초월적인 공간에 계신 것이 아니라 우리 몸에 모셔져 있는 동시에 우주에 편재(遍在)한다는 것이다.[50] 그러므로 내 마음으로 정성을 다하는 것이 바로 한울님을 위하는 것이요, 형식적으로 제수를 진설하는 것보다는 마음을 다한 청수 한 그릇이 한울님과 조상을 위하는 길이라고 가르친다.

제수로서 청수(淸水) 한 그릇만 진설하는 제상(祭床)은 비록 당장은 시행이 되지 않았지만, 때가 되면 그 제례법에 따라 제사를 모셔야 한다는 해월의 생각은 선천의 형식들을 동학의 이념에 입각한 형식으로 개벽되어야 한다는 의지의 표현이기도 하다.

오랜 세월에 걸쳐 관례가 된 제례 형식에는 그 형식에 맞는 정신이 담기게 된다. 음식을 차리고 또 조상의 신위(神位)를 모셔 놓고는, 마치 그들이 차려진 음식을 흠향(歆饗)한다고 믿으며, 제례를 거행하는 것이 오랜 관습이었다. 물론 이런 제례 절차는 결정적으로 유교의 영향에 의한 것이다. 불가(佛

家)나 선가(仙家) 제례 형식도 있지만, 우리 민간이나 국가에서 행하는 제례의 형식은 대개 유교식이었다. 더구나 유교 이념이 지배 원리로 자리한 조선조에 있어 이는 더욱 완고하게 우리 생활 속에 정착해 있었다.

그러나 해월은 바로 이러한 관습적인 제례 형식을 과감히 바꾸어, 동학의 정신을 구현해야 함을 강조했던 것이다. 새로운 동학의 정신. 한울님이나 조상의 영혼이란 유형한 것이 아니라, 무형한 것이다. 나아가, 한울님이나 조상의 영혼은 모두 혼원한 우주의 영기(靈氣)이며, 지금 여기의 '나'라는 존재의 생명력의 근원이기도 하다. 따라서 혼백이 구천(九天) 어디엔가 있는 것이 아니며, 또 한울님이 천상의 옥경대에 계신 것이 아니라, 바로 내 마음 속에 모셔져 있다는 것이 곧 동학의 가르침이다. 이것이 청수일기 제례의 출발점이요, 근거가 된다.

이렇듯 '청수 한 그릇'이라는 매우 파격적인 제례법을 제시한 데 이어 동학의 종교적인 수행과 의례를 확립하기 위하여 '한울님께 고하는 제례', 곧 '고천제례(告天祭禮)'를 행하였다. 이때 해월은 제례 시 입는 법복(法服)과 법관(法冠), 법대(法帶)를 새로 제정하였다. 이것은 오직 『시천교역사』에만 그 기록이 보인다. 기록을 보면 다음과 같다.

법관(法冠)은 사방이 모두 삼층으로 되어 있으며, 중앙 덮개는 정원(正圓)을 이루고 있다. 법관 앞과 뒤는 둥글며 조금 치켜져 올라가 있고, 좌우는 뾰족하며 조금 내려가 있다. 법관 색은 자주색이나 검은색이다. 법관 안에 붙인 감은 일정한 색을 정하지 않았다. 법복(法服)은 정사폭(正斜幅), 곧 똑바르게 내려가다가 비스듬해지는 형태이다. 앞쪽은 5폭, 뒤쪽은 4폭으로 되어 있다. 소매 직경은 1척 3촌이고, 세로 폭은 7촌이다. 소매 뒷부분은 방직(方直), 곧 모가 나게 하여 곧게 내렸고, 전후 폭 양쪽 마름질한 곳에 붙였다. 소맷부리는 두

손을 겨우 덮을 정도로 하였다. 또 법대(法帶)는 넓이가 2촌이고 둘레가 2척이다. 나머지는 오른쪽 겨드랑이 아래에 테두리를 주어 묶었다. 앞쪽으로 두 끈을 늘어뜨렸는데, 그 넓이는 허리띠와 같고 색은 검정색이다.[51]

이렇게 새로이 제정한 법관, 법복, 법대를 입고 제례에 임하였으므로, 자연히 그 법도가 더욱 가지런하고 엄숙해졌다. 이 제례는 그해 10월에 해월 자신의 설법을 포함하는 '설법제(說法祭)'로 개편하여, 1875년 11월과 1876년 4월 각기 정선 유인상의 집과 인제 김계원의 집에서 행하였다.[52] 설법제는 1877년 10월 3일, 상달 제사 때부터는 '구성제(九星祭)'로 개편하여 인제에서 행하여졌고, 10월 16일 정선 유인상의 집에서 행해졌다.[53] 구성제는 1879년 4월 제일에 다시 인등제(引燈祭)라는 이름으로 바뀌어 행해졌다.

설법제·구성제·인등제 등은 유교의 제례와 같이 축문을 읽고, 초헌 (初獻)·아헌(亞獻)·종헌(終獻), 대축(大祝)과 봉향(奉香) 등의 제관(祭官)을 두었다.[54] 또한 다양한 제수 대신 49되의 쌀을 각각 13되·9되·8되·7되·5되·4되·3되 들이 7개의 그릇에 나누어 담아 진설했고, 무명베 49자를 13자·9자·8자·7자·5자·4자·3자로 나누어 제단을 쌓았다.[55]

이러한 기록에서 당시 동학의 제례 형식은 색다른 모습이었음을 알 수 있다. 즉 제수 대신에 쌀을 진설한다거나 쌀과 무명을 13, 9, 7, 5, 4, 3 등의 숫자에 맞추어 진설하거나 제단을 쌓은 것은 동학의 주문 13자와 구성(九星)·팔괘(八卦)·칠성(七星)·오행(五行)·사시(四時)·삼재(三才) 등을 상징하는 것으로,[56] 동학의 정신과 전래되는 동양적인 의미를 상징하는 것들이 혼성되어 있다. 그러면서 제례 진행 격식은 유교식을 따르고 있다. 이것은 다름 아니라 동학의 신앙 정신이 깃든 제상은 마련했지만, 아직 그 진행 격식이 완비되지 못하였음을 뜻한다.

특히 '구성제(九星祭)'는 천도를 상징하는 구성(九星)과 땅을 상징하는 구주 (九州)가 서로 상응함을 의미하며, 또한 천도를 밝힌 스승을 위하는 도리라고 설명하고 있다. 나아가 스승의 도리를 밝히기 위해서 구성계(九星稧)를 만들어야 한다고 강조하며, 계안을 마련하고 계를 조직하였다.[57] 즉 지금까지 대부분 제례를 위하여 정선 도인들의 도움을 받았는데, 이제 각지 교도들이 어느 정도 안정을 찾은 만큼, 제례의 비용을 좀 더 효율적으로 염출하고 운용하기 위하여 계를 결성한 것이라고 하겠다.

종교 의식, 의례란 일상과는 다른 장엄하고, 조직적이며 정형화된 종교 행위이다. 종교 의례는 그 신앙공동체에 질서를 부여하고, 나아가 소속감이나 의지를 집단적으로 표현하는[58] 중요한 형식이다. 해월은 용화동 시대 이후, 영월·정선·단양 등지를 전전하며 무너진 교단을 다시 일으키고, 나아가 동학의 정신이 깃든 의례를 확립함으로써, 동학 교단을 보다 신념을 공고히 하는 종교집단으로 결집시키고자 노력하였던 것이다.

3. 도는 시대와 짝해 나아가야

송두둑에 자리 잡고는 안정을 찾으며 의례를 정립한 해월은 각처를 순회하며 교도들을 지도하는 활동을 재개한다. 첫 순회지는 영남 지역이었다. 영남은 수운 선생이 동학을 창도하고 처음으로 그 가르침을 편 곳이다. 그러나 바로 그 사실 때문에 수운 선생이 참형을 당한 곳이기도 하다. 그런가 하면, 이필제의 난으로 큰 시련을 겪었던 지역이기도 하다. 그러므로 어느 곳보다도 지목의 혐의가 높은 곳이면서 교단의 발전을 도모하기 위해서는 꼭 순회를 해야 할 지역이었다.

1875년 9월 초 해월은 강수, 그리고 전성문 등을 대동하고 영남 지역 순방에 올랐다. 영남 땅에 이르러 처음 도착한 곳은 신영(新寧)이었다. 그곳에서 해월 일행은 하치욱(河致旭)을 만난다.[59] 하치욱은 수운 선생이 1863년 1월 각처의 접주를 정할 때 신영 접주로 임명 받은 사람이다. 또한 『수운행록』에 의하면, 수운 선생이 남원 은적암에서 돌아와 현서(縣西) 박대여의 집에 머물고 있을 때, 해월·박하선 등과 함께 수운 선생을 찾아갔던 인물 중한 명이기도 하다.[60] 이로 보아 하치욱은 수운 선생 당시부터 상당히 중요한 위치를 점하고 있던 지도자급 교도였음을 알 수 있다. 그러나 수운 선생이 참형당한 이후 이렇다 할 활동을 못하고 있었다. 해월이 그 하치욱 접주를 찾아간 것은, 나름대로 영향력을 지녔던 지난날의 접주를 만나 영남 지역의 동학 조직을 다시 일으키고자 한 것으로 풀이된다.

이어 일행은 가정리로 가서 수운 선생의 장조카인 최세조(崔世祚)를 만난다. 동학의 기록에는 '맹륜(孟倫)'으로 나오는데, 이는 최세조의 자(字)이다. 수운 선생이 결정적인 종교체험을 시작하던 경신년(1860) 4월 5일은 최세조의 생일이라,[61] 수운 선생은 초대를 받고 최세조의 집으로 갔다. 그곳에서 몸에 이상을 느껴 용담으로 돌아온 이후 본격적인 종교체험이 전개되었다. 또 최세조는 수운 선생 부인에 이어 두 번째로,[62] 신유포덕(辛酉布德)[63] 이전에 동학에 입도한 사람이기도 하다. 그런가 하면, 수운 선생이 조난을 당했을 때는 관에 잡혀갔다가 백방(白放)이 되었고, 참형을 당한 수운 선생의 시신을 구미산록(龜尾山麓) 용담 서쪽 언덕에 안장한 주역 중의 한 사람이기도 하다. 당시로서는 동학의 산증인이라고 할 수 있다.

최세조에 이어 해월은 집안 동생인 최경화(崔慶華)와 청하(淸河) 사람 이군 강(李君綱)과 이준덕(李俊德)을 잇따라 만났다. 또한 강수는 그간 헤어졌던 아들과 5년 만에 재회하는 기쁨을 누리기도 하였다. 순회를 마친 해월은 다시 충청도 단양으로 돌아왔다. 이어 강수를 도차주(道次主)로 임명했다. 점차 안정이 되어 가는 교단 조직을 좀 더 강화하기 위하여 강수로 하여금 도차주의 임무를 수행토록 한 것이다.[64]

이러한 바탕 위에서 1875년 10월 18일 해월은 설법제(說法祭)를 열었다. 『도원기서』에 의하면, 제례가 끝난 이후 해월이 "나에게 열두 개의 시(時) 자와 또 활(活) 자가 있다. 먼저 세 사람에게 시(時) 자를 써 이름을 고쳐주고 활(活) 자로써 자(字)를 고쳐주겠다. 이 시(時)와 활(活) 두 자는 한울님의 명교(命敎)가 있는 것이니 공경하여 받도록 하라."[65]는 설법을 했다고 되어 있다.

이때의 일을 『천도교회사초고』에서는 "이름과 자를 바꿀 뜻으로 강화(降話)의 가르침을 받고, 이내 「용시용활(用時用活)」의 설법을 했다."고 되어 있다.[66] 또한 『천도교서』에는 『천도교회사초고』 내용에 이어, 「용시용활」 설법의 내용도 함께 싣고 있다.

> 大抵 道는 用時用活에 在하나니 時代와 進化에 應치 못하면 이는 死物과 無異한지라. 하물며 吾道의 五萬年 未來를 範圍함이리오. 余이 特히 此 主義를 示기 爲하야 先히 名字로써 此에 對한 萬古의 範을 垂하리라.

이어 해월은 스스로 자신의 이름을 '용시용활'의 '시(時)' 자를 넣어 최시형(崔時亨)으로 바꾸고, 강수는 강시원(姜時元), 유인상은 유시헌(劉時憲)으로 그 이름을 바꾸어 주었다.[67] 이름을 바꾼다는 것은 새로운 인격체로 다시 태어난다는 의미를 지닌다.[68] 이처럼 비장한 각오로 이름마저 바꾸면서 강조한 '용시용활'은 해월의 도(道)에 대한 생각을 잘 나타내 주는 설법이 아닐 수 없다.

흔히 도란 일상과는 동떨어진 고원난행(高遠難行)한 곳에 있는 것이라고 생각하기 쉽다. 그러므로 도는 특별한 사람이 닦는다는 것이 당시 사회적 통념이다. 그러나 해월은 "부귀한 자만 도를 닦겠는가. 권력이 있는 자만 도를 닦겠는가. 유식한 자만 도를 닦겠는가. 비록 가난하고 천한 사람이도 정성만 있으면 도를 닦을 수 있다."[69]라고 말하여, 도는 그 사람의 '신분이나 위치'에 있는 것이 아니라, 그의 '정성'에 있음을 강조한 바 있다. 나아가 도라는 것이 현실과 동떨어진 지고한 철학적 교설이 아니요,[70] 비록 천하고 가난한 신분의 사람이라도 닦을 수 있고 또 행할 수 있는 것임을 강조한 바 있다. 그러므로 우리가 살고 있는 이 현실에서 매일같이 행하는 '일용행사(日用行事) 어느 것도 도가 아닌 것이 없다.'[71]는 가르침을 펴기에 이르렀다. 이와 같은 해월의 생각은 '도의 생활화'를 통해, '생활의 성화(聖化)'를 이루는 중요한 바탕이 되었다.

이렇듯 우리의 현실에서 도가 구현되기 위해서는 도의 용시용활이 절대적으로 필요하다는 것이 해월의 생각이었다. 시대란 늘 변화하는 것이다. 지난날과 지금이 다르고 또 오늘과 내일이 다른 것이 시대의 변화하는 모습이다. 세계와 인간 사이의 관계도 시간에 따라 변화하기 마련이다. 그런데 하물며 도를 고정 불변의 절대자로 생각하고, 고정된 관념으로 이에 대처를 한다면 이는 현명한 태도가 아니다. 변하지 않는 것은 도의 근원적인 원리이다. 그러나 현실적 삶에서의 활용의 방법, 곧 '용(用)과 활(活)'은 변화하는 시대와 상황에 맞게 쓰이고 활용되어야 한다. 이는 도의 변화나 훼손이 아니라, 도의 시대적 적용이다. 도가 시대의 변화에 대응하여 활용이 되지 못한다면, 이 도는 다만 탁상공론에 불과하다. 그러므로 해월은 때에 따라 쓰고(用時), 때에 따라 움직이는(用活) '용과 활'로써 시대와 짝해 나가지 못한다면, 그 도는 사물(死物), 곧 죽은 도라고 힘주어 말했던 것이다.

해월의 '용시용활'론은 동학이 한국 근대사의 전면에 서는 중요한 바탕이 되기도 한다. 즉 도라는 고원(高遠)한 곳에 숨거나 안주하여 시련을 회피하지 않고 역사적 추이에 발맞추어 나아갔으므로 교조신원운동과 갑오동학 농민혁명을 일으키기에 이르렀다.[72] 또한 생활 면에서도, 인류 역사 이래 일관된 향벽설위(向壁設位)를 과감히 깨뜨리고 향아설위(向我設位)를 주창하기에 이른 것도 결국 용시용활로서 이를 설명할 수 있는 것이다.

해월의 용시용활론은 또한 후대 그의 제자들에 의하여 십분 응용되었다. 특히 해월의 도통을 이은 의암은 격변하는 19세기 말, 20세기 초에 도의 용시용활을 적극 실천하기 위하여 서구적 문명개화론(文明開化論)과는 다른 동학적 상생(相生)의 문명개화론을 펼쳤는가 하면,[73] 1904년에는 갑진개혁(甲辰改革)을 단행하여, 단발흑의(斷髮黑衣)를 통한 생활의 개혁을 단행하는 등 근대 개화에 앞장서기도 했다.

또한 도의 용시용활이 시대에 짝해나간다는 것은 '그때를 기다리는 지혜'를 의미하기도 한다. 해월은 언제나 '때를 기다리는 지혜'를 보여주기도 하였다. 그러므로 교조신원운동이나 갑오동학농민혁명 때에도 때를 기다리는 지혜를 보여주었고, 급진적인 개혁보다는 비폭력적인 저항에 힘쏟다는 성향으로 귀결되었다.[74] 이러한 견지에서, 해월은 전봉준이 고부에서 난을 일으키자, "현묘한 기틀이 드러나지 않아도 마음을 급하게 갖지 말라. 공이 이루어진 훗날에 신선의 좋은 인연을 이루게 될 것이다."라는 「탄도유심급」의 말로써, 섣부른 봉기를 자제하고 때를 기다리라고 타이르기도 했다.

1875년 10월 18일, 해월이 펼친 '용시용활'의 설법은 내적으로는 현실의 삶 속에서 도를 실천하여, 도의 생활화를 이루는 바탕이 되었고 외적으로는 동학이 단지 신앙단체에 머물지 않고, 격동의 시대에 전면으로 나아가 앞장서서 이끌어가는 원동력이 되기도 하였고, 때로는 때를 기다리는 지혜의 원천이 되기도 하였다.

4. 개접, 해월 시천주의 강론

제례 의식의 확립과 순회 활동에 이어 해월은 본격적인 '접(接)'의 재개를 기획하였다. 특히 수운 선생에 대한 제사(祭祀)까지 주관하게 되었고,[75] 또 새로운 제례 의식을 마련한 해월로서는 그 조직을 좀 더 공고히 하기 위하여 '개접'할 필요를 느꼈을 것으로 생각된다. '개접'이란 말 그대로 '접을 열고' 동학 교도들이 모여 스승님의 가르침을 공부하고 토론하는 것을 말한다.

본래 동학의 접은 1863년 1월 수운 선생이 흥해 매곡동 손봉조의 집에서 처음 접주를 정하면서 시작이 되었다. 이때 접은 속인제(屬人制) 조직이다. 포덕을 한 사람과 도를 받은 사람이 연비(聯臂) 관계를 맺고, 그 정신적인 결속이 강조되는 조직이다. 그런데 당시는 농경사회로서 지역별로 인구 이동이 빈번하지 않았기 때문에 지역 단위처럼 보일 뿐이다. 이 접은 수운 선생이 참형을 당하고 난 이후, 교단 조직이 와해되면서 흩어지거나 지하로 깊이 잠복하고 말았다. 그러므로 해월은 그간 활동을 못하고 있던 접을 정비하고 개접하여 본격적으로 재가동하고자 한 것이다.

1878년 7월 25일 해월은 정선 유시헌의 집에서 개접을 위한 모임을 가졌다. 『도원기서』에 이때의 일을 다음과 같이 기록하고 있다.

우리 도의 개접(開接)이라는 것은 무엇을 말하는가? 선생님이 계실 때에 파접(罷接)의 이치가 있었고, 그런 까닭에 지금에 와서 개접을 하는 것이다. 이는 문사의 개접이 아니다. 천지의 이치는 음과 양이 서로 합하여 일월과 밤낮으로 나뉘게 되고, 또 열두 때가 있어, 이로써 원형이정(元亨利貞)의 수가 정해지는 것이다. 원은 봄이 되고, 형은 여름이 되고, 이는 가을이 되고, 정은 겨울이 된다. 네 계절이 성하고 쇠하여, 도수의 순환하는 것이 비로소 자(子)의 방(方)

에서 하늘이 열리고(開), 축(丑)에 이르러 땅이 열리니(闢), 이가 곧 천지의 떳떳한 이치가 되는 것이다. 천지가 응하는 것으로 접하게 되고, 접하는 것으로 응하게 되어, 그 가운데에서 오행이 나오게 되는 것이오, 사람은 바로 삼재의 가운데에서 화(化)하여 생겨 나오는 것이다. 그런 까닭에 개벽의 이치가 자와 축에서 나와 비롯되는 것이다. 선생님께서 하늘로부터 도를 받았기 때문에 행하는 것도 하늘로부터 하였고, 닦는 것도 하늘로부터 하는 것이다. 이러하기 때문에 하늘에서 개하고 하늘에서 접하게 되면, 하늘에서 운(運)을 받고 하늘에 접하는 것이니, 하늘에서 명(命)을 받는다는 개접(開接)의 이치를 이루는 것이다. 어찌 마땅하지 아니하겠는가.[76]

먼저 해월은 동학의 '개접'이 유학자(文士)들의 개접과는 다르다고 이야기한다. 본래 '접'이란 '글방의 학생들이나 과거에 응시하려는 유생들의 동아리'를 뜻하는 말이다. 즉 유생들이 과거 응시를 위하여 공부하는 모임을 말한다. 이와 같은 유생, 곧 문사들의 접과 동학에서 행하는 개접은 그 근원부터 다르다고 해월은 말한다.

해월은 '개접'의 의미를 우주를 여는 '개(開)'와 이 우주(천지)와 응하여 '접(接)'하는 것으로 풀이한다. 또 그 근거로 수운 선생이 창도한 동학은 하늘로부터 받은 도에 근거하고, 그러므로 행하는 것과 닦는 것 모두 하늘로부터 했기 때문이라고 설명한다. 즉 수운 선생은 "그 정성이 하늘에 이르러 천명(天命)을 계승하였고, 공경이 하늘에 이르러 조용히 천어(天語)를 들었고, 믿음이 하늘에 이르러 묵계(黙契)가 하늘과 합하였기"[77] 때문에 그 가르침과 그 행함과 그 닦음 역시 하늘에서부터 받은 것이라는 설명이다. 따라서 그 가르침을 공부하는 '개접'은 하늘을 새롭게 열고(開), 그 하늘의 가르침에 응하여 '접(接)'하는 모임이라는 말이다.

수운 선생은 1862년 접주제를 확립한 이후 수시로 개접하여 가르침을 폈다. 그때 모인 사람은 대체로 사오십 명 정도였다고 한다.[78] 즉 당시 동학의 지도자들이 모여 수운 선생께 직접 도의 이치를 배우고 마음공부를 했다. 이 개접 활동을 해월이 이곳 정선 유시헌의 집에서 재개한다는 것은 곧 해월 중심의 가르침을 각 접에 공식적으로 펴겠다는 의미가 된다.

그동안에도 해월은 산간마을을 다니며 교도들을 모아 설법을 하였던 것은 사실이다. 그러나 이렇듯 개접을 선언함으로써 자신의 가르침을 동학 교단 내에서 공식화하고자 했던 것으로 판단된다. 다시 말해 해월은 이 '개접'을 통해 명실상부한 동학의 지도자, 동학 선생으로서의 면모를 분명히 교도들에게 보여주었던 것으로 생각된다.

수운 선생이 개접하여 각처 접주들을 가르치고, 접주들은 그 가르침을 다시 자기 접내의 교도들에게 전했다. 그러므로 수운 선생의 가르침이 체계적으로 각처의 동학 교도들에게 펴져 갈 수 있었다. 해월 역시 개접을 하여 각 접주들에게 가르침을 펴고, 또 접주들이 자신의 접으로 돌아가 가르침을 전하게 하였다. 이와 같은 면에서, 해월이 다시 '개접'하였다는 것은 동학 선생으로서의 면모를 명실상부하게 확립한 것이라고 하겠다.

해월이 다시 개접할 때에 모인 사람들은 신시영, 유시헌, 방시학, 최시경, 신시일, 홍시래, 최익섭, 최기동, 홍석도, 안상묵, 김원중, 안교강, 전두원, 윤종현 등이다. 이들을 대상으로 해월은 다음과 같은 설법을 하였다.

諸君은 侍字의 義를 如何히 解釋하는가. 人이 胞胎의 時이 此時를 卽 侍字의 義로 解함이 可하랴. 落地 以後에 처음으로 侍字의 義가 生할가. 又 大神師이 布德 降靈의 일에 侍字 本義가 生하엿슬가. 諸君은 此義를 硏究하야 보라.[79]

해월이 최초의 개접 자리에서 제시한 '시(侍)'에 관한 물음은 동학을 이해하는 데에 매우 중요한 것이다. 동학 교의(敎義)의 핵심을 이루는 '시천주(侍天主)'를 의미하기 때문이다.

'시천주'에 관하여 수운 선생은 『동경대전』과 『용담유사』에 각기 한 번씩 명기하고 있다. 『용담유사』 「교훈가」에서는 "나는 도시 믿지 말고 한울님을 믿었어라 네 몸에 모셨으니 사근취원(捨近取遠) 하단 말가."라고 시천주를 풀어서 말하고 있다. 즉 '한울님은 멀고 높은 하늘에 계신 것이 아니라, 바로 네 몸에 모셔져 있다. 그러니 올바른 도(道)에 이르기 위해서는 '너'라는 생명체가 어떻게 화해 나왔는가를 궁구하라.'[80]는 말씀이 된다.

또 『동경대전』 「논학문」에서 주문 스물한 자를 해의하는 가운데 '시(侍)'라는 글자에 대하여 다음과 같이 설명한다.

> 시(侍)라는 것은 안으로는 신령한 영(靈)이 있음을 느끼며(內有神靈), 밖으로는 신비한 기운과 융화를 이루어(外有氣化), 온 세상의 사람이 각기 깨달아 옮기지 아니하는 것(各知不移)이다."[81]

이와 같은 '시'에 대한 수운 선생의 해의를 해월은 자신의 법설에서 다시 부연 설명하고 있다.

> 안에 신령이 있다(內有神靈) 함은 처음 태어날 때의 어린아이 마음을 말하는 것이요, 밖에 기화가 있다(外有氣化) 함은 포태될 때에 이치와 기운이 바탕에 응하여 체(體)를 이루는 것을 말한다.[82]

해월의 설명을 고찰해 보면, '내유신령(內有神靈)'은 안으로 갓 태어난 아기의 마음과 같은 순수한 마음을 지니는 것이요, 또 '외유기화(外有氣化)'란 어머니의 자궁에서 포태될 때 한울님의 이치와 기운에 의하여 그 형체를 이루는 것을 말한다. 이와 같은 해월의 부연 설명을 바탕으로 본다면, '시(侍)'란 다름 아니라 어머니의 자궁에서 처음 형성되는 아기의 마음 곧 한울님 마음이며, 이 마음과 함께 지금까지 우주의 크나큰 생명으로 있던 무형(無形)의 생명이 부모님으로부터 육신을 받아 유형(有形)의 생명으로 바뀌는 것을 의미한다.

다시 말해, '시'란 무형의 생명이 유형의 생명으로 바뀌는 것이며, 이 생명체가 한울님의 기운과 접하는 신비한 그 순간을 말한다. 다시 말해서, 안과 밖에서 동시에 만나는 '신령한 한울님의 영과 한울님의 기운'에 의하여 무형의 생명이 유형의 생명체로 바뀌는 포태의 순간을 해월은 '시'라고 풀이하고 있다.

시천주에 의하면, 세상 모든 사람은 한울님의 신령한 영과 기운에 의하여 포태된 것이며, 그러므로 본원적으로 한울님을 모시고 있다. 그러나 습관에 따라 사는 동안 이 신령한 영과 기운을 상실하거나 망각하게 된다. 그렇지만 지극한 주문 수련을 통하여 '한울님의 영과 기운'을 다시 회복하면, 사람들은 '자신이 본원적으로 한울님 모셨음'을 깨닫게 된다는 것이다. 동학은 바로 사람들 모두가 '한울님 모심'을 깨달아, 시천주에 이르고, 한울사람으로 거듭 태어나는 데에 그 첫 번째 의미를 둔 종교이다.

수운 선생과 해월의 해의를 바탕으로 볼 때 '내유신령'이란 바로 한울님의 마음이며 곧 '나'의 본원적 주체이다. 또 '외유기화'는 곧 나의 기운이 한울님의 기운과 서로 융화일치를 이루어 한울님의 무궁한 기운을 회복하는 것이다. 그런가 하면 '내유신령'은 곧 한울님인 우주와 하나가 되어 있음을 자각하는 것이요, '외유기화'란 내가 한울님, 곧 무궁한 우주와 같은 기운으로 연결되어 있음을 자각하는 것이다.

즉 시천주의 '모심'이란 안과 밖으로 한울님 마음과 기운을 동시에 회복하고 융화일체를 이룸으로써, 자신이 우주 전체와 동일한 기운으로 이어져 있음을 체득하는 것이요, 나아가 자신이 단순한 한 개체가 아니라, 우주의 커다란 생명체임을 깨닫는 것을 말한다. 또한 내 안에 있는 '신령'은 '기화'를 통하여 활동하고, 이 '신령의 활동'을 각기 옮기지 않음을 깨닫는 것(各知不移)을 수운 선생은 '시(侍)', 곧 '모심'이라고 말한다. 따라서 '시천주'란 신령이라는 한울님 마음을 지니고, 기화라는 한울님의 실천적 삶을 각지불이(各知不移)를 통하여 '조금도 변함없이 실천하며(行)'[83] 살아가는 것을 의미한다. 다시 말해 각지불이의 삶이란 바로 수운 선생이 『용담유사』에서 노래한 "무궁한 이 울 속에 무궁한 나"[84], 곧 '한울사람'으로 거듭 태어남을 의미한다.

이러한 '한울사람'을 수운 선생은 지상신선(地上神仙) 또는 군자 사람이라고 말한다.[85] 신분이나 귀천의 구별 없이 세상 모든 사람들이 군자도 되고 신선도 될 수 있다는 것이 바로 수운 선생의 생각이다. 이는 종래의 유교적인 '군자' 개념을 세속화시켜 개개인의 내면에 주체화시킨 것이며,[86] 또한 도교의 현실을 떠난 초월적 존재로서의 신선상(神仙像)에 역동성을 부여한 '지상신선(地上神仙)'을 내세움으로써 정신적인 혁신[87]을 꾀한 것이다. 이와 같은 군자나 지상신선은 궁극적으로 '무궁한 나'를 깨달은 한울님의 덕을 체득한 사람이며, 나아가 타락한 시대적 위기 속에서 요구되는 이상적인 인간형이다.[88]

'시천주'는 모든 사람이 그 내면에 주체적으로 한울님을 모시고 있으므로 평등하다는, 만인 평등주의를 내포한다. 시천주의 만인 평등사상은 당시로서는 커다란 파문이 아닐 수 없었다. 지존인 임금이나, 양반이나 천민, 누구나 모두 한울님 모신 존재로서 평등하며, 누구라도 동학의 수행을 통해 한울님 모심을 깨닫고 실천하면 곧 무궁한 존재로서 거듭날 수 있다고 말하고 있기 때문이다. 또한 시천주의 가르침은 모든 존재가 궁극적으로 안과 밖으로 한울님 본성과 기운을 동시에 지니므로, '내가 우주이며 동시에 우주가 나'임을 깨닫고, 나아가 온 인류가 우주공동체로서의 삶을 지향해야 한다는 당위성을 그 내면에 지니고 있다.

해월이 개접을 하며 당시 모였던 제자들에게 물었다는, '시(侍)'에 관한 물음은 이와 같은 견해에서 본다면, 참으로 많은 시사점을 지닌다. 해월이 물은 '포태가 될 때', 곧 어머니 자궁에서 한 생명체로 형성될 그때를 '시(侍)'라고 해야 하느냐, 그렇지 않으면 낙지초(落地初), 곧 처음 세상에 태어날 때를 '시(侍)'라고 해야 하느냐의 물음이다. 또한 이 '시(侍)'의 때가 수운 선생이 처음 도를 깨달은 그때부터이냐를 묻는 말씀이 된다.

이는 인간 본연에 관한 물음이며, 동시에 인간과 신의 관계에 관한 근원적인 물음이다. 사람은 포태될 때 이미 한울님을 모시고 있으므로, 어머니 자궁에서 포태가 될 때를 '시'라고 해야 할 것이다. 그러므로 낙지(落地) 이후, 곧 처음 아기가 세상에 태어났을 때에는 이미 한울님이 본연적으로 모셔져 있다. 또한 우리는 지극한 종교적 수련을 통하여 '한울님의 영과 기운'을 다시 회복함으로써 비로소 '자신이 본래 한울님 모셨음'을 깨닫고 시천주의 삶을 살아가는 것이므로 수운 선생이 처음 도를 깨달은 그때부터 비로소 한울님을 모셨다고 보는 것도 틀린 말은 아니라고 할 수 있다.

따라서 어느 때에 '시(侍)'가 이루어지느냐 하는 세 가지 물음은 제각각 의미가 있다. 포태할 때라고 보면, 사람은 태어날 때부터 한울님을 모시고 있다는 사실을 강조하게 된다. 낙지초(落地初)부터라고 보면 어머니 배 안에서 열 달을 지낼 때가 중요함을 강조하게 된다. 수운 선생 포덕의 때부터라고 보면 수운 선생의 가르침을 받아 한울님 모셨음을 깨달아 한울사람으로서의 삶을 사는 것이 무엇보다도 중요하다는 사실을 강조하게 된다. 이와 같은 면에서 해월은 '시(侍)'의 본의를 다양하게 연구하라는 의미에서 "제군(諸君)은 차의(此義)를 연구(硏究)하여 보라."라고 말하고 있다.

　해월은 1878년 정선 유시헌의 집에서 당시 동학의 지도자들을 모아 놓고, 지난날 수운 선생이 펼쳤던 개접의 자리를 마련하므로, 동학 선생으로서의 면모를 공고히 했다. 또한 동학사상의 핵심이 되는 '시천주(侍天主)'에 관하여 다각적인 면에서 문제를 제기하여, 교도들로 하여금 시천주의 진의를 다각적인 면에서 심도 있게 탐구하도록 함으로써 도의 높은 경지를 주도적으로 해의하는 동학 선생의 역할을 충실히 수행해 나갔다.

VI.
도적(道跡) 편찬과
경전의 간행

1. 도적 편찬과 경전 간행의 의의

해월은 이필제의 난으로 인한 위기를 극복해 가면서 한편으로 제사권을 행사하게 되었고 신실한 후원자들의 도움을 받게 되었다. 이에 더하여 49일 기도를 통해 도의 기운을 강화하면서 서서히 강원도 일대와 충청도 일대, 그리고 경상도 일부 지역으로 그 교세를 확장하여 갔다. 또한 설법제, 구성제, 인등제 등의 종교적 의례를 확립하고, 개접을 통해 조직을 강화시키고자 노력하였다. 이러한 노력의 연장선상에서, 해월은 동학 교단을 내적으로 공고히 하는 데에 매우 긴요한 동학 역사 기록인 도적(道跡)과 스승의 가르침을 담은 경전(經典) 간행을 계획한다.

도적 및 경전의 간행은 처음 정선 남면 방시학(房時學)의 집에서 기획되었고, 도적(道迹)인 『도원기서(道源記書)』[1]를 필사본으로 간행하였다. 방시학의 집에 수단소(修單所)를 설치한 것은 1879년 11월이다.[2] 또 이로부터 6개월 정도 지난 1880년 5월 9일, 강원도 인제(麟蹄) 갑둔리 김현수(金顯洙)의 집에 간행소를 마련하고, 한 달여 후인 6월 14일 100여 부의 『동경대전(東經大全)』을 목판으로 간행하였다. 15일에는 봉고식(奉告式)을 치르고, 『동경대전』을 각처로 보냈다.[3] 또 그로부터 1년 후 1881년 6월에 충북 단양(丹陽) 샘골(泉洞) 여규덕(呂圭德)의 집에서 『용담유사(龍潭遺詞)』를 목판으로 간행하였다.[4] 즉 해월은 1879년 11월 이후 1년 6개월 동안에 강원도 정선과 인제, 그리고 충청도 단양 등지에서 『도원기서』와 『동경대전』, 그리고 『용담유사』를 순차적으로 간행하는 역사를 펼쳐 나갔던 것이다.

이들 지역은 모두 산간마을로, 요즘도 버스가 하루에 한두 번 겨우 들어가는 오지마을이다. 『동경대전』 최초 간행지인 인제 갑둔리는 인제에서도 가장 오지이며, 아름다운 지역이었다고 한다. 신라의 마지막 왕자인 마의태자(麻衣太子)가 신라를 부흥시키기 위해 군사를 조련시켰다는 전설이 전하는 곳이기도 하다. 그래서 그 지명이 군사(甲)를 숨겼다(遁)는 의미의 갑둔리이다. 마의태자가 숨어 신라의 부흥을 꾀할 만큼 깊은 산간마을이 바로 갑둔리이다.

홍천군 두촌면에서 인제를 향해 새로 난 국도를 따라 올라가다가, 인제읍 못 미처 다물교차로에서 오른쪽 작은 길을 따라 올라간다. 이 길이 마의태자의 길을 뜻하는 김부대왕로이다. 김부대왕로를 따라 구불구불한 산속 길을 따라서 차로 10여 분 정도 들어가면 군에서 시설을 한 건물을 오른쪽에서 만나게 되고, 그 시설 아래로 보이는 비포장도로 산비탈 쪽으로 예전에 사용하던 집의 부속물로 보이는 구조물이 두 채 방치된 것이 보인다. 이 자리가 바로 김현수의 집이 있던 자리이다.

김부대왕로로 들어가는 삼거리가 '다물교차로'라는 이름을 지닌 것 또한 의미가 있다. '다물'이란 고어(古語)로 '옛 땅을 회복한다.'는 의미이다. 따라서 이곳 갑둔리에 마의태자가 옛 신라의 땅을 회복하고자 군사를 숨겨 놓았기 때문에, 이 지역이 '다물'이라는 이름을 갖게 된 것이라고 추정된다.

지금 군부대의 작전 지역에 편입되어 있다. 군부대가 들어서기 전 김현수의 집 터에는 자그마한 농가가 있었다. 동네 노인들의 증언에 의하면, 본래 김현수의 집은 입 구 자(口字) 모양을 한 제법 큰 집이었다고 한다.

『용담유사』 최초 간행지인 단양 샘골은 경상도와 충청도의 경계를 이루는 소백산맥 줄기의 한 봉우리인 도솔봉 북쪽 산자락에 자리한 동네이다. 단양 시내에서 풍기 방향으로 10킬로미터 정도를 가다가 오른쪽으로 접어

들어 15킬로미터쯤 가면 장정리를 지나 샘골에 이른다. 장정리는 제법 큰 마을이다. 장정리에서 샘골까지는 마치 산으로 들어가는 길인 것처럼 급한 경사를 이루고 있다. 샘골 마을 전체는 산비탈에 자리 잡아, 위에서부터 마을 아래로 다소 급한 경사를 이루고 있다. 그래서 매해 장마때면 도솔봉에서 큰물이 쏟아져 내려 마을에 많은 피해를 준다고 한다. 이를 막기 위하여 마을 앞으로 깊고 폭이 꽤 넓은 배수로를 만들었다.

이 산 밑 첫동네인 샘골에서도 마을의 끝자락에 여씨(呂氏)가 살았다고 한다. 지금 그 집터에는 언제 지었는지 알 수 없는 집이 남아 있다. 옛날 해월이 『용담유사』를 간행하던 때의 집은 아닌 것이 분명하다. 그러나 같은 터에 지은 것으로 보아, 집의 규모는 크게 다르지 않을 것으로 판단이 된다. 집은 산골마을의 집이므로 규모가 그리 크지 않다. 이렇듯 작은 집에서 어떻게 『용담유사』를 간행할 수 있었을까 의심까지 들기도 한다.

『동경대전』과 『용담유사』 판각을 하기 위해서는 여러 재료나 장치가 있어야 하고, 또 이 판각을 이용해 인쇄를 하는 등 과정도 복잡하지만, 꽤 넓은 공간을 필요로 할 것이 자명하다. 일반적인 목판 인쇄 과정을 보면, 그 과정이 매우 복잡하다.

목판인쇄를 위해서는 먼저 나무판을 마련해야 한다. 나무는 가래나무를 비롯하여 박달나무・자작나무・후박나무・돌배나무・산벚나무 등 새기는 데 결이 좋고 오래 견딜 수 있는 나무들이 쓰인다. 이렇듯 선택되어 베어 낸 나무는 적당한 크기와 부피로 나무판을 켜서 바다의 짠물에 일정한 기간 담궈 새기기 쉽게 결을 삭인다. 만일 짠물이 없는 경우는 웅덩이와 같은 민물을 이용한다. 그리고 밀폐된 곳에서 쪄서 진을 빼고 살충을 한다. 이런 과정을 거친 다음 뒤틀리거나 뻐개지지 않게 응달에서 충분히 건조시킨다. 이것이

연판처리(鍊板處理) 과정이다. 이런 과정을 거친 다음 나무판의 양쪽 표면을 대패질하여 반드럽게 하고 또한 양쪽 끝에 마구리를 붙이는 작업을 한다.

이렇듯 판목이 마련되면, 새기고자 하는 판의 크기의 광곽·판심·계선을 갖춘 투식판(套式版)을 마련한 다음, 용지를 찍어내서 글씨 잘 쓰는 이로 하여금 저작의 내용을 깨끗이 정서케 한다. 이렇듯 정서된 판서본(板書本)을 한 장씩 판목 위에 뒤집어 붙이고 비쳐 보이는 반대 글자체의 글자 획과 판식을 각수(刻手)가 그대로 새겨 낸다.

목판에 판각이 끝나면, 책을 찍어 내기 위해서는 인쇄용 먹물, 종이, 용구가 마련되어야 한다. 소나무를 태워 만든 그을음과 아교를 녹여 섞어 만든 송연묵(松煙墨), 곧 숯먹을 많이 사용했다. 이렇게 마련한 먹을 분쇄하여 물에 담가서 풀어지게 한 다음 먹물 그릇에 담아 두고 인쇄할 때 술 또는 알콜성 물질을 섞어 사용한다.

이 외에 종이를 마련하고, 먹솔 또는 먹비와 말총 또는 긴 모발을 뭉쳐 만든 인체를 비롯하여 밀랍, 먹판, 먹물그릇 등을 준비한다. 이렇듯 여러 과정을 거쳐 인쇄를 하고, 또 제본을 해서 한 권의 책을 만들어 낸다.

이와 같이 복잡하고 전문적인 기술이 필요한 목판 인쇄를 통해 『동경대전』을 간행했던 것이다. 더구나 이때도 동학 교도들은 관으로부터 지목을 당하는 처지였기 때문에 더욱 어려움이 많았을 것이다. 그러나 해월이 젊은 시절 제지소에서 용인으로 일했던 경험이나, 제지소 일로 만난 사람들을 많이 포덕을 했던 것이 동학 경전 인쇄 과정에 많은 도움이 되었을 것으로 생각된다. 즉 제지소 일과 관련된 사람은 판각이나 인쇄와 관련된 기술을 지닌 사람들이었을 것임을 쉽게 상상할 수 있기 때문이다. 특히 경주 일원은 종이가 많이 나던 지역으로, 수운 선생의 제자 중에도 강원보와 같은 큰 지상(紙商)이 있었다는 사실 등이 척박한 환경 속에서도 해월 등 동학 교도들이 경전의 목판 인쇄를 해 낼 수 있었던 중요한 요인이 될 수 있다.[5]

해월이 중심이 되어 『도원기서』를 간행한 것을 두고, 일부 연구자들은 "최시형의 역할을 강조한 것이며, 도통이 수운 선생에서부터 해월에게로 이어졌다는 정통성을 확보하는 데에 기여한 것"[6]으로 보고 있다. 따라서 이 도적 편찬 이후 해월의 지도 체제가 더욱 안정되었다고 본다. 또 『동경대전』 등 경전의 발간도, 동학 교도가 필요로 하는 경전이 그만큼 많아졌고, 또한 경전을 소지할 수 있는 사회 분위기가 마련되었으며, 따라서 동학적 가치 체계가 심화 · 확장된 것이라고 분석을 한다.[7] 이는 어느 정도 사실이다.

그러나 해월의 도적과 경전 간행 작업은 이와 같은 외적인 면보다는 본질적인 면, 즉 동학 교단을 좀 더 종교적으로 공고히 했으며, 나아가 교단 내적으로 체제를 강화하는 작업이었다는 데에 의의가 있다. 즉 해월이 아직은 산간에 숨어 지내는 어려운 상황 속에서 도적과 경전을 간행한다는 어려운 일을 수행한 사실에 관하여 정치적 · 사회적인 측면으로만 해석을 할 것이 아니라 종교적인 측면, 곧 교단 조직이나 체제 확립의 문제 등에 초점을 두고 해석해야 할 것으로 생각된다. 이와 같은 해월의 노력은 그가 이필제의 난으로 괴멸된 교단을 다시 일으키기 위해 종교적 수련에 주력했던 것과 그 맥을 같이하는 것으로 생각된다. 해월은 1870년대에서 1880년대 초반까지 10년간은 수련을 통한 종교성의 강화, 도적(道跡) 간행을 통한 정통성의 확립, 경전 간행을 통한 종교적 교의 및 위상 정립, 의례의 정례화를 통해 종교적 의식 등을 다듬고 또 체제를 확립해 나간 시기였음을 알 수가 있다.

이러한 과정을 거쳐 동학은 전국적인 조직으로 성장해 갔으며, 이를 바탕으로 교조신원운동, 갑오동학농민혁명 등의 거국적인 신앙 운동을 펼칠 수 있었던 것이다. 또 이러한 노력은 해월을 이은 의암(義菴) 손병희(孫秉熙, 1861-

1922)의 시대에 이르러, 동학이 '천도교'라는 종교로 거듭날 수 있는 중요한 기반이 되었던 것이다.

해월이 도통을 이어받은 이후 가장 관심을 기울인 것은 스승님의 가르침을 어떻게 올바르게 보존하고 또 세상에 전할 수 있는가 하는 문제였다. 해월은 사람들이 스승의 가르침을 자의적으로 해석함으로써 그릇되게 전해지는 것을 가장 두려워했다.[8] 스스로 "내가 잠자고 꿈꾸는 사이인들 어찌 선생의 남기신 가르침을 잊어버리겠는가?"[9]라고 술회한 것도 그 때문이다. 즉 스승의 가르침을 올바르게 세상에 전하는 일이 바로 후천의 세상을 이룩하는 길이라고 굳게 믿었다.

그러므로 해월은 영양 용화동에 들어가 어느 정도 안정을 얻게 되는 1865년에 이르러, 이내 수운 선생의 가르침을 구송(口誦)하여 제자들로 하여금 받아쓰게 했다.[10] 또 관의 추적을 받으며 산간 오지를 전전하는 긴박한 상황 속에서도 스승의 가르침을 담은 글들이 있었던 것으로 추정되는 보따리를 한 시도 놓지 않고 짊어지고 다녔기 때문에 세간으로부터 '최보따리'라는 별명을 얻기도 하였다.

그리하여 때가 이르자 마침내 도적 간행을 통해 도의 근원을 밝히고 도맥(道脈)의 정통성을 확립하였으며, 경전 간행을 통한 종교적 교의를 확립해 나갔던 것이다.

2. 『도원기서』 발간 연대와 의의

강원도 정선에서 발간한 『도원기서』는 동학의 역사를 최초로 기록했다는 점[11]에서 그 의의가 매우 크다. 이 책은 도(道)의 연원(淵源)이 수운 선생에게서 시작되어 해월 선생에게로 이어졌다는 사실을 근간으로 하고 있다. 그런가 하면, 수운 선생의 가르침의 연원을 바르게 잇고자 하는 염원이 깃들어 있는 책이다. 다음과 같은 강시원(姜時元)의 후서(後序)는 바로 이러한 사실들을 잘 이야기해 주고 있다.

세월은 흐르는 물과 같이 빨라서 기묘년(己卯年) 가을에 이르러 저와 주인이 선생님의 도원(道源)을 잇고자 하는 뜻이 있어, 이에 선생님의 일과 자취를 수단(修單)한즉 두미(頭尾)가 착잡하고 전후(前後)가 문란하여, 쓰되 능히 붓을 범하지 못하여 혹 잘못할 단초가 있을까 두려웠습니다. …(중략)… 연원(淵源)에 근본을 두고 그 뿌리에서 발하였으니, 즉 근원은 스스로 근원이요, 뿌리는 스스로 뿌리가 됩니다. 선생님의 연원(淵源)을 살핀즉 이 세상에 풍화(風化)된 것이 밝게 담겨져 있고, 이어 선생님으로부터 나와서 우리에게 미친 것입니다. 선생님께서 가르치던 바는 하늘에서 받아 동(東)에서 배우신 것입니다. 하늘에서부터 배워 몸에 화(化)한 것이니 이는 자연의 이치 아님이 없습니다. 또 무위(無爲)로써 화(化)한 것입니다. 제가 지금 이래로 간절히 흠앙하는 마음이 있는 것은 일체의 선(善)을 원하면서도 마침내 종전의 허물을 뉘우치지 않는 것이니, 시원(時元)이 홀로 선생님께 부끄럽지 않겠습니까? 아 아, 선생님의 도(道)여! 덕(德)이여! 물은 넓고 넓으며 구름은 담담하도다. 물은 한가지로 흐르고 구름은 같이 맑으니, 길고 긴 그 하나의 빛깔을 내 어찌 감히 다시 쓰겠습니까?[12]

강시원은 본 이름이 강수(姜洙)로, 수운 선생이 도를 펼 때 동학 교단에서 이미 중요 인물로 떠오르던 사람이다. 또한 훈장을 할 정도로 학식도 있는 사람으로 『도원기서』를 편찬할 때에 적극적으로 참여한 인물이다.[13] 또한 강시원과 함께 후서를 쓴 유시헌(劉時憲)과 신시일(辛時一)은 모두 해월에게 입도한 사람들이지만, 그 후서를 통하여 수운 선생의 도원(道源)을 그리워하며 직접 뵙고 가르침을 받지 못했음을 안타까워하는 심정을 술회하고 있다.[14]

이와 같은 여러 「후서」에서 확인할 수 있는 바와 같이, 『도원기서』는 바로 수운 선생으로부터 발원된 도의 연원을 바르게 밝혀, 그 가르침을 잇고 또 세상에 바르게 알리고자 편찬된 동학 최초의 역사서이다. 특히 『도원기서』는 많은 연구자들이 언급한 바와 같이, 이후 동학 교단에서 나온 모든 역사서의 저본이 되기도 했다. 즉 한문본인 『수운재문집(水雲齋文集)』이나 『대선생사적(大先生事蹟)』, 또 국한문본인 『본교역사(本敎歷史)』, 『천도교서(天道敎書)』, 『천도교회사초고(天道敎會史草稿)』 등은 모두 『도원기서』를 저본으로 했거나 영향을 받은 것으로 평가된다.[15] 그만큼이나 동학 교단에서 이 서적은 중요한 위치를 점하고 있다고 하겠다.

또한 이 책의 표제가 시사하는 바와 같이 '도(道)의 연원(淵源)을 밝혀 기록'한 책으로, 동학의 가르침이 지금까지의 도, 즉 유도(儒道)나 불도(佛道)나 선도(仙道), 나아가 당시 새롭게 들어온 서도(西道)와는 그 연원을 달리하는 독자적인 도(道)임을 강조하기 위한 저술이라고 할 수 있다. 즉 수운 선생은 때로는 자신의 도가 공자의 가르침과 대동소이(大同小異)하다고 언급하기도 했고,[16] 때로는 선성(先聖)인 공자(孔子)의 가르침과 자신의 도를 구분하여 논의했다.[17] 또 수운 선생은 서학과 동학이 "도(道)는 같고, 운(運)도 하나이나, 이(理)는 다르다."[18]라고 언명했는가 하면, 동학은 시천주(侍天主)의 '천주(天主)'라는 용어로 인하여, 유생들로부터 서학의 잔류로 오해를 받기도 했다.

그러나 해월은 바로 '도의 연원을 밝히는 역사서'인 『도원기서』를 간행함으로써 동학은 역사적으로나 사상적으로 유도도 서학도 아닌, 오직 수운 선생에게서 발원된 독창적이며 독자적인 가르침임을 분명히 하고자 했다. 즉

『도원기서』는 도(道)의 연원(淵源)을 세워 동학의 종교적인 독자성을 분명히 하기 위한, 중요한 작업의 하나였다. 이것이 곧 『도원기서』 간행의 궁극적인 의의라고 생각된다.

그러나 『도원기서』는 간행되자마자 견봉날인(堅封捺印)하여 유시헌에게 맡기면서 깊이 감추어 다른 사람의 눈에 띄지 않도록 명하였다.[19] 그 이유는 많은 연구자들이 추론하듯이, 이 책에 해월을 비롯한 동학 교도들이 이필제의 난과 깊이 연루되었다는 사실이 기록되어 있기 때문에 훗날이라도 도(道)의 연원이 바르게 세상에 이어지고 또 전해지기를 바라는 마음에서, 해월 등이 기록을 보존하기 위하여 이와 같은 조치를 취한 것이다.[20]

또한 여기서 추론할 수 있는 것은, 일부 연구자들이 지적하고 있는 바와 같이 『도원기서』가 해월의 정통성을 확립하기 위하여 편찬된 것만은 아니라는 사실이다. 그런 이유에서라면 『도원기서』를 감추는 대신 오히려 세상에 널리 보급함으로써 자신이 동학의 정통이며 수운 선생으로부터 도통을 물려받은 적자(嫡子)임을 드러내고 또 알리고자 했을 것이다. 그러나 해월 등은 아직 세상에 내놓을 시기가 아님을 강조하며 감추어 놓았다.

『도원기서』의 표지명은 '최선생문집도원기서(崔先生文集道源記書)'이다. 그러나 이 책에는 '최선생문집(崔先生文集)'에 해당되는 부분은 없고, 다만 도의 연원과 역사만 기록되어 있다. 따라서 이는 어찌 보면 완성된 책이 아니라는 생각이 든다. 수운 선생의 문집은 바로 『동경대전』과 『용담유사』이다. 또한 『도원기서』가 간행된 연대는 모든 기록에 1879년으로 되어 있는데, 이 책의 내용에는 1880년의 기사도 함께 실려 있어, 혼선을 빚고 있다. 즉 1880년 6월 강원도 인제 김현수의 집에서 수운 선생의 문집을 간행하는 기사가 실려 있는 것이다.[21] 이때 수운 선생 문집은 『동경대전』만을 지칭한다.

이러한 사실은 곧 도적과 문집 모두를 포함하는 『최선생문집도원기서』를 간행하기 위한 처음 계획이 어떠한 사정에서인지 변경되었고, 『도원기서』라는, 도의 연원(淵源)을 기록한 역사서가 별도로 간행되었고, 이어 『동경대전』, 『용담유사』라는 수운 선생의 가르침을 담은 두 권의 문집이 별도로 간행이 된 것이라고 풀이해 볼 수가 있다.

앞에서 잠시 논의한 바와 같이, 해월은 교단 조직을 공고히 하고 수운 선생의 유훈을 좀더 확고하게 하기 위한 『최선생문집도원기서』를 기획하였다. 다음의 기록에서 그 실마리를 찾을 수 있다.

> 아 아, 선생의 문집(文集) 침자(鋟梓)를 경영한 지 한 해가 지나 이미 오래구나! 지금 경진년(庚辰年)에 나와 강시원, 전시황 및 여러 사람들이 장차 간판(刊板)을 경영하려고 발론(發論)을 하니 각 접중(接中)이 다행히도 나의 의론과 같아 각소(刻所)를 인제(麟蹄) 갑둔리(甲遁里)에 정하게 되었다.[22]

『도원기서』에 나오는 이 글은 해월이 경진년(庚辰板, 1880년) 『동경대전(東經大全)』을 발간한 사실을 쓴 기사로, 1880년의 일이다. 위의 내용으로 보아 『동경대전』을 출간하기 위하여 침자(鋟梓), 곧 판각을 시작한 것은 1879년부터였다. 즉 위의 기록에 따르면, 『도원기서』를 기획하고 또 간행하던 1879년에 이미 『동경대전』 간행을 위한 침자를 시작했다. 이렇듯 도적(道跡)과 문집은 같은 시기에 기획되고 착수되었다. 따라서 해월은 처음에는 말 그대로 '최선생문집'과 '도원기서'를 아우르는 작업, 곧 '최선생문집도원기서'를 간행하고자 했던 것으로 생각된다. 그러나 도적(道跡)인 『도원기서』에는 아직 발설할 수 없는 부분들이 있어서, 깊이 감추어 두기 위하여 별도로 필사본(筆寫本) 한 부만 간행했던 것[23]이라고 생각된다.

따라서 이들 두 책은 각기 1880년에 간행된 것이 분명하다. 즉 『도원기서』의 기록으로 보아『동경대전』은 1880년 6월 14일에 간행이 되었고, 『도원기서』는 동학 교단 측 여러 기록들[24]과 같이 1879년 11월에 간행된 것이 아니라, 1880년 6월『동경대전』이 간행된 이후에 간행이 되었다.

3. 『동경대전』과『용담유사』간행의 종교적 의미

1879년 해월이 기획한 '최선생문집'은 1880년 6월 인제에서 간행되었다. 이때 붙여진 표제(表題)가 무엇인지는 알 수가 없다. 아직 경진판(庚辰板)이 발견되지 않았기 때문이다.[25] 다만 "아 아, 선생의 문집(文集) 침자(鋟梓)를 경영한 지…"[26] 등의 기록으로 보아, 수운 선생의 글들이 아직은 '경전'이라는 인식보다는 '문집'으로 인식되고 있었던 것이 아닌가 생각된다.

그런데 그 이후 잇따라 '문집'이 발간되면서 '최선생문집'은 '동경대전(東經大全)' 또는 '성경대전(聖經大全)' 등으로 그 표제가 바뀐다.[27] 즉 이 시기에 이르러 '문집'이라는 이름에서 '경전(經典)'이라는 이름으로 바뀌는 것이다. 본래 동양에서 '경(經)'은 '성인지언경야(聖人之言經也)'라 하여 '성인(聖人)'의 말씀'을 뜻하는 것으로, 함부로 쓸 수 있는 말이 아니다. 따라서 수운 선생의 글을 '동경대전', '성경대전'이라 하여 '경전(經典)'으로 명명한 것은 곧 해월 등 동학 교도들이 수운 선생을 성인(聖人)으로 추앙한 것으로 풀이할 수 있다.

해월이『동경대전』을 판각하여 1880년 6월 14일 간행하고, 15일에 봉고식(奉告式)을 하면서 읽은 별공록(別功錄)에는 "아 아, 선생의 문집(文集)을 간행하려 한 지도…"라고, 그냥 '문집(文集)'이라고만 표기하였다.[28] 그러나 해월이 직접 쓴 것으로 되어 있는 계미(癸未, 1883년) 중춘판(仲春版)[29]과 중하판(仲夏版)『동경대전』 발문(跋文)에는 '문집'이라는 표현 대신 "…이로써 무극(无極)의 경편(經篇)을 편찬하였다.…"[30]라고 되어 있다. 즉 수운 선생이 남긴 글들을

'성인(聖人)이 지은 글'이라는 뜻의 '경편(經篇)'이라고 표기했다.

이렇듯 해월에 의하여 일책(一册)으로 간행이 되면서, 수운 선생의 글들은 '경편(經篇)'으로, 또 문집(文集)은 '경전(經典)'으로 불리게 되었다. 또한 그 이후, 동학 교단의 어느 기록에서도 '문집(文集)'이라는 표현은 찾아 볼 수가 없다. 즉 해월은 동학의 경전을 간행하면서, 스승의 '문집(文集)'을 '무극(无極)의 경편(經篇)', 곧 '경전(經典)'으로 자리매김했던 것이다.

이처럼 1880년의 해월의 경전 발간은 동학 교단으로서, 스승의 가르침을 문자화하여 공식화했다는 의미와 함께, 스승의 가르침을 경전으로 인식하게 되었다는 중요한 의미를 지닌다. 이는 나아가, 동학이 하나의 가르침, 즉 한 종교로서 좀더 분명한 독자성을 확보하는 길이기도 하다. 즉 지금까지의 조선조 사회를 유지시켜 왔던 유학, 또 새로운 학문(종교)인 서학과는 그 차원을 달리하는 새로운 가르침으로 동학을 확립시키는 일이 된다.

『동경대전』이나 『용담유사』가 간행될 때, 문식(文識)이 없는 해월이 입으로 구송을 하고, 이를 제자들이 받아씀으로 한 권의 경전으로 출간하게 되었다는 구송설(口誦說)[31]이 지배적이었다. 구송설의 단초가 된 것은 천도교 측의 기록이다.

> 5月에 神社 刊行所를 麟蹄郡 甲遁里 道人 金顯洙家에 設하시다. 先時에 大邱 慘變 後 大神師의 所著 刊册이 火痕 中에 燒盡하고 一도 可考할 바 無하더니 是時에 神社 親히 修輯하실새 本來 文識이 無함으로써 記述을 不得하시고 天師께 告하사 降話의 敎로 此經을 口誦하사 文識의 人으로 하여금 代書케 하실새 5月에 東經 開刊을 始作하여 6月 15日에 訖工하시다.[32]

그러나 해월이 보따리를 늘 지니고 다녔다는 점, '수운 선생이 해월에게 침자를 하여 간행을 하라는 말과 함께 경전의 원본을 직접 주었다.(於戲 先生 布德當世 恐其聖德之有誤 及于癸亥 親與時亨 常有鋟梓之敎)[33]는 기록을 근거로 구송설이 아닌 원본설(原本說)을 주장하는 연구자[34]들도 있다.

그러나 계미판 발문의 '친여시형(親與時亨)'을 '친히 시형에게 주며'로 번역할 수도 있지만, '친히 시형과 더불어'로도 번역이 가능하다. 즉 '수운 선생이 원본을 해월에게 주면서 침자(鋟梓)의 가르침을 내렸다.'는 해석 외에, '수운 선생이 친히 해월과 더불어 항상 침자의 가르침의 말을 했다.'로 해석할 수도 있는 것이다. 더구나 '계미중춘판'이나 '계미중하판'에 해월이 직접 쓴 발문을 검토해 보면, 인제 갑둔리에서 『동경대전』(경진판)을 낼 때 해월에게 완전한 원본이 없었음을 알 수가 있다.[35] 인제에서 경전을 발간할 때 도움을 주었던 김연국(金演局)이 쓴 「발문」을 보면, 이를 유추할 수가 있다.

> 해월성사(海月聖師)는 이 경전으로 이 도를 전해왔는데, 혹 성덕에 그릇됨이 있을까 두려워 흩어진 편들을 모아 새기는 공을 크게 이룩했다.[36]

위의 글은 김연국이 천도교에서 분립한 시천교의 대례사로 간 이후 발간한 『시천교 동경대전』의 「발문」이다. 김연국은 경진판 발간 당시 직접 관여하지는 않았어도, 가까이에서 해월을 모시고 제례 등에 적극적으로 참여했던 인물이다. 따라서 김연국이 '흩어진 편들을 모아 새기는 공을 크게 이룩했다.(收其散編 大成剞劂之功)'고 한 기록은 신빙성이 있다고 하겠다.

또 김연국이 아직 천도교에서 중요한 직책을 맡고 있을 당시 발간을 한 『동경대전』의 「발문」에도 이와 같은 맥락의 기록이 보인다.

> 무릇 경(經)이라는 것은 신성(神聖)의 말씀이다. 경이 전해지지 않으면 즉 신

성이 인몰되는 것이다. 예전에 대신사(大神師)께서 일경(一經)을 지어 후세에 내렸는데, 당시 문제(門弟)가 친회(親炙)하는 것을, 듣는 데로 따라 끌어 써서, 혹 다르고 같은 것이 잘못된 것이 없지 않아, 우리 해월신사께서 심히 오래되고 더욱 진리를 잃으실 것을 두려워하여, 이에 기궐(剞劂)을 명하셨다. …(중략)… 좀이 슬고 불에 탄 나머지를 수습하여 제원본(諸原本)과 비교해 보니, 열에 여덟아홉은 잘못되었다.[37]

이 「발문」은 포덕48년(1907) 맹동(孟冬)에 간행된 활자본 『동경대전』에 실려 있는 글이다. 이 기록에서 볼 수 있듯이, 처음 경전 발간 당시에 해월에게 완전한 원본이 없었던 것을 알 수 있다. 그러나 유의할 것은 '흩어져 있던 편(扁)을 거두어 모았다', '좀이 슬고 불에 탄 나머지를 수합했다'라는 부분이다. 이는 해월이 『동경대전』이나 『용담유사』를 간행하기 위하여 여러 곳에 흩어진 것들을 수합하고 비교했다는 말이다. 또한, 문자로 기록된 것뿐만 아니라 구송되는 것 역시 해월이 참조했다는 하나의 방증으로도 채택될 수 있다.

이러한 몇 가지 자료를 중심으로 볼 때에 『동경대전』이나 『용담유사』는 산재해 있던 기록과 원본 또 구송 등을 종합하여, 해월에 의해서 판본으로 정착된 것으로 보인다. 그러므로 『동경대전』이나 『용담유사』의 정착에 대해서는 구송설과 원본설이 종합적으로 검토되어야 할 것으로 믿는다.

이와 같은 과정을 통해 경진년(1880)과 신사년(1881)에 각각 인제 갑둔리와 단양 천동에서 간행된 『동경대전』과 『용담유사』는 수운 선생의 문집에서 '경전'으로 자리매김을 하게 되었다. 그러므로 동학이 다른 가르침인 유학이나 서학과는 대별될 수 있는 독자적인 경전을 지닌 종교로서 그 자리를 확보하게 된 것이라고 하겠다.

또한 1870년대 초에서 1880년까지의 10년, 특히 영월, 정선, 단양 등에서 지낸 기간 동안, 이 지역에서 펼친 해월의 노력은 괴멸의 위기를 극복하고 교단의 면모를 새롭게 확립함으로써, 훗날 동학농민혁명을 일으킬 수 있는 중요한 바탕을 이루었다. 이와 같은 면에서, 전라도 고부·무장·백산 등지는 동학의 혁명운동이 실질적으로 일어난 그 발발지라면, 정선을 비롯한 영월, 단양 등지는 이러한 동학의 운동이 일어날 수 있는 근원적인 힘을 기르고 또 배태시킨 지역으로서 그 의의를 지닌다.

4. 해월, 『동학경전』 간행의 대역사를 펼치다

1880년대는 동학 교단에서 여러 모로 중요한 시기이다. 특히 이 기간 동안 해월의 주관으로 '동학의 경전'이 지속적으로 발간되었다는 것은 매우 중요한 의미를 지닌다. 경진년(庚辰版, 1880년)과 신사년(辛巳年, 1881년)에 『동경대전』과 『용담유사』를 각각 강원도 인제와 충청도 단양에서 목판으로 간행한 후, 불과 몇 년 사이에 잇따라 경전을 간행하게 된다.

계미년(癸未年, 1883년) 2월에 충청도 목천(木川) 구내리(區內里) 김은경(金殷卿)의 집에서 『동경대전』과 『용담유사』를 각각 100부씩을 간행했다.[38] 이것이 계미중춘판(癸未仲春板)[39]이다. 같은 해 여름에 경주에서 계미중하판 『동경대전』을 간행하고, 이어 가을에 계미중추판 『용담유사』을 간행했다.[40] 또 그로부터 5년 후인 무자년(戊子年, 1888년) 봄에 『동경대전』과 『용담유사』를 간행한다. 이것이 무자계춘판(戊子季春板)이다.[41]

1880년대에 들어서서 동학 교단에서 이렇듯 많이 경전을 발간한 사실을 놓고 몇 가지 특기할 만한 점을 지적할 수 있다. 첫째, 경진판이 발간이 된 지 불과 3년 만에 재차 발간을 한 점이다. 둘째, 같은 해에 두 번씩이나 봄과 여름에 각각 경전을 발간한 경우도 있다는 점이다. 셋째, 발간 장소가 강원도 인제, 충청도 목천, 단양, 경상도 경주 등으로 다양하다는 사실이다. 이렇듯 8년이라는 시간 동안에 다섯 번의 역사를 펼치며, 심지어는 같은 해에 두 번씩이나 경전을 발간한 이유는 어디에 있는 것일까. 물론 이 시기에 이르러 동학 교도의 수가 늘어난 것이 중요한 이유가 되겠지만, 여러 지역을 돌며, 또 이렇듯 빈번하게 간행이 된 데에는 필연적인 이유가 있을 것으로 생각이 된다. 경진판이 발간된 후 만 3년이 되지 않아 발간된 계미중춘판의 발문을 보면, 저간의 사정을 알 수 있다.

> 아, 아! 선생님께서 포덕을 하실 당세에 성덕(聖德)의 잘못이 있을 것을 염려하시어, 계해년에 이르러 친히 시형(時亨)과 더불어 항상 침자의 가르침이 있었다. 뜻은 있으나 이루지 못하다가, 그 다음 해인 갑자년의 불행한 일이 있은 후에, 세월은 침침하고 도는 미미해져 이로부터 18년이나 되었다. 경진년에 이르러 전날의 가르침을 지극히 생각하여 삼가 동지들과 더불어 논의를 하고 약조를 하여 기궐(劂劂)하는 공을 이루었다. 그러나 문(文)이 많이 빠진 탄식이 있는 까닭으로, 목천(木川)의 접중에서 찬연히 복간을 하여 이로써 무극의 경편을 펴내니, 이 어찌 선생님의 가르침을 흠모함이 아니겠는가. 감히 졸문으로 망녕되게 편의 끝에 글을 쓰노라.
> 계미년 중춘(仲春) 도주 월성 최시형 삼가 쓰다.[42]

위에 인용한 계미중춘판 「발문」에 의하면, 경진년에 『동경대전』을 간행을 했는데, 글에 빠진 것이 많아서 다시 목천의 접중에서 복간을 했다. 즉 경진판을 낸 지 불과 3년이 되지 않아 다시 간행을 한 것은 경진판에 빠진 글이 많았기 때문이었다. 이와 같은 사정은 무자계춘판의 「발문」에도 나오고 있다. 무자계춘판의 「발문」을 보면 다음과 같다.

아, 아! 선생님께서 포덕을 하실 그 당시에 성덕(聖德)의 잘못됨이 있을까 두려워, 계해년(癸亥年, 1863)에 이르러 친히 시형(時亨)과 더불어 침자(鋟梓)의 가르침이 있었다. 뜻은 있으나 이루지 못하고 있다가, 해가 지나 갑자년(甲子年, 1864)의 불행이 있게 되었고, 이후 세월은 오래되고 도는 미미하여 장차 18년의 오랜 시간이 지나, 경진년(庚辰年, 1880)에 이르러 시형이 전일의 가르침을 지극히 생각하여 동지들과 더불어 논의를 하고, 약조를 꾀해 새로 개간하였으나, 글에 혹 빠진 것이 있고 권(卷)이 불과 얼마 되지 않는다. 미루어 오다가 정해년 초겨울부터 무자년에 이르기까지 병내(秉鼐)가 마음으로 항상 개탄하여 그 고루함을 잊고 삼가 여덟아홉 친구들과 더불어 한 마음으로 맹세하고, 힘을 다하여 기궐의 공을 크게 이루어 두 질(秩)을 함께 진서(眞書)와 언문(諺文)으로 중간(重刊)하였다. 이로써 무극의 경편을 드러내니, 이 역시 우리 도의 행운이요, 접중의 큰일이다. 이 어찌 선생의 가르침을 사모하고, 또 모름지기 제자들의 원하는 바가 아니겠는가.[43]

계미중춘판과 무자계춘판의 「발문」은 매우 유사하다. 다만 무자계춘판 발문은 경진판에 글이 빠져 있었다는 사실을 더 적극적으로 표현하였다. "글에 혹 빠진 권이 있다.(書或有漏闕卷)"고 하여 글자 몇 자 정도가 빠진 것이 아니라, 경진판에는 권 자체가 빠져 있다고 표현하고 있다. 그러니 다시 간행할 수밖에 없었다는 것이다.

아직 판본이 발견되지를 않았지만, 위의 기록으로 볼 때 경진판에는 많은 부분이 빠진 것으로 생각이 된다.[44] 경진판 다음으로 나온 계미중춘판과 계미중하판을 비교해 보아도, 계미중하판에는 「유고음(流高吟)」[45]과 「우음(偶

吟)」[46]이 실려 있지만, 계미중춘판에는 보이지 않는다. 「유고음」과 「우음」은
계미중하판보다 5년 늦게 발간이 된 무자계춘판에도 역시 실려 있다. 다시
말해서 경진판에서 누락된 글들을 계미중춘판에 찾아 싣고, 그다음에 간행
한 계미중하판과 무자중춘판에는 계미중춘판에서 누락되었던 글을 더 찾
아 내어 보완해 나간 것으로 생각된다.

이와 같은 면에서 본다면, 짧은 기간에 여러 차례 경전을 간행한 이유는,
좀 더 완벽한 경전을 발간하기 위한 것이었음을 알 수 있다. 이는 또 경진년
에 처음으로 『동경대전』을 발간할 당시에 해월 등에게 완벽한 원본들이 없
었음을 알 수가 있는 증거도 된다. 그러므로 해월은 계속 수소문하여 새로
찾은 경편들을 보완하여 잇따라 경전을 보완하여 발간한 것이라고 하겠다.

또 다른 이유도 있다. 경주에서 발간한 계미중하판은 그 전 충청도 목천
에서 계미중춘판을 발간한 지 불과 3개월 만에 중간한 것이다. 이렇듯 바튼
기간에 『동경대전』을 다시 발간한 것은 어떤 이유에서인가. 계미중하판의
「발문」을 보면 그 이유를 알 수가 있다.

(전략) 수년 전 동쪽 골자기와 목천에서부터 정성으로 출간을 한 바가 있다.
실로 경주에서 판각이 되어 이름을 얻은 것이 없으니, 이 역시 우리 도 내의
흠과도 같은 것이 아니겠는가. 우리 경주는 본래 선생님께서 도를 받으신 곳
이고 또 포덕하신 곳이다. 그러므로 불가불 경주에서 간출하여 그 이름을 삼
아야 할 것이다. 그런 까닭에 호서 지역 공주 접내로부터 논의가 일어나고 실
시되어, 영남 지역의 동쪽 골짜기와 더불어 아울러 힘써 출간하고자 무극의
경편을 편찬하였다. 삼가 두세 동지와 더불어 세상의 오해와 혐의를 염두에
두지 않고, 모든 일을 제쳐 놓고, 맹세하여 한 가지로 지극히 힘을 들여, 목판
으로 새기는 공을 크게 이루었으니, 이는 어찌 선생의 가르침을 사모하고, 제

자의 원하는 바를 이룬 것이 아니겠는가. 특별히 세 사람의 별록을 편의 왼편
에 둔다.

계해년 한여름 도주 월성 최시형 삼가 기록하다.[47]

계미중하판은 일부 새로 발굴된 경편을 보완하기 위함도 있지만, 수운 선
생이 도를 받고 포덕을 시작한 본향인 경주에서 경전을 간행해야 한다는 사
명감이 이에는 작용한 것을 알 수가 있다. 또한 계미중하판이 나오게 된 데
에는 호서 지역의 공주접과 영남 지역의 동쪽 골짜기 교도들이 힘을 쓴 것
으로 되어 있다. 즉 경주가 수운 선생과 특별한 인연을 지니고 있는 곳이니,
영호남을 막론하고 힘을 기울여 이곳에서 발간이 되도록 하는 것이 수운 선
생의 제자로서의 도리라고 생각한 듯하다. 이렇듯 강원도 인제에서 비롯된
1880년대의 '경전 발간'은 각 지역에서 경쟁적으로 발간되며 번져 나갔던 것
이다.

그런가 하면 무자계춘판은 '병내(秉鼐)'라는 사람이 주관하여 발간한 것을
알 수 있다. '병내(秉鼐)'는 김병내(金秉鼐)로, 자(字)는 광문(光文)이고 수운 선생
의 둘째아들인 세청이의 처삼촌이다. 세정이 양양 감옥에 갇히자, 해월이
세청이와 함께 양양, 인제 등을 다니며 수소문을 하였으나 아무런 실효가
없자 세청이의 처삼촌인 김병내가 사는 양구군 남면 무의매리로 찾아갔다.
그러나 이들 가족은 지목을 피해 모두 영춘(永春)으로 이거했고, 그 인연으로
동학에 입도한 사람이다. 이러한 김병내가 주관하고, 인제 여러 동지들의
도움을 받아 무자계춘판을 간행한 것이다.

이로 보면, 여러 지역에서 경전이 잇따라 발간이 된 데에는 한 지역에서
많은 비용을 들여 지속적으로 경전을 발간할 수가 없으므로 각 접별로 자금
을 염출하여 지역을 달리해서 간행 사업을 벌인 것으로 생각된다. 관의 지

목을 피해 산간마을을 전전하며 살면서도, 해월의 지도를 받아 당시 동학 교도들이 얼마나 높은 열망 속에서 얼마나 많은 노력을 했는가를 알 수가 있다.

『용담유사』 역시 신사년(1881년) 단양에서의 발간을 필두로, 계미년(1883년), 무자년(1888년) 등에 계속하여 발간되었다. 그러나 『용담유사』는 『동경대전』 과는 다르게 누락된 편이 없이 가사 여덟 편이 처음부터 실려 있던 것으로 생각된다. 문제는 판본에 따라 그 표기가 다소 다르다는 점이다. 그러나 이러한 차이는 당시 한글 표기에 대한 정확한 표준이 없었기 때문이라고 판단된다. 『용담유사』가 간행되던 19세기는 한글 표기 체계가 한글 창제 이래 가장 문란했던 시기이기도 하다.

1880년대는 『동경대전』과 『용담유사』가 동학의 경전으로 정착을 했던 중요한 시기였다. 여러 차례의 발간을 통하여 완결판을 만들어 가는가 하면, 각 지역에서 경쟁적으로 참여하여 매우 활발하게 경전 간행이 진행되었던 것이다. 이는 바로 해월이 스승인 수운 선생으로부터 계해년에 받은 침자(鋟梓)의 가르침을 실천한 역사(役事)요, 나아가 수운 선생이 당부한 대로 한울님의 성덕(聖德)을 바르게 전하기 위함이었다.

이렇듯 1880년대에 발간된 『동경대전』과 『용담유사』는 후대에 간행되는 모든 종류의 동학 경전의 규범이 되었을 뿐만 아니라, 동학 제 종파의 가장 중요한 저본으로 자리하게 되었다.

VII.
베 짜는 한울님

1. 동학, 호남과 호서로 퍼져 나가다

임오년(壬午年, 1882) 6월, 임오군란(壬午軍亂)이 일어나 나라가 매우 혼란스러워졌다. 임오군란은 신식 군대인 별기군과 구식 군대와의 차별 대우로 인하여 일어난 군란이다. 구식 군대에 급료가 제대로 지급되지 않자 불만이 고조되었고, 겨우 급료로 받은 곡식 속에서 겨와 돌이 섞여 있는 것이 도화선이 되었다. 분노한 군인들은 폭발하여 일본인 교관을 살해하고 일본공사관을 습격하였다. 이때 일본공사는 영국의 측량선을 타고 겨우 탈출하였다.

군인들은 다시 궐내로 난입하여 여러 관료들을 살해하고, 마침내는 민비(閔妃)까지 제거하려고 시도했다. 민비는 겨우 장호원으로 몸을 피하였고, 고종은 대원군을 입궐시켜 사태를 수습하기에 이르렀다. 그러나 그 이후 일본과 청나라가 군대를 이끌고 와 조선 정부를 압박하는가 하면, 마침내는 청군이 대원군을 납치하여 천진(天津)으로 끌고 가는 사태로까지 비화되었다. 임오군란을 빌미로 일본은 피해 보상을 요구하였고, 마침내는 제물포늑약 체결을 이끌어 냈다.

즉 임오군란의 여파로 우리나라는 일본으로부터 침탈을 받고 또 굴욕적인 외교를 체결하게 되었다. 이는 당시 사람들이 외세의 위협이 얼마나 심각한가를 절감하는 계기가 되었다. 한편 임오군란은 개항 이후 대규모로 전개된 최초의 반봉건·반외세 투쟁이기도 하다. 나라는 온통 뒤숭숭하게 되었지만, 이 사건을 통해 민중 속에 반봉건·반외세 의식이 고조되는 한 계기도 되었다. 그 결과 많은 지사들은 봉건적 인습을 벗어버리고, 보국안민

(輔國安民)의 기치를 세워 외세를 경계하던 동학에 자연 관심을 나타내게 되었다. 이때 해월은 단양 장정리에서 사동 쪽으로 가는 길의 갈천(葛川)이라는 산간마을에 살고 있었다. 깊은 산간마을이지만 이곳까지 찾아오는 인사들이 적지 않았다.[1] 훗날 해월의 수제자가 된 송암(松菴) 손천민(孫天民)도 이 무렵에 입도하였고,[2] 손천민의 권유로 그의 서삼촌이며 훗날 동학 3세 교주가 된 의암 손병희도 이 무렵에 입도했다. 또한 4세 교주가 된 춘암(春菴) 박인호(朴寅浩)[3]를 비롯하여 서인주(徐仁周), 황하일(黃河一), 윤상오(尹相五) 등 쟁쟁한 인사들이 이 시기에 동학에 입도하였다.

이때 입도한 사람들로 훗날 큰 역할을 했던 사람들로는 앞에서 거론한 사람들 이외에 안교선(安教善), 오규덕(吳圭德), 김은경(金殷卿), 유경순(劉敬順), 이성모(李聖模), 이일원(李一元), 여규신(呂圭信), 김영식(金榮植), 김상호(金相浩), 안익명(安益明), 서인주(徐仁周) 등이 대표적이다.[4] 입도자의 수가 늘어나게 되고,[5] 앞에서 이야기한 바와 같이 1883년 2월에는 충청도 목천(木川)에서『동경대전』100여 부를 간행하기에 이른다. 또 이들 신진 인사들은 주로 호서, 호남 지역의 사람들로 동학의 조직이 이제 충청도와 전라도까지 확대되고 있음을 보여주는 단서이기도 하다.

이들 신진 인사들에게 해월은 '동학은 우리나라에만 국한된 가르침이 아니오, 온 세계로 뻗어나갈 새로운 운을 지닌 가르침'임을 설파하였다. 이어서 "동학에 입도하여 혹 신이한 행적만을 기대한다면 이는 잘못된 것이다. 또한 도란 현실과 동떨어진 먼 곳에 있는 것이 아니라, 바로 우리 생활 속, 곧 일용행사(日用行事) 모두 도 아님이 없다."는 가르침을 펼쳤다.

尹相五 等이 次第로 神師께 拜謁하대 神師法說曰 吾道의 運이 方今興隆하는지라 靑丘八域에만 廣布될 뿐 아니라, 장차 東西兩球에 興進하리니 諸君

은 誠敬信으로써 爲主하야 布德에 勉勵하라. … (중략) …吾 篤工할 時에 大雨 中이라도 衣巾이 濕치 안이하엿으며 能히 九十里外에 人을 見하엿으며 又이 能히 邪氣를 止하엿으며 造化를 任用하엿으나 覺한 後는 頓然히 此를 絶하엿 노라. 수은 覺하엿노니 此等은 皆天地間小事오 결코 大道心理가 안이라 故로 大神師이 造化를 用치 안이하심도 또한 此에 原因하엿나니라. 道는 高遠難行 한 處에 在한 것 안이라 日用行事가 道 안임이 없나니.[6]

　이러한 법설은 수운 선생이 「탄도유심급」에서 말한 "이와 같은 크나큰 도 를 작은 일에 정성 들이지 말라. 큰일에 임하여 정성과 공경으로 헤아림을 다하면 자연한 가운데 도움이 있을 것"[7]이라는 가르침과 맥을 같이 한다.

　동학은 자기 몸에 모셔진 신을 찾는 시천주(侍天主)를 그 근본으로 삼고 있 는 종교이며, 깨달음을 바탕으로 하는 심층종교이다. 따라서 깨달음을 바탕 으로 하는 심층종교의 특성 그대로 동학은 신비주의적인 요소를 많이 지니 고 있다. 특히 교조인 수운 선생이 경신년(庚申年, 1860) 4월 한울님이라는 신 으로부터 무극대도를 받는다는 신비체험을 통하여 동학을 창도했다는 사 실이 이를 말해 준다. 또한 동학의 교도들 역시 종교적인 수행을 통해 때때 로 신이한 이적을 행하곤 했다. 위에 인용된 바와 같이 해월이 행했던 '큰비 가 내려도 옷이 젖지를 않았고, 능히 90리 밖에 있는 사람을 보았다.'는 신이 한 조화 역시 이러한 범주에 속한다.

　그러나 해월 스스로 "깨달은 이후에는 돈연히 이러한 신비한 조화를 끊어 버렸다."라고 말하고 있다. 나아가 "이러한 신비한 이적은 모두 천지 간의 작은 일이요, 대도의 마음 씀이 아니다."라고 단언하였다. 해월의 이와 같은 당시 새로 입도를 한 제자들을 향한 가르침은 결국 '신이한 이적이란 다만 궁극적 실제와 합일로 가는 과정에서 발생하는 부수적인 것이지, 수행의 궁

극적인 목표는 아니다.'라는 신비주의 전통[8]을 깊이 파지한 언명이도 하다

수운 선생에 의하여 발원된 동학이 해월에 이르러 이렇듯 신비주의적 전통을 그대로 이으며 깨달음을 그 근간으로 하는 심층종교로 거듭될 수 있었던 것은 수운 선생 순도 이후에도 해월의 지도 아래 지속적인 수행을 해 왔고, 또 해월 스스로 견지하고 있는 바와 같이 개인의 깨달음만을 강조하지 않고 한울님의 뜻이 사람들을 통해 이 지상에서 구현되는, 그러한 세상을 이룩하고자 노력했기 때문이다.

특히 1880년대를 맞아 동학의 소문을 듣고 찾아와 입도를 한 사람들의 면면을 보면, 혁신적인 삶을 통하여 새로운 세상을 이루려는 성향이나 의지가 강한 사람들임을 알 수가 있다. 손병희, 박인호, 윤상오, 서인주, 황하일, 손천민 등이 바로 이와 같은 사람들이라고 하겠다. 한 예로 손병희가 입도를 하게 된 동기를 들어보자.

손병희의 조카인 손천민이 먼저 동학에 입도를 했다. 먼저 입도를 한 손천민이 서삼촌인 손병희에게 동학에 입도를 권하였다. 그러나 여러 번 권하였으나 동학에 입도하지 않다가, 한참만에야 입도하게 된다. 그 이유는 조카인 손천민으로부터 동학에 입도하게 되면 삼재팔난(三災八難)과 같은 재난을 면할 수 있다는 말을 듣고는 오히려 손병희는 "나는 삼재팔난이 있기를 바라는 사람이오." 하며 듣지 않고 입도를 하지 않았다고 한다. 그러나 훗날 동학은 보국안민과 새로운 세상인 지상천국을 건설하는 커다란 종교적인 목적을 지닌 도라는 말을 듣고는 비로소 입도를 결심하게 되었다고 한다.[9] 즉 한 개인의 복락을 구하는 종교는 궁극적으로 옳은 도가 아니라는 판단 속에서 이와 같은 결정들을 내린 것이라고 하겠다.

훗날 서장옥이라는 이름으로 더 알려진 서인주는 동학혁명 당시 강경파로 흔히 분류되는 인물이다. 서인주 역시 1884년 황하일과 함께 해월을 찾

아와 입도했다. 이후 김개남, 손화중, 전봉준 등이 잇따라 동학에 입도했다. 즉 이 시대에 이르러 동학은 좀 더 진취적인 생각을 지닌 인사들이 대거 입도를 하였다. 그러므로 이 시대에 이르러 동학이 심층종교의 면모와 함께 현실에 대해 더욱 더 적극적인 태도를 표명할 수 있는 종교로 성장할 수 있는 계기가 되었다.

동학에 입도하는 사람들이 다시 늘어나고, 충청도 목천, 경상도 경주 등지에서 경전을 잇따라 발간하는 등 활동이 활발해지자, 동학에 대한 관의 지목이 덩달아 재연되었다. 따라서 1884년 6월 고산(高山) 접주 박치경(朴致京, 致卿, 致敬)의 안내를 받아 해월은 익산 미륵산(일명 금마산) 사자암(獅子庵)으로 피신을 하였다.[10] 사자암은 전북 익산시 금마면 신용리, 미륵산 정상 가까이 바위 계곡에 은밀히 자리 잡은 작은 사찰이다. 모악산 금산사의 말사(末寺)로, 오늘날은 다만 승려 두 사람이 지키며 수행하는 매우 작은 암자이다. 신용리 입구에서 마을 어귀를 지나 산길을 오르면, 가파른 계곡 길이 나온다. 이 계곡의 대나무 소나무가 어우러진 푸른 숲을 지나, 기이한 바위들이 자리하고 있는 골짜기를 따라 들어가면 막다른 곳, 미륵산 깊은 가슴에 안기듯이 자리하고 있는 사자암을 만난다.

사자암이 들어앉은 자리는, 골짜기로 들어서는 입구를 제외하고는 삼면이 모두 바위벽으로 둘러져 있어 마치 큰 바위산을 깎아 내고, 그 안에 암자를 들어 앉힌 듯하다. 바위에는 '사자동천(獅子洞天)'이라는 네 글자가 새겨져 있다. 삼면이 암벽으로 둘려 있어, 골짜기를 거슬러 올라오던 바람마저도 스스로 잦아지는, 이곳 사자암 자리는 어떠한 기운이 모이는 듯한 형국으로 수도장으로서는 안성맞춤한 곳임을 알 수 있다. 또한 사자동천의 지형은 마치 깃털을 세운 사자가 무서운 용맹으로 포효를 하기 위하여 팽만된 가슴으로 잔뜩 깊은 숨을 들이마시고 있는 형국이다. 후천의 새로운 차원의 삶을 펼쳐 나갈 원대한 꿈을 품고 한여름을 수행하고 정진한 해월의 뜨거운 열망과도 같이, 그렇듯 사자암은 사자동천 골짜기에 포효하는 사자의 기상마냥 자리하고 있다.

사자암 뒷쪽은 미륵산 양대 봉우리 중 하나인 장군봉이다. 정상은 기이한 바위덩어리가 장관을 이루고 있다. 정상에 올라 산 아래를 내려다보면, 사자암을 품고 있는 골짜기는 능선과 능선이 연봉(連峰)을 이루고 있지만, 그 반대쪽으로는 호남평야의 드넓은 뜰이 가득하게 들어와 또한 장관을 이룬다. 장군봉 뒤로 산들이 연봉을 이룬 모습이, 마치 산과 산이 연봉을 이루며 달리고 달려와 마침내 이 미륵산 장군봉에 이르러 문득 끊어진 듯한, 그래서 이 장군봉은 수많은 연봉을 거느리고 드넓은 평야를 뒤로 하고 우뚝 선 장군의 형국이다.

이곳 사자암에서 해월은 무려 4개월간이나 머물렀다.[11] 해월이 이곳 전라도 익산 사자암에 들어온 것은, 수운 선생이 신유년(1861)에 남원 은적암에 수 개월간 몸을 의탁한 이후, 호남 지방에 와서 본격적으로 머문 첫 번째 동학의 중요 지도자이다. 이곳 사자암에 머물던 4개월여 동안 해월은 호남지방 포덕의 기반을 넓혔다. 따라서 사자암은 다만 해월의 피신처가 아니라, 동학의 교세가 충청도 일원과 전라도까지 확대되는 중요한 거점으로서의, 중요한 의미를 지니는 곳이기도 하다.

사자암 기도를 마치고, 해월은 신진 도인들을 대동하고 1884년 10월 공주 마곡사의 말사인 가섭사(迦葉寺)에서 49일의 기도를 봉행한다. 가섭사는 공주군 사곡면 구제리 마가변두에서 개울을 건너 북쪽으로 난 가파른 산길을 따라 올라가면 만나는 작은 암자이다. 산세가 묘해서 아래에서는 암자가 보이지 않는다. 이때 해월이 대동한 도인은 손병희, 박인호, 송보여 등이다.[12] 이들의 재목을 일찍이 알아본 해월은 이들에게 좀 더 강화된 수련을 시키고자 이렇듯 대동하고 가섭사에 들어갔던 것이다.

가섭사는 일찍이 해월 등과 인연을 지닌 암자였다. 기록에 의하면, 가섭사에 수련하러 오기 일 년 전에 해월은 이곳에서 인등제를 열었다.[13] 즉 해월은 호남 지역의 사자암과 호서 지역의 가섭사에서, 양호(兩湖) 지역의 동학 교도들에게 신앙 체계에서 가장 중요하다고 할 수 있는 종교 의식이나 수련을 실시하였고, 이를 통하여 교도들의 결속을 꾀해 나갔던 것이다.

특히 가섭사 기도 중에 해월은 많은 「강서(降書)」를 받았다. '강서'란 수련을 통해 깊은 경지에 이르면, 한울님 마음과 한마음이 되어(吾心卽汝心)[14] 가르침을 받는 것을 말한다. 먼저 해월은 동학 주문 중 '천주(天主)'라는 글자 때문에 서학으로 지목 받는 것을 피하기 위해 강서로서 '봉천상제일편심조화정만사지(奉天上帝一片心造化定萬事知)'라는 주문을 새로이 짓는다. 즉 동학 주문의 '시천주(侍天主)' 대신 '봉천상제(奉天上帝)'라는 구절을 쓴 것이다.

동학에서 주문은 매우 중요하다. 전도자(傳道者)가 입도자(入道者)에게 주는 것은 오직 주문 스물한 자뿐이다.[15] 그러므로 수운 선생은 "도의 모든 절차가 이 주문 스물한 자에 담겨 있다."[16]고 하였다. 이처럼 중요한 주문의 문구를 바꿀 만큼, 당시 동학을 서학으로 오해하는 편견이 심각했으며, 그만큼 '동학의 본모습'을 세상에 보이고자 하는 해월의 열망도 컸음을 알 수 있다. 그러나 주문의 일부 구절을 바꾸면서도 해월은 '열 셋'이라는 숫자를 지키고 있다. 이는 본주문인 '시천주 조화정 영세불망 만사지'의 글자 수를 중시한 것으로 볼 수 있다.

'시천주'가 '한울님을 내가 모시고 있다.'는 의미임에 비하여 '봉천상제'는 '한울님인 상제를 받든다.'라는 의미이다. '모심'과 '받듦'은 그 의미가 다른 듯하나 본원적인 면에서는 같다. 해월은 일찍이 '양천주(養天主)'를 설파한 적이 있다. '양천주'는 수운 선생이 천명한 '시천주(侍天主)'를 좀 더 실천적인 면에서 접근한 말씀이다. 양천주의 '양(養)'은 '지금 모시고 있는 한울님 마음을 기르는 것'이며 동시에 '한울님을 봉양'한다는 의미를 내포한다. 즉 양천주는 '한울님 뜻을 잘 받들어 모셔(奉養), 그 마음을 키워나간다.'로 해석을 할 수 있다. 따라서, '봉천'은 '시(侍)'의 적극적·능동적 표현이라 할 수 있다.

여기서 '받듦'은 단순한 추앙이 아니라, 한울님을 진정 내 안에 모시기 위한 행태(行態)이며, 또 한울님 모심을 깨달은 이후에도 더욱 지극하게 한울님을 공경하여 한울님 모신 마음을 잘 지키는 삶을 영위하는 것이기도 하다. 이와 같은 면에서, '봉천상제'와 '시천주'는 근본적으로 다른 것이 아니다.

한편 조경달은 '천주'에 비하여 '상제'라는 표현은 신의 인격성이 좀 더 강조된 것이라고 평가한다.[17] 그 증거로 '천주'의 '주(主)'는 '존경함'을 뜻하는 것이기 때문이라고 한다. 즉 수운 선생이 '주(主)'에 대해 '존경함을 칭하는 것으로 부모님과 더불어 한가지로 섬기는 것(稱其尊而與父母同事者)'이라고 한 해의를 그 단서로 들고 있다. '존경하며 부모님과 한가지로 섬긴다.'는 표현에는 인격성이 없는 것인가. 그렇지 않다. 수운 선생이 경신년(1860) 4월 결정적인 종교체험을 하며 한울님과 나눈 대화를 보더라도, 수운 선생이 깨달음을 통해 만난 신은 인격성이 있는 신임이 분명하다.

앞에서 논의했듯이 '천주'나 '상제'는 한문으로 표기해야 하는 경우나, 비유해서 말할 경우에만 쓰던 용어이다. 즉 '천주'와 '상제'는 엄밀한 의미에서 동학에서 신봉하는 신의 명칭이 아니다.[18] 따라서 해월이 새 주문을 지은 것은 동학을 천주학으로 오해하는, 그러므로 지목의 대상이 되는 것을 막기 위하여 '시천주'의 '천주'를 '봉천상제'의 '상제'로 바꾼 그 밖의 다른 의미가 없다고 할 수 있다.

해월이 이와 같이 주문을 바꾸고자 한 데서도 알 수 있듯이 당시에도 관의 지목은 심각하기 이를 데 없었다. 그러므로 해월은 동학의 조직을 강화하기 위하여 재삼재사 고심하였다. 그 결과 훗날 동학의 중요한 조직이 된 육임제(六任制)를 구상하게 된다. 즉 해월은 가섭사 기도 중에 「강서」를 받고, 또 강화로써 육임제를 구상하였다.[19]

육임제는 동학 교도들을 좀 더 합리적으로 조직화하기 위한 제도이다. 그 이름에서 알 수 있듯이, 지도급 인사들에게 여섯 개의 서로 다른 임무를 부여함으로써, 이들이 논의하고 토론할 수 있게 하였고, 이러한 토론을 거쳐 교단 운영에 다양한 관점을 반영하고자 하는 제도이다. 이를 위해 육임은 교화를 맡는 '교장(教長)과 교수(教授)', 기강을 장리하는 '도집(都執)과 집강(執綱)', 바른 건의를 담당하는 '대정(大正)과 중정(中正)'으로 나누었고,[20] 각 임무의 '정(正)과 부(副)'를 두었다.

또 해월은 이곳 가섭사에서 동학의 마음공부에 중요한 「팔절(八節)」을 「강서」를 통해 해의하였다. 「팔절」은 수운 선생이 1863년 11월에 지은 것으로, 명(明)·덕(德)·명(命)·도(道)·성(誠)·경(敬)·외(畏)·심(心) 등 수련을 위하여 깨닫고 또 터득해야 될 여덟 조목을 풀이한 글이다. 이 「팔절」은 '전팔절'과 '후팔절' 두 부분으로 구성되어 있다. 수운 선생은 이 팔절의 앞부분을 각처로 보내 그 대구(對句)를 짓게 함으로써, 교도들의 공부 정도를 점검하기도 했다.[21] 이 「팔절」을 해월이 「강서」를 통해 다시 해의한 것이다.

명(明)이라는 것은 어둠의 변함이다. 해의 밝음은 사람들이 볼 수 있지만, 도(道)의 밝음은 오직 홀로 알 뿐이다.

명(命)이라는 것은 운(運)과 짝하는 것이다. 하늘의 명은 다하지 못하고, 사람의 명은 어기기 어렵도다.

덕(德)이라는 것은 정성과 공경을 다하여 나의 도를 행하는 것이니, 사람이 돌아갈 바는 덕이 있는 곳이니라.

도(道)라는 것은 갓난아기와 같이 보호하고 대자대비한 마음으로 성품을 닦고 도를 이루려는 데에 하나로써 꿰뚫는 것을 말한다.

성(誠)이라는 것은 마음의 주인이요 일의 몸이다. 마음을 닦고 일을 행하는 데에 정성이 아니면 이루어질 수가 없느니라.

경(敬)이라는 것은 도(道)의 주체요 몸의 쓰임이다. 도를 닦고 몸으로 행하는 데에 오직 공경으로 일에 따르라.

외(畏)라는 것은 사람이 경계하는 바이다. 한울님 위엄과 신령의 눈이 임하지 않는 곳이 없느니라.

심(心)이라는 것은 허령(虛靈)의 그릇이요, 화와 복의 근원이다. 공과 사의 사이(公私之間)에 얻고 잃음의 도가 있느니라.[22]

이 해의는 궁극적으로 수운 선생이 천명한 '심학(心學)으로서의 동학'[23]을 공부하는 데에 매우 필요한 사항들이다. 이「팔절」조목을 해월은 다른 법설에서 "명덕명도(明德命道) 네 글자는 한울님과 사람이 형성을 이룬 근본이요, 성경외심(誠敬畏心) 네 글자는 몸체를 이룬 뒤에 다시 갓난아이의 마음을 회복하는 노정 절차이다."[24]라고 설명하였다.

'명(明)'은 도의 밝음이고, '덕(德)'은 한울님이 만유에 펴는 덕이다. '명(命)'은 한울님이 만유에 부여하는 명이며, '도(道)'는 한울님의 도이다. 그러므로 '명덕명도(明德命道)'는 우주의 근본원리, 곧 한울님 이법의 근본이다. 이와 짝을 이루는 '성(誠)'은 마음을 닦고 한울님을 위하는 그 정성이요, '경(敬)'은 한울님을 공경하는 것이다. '외(畏)'는 늘 두려운 듯 그 마음을 쓰라는 것이요, '심(心)'은 공변된 마음을 잃지 않는 것이다. 따라서 '성경외심(誠敬畏心)'에 힘써야 한다는 것이다. 따라서 '명덕명도'가 수도자들이 깊이 깨달아야 하는 본체라면, '성경외심'은 본체를 깨닫고 본체에 이르는 수련에 필요한 덕목들이다.

「팔절」해의에 이어 해월은 열두 간지(干支)를 원용하여 앞으로 다가올 일이나 문제를 예견하는 법설을 내놓았다.

> 닭의 울음으로 밤이 나누어짐이여
> 개가 짖음에 사람이 돌아오도다
> 산돼지가 흙을 가지고 다툼이여
> 창고의 쥐가 있을 곳을 얻었도다
> 제나라 소가 연나라로 달아남이여
> 초나라 호랑이가 오나라에 임하였도다
> 산중의 토끼가 성을 차지함이여
> 패택의 용이 한수로 나오도다
> 다섯 뱀의 대가 없음이여
> 아홉 말이 길에 올랐도다[25]

해월은 이 「강서」 모두(冒頭)에 '슬프다 세상의 사람들이 앎이 없음이여. 장차 새나 짐승들을 돌아보고 이를 논하도록 하라.'[26]는 유시(諭示)를 먼저 하였다. 여기서 새나 짐승은 열두 간지에 해당한 동물들이다.

글은 「강서」를 쓴 때인 갑신년(甲申年, 1884)의 원숭이에 이어 닭(酉), 개(戌), 돼지(亥), 쥐(子), 소(丑), 범(寅), 토끼(卯), 용(辰), 뱀(巳), 말(午)의 차례로 이어지며, 예언과 같은 말을 전개하고 있다. 이는 좁은 의미에서 1885년부터 향후 십 년의 일을 예언한 것으로 볼 수 있다. 특히 그로부터 십 년 뒤 갑오년에는 동학농민혁명이 일어난다. 해월의 예견과도 이 갑오년에 '아홉 마리의 말이 길에 올라(九馬當路)' 힘 있게 달리는 운세가 전개된 것으로 볼 수 있다.

넓게 보면 이 「강서」 역시 신진 입도자들에게 펼친 설법이다. 즉 새로 입도한 이들이 앞으로 도의 운수가 어떻게 될 것인가를 궁금해 하므로, 이런 「강서」를 통해 마음을 다독이고 또 그 마음을 고취시켰을 것으로 생각된다. 해월은 호남 익산의 사자암과 호서 공주의 가섭사에서 신진교인들을 수련을 시키는 한편, 새로운 법설로써 이들의 신앙심을 앙양하였다. 그러므로 이들 신진교인들의 마음을 더욱 공고히 하였고, 이들로 하여금 동학에의 심지를 굳건히 하여 중견 지도자로 성장할 있게 하였다. 이는 호남과 호서 지역에 새로이 동학의 뿌리를 내리는 중요한 바탕이 되었다.

2. 며느리도, 어린이도 한울님이니라

사자암 수련을 마친 해월은 상주 화서면(化西面) 봉촌리(鳳村里) 앞재로 거처를 옮겼다. 사자암은 일시적으로 몸을 피할 겸 들어온 곳이기 때문에 오래 기거할 수 없었고, 그래서 상주 앞재에 작은 초가집을 매입하여 기거하게 된 것이다. 앞재 또는 전성촌(前城村)이라고 불리는 이 마을은 상주에서 보은으로 가는 길목에 있는 말티고개 못 미쳐 있는 화령(化寧)에서 남쪽으로 2킬로미터 정도 떨어져 있는 마을이다. 옛날 이 마을 안쪽에 군량미를 쌓아 두었던 창고가 있어서, 이를 지키기 위해 골짜기 어구를 막아 성을 쌓았기 때문에 성(城), 곧 재의 앞에 있는 마을이라고 해서 '앞재'라고 불렀고, 한문으로는 '전성촌'이라고 부른다.

해월의 가족은 아무런 짐도 없이, 오직 보따리 몇 개만을 들고 1884년 10월 전성촌으로 들어왔다. 10월 28일은 수운 선생이 태어난 생신일이다. 전성촌에 들어온 직후 수운 선생의 탄신기념제를 가졌다.

해월이 전성촌으로 와 있다는 소문을 듣고 이곳으로 동학교도들이 다시 모여들기 시작했다. 11월이 되어 겨울로 접어들어 날씨가 매우 추운데도 해월은 얇은 여름옷을 입은 채 살고 있었다. 이러한 광경을 본 한 교도가 무명에 풀솜을 넣어 새 옷을 지어 주었다.[27] 해월은 비록 동학의 선생으로 많은 제자들을 지도를 하는 사람이었지만, 한겨울에도 따뜻한 옷 한 벌도 입을 수 없는 가난한 한 사람이었다.

전성촌에 동학 교도들이 자주 출입하자, 다시 관의 지목을 받게 되었다. 이에 해월은 보은 장내리(帳內里)로 거처를 옮겼다. 장내리에 머물며 전주 · 진천 등지로 다니며 순회를 하였다. 어느 날 진천 금성동(金城洞)을 다녀오다가 청주 북이면 금암리 서택순이라는 제자의 집에 들렀다. 이곳에서의 경험을 근거로 해월은 훗날 '베 짜는 한울님', '일하는 한울님'라는 말을 낳게 되는, 유명한 설법을 하게 된다.

> 내 일직 淸州 徐垞淳의 집에 갔더니 그 子婦 織布의 聲을 듣고 徐君에게 무르되 君의 子婦가 織布하는가 天主 織布하는가 함에 徐君이 나의 말을 不卞하였다. 어찌 徐君뿐이리오.[28]

지금도 금암리 서택순이 살던 집에는 서택순의 후손들이 살고 있다. 130년 전 해월이 다녀가며 남긴 그 일화를 소중하게 생각하며, 후손들은 동학 스승들의 영정과 동학의 주문, 또 해월의 가르침인 사인여천(事人如天) 등의 구절을 써서 집안 곳곳에 붙여 놓고 생활을 하고 있다. 그 옛날 자신의 할머니가 짜던 베틀 소리를 듣고 펼친 해월의 가르침을 오늘에도 지키고자 하는 모습을 여실히 볼 수가 있다.

여성은, 특히 조선 사회에서 여성은 누구의 어머니, 어느 집안의 며느리, 누구의 부인, 어느 집안의 딸로 살았다. 즉 여성은 가정 속에서의 존재였지,

가정을 벗어나서는 설 자리가 없었다. 그중 '며느리'라는 이름은 어떤 의미에서 조선 사회의 대표적인 여성의 이름이었다. 그 며느리는 또 이중의 억압을 받던 존재였다. 여성이라는 성별에 따른 억압이 그 하나요, 며느리라는 집안에서의 위치에 따른 억압이 다른 하나다. 이런 여성에게 조선 사회가 권장한 덕목은 시집가기 전에는 아버지를 따라야 하고, 시집을 가서는 남편을 따라야 하며, 남편을 잃은 후에는 아들을 따라야 한다는 삼종지례(三從之禮)였다. 이는 억압이 아닌 여성의 미덕으로 포장되기도 했다.

이러한 시대에 해월은 시아버지도 그 며느리를 한울님같이 섬겨야 한다는 가르침을 폈던 것이다. 해월의 이 설법은 모든 인간의 절대성을 강조함으로써, 수운 선생의 시천주 정신의 사회적인 실천을 도모한 것이었다.[29] 또한 해월은 부인을 한 집안의 주인이라고 하였다.

> 묻기를 "우리 도 안에서 부인 수도를 장려하는 것은 무슨 연고입니까?" (해월)신사 대답하시기를 "부인은 한 집안의 주인이니라. 음식을 만들고, 의복을 짓고, 아이를 기르고, 손님을 대접하고, 제사를 받드는 일을 부인이 감당하니, 주부가 만일 정성 없이 음식을 갖추면 한울님이 반드시 감응치 아니하는 것이요, 정성 없이 아이를 기르면 아이가 반드시 충실치 못하나니, 부인 수도는 우리 도의 근본이니라."[30]

해월이 평소에 부인 수도를 장려하자 제자들이 그 까닭을 물었다. 해월은 '부인은 한 집안의 주인'이라는 말로 답을 대신한다. '집안의 주인'이라고 하는 이유는 우선은 음식과 의복을 마련하며, 아이 양육과 손님 대접, 제사 준비 등을 주관하는 위치에 있기 때문이다.

그런데 현대로 들어오면서, 해월의 이런 규정도 여성을 억압하는 기제를 벗어나지 못한 것이라는 지적도 있다. 심지어는 출산과 양육 같은 '모성'의 영역조차 '성취적 요소'와 함께 '억압적 요소'도 가지고 있는 것으로 보기도 한다. 일부 급진적인 페미니스트들은 생물학적 모성을 억압의 원인으로 보고 반대하는 입장을 보이기까지 했다. 이런 관점에서 본다면, 해월이 여성을 '가정의 주인'이라고 한 말은 어느 의미에서 여성으로 하여금 여성의 질곡에 머물면서 살아야 한다는 것을 강조한 것에 불과하다고 볼 수가 있다.

그러나 해월이 '여성이 주인'이라고 설파한 것은 '여성이 하는 일'이 얼마나 중요한가를 재확인하기 위한 것이다. 즉 여성들이 집안에서 하는 일은 여성을 착취하는 노동이거나 하찮은 허드렛일이 아니라 그 자체가 '성스러운 것'이라는 점에 해월의 본 뜻이 있다는 것이다. 서택순이라는 제자에게 베 짜는 며느리가 '한울님'이라고 알려 주었다는 것은, '베를 짜는 일'이 곧 '한울님의 일'임을 알려준 것이며 음식과 의복 준비, 봉제사 접빈객 또한 그 자체가 바로 성스러운 한울님의 일이라는 의미를 강조한 것이다. 나아가 이러한 신성한 일을 하는 '며느리', 곧 '여성' 역시 '한울님으로 존중받아야 한다는 것'이 해월의 생각이다.

해월은 여기서 머물지 않고, 한 걸음 더 나아가 "과거에는 부인을 억압했으나, 지금의 이 운(運)에 이르러서는 부인이 도통(道通)하여 사람을 살리는 일이 역시 많을 것이다. 이는 사람이 모두 어머니의 포태로부터 나서 자라는 것과 같으니라."[31]라고 말한다. 여성이 '한울님으로 존중받아야 한다는 것'은 모든 사람의 어머니로서 포태하고 자라게 하는 그 근본이기 때문이라는 것이다. 여성은 바로 생명의 본원이자 산실이며 한울님이 하는 일과 가장 닮은 일을 하는 위대한 존재라는 것이 바로 해월의 생각이다.

이러한 생각은 '보살핌과 양육 등의 여성의 전통적 모성성이 바로 여성의 존귀함의 근거, 나아가 도덕적 우월의 근거가 된다.'고 강조하는, 20세기 후반 페미니즘의 조류[32]와 서로 통하는 것이기도 하다.

해월은 여성의 모성성을 그 근원인 '태교'에서부터 이끌어내고 있다. 특히 1889년 11월에서부터 1890년 3월까지 경상도 김산(현 김천) 복호동(伏虎洞)에 머물면서 반포한 「내칙」과 「내수도문」은 이와 같은 문제를 매우 구체적으로 다루고 있다. 해월의 대부분 법설은 해월이 말한 것을 제자들이 받아쓰는 방식에 의하여 오늘에 전해지는 것이지만, 이 「내칙」과 「내수도문」은 직접 쓴 것이라는 데에 핵심적인 의의가 있다.

「내칙」과 「내수도문」을 쓰고 반포한 북호동은 경북 금릉군 구성면 용호리에 있다. 김천에서 버스를 타고 거창 방향으로 가다가 지례(知禮)에 못미쳐 16킬로미터 지점에 있는 한 초등학교 앞에서 내려, 김천 쪽으로 되돌아서면 우측은 일천(日川)이라는 내가 흐르고, 좌측은 골짜기이다. 이 골짜기를 따라 끝까지 들어가면 양쪽 산줄기가 맞닿아 좁은 골짜기의 어귀를 이루는 곳에 당도한다. 이곳이 복호동 입구이다. 이곳에서 4개월 정도 머물면서 해월은 부인수도를 위한 「내칙」, 곧 부인으로서 지켜야 할 규칙과, 「내수도문」, 곧 부인들이 어떻게 수도를 해야 하는가를 밝힌 글을 짓고 반포하였다.

「내칙」의 일부를 보면 다음과 같다.

포태하거든 육종(肉種)을 먹지 말며, 해어(海魚)도 먹지 말며, 논의 우렁도 먹지 말며, 거렁의 가재도 먹지 말며, 고기 냄새도 맡지 말며, 무론 아무 고기라도 먹으면 그 고기 기운을 따라 사람이 나면 모질고 탁하니, 일 삭이 되거든 기운 자리에 앉지 말며, 잘 때에 반듯이 자고, 모로 눕지 말며, 침채와 채소와 떡이라도 기울게 썰어 먹지 말며, 울새 터 논 데로 다니지 말며, 남의 말 하지 말며, 무거운 것 들지 말며, 무거운 것 이지 말며, 가벼운 것이라도 무거운 듯이 들며, 방아 찧을 때에 너무 되게도 찧지 말며, 급하게도 먹지 말며, 너무 찬

음식도 먹지 말며, 너무 뜨거운 음식도 먹지 말며, 기대앉지 말며, 비껴서지 말며, 남의 눈을 속이지 말라.[33]

해월은 「내칙」에서 이렇게 태교의 중요성을 강조하며 실천 조목을 친절히 안내했다. 해월이 부인의 수도를 강조하는 것도 바로 이러한 태교를 행하는 마음자리에서부터 비롯되는 것이다. 「내칙」 끝머리에서는 결론적으로 '이대로만 (태교를) 시행하시면 문왕 같은 성인과 공자 같은 성인을 낳을 것이니, 그리 알고 수도를 지성으로 하옵소서.'라고 말한다. '문왕 같은 성인, 공자 같은 성인'을 낳고 기르는 것이 바로 여성의 손에 달린 일이며, 나아가 여성의 존재가치를 극대화하는 것임을 해월은 이렇듯 강조한 것이다.

물론 태교는 조선 유교 사회 체제에서도 역시 강조된 것이다. 특히 유교 중심의 사회 질서하에서 여성은 좋은 자식을 얻기 위한 '어머니'로서 '속박과 동시에 보호'를 받았다.[34] 그러므로 어느 가정에서나 태교는 강조되었다.

해월이 말하는 태교는 그 내용은 조선 사회의 것과 다르지 않지만, 그 근원적인 면에서는 큰 차이가 있다. 조선 봉건사회에서는 '문왕이나 공자 같은 성인'을 아무나 포태하고 낳을 수 있다고 생각하지 않았다. 문필이 유여(裕餘)한 양반 집안에서만 가능한 일이라는 암묵적인 관념이 팽배해 있었던 것이다. 그러나 해월은 '모든 사람이 본래 한울님을 모시고 있다.'는 시천주 사상을 바탕으로 태교의 가르침을 펼침으로써, 반상(班常)이나 귀천(貴賤)을 물론하고 모두가 훌륭한 태교를 할 수 있음을 강조하였다.

이 문제와 함께 생각할 것이 '포태(胞胎)'의 동학적인 의미이다. 동학에서 '포태'는 다만 한 가문이나 한 사회의 구성원을 잉태하는 것만을 의미하지 않는다. 한울님의 영기(靈氣)에 의한 우주적 소사라는 의의를 강조한다. 다음은 해월이 '포태'의 의미를 설파한 부분이다.

천지는 곧 부모요 부모는 곧 천지니, 천지부모는 일체니라. 부모의 포태가 곧 천지의 포태니, 지금 사람들은 다만 부모 포태의 이치만 알고 천지포태의 이치 기운을 알지 못하느니라.[35]

지금 세상 사람들은 다만 부모로부터 기혈을 받아 포태가 되는 것만을 말하고, 천지조화에 의하여 기운이 이룩되고 이치가 부여되는 근본을 알지 못하며, 혹은 이치 기운에 의하여 포태가 되는 수를 말하되 이 세상에 처음 태어난 이후에 천지가 포태를 하고 자연한 이치 기운 중에 자라난다는 사실을 전혀 알지 못하니, 가히 한탄스럽도다.[36]

해월은 지금 세상 사람들은 부모 포태만 알고 천지의 이치 기운에 의한 포태를 깨닫지 못한다고 한탄하면서, 부모의 포태란 바로 천지조화, 곧 한울님의 영기에 의한 포태라고 말한다. 따라서, 여성이 포태를 한다는 것은 소중한 한울님을 포태하는 것이요, 태교를 한다는 것은 '소중한 생명으로서의 한울님'을 한울님답게 태어나게 하는 일이 된다. 그러므로 이 태교를 통해 '문왕이나 공자와 같은 성인'을 낳을 수 있다는 것이다.

나아가, 해월은 '포태'가 새로운 운에 따라 새로운 세상을 이룩하는 길임을 천명하고 있다. 다음은 해월의 법설 「개벽운수」의 일부분이다.

이 세상 운수는 천지가 개벽하던 처음의 큰 운수를 회복한 것이니, 세계만물이 다시 포태의 수를 정치 않은 것이 없느니라. 경에 말씀하시기를 '산하의 큰 운수가 다 이 도에 돌아오니 그 근원이 가장 깊고 그 이치가 심히 멀도다.' 하셨으니, 이것은 바로 개벽의 운이요, 개벽의 이치이기 때문이니라. 새 한울, 새 땅에 사람과 만물이 또한 새로워질 것이니라.[37]

수운 선생 때부터 동학에서 강조한 것이 바로 성운(盛運)이 돌아왔다는 시운이다. 이 성세를 따라 후천의 세상이 열리는 것을 다시 개벽이라고 말한다. 그러나 다시 개벽이 되기 위해서는 또한 새 운수에 부합하기 위한 인간의 변화, 곧 마음의 개벽이 되어야 한다. 즉 사람들은 성인의 덕을 쌓아 천지와 더불어 그 덕이 합치되는 삶을 이룩해야 한다는 것이다.[38]

'성인의 덕을 쌓아 천지와 더불어 그 덕이 합치되는 삶'이란 다름 아닌, 새로운 한울사람으로 거듭남을 의미한다. 해월이 '세계 만물이 다시 포태의 수를 정하지 않은 것이 없다.'고 말하는 것도, '한울사람으로 거듭나는 것'을 의미한다. 이것이 바로 해월이 말하는 '포태와 태교'의 진의이다. 이처럼, 여성의 포태와 태교는 '새로운 하늘, 새로운 땅에 사람과 만물이 역시 새로워지게 하는(新乎天 新乎地 人與物 亦新乎矣)' 개벽의 처음이자 마지막이라고 할 중요하고 성스러운 일이 아닐 수 없다. 그러므로 해월은 "부인의 수도는 우리 도의 큰 근본이며, 이후로부터는 부인 도통을 하는 사람이 많이 나올 것이요 한 사람의 남자에 아홉 사람의 여자가 도통을 하여 나오는 것에 비견될 운"[39]이라고 강조한다.

'부인수도'와 '일남구녀(一男九女)'를 통해 여성의 중요성을 강조한 해월의 가르침은 훗날 천도교 시대에 선구적인 여성운동을 전개하는 기반이 된다. 동학(천도교)의 3세 교주 의암 손병희는 1908년 여성전도회를 조직하여 여성들도 남성과 더불어 포교 일선에 서게 하는 것을 비롯하여, 천도교의 교인 명부인 천민보록(天民譜錄)을 작성할 때 여성도 남성과 같이 이름을 짓도록 하였다. 또 1920년대에 들어 천도교에서는 『부인』, 『신여성』 등의 월간 여성잡지를 창간하여 적극적으로 여성운동을 펼치기도 했다.

동학에서는 여성을 '내수도(內修道)'라는 독특한 이름으로 부른다. '내수도'의 '내(內)'는 물론 '안'을 뜻한다. 즉 '외(外)', 곧 '밖'의 반대되는 개념이다. 이

'내(內)'인 '안'에서 '아내'라는 낱말이 왔고, 또 '아낙'이라는 여성을 지칭하는 낱말이 왔다. 그러나 이러한 '안'의 의미가 담긴 내수도라는 말을 잘못 이해하면, 여성은 안에만 있고 남성은 바깥으로 나도는 것이라고 생각할 수 있다. 이러한 생각이 바로 봉건사회에서의 생각이다.

모든 것은 안이 있고, 또 밖이 있다. 마치 만유에 음이 있고 양이 있듯이. 그러나 양이 중요하고 음이 양만은 못하다는 생각은 하지 않는다. 이를 차별하고 구분하는 것이 바로 전근대의 생각일 뿐이다. 음이 없는 양은 없는 것이고, 양이 없는 음은 없다. 따라서 이 양자는 모두 중요하다. 이와 마찬가지로, 안의 일은 중요하지 않고, 밖의 일은 대단하다고 생각하는 것, 역시 전근대의 잘못된 생각이다.

'안'은 안으로서의 가치가 있고, '밖'은 밖으로서 가치가 있다. 땅을 파고 흙을 뒤집고 고랑을 치는 일은 역시 힘이 있는 남성이 잘한다. 물론 여성에게도 힘이 있는 사람도 있지만, 일반적으로 외적인 힘은 남성이 더 강하다. 그러나 내적인 힘, 예를 들어서 '돌봄'이라든가, '치유' 등의 내적인 힘은 남성보다는 여성이 더 우월하다고 한다. 외적인 힘이 중요한 것인가, 내적인 힘이 중요한 것인가를 서로 비교하거나 따질 수 없는 것이라고 생각한다. 외적인 힘에 못지않게 중요한 것, 그러므로 세상을 이끌어 가는 중요한 원동력이 되는 내적인 힘 역시 중요하다. 따라서 내적인 힘을 키우는 수도가 또한 중요한 것이 아닐 수 없다. 따라서 여성을 해월은 '내수도'라고 했던 것이다.

오늘 많은 사람들이 치유, 소통 등을 여성성 또는 여성적 가치로 분류하고 있어 눈길을 끈다. 앞에서 이야기한 해월의 "과거에는 부인을 억압했으나, 지금의 이 운(運)에 이르러서는 부인이 도통(道通)하여 사람을 살리는 사람이 역시 많을 것이다. 이는 사람이 모두 어머니의 포태로부터 나서 자라는 것과 같으니라."라는 말씀은 바로 오늘 많은 사람들이 지적하고 있는 '치유, 소통, 창의성 등의 여성성'의 구체적인 말씀들이 된다.

이와 같은 여성성, 또는 모성성은 오늘 우리 사회에 가장 결핍되었고, 또 필요한, 사람과 사람과의 소통, 사람과 자연과의 소통, 돌봄을 통한 치유, 모성성에 의한 새로운 세계에의 창조 등을 위해 없어서는 안 될 절대적 가치를 지닌 것들이다. 프랑스 철학자 엘리자베트 바댕테는 여성성과 남성성을 "본성이 아니라 문화"라고 말하고 있다. '여성성'과 '남성성'은 시대와 사회적 요구에 따라 만들어진 것일 뿐이라는 얘기이다. 오늘 우리 사회가 요구하는 것은 다름 아닌 사람과 사람과의 소통, 사람과 자연과의 소통, 돌봄을 통한 치유, 모성성에 의한 새로운 세계에의 창조 등이다.

또한 오늘 한국의 많은 여성운동가들의 생각에는 '돌봄 노동'이라는 가치를 부여해 모성을 사회화하는 일에 앞장 서는 데에 있다고 한다. 그러므로 돌봄과 모성의 에너지가 마을과 사회로 확장되어, 오늘 우리 사회가 안고 있는 심각한 문제인 소외된 사람들, 어둠의 속에서 홀로 사회와의 소통 없이 살아가는 사람들, 가난 때문에 일가족이 모두 자살을 시도하는 사람들을 밝음으로 이끌 수 있는 진정한 힘으로 다시 살아날 수 있을 것이다.

해월은 이와 같이 '내수도(內修道)', 곧 안으로서의 그 특유의 영역을 되살리는 것이 중요하다는 사실을 100여 년 전에 천명을 하였던 것이다.

해월은 당시 소외받는 계층이었던 여성의 문제만이 아니라 아동의 문제로까지 그 가르침을 넓혀 갔다.

道家 婦人이 幼兒를 打함은 是 天主의 意를 傷하는 것이니 此를 戒할 것이며, 又 道家에서 인이 來하거든 客이 來하엿다 글치 말고, 天主 降臨하셧다 稱하라.[40]

'어린아이를 때리는 것은 한울님의 뜻을 상하게 하는 것'이라는 해월의 말은 「내수도문(內修道文)」에서 '어린아이를 때리는 것은 한울님을 치는 것[41]이라는 말로 전환된다. 이는 어린이도 본래 한울님을 모시고 있으니, 한울님같이 존중하라는 뜻이다. 즉 해월은 반상과 적서의 차별이라는 신분제의 문제만이 아니라, 남녀와 노소라는 선천적인 구별에 의한 차별까지도 타파해야만 진정한 후천의 세상이 이루어질 수 있다고 강조한 것이다.

해월의 어린이 존중의 이념은 훗날 천도교 청년들이 우리나라 최초의 어린이 운동을 전개해 나가는 사상적 근거가 되었다. 천도교는 신문화 초기부터 여성회, 부인회 등을 조직하여 여성의 사회참여에 적극적으로 기여했을뿐만 아니라, 천도교단의 이론가인 소춘(小春) 김기전(金起田)이나 동학의 3세 교주인 의암 손병희의 사위인 소파(小波) 방정환(方定煥) 등은 우리나라 최초로 어린이 운동을 전개했고, 그러므로 오늘 어린이날을 제정하는 기반을 마련하기도 했다.

당시 김기전과 방정환은 천도교의 대표적인 청년들로, 김기전은 주로 이론적인 면에서 어린이 운동의 필요성과 방향, 그리고 의미 등을 개진했다면 방정환은 주로 실천적인 면에서 어린이 운동을 전개한 인물이다.[42] 즉 김기전은 『개벽(開闢)』 등 잡지에 어린이 운동에 관한 글들을 게재하는 등 이론화에 앞장섰다면, 방정환은 1923년 9월부터 전국을 누비며 동화대회 등을 통해 어린이들에게 꿈과 희망을 심어주는 데 주력했다. 이들을 비롯한 천도교 청년들이 전개해 간 어린이 운동은 궁극적으로 해월의 정신을 이은 것으로, 어린이 역시 어른과 마찬가지로 한울님을 모시고 있으므로, 한울님과 같이 존중해야 한다는 가르침을 사회적으로 실천한 것이라고 하겠다.

VIII.
교조신원운동의
성격 및 의의

1. 교조신원운동과 해월

상주 앞재와 보은 장내리 등을 전전하며 지내던 해월은 관의 지목을 피해 충청도·경상도와 전라도, 때로는 강원도까지 올라가 몸을 피하기도 하였다. 그러던 중 진천 부창리에 잠시 머물다가 다시 상주 윗왕실(上旺室) 김주원(金周元)의 집으로 이주한 때가 1892년 5월 15일경이다.[1]

윗왕실은 해발 400미터 산간에 자리한 마을이다. 상주 옥산(玉山) 쪽에서는 높은 고지대를 이루고 있지만, 화령(化寧) 쪽으로는 완만한 평지와 같이 되어 있다. 또 서쪽은 보은, 동쪽은 옥산, 남쪽은 황간(黃澗), 서남쪽은 영동·용산과 동서남북으로 다른 지역과 통하는 이점이 있는 곳이다. 해월이 윗왕실에 주로 기거하던 1892년경에는 충청도와 전라도를 비롯한 삼남 일대에 동학도들이 급격히 늘어나고 있었다.

1880년대 중반 조정의 권력을 장악한 민씨 정권은 국정 총괄 권한을 내무부에 집중시켜 최고의결기구로 만들고 이를 통해 각종 정책을 추진해 나가던 때이다.[2] 한편으로 민씨 정권은 권력 유지책으로 왕실의 재정을 확충하기 위하여 홍삼 전매권을 관리하고, 주전기계(鑄錢器械)를 도입하여 화폐 개혁을 추진하며, 외국인 기술자와 새로운 기기들을 들여와 광산을 개발하였다. 뿐만 아니라 신식 기선을 매입하여 세곡 운반과 무역에 활용하고자 하였다. 이 외에도 내무부는 호남의 김제 등 열한 개 읍의 계속된 흉년으로 늘어난 진폐전(陳廢田)을 개간하고자 균전관(均田官)을 파견하기도 하였다.

그러나 이러한 일련의 사업은 재정을 확충시키지 못한 채 오히려 민폐를 유발하고 경제를 더욱 침체로 빠뜨리는 등 실패로 돌아가고 말았다. 이로 인해 더욱 황폐해진 나라의 형편 때문에 민심은 집권 세력에 실망하여 날이 갈수록 이반되고 있었다. 그러므로 부패·무능한 현재를 부정하고 이상적인 미래를 제시하고 있던 동학에 점점 더 많은 사람들이 찾아왔다.

특히 내무부가 추진하던 재정 확보 정책이 실효를 거두지 못하자, 고종과 민씨 척족은 차관 도입을 통해 자금을 마련하고자 하였다. 그러나 청국은 타국으로부터의 차관 도입을 저지하면서 조선에 대한 청국의 차관 공여를 강요하고 원세개(元世凱)를 파견하여 조선의 국정을 간섭하기 시작했다. 반면 임오군란과 갑신정변으로 조선에 대한 영향력을 상실한 일본은 천진조약(天津條約)을 계기로 조선에 대한 출병권을 주장하게 되었다.

19세기 후반 조선은 그야말로 세계 열강의 각축장으로 변모하고 있었다. 일본의 강압에 불평등조약(강화도조약)으로 개항한 1876년 이후 청국을 비롯한 구미열강과 잇따라 불평등조약을 체결하면서, 관세 자주권의 상실, 일본 화폐의 유통권, 곡물 수출의 허용 등이 이루어졌다. 그런가 하면, 서울 양화진(楊花津) 등의 개방과 내지 통상권이 허용됨으로써 불평등조약 하의 우리나라의 시장은 서울은 물론 내륙 지방까지 외국 자본에 전면 개방되었다.[3] 특히 일본에 대한 미곡유출로 야기된 쌀가격의 상승, 농업환경의 변화에 따른 농촌사회의 분해 등은 당시 조선의 심각한 사회적 문제로 대두되었다.

조선 조정은 이러한 외세의 침탈에 백방이 무효하고 속수무책인 상태였다. 개항 이후 병인양요와 신미양요 등 외세와의 전쟁을 치렀고, 외세의 경제적 침탈 현실의 심각성을 통탄한 조선의 지사들은 무기력한 전래의 지배 이념인 유학에 염증을 느끼고 또 외세를 앞세운 서학을 피해 앞다투어 동학에 입도하게 되었다.

이렇듯 1880년대 후반 이후 동학 교도가 급격히 늘어난 원인과 배경을 구체적으로 다음과 같이 열거할 수 있다. 첫째, 조선의 봉건적 신분제도를 근본적으로 부정하는 동학의 종교사상에 커다란 매력을 느끼고, 기성 체제에서 소외되었던 많은 사람들이 동학을 찾아왔다. 김구(金九)가 황해도 해주 지방의 동학 지도자인 오응선을 만났을 때 "빈부귀천의 차별이 없고, 누구나 평등으로 대접한다."[4]는 말을 듣고 상놈 된 한이 골수에 사무친 자신으로서 너무나 고맙고 감격스러워 동학에 입도하였다고 한 증언이 대표적인 사례이다. 동학은 당시의 신분제도로 인하여 고통 받고 또 소외된 사람들에게 더없이 커다란 희망이 되었던 것이다.

둘째, 민씨 척족의 경제정책 실패와 가렴주구 때문에 극한의 궁핍에 내몰린 많은 사람들이 유무상자(有無相資)의 상호부조 정신에 의하여 서로 돕는 동학으로 몰려오게 되었다.

셋째, 외세의 침탈과 사회적인 부패로 조선은 이내 멸망할 것이라는 참언(讖言)이 고조되었고, 특히 동학이 비결이나 비기를 지닌 집단으로 알려지면서 사람들이 앞다투어 동학 교문을 찾아들었다.[5] 비결이나 비기는 동학의 본질과는 거리가 있는 것이었지만, 사람들이 동학에 신비한 술수가 있다고 여긴 것은 이미 수운 선생 당시부터이다. 수운 선생이 경신년 4월 결정적인 종교체험을 하고 동학이라는 가르침을 세상에 내놓자, 경상도 일원에서 수운 선생이 마치 도술을 부려 범도 되고 용도 된다는 소문이 많은 사람들 사이에 퍼졌던 것이다.[6] 뿐만 아니라 1890년대 초에도 여전히 동학이 비결과 일정한 연관이 있다고 믿는 사람들이 많았던 것이다.[7]

넷째, 조선 왕조는 물론 부패와 무능으로 점철된 선천을 근본적으로 비판하면서 '다시 개벽'이라는 이상적인 미래를 제시하는 동학은 당시 사회개혁을 바라던 일부 지식인과 민중들에게 더할 수 없는 가르침으로 다가갈 수 있었다. 그러므로 또 많은 인사들이 동학을 찾아오게 되었다.

이와 같은 몇 가지 이유로 1880년대 이후 충청도에서 점화한 동학 입도 열풍은 1890년대 들어서면서 삼남 전역과 경기·황해도까지 북상하며 동학 교도의 수는 급격하게 증가하였다. 여기서 중요한 것은, 어떠한 이유로 동학에 입도한 사람이든 당시 조선 사회가 안고 있는 문제, 곧 무능하고 부패한 정치 현실과 압박해 오는 외세에 대하여 아무 대책도 내놓지 못하는 현실에 관하여 모두 비판적인 생각을 지니고 있었다는 사실이다.

이렇듯 동학의 교세가 폭발적으로 성장하자 다시금 당시의 지배층에 위협적인 대상으로 떠오르게 되었다. 특히 동학교도들이 상대적으로 더 많았던 충청도와 전라도 일대의 지방 수령들은 동학에 대한 탄압 강도를 높여 갔다. 게다가 동학 교도를 색출한다는 명목으로 지방 수령, 아전들은 동학 교도들의 재물을 빼앗고 또 죽이기까지 하는 사태가 속출했다.[8] 동학 교도들 사이에 이러한 탐관오리들의 탄압을 근본적으로 타개하기 위해서는 수운 선생의 억울한 죽음을 신원하고 신앙의 자유를 획득하는 것이 필요하다는 공감대가 확산되어 갔다. 이는 마침내 교조신원운동으로 나타났다.

어찌하여 밝게 밝히시고도 이 도에 의심을 두어 저희들을 사(邪)된 부류로 돌리고 있습니까? 저희들은 성문(聖門)의 은혜를 입은 무리들로 항상 경외하며 공납(公納)이나 사채(私債)를 잠시도 미루지 않고 전과(前過)를 뉘우치며 사람과 물건을 해하려는 마음이 조금도 없습니다. 밤낮으로 엷은 얼음을 밟는 듯이 조심하며 글을 읽는 자는 글을 읽고, 밭을 가는 자는 밭을 갈고 베옷을 입고 거친 음식을 먹을 따름입니다. 그러나 각하는 어찌 소인들이 도를 모함하고 백성을 해치는 것으로 보시어 무고한 백성들이 이 엄동설한에 유리걸식하는 사경에서 떠돌게 하며, 남편과 아버지를 이별하고 길가에서 울부짖으니 이 무슨 죄로 이 같이 감당하기 어렵게 합니까?[9]

동학 교도들은 스스로 모두 임금의 은혜를 입어 의무를 앞서서 실행하며 자기 과업을 성실하게 수행하며 살아가는 백성들이라고 자임하면서, 왜 동학 교도를 삿(邪)된 무리로 치부하고, 탄압하여 엄동설한에 가족과 떨어져 살게 하느냐고 항변한다. 동학 교도들은 모두가 무고하고 선량한 백성들이며 스승인 수운 선생도 어진 선비이니 억울하게 죽은 선생을 신원해 주고, 동학 교도들 역시 탄압받지 않도록 하게 해 달라는 것이다.

이러한 주장은 공주에 이어 삼례에서 전라감사에게 보낸 「의송단자」에 더욱 강하게 나타나고 있다.

> 서학의 여파로 지목하여 열읍의 수령들이 빗질하듯 잡아 가두고 매질로 전 재산을 토색질하니 연달아 죽어 갑니다. 시골의 호민들도 소문에 따라 침해하고 업신여기며, 집에서 쫓아내고 재산을 탈취하니, 왕왕 탕패산업하고 떠돌이가 되어도, 다만 이단이라 금한다고 말합니다.[10]

각 읍의 수령들이 동학 교도를 무단히 잡아가두고 토색질을 하며, 시골의 호민들까지 이단이라고 모함하여 재산을 탈취한다고 호소하고 있다. 이러한 일을 금단하고 교조의 억울한 죽음을 신원하여 동학 교도들이 당당하게 살아갈 수 있는 길을 마련해 달라고 호소하고 있다.

그러나 조선 조정에서 '동학을 사교, 내지는 이단'으로 치부하고 있었기 때문에 동학의 신원을 이루는 길은 조정이 인정하는 것 외에는 다른 도리가 없었다. 조정이 동학을 인정한다는 것은 결국 30년 전 좌도난정의 죄목으로 처형당한 수운 선생을 조정이 직접 신원(伸冤)해야만 한다. 그렇게 되면 동학이 이단의 혐의를 벗어나는 것은 물론, 이단임을 내세워 자행하는 수령들의 학정을 근본적으로 근절할 수 있게 되는 것이다.

동학 교도라는 이유로 핍박 당하는 고통스러운 삶에서부터 벗어나는 것은 물론, 억울하게 사형당한 스승의 죄목을 신원하는 제자로서의 도리를 다하자는 여러 당위적인 원인에 의하여 교조신원운동은 점점 열기가 고조되어 갔다. 동학은 이제 산간에 숨어 지내고 지목을 피해 쫓기기만 하는 무리가 아니라, 경상도·충청도·강원도를 넘어 경기도와 전라도·황해도 일대로까지 그 교세를 떨쳐나가는 크나큰 세력으로 성장해 가고 있었다. 이를 바탕으로 관을 향해 당당히 자신들의 의견을 개진할 수 있게 되었던 것이다.

1892년과 1893년 사이에 동학 교단이 전개한 교조신원운동은 조선 사회나 조선 조정을 정점으로 한 정관계에 대해 전방위적으로 전개한 동학 최초의 본격적인 공인 요구 운동이자 사회운동이다. 즉 교조신원이라는 종교적 의미뿐만이 아니라, 지방 수령이나 아전들의 탐학, 백주에도 무뢰배들이 날뛰는 당시 사회의 타락상, 나아가 서양 세력의 동점(東漸)이라는 당시 조선 사회를 겨냥한 사회개혁운동이었다. 또 이를 통해 동학은 개혁을 담당할 가장 강력한 세력으로 등장하였던 것이다. 교조신원운동은 1892년 10월 공주를 필두로 하여 삼례, 광화문, 보은 등지에서 네 번에 걸쳐 전개되었다.

그런데 이 동학의 교조신원운동에서, 해월의 역할이 매우 제한적이었다는 견해가 있다. 그 첫 번째로, 1892년 10월의 공주 교조신원운동이 그해 7월 해월에게 신원운동을 제안했던 서병학(徐丙鶴)과 서인주(徐仁周)가 해월의 명을 거스르고 독자적으로 개최를 했다는 견해이다.[11] 이는 해월이 당시 동학의 최고 지도자이면서도, 교조신원운동을 비롯하여 어떠한 정치사회운동에도 소극적인 태도를 취했다는 평가를 담고 있다. 나아가 이후에 지속된 교조신원운동 전개 과정에서 해월은 정치사회적인 문제에는 관심이 없었고, 다만 종교운동에만 관심이 있었다는 평가로 이어진다.

세 번째 교조신원운동인 광화문복합상소가 끝나고 서울 등지에서 척왜양을 표방한 격문 괘서 사건이 일어난다. 외국의 공관 문앞에 외국 외교관과 상인 등은 조선을 떠나라는 내용의 문서가 나붙은 것이다. 특히 미국인 존스의 집인 교회당과 프랑스 공관에 나붙은 괘서에는 3월 7일을 기해 왜양(倭洋)을 성토·소멸하겠다는 내용이 씌어 있었다. 서울 장안에도 3월 7일에 동학 교도들이 외국인들을 쫓아낸다는 소문이 나돌았다.

이 괘서를 붙인 사람이 동학 교도라는 견해와 아니라는 견해가 있고, 동학교도라 하더라도 해월이 주도하는 교조신원운동이 종교적인 면에만 편중된 데 반발한 다른 성향의 동학교도들이 행한 것이라고 보는 견해 등이 있다. '다른 성향의 동학 교도'를 상정한 연구자들은 대체로 해월이 정치사회 운동에서는 매우 소극적이었다고 평가하고 있다.

또한 광화문 복합상소에 이어 보은취회가 열릴 때 전라도 금구(金溝)에서 집회를 가졌던 일군의 동학 교도들이 바로 경향 각지에 척왜양의 괘서를 붙인 사람들이며, 이들이 종교운동 편향의 해월 중심의 북접(北接)에서부터 자연스럽게 분리된 남접(南接)이라고 보고 있다. 여기서 한 걸음 더 나아가 괘서 사건 발생 이후 네 번째 교조신원운동인 보은에서의 집회(취회)가 진행되었고, 이 보은취회에서 본격적으로 척왜양, 제폭구민 등의 정치적 성향을 보인 것은 보은취회에 참가한 남접 지도자들의 개입에 의한 것이라고 보고 있다. 특히 당시 금구에 모여 있던 동학교도들이 보은취회에 적극적으로 참여하여 운동의 성격을 좀 더 투쟁적이고 정치적으로 이끌기 위하여 선발대를 보내기도 했다고 주장하고 있다.[12]

이와 같은 견해는 교조신원운동기부터 해월은 매우 수동적이었고, 그 방향도 종교 운동에 편향되었다는 것을 강조한 것이다. 궁극적으로 동학 교단은 해월을 중심으로 하는 북접과 적극적 사회 변혁 운동을 추진한 남접으로 갈려지게 되었고, 당시 투쟁적인 본격 교조신원운동은 바로 이들 남접 세력이 주도했다는 주장을 담고 있다.

그러나 이런 견해에 대하여, 해월은 1892년 7월 서병학·서인주 등이 교조신원운동을 하자는 제안을 그냥 묵살하지는 않았고, 이들 중간 지도자들을 우선은 달래 놓고 8월과 9월 사이 교조신원운동을 전개하기 위하여 다방면으로 준비했음을 밝힌 연구가 있다. 박맹수는 해월이 1892년 8월 21일 청주 송산 손천민의 집에 머물면서 충주의 신사과에게 서한을 보내 40명의 망석지사(望碩之士)를 선발하여 그 명단을 가지고 9월 10일까지 직접 손천민의 집으로 찾아오도록 지시를 했다는 사실과, 1892년 8월 29일 호남좌우도 편의장 남계천에게도 비슷한 내용의 윤조(輪照)를 하달했다는 사실을 들어, 해월이 교조신원운동에 수동적으로 임했던 것이 아니라, 적극적으로 준비하고 또 진행하였음을 반증하고 있다.[13] 해월은 급진적인 일부 인사들을 달래며, 다른 한편으로는 철저한 준비를 하여 10월에 서인주와 서병학이 재차 찾아와 신원운동 전개를 요청했을 때, 동학 지도부의 강시원·손병희·김연국·손천민·임규호 등과 협의한 끝에 신원운동을 전개하기로 결정했다는 것이다.[14]

또한 보은취회 당시 본격적으로 척왜양·제폭구민 등의 정치적 성향이 나타난 것이 남접의 지도자들의 작용에 의한 것이라고 보고 있는 견해에 대하여, 박맹수는 척왜양은 이미 수운 선생 당시부터 동학의 주요 과제였으며 특히 일반 민중들로부터 지지를 받을 수 있고, 따라서 지배층으로부터 동학의 공인을 받아내는 데도 필요한 것으로 판단하여 삼례집회 이후 지속적으로 제기되었다고 피력하고 있다.[15] 또한 당시 금구에 모여 있던 동학 교도들이 보은취회에 선발대를 보냈다는 주장에 관해서, 장영민은 정창렬이 제시한 사료인 "사잇길로 원평(院坪)에서 충주로 간 자가 천여 명이 되는데, 그들이 거주하는 지역은 탐문하지 못하였다(間路 自院坪向忠州去者 爲千餘名 所居地方 不得

探聞)."는 부분을 정창렬이 오독했음을 논증하였다. 즉 어윤중의 지시에 따라 북면구치(北面九峙)의 장리(將吏)가 보고한 이 내용 속의 '원평(院坪)'은 전라도 금구의 원평이 아니라 보은군 산외면 원평리라는 것이다. 따라서 북면구치의 장리가 보았다는 천여 명은 전라도 원평에서 보은으로 오던 선발대가 아니고, 보은취회의 해산에 따라 보은에서 돌아가던 사람들이었다는 것이다.

이와 같은 논증과 함께 장영민은, 무엇보다 금구취회를 이전의 교조신원운동과 분리하여 그 투쟁성을 강조한 것은 문제가 있으며, 보은취회와의 관계도 그렇게 대립적인 것이 아니라고 주장하고 있다.[16] 또한 보은에서 동학교도들이 취회를 벌이고 있을 때 전라도 삼례와 금구에도 만여 명이 모여 있었고, 삼례에 모여 있던 동학교도들은 식량 문제로 보은으로 합류하지 못하고 있다가, 전라감사로부터 잘 처리할 것이니 철거하라는 말을 듣고는 금구집회로 합류를 한 것이라는 견해 또한 있다.[17] 이는 곧 금구취회나 보은취회의 성격이 기본적으로 다르지 않다는 사실을 또 다른 각도에서의 반증하는 것이 된다.

이와 같은 학계의 주장은 해월이 이끌었던 보은취회나 전봉준이 이끌었던 금구취회[18]의 성격이 크게 다르지 않으며 지도자의 노선 차이도 화합하지 못할 정도로 큰 것은 아니라는 결론에 이른다. 다시 말해 1892년 10월 공주에서 비롯되어 1893년 3월까지 지속된 교조신원운동이 일부 급진적인 동학의 인사들에 의하여 주도되거나, 또 이들의 영향으로 그 방향이 척왜양의 반외세 운동 등으로 선회된 것은 아니다. 해월은 동학 교단의 최고 지도자로서 모든 일에 신중해야 했으며, 시대적 요청에 의한 교조신원운동은 필연적이라는 사실을 통감하고, 이를 신중하게 감행해 나갔던 것이다. 또한 교조신원운동은 다만 '교조를 신원하는 것'만 목표로 했던 것이 아니라, 그것을 통해 수운 선생의 보국안민의 정신을 다시 고취시키기 위한 운동이었다.

그러므로 현실에 대한 비판과 외세 침략에 대한 문제가 동학 교단에 의하여 이 기간 내내 제기된 것은 당연한 모습이 아닐 수 없다.

1892년 10월 공주에서 비롯되어 1893년 3월에 열린 보은취회·금구취회에 이르기까지 지속되었던 교조신원운동은 해월에 의하여 주도되었으며, 전 기간에 걸쳐 지속적으로 제기된 척왜양의 과제는, 동학의 보국안민 정신의 구체적인 발로였던 것이다.

2. 교조신원운동의 전개와 그 성격

1930년대의 천도교 이론가인 야뢰(野雷) 이돈화(李敦化)는 해월이 30여 년간 교단 재건을 위하여 활동한 시기를 '은도시대(隱道時代)'라고 표현했다. 또한 동학의 3대 교주인 의암 손병희가 1905년 동학을 천도교라는 이름으로 세상에 공포하고 조정으로부터 종교의 자유를 얻은 이후를 '현도시대(顯道時代)'라고 이름했다.[19] '은도시대'와 '현도시대'라는 두 이름은 조선 조정이 동학을 공인하느냐 않느냐와 직결되어 있다. 1890년대의 교조신원운동은 1900년대의 현도운동과도 이어지는 것으로, 도를 떳떳이 세상에 드러내 놓을 수 있어야, 즉 현도(顯道)를 해야만 동학이 지향하는 '다시 개벽'이 이 세상에 당당히 이룩될 수 있다는 것을 말해 주고 있다.

이런 점에서 보더라도, 교조신원운동은 다만 지방수령의 수탈로부터 탈피하기 위한 것만이 아니라, 이 세상에 '천도를 드러내고(顯道)', 동학이 지향하는 이상적인 세상을 향한 다시 개벽을 이루기 위한 운동이었다. 해월이 동학 교단을 재건하고자 고통을 감내하며 산간마을을 전전한 것도 그 궁극적인 목적은 '다시 개벽'을 이루려는 것이었다. 동학의 가장 중요한 과제는 다름 아닌 사람의 삶을 새로운 차원으로 이끄는 개벽된 세상을 이룩하는 데에 있는 것이다. 따라서 일부 논자들이 제기하는 바와는 달리, 해월에게 있어 종교운동과 사회운동이 별개의 것이 아니라 종교운동이 사회운동이고 사회운동이 종교운동이었다.

또 수운 선생은 주유팔로(周遊八路)를 통해 인식한 당시의 '효박한 세상'을 새 세상으로 만들기 위해서는 지배층과 피지배층을 망라한 모든 사람들이 천리와 천명을 따르는 삶을 살도록 해야 한다고 피력하였다. 즉 수운 선생의 가르침은 수동적이던 당시 피지배층에게, '민중들 역시 세상을 새롭게 하는 주체'가 될 수 있음을 자각시켜 주는 것이었다.

해월이 주도한 일련의 교조신원운동은 스승의 신원을 위한 종교운동이며, 동시에 척왜양·제폭구민까지도 포함하는 보국안민 운동이었다. 이는 곧 스승인 수운 선생의 가르침을 잇고 실천하는 다시 개벽을 위한 운동이기도 하다. 그러므로 해월이 택한 종교운동의 방법은 투쟁적이거나 전투적이기보다 평화적일 수밖에 없다.

이는 그 이후 동학 교단이 반포한 통유나 경통, 의송단자 등의 내용을 분석해 보면 더욱 분명하게 확인할 수가 있다. 이들 공문을 작성할 때에는 늘 동학이 이단이 아님을 강조하였으며, 교조신원의 당위성과 함께 당시의 시대 혼란상에 대한 우려, 그리고 시시각각 동점해 오던 외세 문제를 거론하였다. 먼저 공주 교조신원운동을 위하여 교도들에게 보낸 「입의통문(立義通文)」을 보면, "접주들은 사람들을 뽑아 인솔하여 올 때 성실하고 덕이 있고 신의가 있는 교도를 택하도록 하라. …(중략)… 의송단자를 제출하러 들어갈 때에는 의관을 정제하고 위엄 있게 할 것이며, 혹 어지럽게 하여 법을 어기는 일이 없도록 하라."[20]고 당부하였다. 이렇듯 교조신원운동은 그 시작에서부터 신중하고 평화적이며, 예의를 다하는 모습으로 진행되었다.

공주취회 당시 충청감사 조병식(趙秉式)에게 보낸 「의송단자」에는 "우리나라가 오랫동안 유학의 가르침을 받아 성인의 덕화를 펴 왔는데, 근년에 이르러 서양 오랑캐의 풍습이 들어와 성현의 가르침이 쇠퇴하게 되었다. 이러한 때에 우리나라에 열성조(列聖朝)의 가르침이 다시 밝아져 지난 경신년 4월 한울님의 명으로 최제우 선생이 성학(聖學)을 받아 나라에 펴게 되었다. 선생이 펼친 가르침은 유불도(儒佛道) 삼도를 모두 아울러 좋은 것은 취하고 나쁜 것은 버린 것이다. 그럼에도 불구하고 사도(邪道)로 무고(誣告)당하여 죽음을 당하셨다. 이러한 일을 당한 지 30여 년이 되도록 (동학의 가르침이) 떳떳하게 드러나지 못한 것은 바로 신원을 하지 못했기 때문이다."[21]라고 하였다.

여기서는 동학이 우리의 전통적인 가르침을 바탕으로 하되 유불도 삼도를 아우른 가르침임에도 수운 선생은 억울한 누명을 쓰고 죽음을 당했다고 하였다. 그러므로 동학이 이 세상에 드러나고 세상을 바로하기 위해서는 먼저 수운 선생의 억울한 죽음이 신원이 되어야 한다는 것이다. 즉 신원의 궁극적인 목적은 동학의 가르침이 올바르게 세상에 현현되는 것이며, 그것을 통해 새로운 세상으로 만들어 나가기 위한 것임을 알 수 있다.

이어 삼례 신원운동을 위해 각 접에 보낸 「경통」은 공주 때보다 더욱 적극적으로 참여를 촉구하고 있다. 「입의통문」에서는 '성실하고 덕이 있고 신의가 있는 교도를 택하여 인솔하여 올 것'을 명하였지만, 「경통」에서는 "알고도 오지 않는 사람을 어찌 도를 닦고 오륜을 익히는 사람이라고 하겠는가. 명색이 사람이면서 선생의 억울함을 풀 줄 모른다면 금수와 멀다 하랴 가깝다 하랴."[22]라고 매우 적극적으로 참여를 촉구하고 있다.

이와 같이 해월이 각 접에 보낸 「통문」들을 살펴보면, 해월이 동학의 사회운동에 소극적으로 따라간 사람이 아니라, 신중하지만 엄격히 그 일을 진행하였음을 알 수 있다. 당시 교단을 책임지고 있는 최고 지도자로서 관과 정부를 향한 운동에 신중하게 임하는 것은 당연한 태도라고 할 수가 있다.

이러한 해월의 '신중함'을 근거로 일부 연구자들이 '겁 많은 온건파'로 몰아 붙이는 것은 옳지 않다고 본다.

앞에서 거론한 바와 같이, 1892년 7월 동학의 중간 지도자 서병학과 서인 주가 해월이 머물고 있는 왕실촌으로 찾아와 처음 교조신원을 제안할 때도, 해월은 이 일이 그렇게 쉽게 이루어지지 않을뿐더러 오히려 탄압을 가중시 키는 빌미가 될 것을 우려하여 허락을 하지 않고 때를 기다리라고 하였다.[23] 그렇지만 해월은 이들의 제안을 그냥 묵살하지는 않았다. 그들을 우선은 달 래놓고, 8월과 9월 사이 좀 더 성공적인 교조신원운동을 전개하기 위하여 다방면으로 준비를 하였을 뿐만 아니라, 10월에 이르러 서인주와 서병학이 재차 해월을 찾아와 교조신원운동을 전개할 것을 요청을 하였을 때, 이들과 신중하게 협의하여 신원운동을 전개하기로 결정했다.

이어 10월 17일에는 「입의통문」을 지어 교도들에게 돌렸다.[24] 「입의통문」 을 보면, 당시 해월을 비롯한 동학의 지도부가 어떠한 고민을 하고 있으며, 교조신원의 진정한 의미가 무엇인지 알 수가 있다. 특기할 것은 앞서 소개 된 내용 외에, "아쉽게도 많은 동학 교도들이 대의를 망각하고 오직 자신의 이득만을 취하고자 하며 밤낮으로 오로지 부귀공명이나 누려 보려고 한다." 며 질타하는 대목이다.[25] 이렇듯 해월은 다만 지배층만 일방적으로 비판하 는 것이 아니라 각자위심이 만연한 당시 세태 속에 동학 교단에도 요행수나 조화를 바라며 입도하는 사람이 없지 않다고, 철저히 자기반성을 하는 것을 볼 수 있다.

궁극적으로 이 「입의통문」에 나타난 해월의 생각에서 읽을 수 있는 것은 다름 아닌 스승의 신원을 하는 것이 궁극적으로는 나라를 보전하는 보국안 민의 길이라는 사실이다. 이는 스승의 신원을 하는 일이야말로 천명을 기다 리는 일이며, 나아가 보국안민의 길이라고 생각했기 때문이다.

예정대로 10월 20일에 동학 교도 1,000여 명이 공주로 모여들었다.[26] 다음 날인 21일, 의관을 정제한 교도들이 행렬을 갖춰 당당하게 충청관아로 나아 갔다. 관리들이 처음에는 놀랐으나, 의관을 정제하고 질서정연하게 행동을 하자 안심을 하였다.

「의송단자」에는 동학이 유불선을 합하여 좋은 것은 취하고 폐단은 버린, 경신년 한울님으로부터 받은 성학(聖學)임을 밝히고, 서양 학문과 상인들이 횡행하여 나라가 어지러워지고 백성들의 생계가 어려워진 현실을 통탄하 였다. 또한 동학 교도들은 모두 자신의 본분에 충실하고 있는데도 소인들의 모함에 들어 엄동설한에 걸식을 하고 가족이 서로 떨어져 길가에서 울부짖 으니 이는 억울하기 이를 데 없는 일이라고 항변하며, 갇혀 있는 동학교도 들을 방면하고, 임금에게 아뢰어 수운 선생을 신원해 주기를 피눈물로 바란 다고 말하고 있다.[27] 즉 「의송단자」에는 동학이 이단이 아님을 밝히고, 서학 과 외세의 침입을 비판하며, 이로 인한 백성들의 고초를 통탄하는 한편 동 학 교도의 진면목을 설파하며 교도들이 안정되게 살 수 있는 길을 마련해 주고, 스승의 숙원을 씻어달라(신원)는 내용이 담겨 있다.

충청감사는 「의송단자」를 받은 다음 날 서둘러 「제음」을 전해 왔다. 동학 교도들의 세를 그냥 무시할 수 없었고, 여러 면으로 보아 빠른 시일에 조처 를 해야 일이 확대되지 않을 것이라는 판단 아래 신속하게 취한 것으로 생 각된다. 충청감사는 「제음」을 통해 먼저 동학이 정학(正學)이 아닌 이단(異端) 이므로 조정(國法)에서 금한 것이니, 이 문제를 해결하는 것은 오직 조정의 일일 뿐 감영에 호소할 것이 아니라고 설명하고, 소요를 일으킴을 엄단해야 하나 특별히 용서를 하니, 양민으로 귀화하라고[28] 종용하는 내용이었다.

다만 24일에는 충청감사 명의로 각 관청에 「감결(甘結)」을 보내, 아전들에 게 명하여 일체 횡포와 침탈을 금지하고 백성(동학도)들이 편히 생업을 갖게 하라고[29] 하달하였다. 이에 동학 교도들은 일제히 해산을 하였다. 교조신원은 이루지 못하였지만, 나름대로 성과를 얻은 것이라고 판단한 것이다.

적지 않은 성과에 고무된 동학 지도부는 탄압이 심한 전라도에서도 신원을 해야 한다는 생각에서, 다음 운동을 삼례에서 전개키로 하였다. 삼례는 예로부터 교통의 중심지로 삼례 삼거리에서 전라도의 중요 지역인 전주(全州), 이리(裡里), 금마(金馬) 등지로 길이 뻗어 있었다. 그래서 이곳의 사람들에게 '저리 가면 전주', '그리 가면 금마', '이리 가면 이리'라는 말도 유행했다.

동학 지도부는 1892년 10월 25일경 삼례에 동학도소회를 설치하고 10월 27일에는 11월 1일까지 삼례역으로 모이라는 내용의 「경통(敬通)」을 각 포에 보냈다. 이에 따라, 10월 말경부터 의관을 정제한 수천의 동학교도들이 삼례역으로 모여들었다. 11월 1일 서병학이 「의송단자」를 작성하였고, 2일에 전주감영에 나아가 전라감사 이경직(李耕植)에게 이를 전하였다. 이때 전달자로 고부접주 전봉준과 남원접주 유태홍이 자원하였다는 기록이 있다.[30] 전봉준이 삼례취회 때부터 매우 적극적으로 참여했다는 이야기이다. 그러나 이 내용은 다른 기록에는 나오지 않아 신중한 검토를 요한다.

「의송단자」에서는, 동학은 서학과 서로 얼음과 숯과 같은 사이로 수운 선생을 서학으로 몰아간 것은 잘못이라고 지적하며 선생의 원한을 씻게 해 주기를 바란다고 말하였다. 또한 여러 지방 수령들이 동학 교도들을 서학이라 지목하고 잡아다 매질하고 토색질을 하여 죽어 가는 현실을 고발하고 이어 서학과 왜놈들이 우리나라에 들어와 마음대로 날뛰는 현실과 무뢰배들이 백주에 사람을 해치고 재물을 탈취하는 현실을 걱정하면서 이와 같은 현실을 임금께 상소하고, 또 각 읍에 시달하여 백성을 구제해 달라고 하였다.[31]

전라감사에게 보낸 「의송단자」 역시 충청감사에게 보낸 것과 유사하다. 이로 보아도, 교조신원이라는 신앙운동은 다만 '신앙의 차원'에 머무는 것이 아니라, 신앙을 통해 현실의 문제를 해결하고, 새로운 차원의 삶을 이룩하고자 하는 동학의 '다시 개벽' 정신이 깃든 운동임을 알 수 있다.

그러나 전라감사로부터는 6일이 지나도록 아무 조치가 없었다. 그래서 다시 「의송단자」를 올려 감사가 나서서 임금에게 상소를 해서 수운 선생의 숙원을 풀어주고, 각 읍에 공문을 보내 아전과 간교한 향리들의 행패를 엄금해 달라는 뜻을 강조하였다.[32] 동학 교도들이 완강하게 버티며 비답을 요구하자 전라감사 이경식은 「제음」을 발하였다. 그러나 「제음」의 내용은 동학을 이단으로 규정하고 모두 물러가 새사람이 되라는 말뿐이었다.[33]

그럼에도 불구하고 동학 교도들이 물러나지 않자, 감사는 영장 김시풍(金始豊)에게 300여 명의 군졸을 인솔하고 가서 해산을 시키라고 명을 내린다. 그러나 동학의 지도자들을 만나본 김시풍은 동학이 무도한 무리가 아니라 관대한 도이며 그 교도 또한 선량한 백성임을 깊이 성찰하고, 도리어 감사에게 고달하여 해결해 줄 것을 약속을 한다.[34]

김시풍의 보고를 받은 전라감사는 11월 11일 "동학도들의 재물을 약탈하는 행위를 엄금하라."[35]는 「감결」을 각 읍에 시달한다. 이렇듯 두 번씩이나 감사가 「제음」과 「감결」을 발하자 비로소 동학 교도들이 해산을 하였다. 그러나 감사의 공문이 무색하게 각처에서는 더 강화된 지목령을 내려 동학 교도들을 탄압하는 움직임이 더욱 극심하여졌다.[36]

이러한 상황을 두고 동학 지도부는 교조신원의 문제는 지방장관인 감사의 소관이 아니라, 임금의 권한에 속하는 것이라고 판단을 하게 된다. 따라서 11월 19일 중앙 정부를 상대로 하는 복합상소(伏閤上訴)를 올릴 것을 계획하고 각처에 다시 「경통(敬通)」을 보내 상소 참여를 독려했다.

해월은 1893년 1월 충북 청원군 송산리 손천민(孫天民)의 집에 봉소도소(奉疏都所)를 설치하고 상소(上訴)를 준비하게 했다. 서울에는 별도의 도소가 설치되었으며, 약 한 달여의 준비를 거쳐 1893년 2월 11일 아침에 봉소인(奉疏人) 아홉 사람이 소장(疏狀)을 받들고 서울 경복궁 정문인 광화문 앞에 나아가 복소(伏疏)를 시작했다. 이때 올린 상소문은, 먼저 실천행도(實踐行道)하는 선비들은 적고, 헛된 문장과 겉치레만 숭상하여 천박하게 이름이나 얻어 오히려 국치(國治)를 문란케 하는 선비가 많아 세상 사람들이 통곡하는 현실을 고발하였다. 이어 다행히 수운 선생이 천명을 받아 사람을 가르치게 되니 동학은 본질적으로 유학과는 대동이소이(大同而小異)한 가르침임을 밝히고, 특히 수운 선생은 선성(先聖)이 밝히지 못한 대도(大道)를 창시하여 어리석은 사람들로 하여금 천리(天理)의 근본을 깨닫게 하였음을 강조하면서 동학이 겪고 있는 억울함을 풀어 달라는 내용을 담고 있다.[37] 임금에게 올리는 상소문에도 역시 당시 현실의 부조리함을 낱낱이 지적하고 있다. 교조신원을 넘어 국정 문란을 우려하며, 보국안민의 정신을 드러내고 있는 것이다.

복합상소는 가시적인 성과를 얻지는 못했다. 그렇지만 광화문 앞에서의 복합상소를 결행함으로써 동학의 교세와 그 위력을 과시하는 망외의 성과를 올렸다. 산간 오지마을을 전전하던 동학이 서울 한복판, 그것도 광화문 앞까지 진출하여 그 위세를 떨친 것이다. 그런가 하면, 당시 서울에 와 있던 외국인들에게도 동학을 주목하게 하는 계기가 되었다. 특히 이 무렵에 척왜양 괘서가 서울 곳곳에 나붙어 외국인들의 관심을 고조시켰다. 공주 신원운동 때부터 제기해 온 척왜양의 구호를 좀 더 본격적으로 제기한 것이라고 하겠다.

3. 보은취회의 역사적 · 사회적 의의

큰 성과가 없음에도 굴하지 않고, 해월을 비롯한 동학 지도부는 이번에는 충청도 보은에서 좀 더 대대적인 규모의 신원운동을 벌이기로 계획하였다.[38] 보은을 선택한 것은 보은의 지리적인 이점 때문이다. 이 때문에 보은에는 이미 교조신원운동을 위한 도소(都所)가 설치되어 있었다. 보은 장내리는 앞으로는 넓은 들과 뒤로는 옥녀봉이라는 가파른 산이 자리하고 있으면서, 유사시에는 진퇴가 용이하며, 또한 이곳 장내리로 들어오기 위해서는 보은 읍내와 관기 방면을 지나거나 속리산 쪽으로 돌아들어서 서원계곡으로 내려오는 길을 거쳐야 하기 때문에, 유사시에 상황을 빨리 파악할 수 있는 지역이다.[39] 또한 당시 장내리로 모여드는 동학교도들과 관청에서 염탐을 위해 보낸 관리들과의 문답에서도 알 수 있듯이,[40] 이곳 장내리는 각처로 통하는 길이 있어서 동학교도들이 모이기가 용이하다.

3월 10일 수운 선생의 조난일을 맞아 해월은 청산군(靑山郡) 포전리(浦田里) 김연국의 집에서 제례를 행하고, 함께 참례를 했던 동학의 지도자들인 김연국(金演局), 손병희(孫秉熙), 이원팔(李元八), 박인호(朴寅浩), 이관영(李觀永), 권재조(權在朝), 권병덕(權秉悳), 임정준(任貞準) 등이 적극 교조신원과 동학 공인을 위하여 적극 나설 것을 해월에게 권하였고, 이를 받아들여 팔도의 교도들에게 장내리로 모이도록 통유문을 돌릴 것을 지시하였다.[41]

이때 각처에 보낸 「통유문」에는, 근년에 안으로는 바르게 다스리는 정사가 미거하고 밖으로는 침략 세력이 더욱 기승을 부리는 세태를 근심하였다. 또 관리들의 횡포하고 기강이 문란해진 현실을 고발하였다. 이에 통유하는 뜻은 동학의 가르침을 보호하고 스승을 높이며(衛道尊師), 나아가 보국안민하자는 것이니, 각처의 동학 교도들은 기한을 맞추어 모이라고 하였다.[42]

이 무렵, '동학창의유생(東學倡義儒生)'의 이름으로 보은 삼문 밖에 괘서가 붙었다. 이 괘서는 교조신원 문제는 전혀 거론하지 않고 동학 교도 수만 명은 죽음을 맹세하고 왜양을 소탕하여 없애겠다는 결의를 담고 있다.[43] 「통유문」이 돌고, 또 「괘서」가 붙은 후, 동학 교도들은 13일부터 매일같이 수백 명씩 보은 장내리로 모여들었다.

16일에 교도들에게 다시 「통유문」을 발송하였다. 이때는 그 전의 「통유문」과는 다르게, 교조신원에 관한 언급이 일체 없이 척왜양만 내세우고 있다. 특히 일찍이 수운 선생이 우려하였던 서양 세력의 침략의 심각성[44]을 제기하고,[45] 또한 일본은 과거 임진왜란을 일으킨 침략자로 이러한 일본은 불공대천(不共戴天)의 원수라고 천명하였다. 그런데 나라가 지금 이 무리들에게 치욕을 당하고 있음을 통탄하면서[46] 모든 동학 교도들은 본연의 의기(義氣)를 가다듬어 국가에 충성하고 공로를 세우기를[47] 촉구하고 있다.

이렇게 하여 장내리로 모여든 인원은 수만 명에 이르렀다. 사태가 이에 이르자 보은 군수 이중익(李重益)이 장내리로 달려가 창의를 한 까닭을 물었다. 이때 동학교도들은 한결같이 '오로지 왜양을 물리쳐 나라를 지키고 충성을 다하기 위함'[48]이라고 대답한다. 또한 '지방 수령들의 탐학을 없애야만 이 국태민안을 이룰 수 있다.'[49]고 항변했다.

또한 고종의 명을 받고 장내리로 달려간 어윤중은 고종의 「칙유문」을 선포하고 해산을 종용했으나, 동학교도들은 척왜양을 위해 창의한 자신들의 뜻을 바르게 임금에게 올릴 것을 요구했다. 이를 받아들인 어윤중은 공주 영장 이승원(李承遠), 보은 군수 이중익, 순영 군관 이주덕(李周德)을 대동하고 동학 지도자들과 만난 결과를 담아 「장계」를 올렸다. 「장계」에서 어윤중은 '척왜양을 하여 나라를 위해 충성을 드러낸 것인데, 방백과 장리들이 비류로 대하여 잡아들이고 또 학대를 하는 것이 지나치다.'[50]라고 하였다.

어윤중의 해산 명령에도 불구하고 동학 교도들은 점점 더 많이 모여들었고, 18일부터는 '척왜양창의(斥倭洋倡義)'라고 쓴 대형 깃발을 내걸고, 옥녀봉 기슭으로는 석성을 쌓았다.[51] 낮에는 그 석성 안에서 깃발을 정비하고 줄을 지어 다니고, 밤이면 장내리나 부근의 마을에서 잠을 잤다고 한다. 보은 관아에서는 동학 교도들이 언제 떠날지 알 수 없다고 조정에 보고했다.[52]

이때 보은 장내리에 모인 동학교도 수를 『오하기문』에는 8만 명이라고 했고, 선무사 장계에는 수만 명이 넘는다고 했으며, 일본 외교문서에는 2만 3천명, 북양대신에게 보낸 전보와 『속음청사(續陰淸史)』에는 2만 7천이라고 했다. 또한 표영삼은 "당시 1인당 돈 1푼씩을 거두었는데 모두 2백 30냥이 되었으므로, 적어도 2만 3천 명은 넘었다."라고 고증하였다.[53]

보은에는 그동안의 교조신원운동 가운데 가장 많은 교도가 모였다. 첫 번째「통유문」에서는 '교조신원 문제'가 담겨 있었지만, 재차 보낸「통유문」이나 그 이후 상황 등을 볼 때 그때까지의 집회보다 척왜양 문제로 관심의 초점이 확연히 옮겨 갔다. 이는 광화문 복합상소에 대한 조정의 대응과 그곳에서 목격한 외세의 동향에 대한 이해가 깊어졌기 때문이라고 판단된다.

보은 교조신원운동의 참여를 독려하기 위하여 보낸「통유문」에 명기된 것은 앞에서 이야기한 바와 같이 '하나는 도를 보존하고 스승님을 존숭(尊崇)하기 위함이요, 또 다른 하나는 보국안민의 계책을 마련하기 위해서(一以衛道尊師 一以輔國安民之策)'이다. 이 두 가지 사항은 동학이 지향해야 할 바의 핵심이기도 하다. 수운 선생이 제시한 동학의 길은 보국안민(輔國安民), 포덕천하(布德天下), 광제창생(廣濟蒼生)이었다.

보국안민은 말 그대로 '부정부패나 외세의 침탈로 인하여 균형을 잃은 나라를 균형 잡힌 나라로 일으켜 세우고(輔國), 이를 통해 백성의 삶을 안정되게 하는 것(安民)'을 뜻한다. '보(輔)'는 '바퀴 덧방나무'라는 뜻으로, 수레 양쪽 가장자리에 덧대는 나무를 말한다. 이 보(輔)가 있기 때문에 수레는 균형을 잡을 수가 있고, 물건을 싣고 움직이는 수레 구실을 할 수 있는 것이다. 따라서 '보국안민'은 나라의 정사가 균형을 이루고, 그 속에서 백성의 삶이 안정을 얻음을 의미한다.

수운 선생은 일찍이 "우리 나라는 악질이 가득 차서 백성들이 편안할 날이 없다. … 서양은 싸우면 이기고 공격하면 이내 빼앗으니 이루지 못하는 바가 없다. … 보국안민(輔國安民)의 계책이 장차 어디에서 나올 것인가."[54]라고 걱정하였다. 부패한 정사와 각자위심의 세태(惡疾), 그리고 외세의 침략으로 인하여 무너진 전통 질서와 균형(天下盡滅)을 바르게 하는 것이 보국안민이요 동학이 지향하는 '다시 개벽'의 첫걸음이 된다는 것이다. 이런 맥락에서 교조신원운동에 척왜양(斥倭洋)이 포함된다는 것은 당연한 일이 아닐 수 없다.

보은 삼문 밖에 동학창의유생(東學倡義儒生)의 이름으로 붙은 괘서와 3월 16일자 「통유문」 등에는 '척왜양창의'의 결연한 의지가 담겨 있다. 이와 함께 동학교도들이 제기한 것은 탐관오리의 횡포를 타파해야 한다는 것이다. 예컨대 양호선무사 어윤중과의 대담에서 "탐관오리의 횡포는 외국과 교류한 이후 더욱 거리낌이 없고, 많은 사악한 것이 뒤섞여 밀려 들어와 백성을 박해하는 것을 일삼고 있다."고 말하고, "전 충청감사는 전 영장 윤영기와 함께 아무 죄 없는 사람을 함부로 죽이고, 제멋대로 백성의 재산을 수탈한 것이 매우 많아 집회를 열게 되었다."고 비판하고 있다. 탐관오리의 횡포를 타파하고 제거하는 (보국)안민을 도모하기 위해 집회를 열게 되었다는 것이다.

또한 동학교도들은 당시 전횡을 일삼는 민씨 척족을 척결할 것을 요구하고 있다.[55] 당시 시대상은 근본적으로 집권자들이 부패하여 나라가 어지러워졌고, 탐관오리 역시 생겨나게 되었다는 것이다. 당시는 민비(閔妃)의 척족인 여흥 민씨들이 국정을 농단하고 있을 때이다. 장내리에 모인 동학교도들은 이와 같이 첫째, 척왜양, 둘째, 탐관오리 척결, 셋째, 민씨 척족 제거라는 세 방향에서 보국안민을 추구하였다.

이러한 과제들은 바로 수운 선생이 얻고자 한 보국안민의 계책이 된다. 나아가 수운 선생과 해월이 내놓은 시천주(侍天主), 사인여천(事人如天), 삼경(三敬), 이천식천(以天食天) 등의 가르침에서 읽을 수 있는 동학 정신, 곧 '조화와 균형의 삶'을 이루고자 하는 것이 그 전제조건이 된다.

동학 교도들이 장내리에 모였을 때 보여준 여러 모습들을 여러 자료들에서 찾을 수가 있다. 으레 집회라고 하면, 자신들의 주의·주장을 위해서는 여러 가지 일탈 행위가 빈발하는 것이 일반적인 모습이다. 그러나 장내리에 모인 동학 교도들은 이러한 경우와는 거리가 멀었음을 많은 자료들이 말해 주고 있다. 보은 장내리에서 조정을 향해 제시했던 요구 사항과 이들 동학 교도들이 세상을 향해 보여주었던 모습에는 바로 동학의 정신이 담겨져 있다고 사료된다. 특히 장내리에서의 교조신원운동은 성숙된 운동으로, 동학 정신이 유감없이 현현된 것이라고 하겠다.

여러 기록들 중 가장 특기할 것은 이들이 한결같이 질서정연하였고, 수많은 사람들이 모였음에도 불구하고 청결을 유지하였으며, 조금도 주변에 피해를 주지 않았다는 사실이다. 이는 쉬운 일인 듯하나, 여느 집회에서는 찾아보기 힘든 사례가 아닐 수 없다.

道人은 一定한 隊伍를 定하야 幕下에 잇게 하되 出入心告를 하며, 誦呪論理를 하는데 萬人이 一人과 같아야 少許도 紊亂함이 없고 特히 淸潔을 爲主하되 慣例대로 大便이나 唾液과 같은 排泄物은 地下에 묻는 것이 原則이며 衣冠을 整齊하고 行動을 嚴肅히 하며 商賈의 飮食價는 一文一里도 틀림없이 自手로 計算하야 萬一의 遺漏가 없게 하니 보는 者 다 威儀와 德風을 稱讚이 안는 者 없고 道를 誹謗하는 者도 「東學은 하지마는 行爲는 바르다」는 말이 遠近에 藉藉하엿다.[56]

장내리에 모인 동학교도들이 일정한 대오를 이루고 막하를 출입할 때에는 늘 출입심고(出入心告)를 했다는 것은, 이들이 단순한 원민(怨民)들이 아니라, 자신들의 가르침과 배움을 실천하는 도인임을 확인할 수 있는 대목이다. 특히 '심고(心告)'는 마음에 모신 한울님께 자신의 행동을 고하여, 자신의 행동이 한울님 뜻에 어긋나지 않도록 하는 종교적 서원이기도 하다.

해월은 '심고'에 관하여 "우리는 심고로써 천지만물과 융화상통 할 수 있다."고 하여, '심고'가 곧 천지만물과 융화상통하는 길이며 내가 모신 한울님과 융화하여 상통하는 길임을 밝히고 있다.[57] 이와 같은 심고를 출입하는 때마다 드린다는 것은 이들 장내리에 모인 동학교도들의 마음가짐이 어떠한 것인가를 알 수 있는 것이기도 하다.

또한 동학교도들은 늘 의관을 정제하고, 대변이나 타액 등은 땅에 묻어 깨끗이 하여 자기 자신과 주변을 청결하게 하였다. 그런가 하면, 떡을 팔거나 엿을 파는 사람들에게 한 푼이라도 피해를 주는 바가 없이 모두 제 값을 주고 사먹는 등, 전혀 민폐를 끼치지 않았음을 사료들은 말하고 있다.

일찍이 수운 선생은 '의관을 바르게 하는 것은 군자의 모습이고, 길거리에서 음식을 먹거나 뒷짐을 지고 다니는 것은 천한 사람의 행동'[58]이라고 가르친 바 있다. 해월은 "말은 행할 것을 돌아보고 행동은 말할 것을 돌아보아, 말과 행동을 한결같이 하라. 말과 행동이 서로 어기면 마음과 한울님이 서로 떨어지고 마음과 한울님이 서로 떨어지면 비록 해가 다하고 세상이 꺼질지라도 성현의 지위에 들어가기가 어려우니라."[59]라고 하여, 늘 자신의 처신과 나아가 행함을 조심해서 할 것을 경계를 하였다. 이런 가르침들이 바로 보은 장내리의 교조신원운동 현장에서 철저히 지켜지고 있었던 것이다.

특히 장내리 동학교도들을 탐지한 보은의 관헌이 오랫동안 머물게 되어 인심이 나빠지고, 장날이 되어도 사람들이 나오지 않아 곡식을 사고 팔 수가 없고, 또 장내리의 논과 밭을 짓밟아 피해를 끼칠 것을 걱정하니, "모두 안심하고 농사를 짓고, 미곡 역시 저자에 내다 팔게 하여 다시는 염려가 없도록 할 것이니 오는 장날을 보도록 하라."[60]고 하였다. 즉 비록 관에 뜻을 전하기 위하여 이렇듯 많이 모여 있으나, 전혀 민생에 피해가 없도록 하는 모범을 동학교도들이 보이는 대목이다.

당시 장내리에 모인 사람은 삼만 명 안팎이었다고 한다. 따라서 이들이 먹는 식량을 확보하는 것이 큰 문제였다. 식량 보급을 위하여 운량도감을 두어 이들이 주선해 온 식량을 공급받았던 것으로 추정된다. 식량 마련을 위해서는 참여자별로 식량을 갖고 오게 하거나, 인근의 백성들에게 헌납을 요구하는 등의 방법이 있었다. 그러나 일반 백성들에게 무리하게 헌납을 요구하는 예는 거의 없었다.

'만물이 한울님 모시지 않음이 없는 것이 없다.'[61]는 가르침을 받은 동학 교도로서 식량 마련을 위해 다른 사람을 위협한다면, 이는 도에 어긋나는 행동이 아닐 수 없다. 동학 교도 아닌 일반 백성 역시 한울님 모신 사람으로서 한울사람으로 대접을 받아야 하는데, 자신의 처지만 생각하고 이들에게 무리한 요구를 하고 억압을 한다면, 이것은 동학의 정신에 어긋나는 것이다. 따라서 이러한 행동을 한 사람을 결박하여 도회소로 알려오면, 도회소에서 적절한 조처를 취했던 것이다. 이들 동학 지도부가 얼마나 자신들의 배움을 그대로 실천하고자 했는가를 입증해 주는 사례라고 하겠다.

또한 장내리에서 이들은 돌성을 쌓고 그 안에 있었다. 동학 교도들은 그곳에서 항상 주문을 암송하였다. 또한 돌성 안에 있건 밖에 있건 전혀 무장을 하지 않았다. 더구나 보은 읍내에서 관군들이 올 것이라는 말이 전해졌을 때, 혹 겁이 나는 사람들은 돌아가도 좋다고 공지하였다. 또 병사들을 막기 위하여 나무 몽둥이를 준비하는 것까지 금했다고 한다.[62]

보은 장내리 동학 교도들의 행동은 전혀 강압적이지 않았음을 알 수 있다. 또한 이들 동학 교도들이 매우 자율적으로 참여를 했을 뿐만 아니라 비폭력을 고수하고자 하는 굳건한 결의를 하고 있음을 알려준다. 그러므로 문(文)으로 대하면 문(文)으로 나올 것이고, 무(武)를 앞세우면 무(武)로 대할 것이라고 판단한 어윤중은 무력 진압을 택하지 않았다.[63] 그 결과로 보은 장내리 집회를 군사 진압 없이 해산을 할 수가 있었던 것이다.

당시 동학을 흔히 동비(東匪)라고 하여, 비도(匪徒)로 보는 것이 일반적이었다. 그러나 이와 같은 생각을 가진 사람들조차도 "동학은 하지마는 행위는 바르다."라고 칭찬을 할 정도였다고 한다. 이러한 모습은 오늘날에도 찾아보기 어려운 성숙된 민주시민의 모습이다. 상대를 무력과 힘으로 억압하지 않고, 존중하여 대화와 토의로서 모든 것을 해결하려고 했던[64] 동학 교도들은 바로 수운 선생이나 해월이 가르친 시천주, 사인여천, 삼경, 이천식천 등을 실천하는 모습을 보여주고 있었던 것이다.

120년 전 이곳 보은은 이와 같이 동학이 지향하는, 상대에 대한 존중과 배려를 그리고 조화와 균형의 정신이 그대로 현현되었던 곳이며, 우리나라 최초로 민주시민으로서의 성숙된 모습을 보여주었던 자랑스러운 땅이다. 다시 말해 보은 장내리는 모든 인간이 동등하다는 민권사상과 외세의 침략으로부터 국권을 지켜야 한다는 자주주의가 성숙된 시민의식과 함께 자리했던 우리나라 최초의 '공론의 장'이었다.

앞에서도 논의한 바와 같이 보국안민은 수운 선생의 중요한 가르침의 하나이다. 특히 수운 선생은 당시 서양의 침공을 받는 중국과 우리와의 관계를 순망(脣亡)의 관계라며 근심하고,[65] 나아가 서세의 동점이 궁극적으로는 당시의 시대적인 혼란의 요인이 되는 각자위심의 또 다른 요인으로 작용하고 있다고 말한다.[66] 또 당시는 아직 일본이 구체적으로 정한론(征韓論)을 펴

기도 전인데도, 수운 선생은 일본이 미구에 침략해 올 것을 경계하고 있었다.[67]

이와 같은 수운 선생의 가르침을 그대로 이어받아, 해월은 수운 선생의 억울한 죽음을 신원하고, 나아가 동학에 대한 부당한 탄압을 벗어나 공식적으로 세상에 도를 펴는 것이 외세로부터 보국안민을 할 수 있는 길이며, 동학에서 추구하는 동귀일체의 새로운 세상인 지상천국을 열어 가는 길이라고 판단했던 것이다. 그러므로 자연스럽게 교조신원운동은 반외세 척양척왜운동으로 전이되고, 곧 갑오년 동학농민혁명으로 이어진 것이다. 따라서 해월 선생이 내건 척양척왜 기치는 곧 새로운 세상을 열어 가고자 하는 동학적인 중요한 신앙운동 중의 하나였다고 말할 수 있다.

IX.
동학농민혁명과
해월

1. 동학 교단의 신진 세력과 전봉준

동학의 조직은 1880년대 중후반에서 1890년대 초반에 이르기까지, 삼남 지역을 망라하였고, 나아가 강원도 북부 지역, 경기, 황해도 등 한반도 전역으로 그 세력을 펼쳐 나갔다. 특히 이 시기에, 새로운 인물들이 대거 유입되면서, 자연스럽게 동학 교단은 새로운 방향으로의 전환을 모색하던 때이다.

이때 새롭게 입도한 대표적인 인물들로는 손천민, 손병희, 박인호, 서인주, 서병학, 남계천, 윤상오, 김낙철, 김낙봉, 손화중, 김덕명, 김개남, 전봉준 등을 들 수 있다. 다만 전봉준의 입도에 관해서는 많은 이설이 있다. 전봉준이 30세 되던 해인 1884년에 입도했다고 보는 설,[1] 1888년 손화중을 만나 입도했다는 설,[2] 1874년경에 입도했다는 설,[3] 1890년에 서장옥 대접주 휘하의 황해일의 소개로 입도했다는 설,[4] 1892년 김치도를 통하여 입도했다는 설[5] 등이 있다. 이들 중에 필자는 조경달의 설이 가장 신빙성이 있다고 본다. 조경달은 동학당 정토군인 일본군 제19대대 사령관 미나미(南小四郞) 소좌가 전봉준을 조선군으로부터 인계받아 일본영사관에서 신문한 내용을 근거로 하고 있기 때문이다.

한편 전봉준의 입도 사실을 부정하고, 전봉준이 동학 교도가 아니라는 설도 제기되어 많은 논란을 불러 일으켰다. 전봉준이 동학 교도가 아니라는 설은 북한 학자에 의하여 가장 먼저 제기되었다. 이 주장은 1959년 3월에 나온 '조선민주주의인민공화국 과학원출판사'의 『력사과학』에 실린 오길보의 논문에서 최초로 제기되었다. 오길보는 먼저 동학농민혁명을 (당시 주된 호칭이던) '동학난'이 아닌 '갑오농민전쟁'이라고 불러야 한다고 주장하였다. 그 이유로 동학은 미신일 뿐이고, 갑오년의 일은 농민들이 봉건지주에 항거하여 일으킨 농민전쟁이기 때문이라고 주장했다. 동시에 전봉준 역시 동학 교도가 아니라는 주장을 펴고 있다.[6]

우리 학계에서도 전봉준이 동학도가 아니라는 견해가 제기된 바 있다. 신복룡은 '전봉준은 동학 교도가 아니었다'라는 제하의 글을 『월간 조선』에 발표하여 학계 및 천도교단에 파문을 일으켰다.[7] 신복룡은 "전봉준이 동학 교도가 아니었다."라고 주장하는 근거로, '전봉준 공초' 등의 사료를 중심으로 여섯 가지를 거론하고 있다. 즉 직업을 묻는 말에 전봉준이 '훈장'이라고 대답한 사실이나 '접주(接主)'는 동학 고유의 용어가 아니고 유교의 용어라는 등의 논거로, 자기 주장을 논증하고 있다.

'접'이라는 말이 유교의 용어라는 것은 이에 관심을 조금만 지닌 사람이면 누구나 알고 있는 일이다. 그러나 동학의 '접'은 정신적인 조직을 일컫는 용어로, 유교의 그것과는 다르다. 특히 공초의 앞머리에 "동도 죄인 전봉준 초초문목(東徒罪人全琫準初招問目)"이라고 명기했듯이, 이미 전봉준을 '동도(東徒)', 즉 '동학도'임을 상정하고 시작하는 공초에서 무슨 명목으로 유학의 '접'을 논하겠는가. 따라서 전봉준 공초에 쓰인 '접'은 모두 동학의 '접'을 지칭하며 쓰였다고 보는 것이 합당하다.

또한 전봉준이 자기 직업을 '훈장'이라고 한 것도 문제가 되지 않는다. 왜 냐하면 '동학의 접주'란 동학의 조직 단위인 '접'의 우두머리라는 뜻이지 그 것이 직업은 아니기 때문이다. 동학 당시의 접은 오늘날 동학을 이은 천도교의 연원(淵源) 조직에 해당한다. 현재에도 연원 조직의 한 직책인 '신훈(信訓)'을 맡은 이에게 직업이 무엇이냐고 묻는다면, 그는 '신훈'이 아니라 '회사원'이라고 대답할 것은 당연한 일이다.[8]

특히 공초 중에 "동학 교도 중 접주를 뽑는 것은 누가 하느냐(東徒中差出接主是誰之爲)?"는 물음에 전봉준은 "모두 최법헌(해월 최시형을 말함)으로부터 나왔다(皆出於崔法軒)."라고 답하고 있으며, 이어 "네가 접주가 된 것도 역시 최(崔)가 뽑은 것이냐(汝之爲接主 亦崔之差出乎)?"라는 물음에 전봉준은 "그렇다(然矣)."라고 단호하게 대답하고 있다.[9] 이는 곧 전봉준 스스로 '동학의 접주'임을 분명하게 밝히는 대목이다.

이러한 전봉준의 문초에 대한 대답에 관해서 신복룡 교수는 전봉준과 해월의 관계를 들어 전봉준이 어느 날 자신도 없는 사이에 사람들에게 추대되어 접주가 되고, 이를 해월은 추인한 정도라고 말하고 있다. 특히 전봉준이 동학에 입도한 기록이 없고, 동학의 신앙고백을 한 적도 없으므로 전봉준은 동학의 접주가 아니라고 주장한다.

당시 대부분의 동학 교도들은 동학 입도 사실이 기록되어 있지 않다. '동학 교단'이라는 것이 정부로부터 공식적으로 승인을 얻은 조직도 아닐뿐더러 정부의 탄압을 받아 비밀리에 포덕하고 실행하는 상황인데, 이들 조직에 가담하는 것을 공식화해서 기록해 둘 이유가 없는 것은 자명하다. 그런가 하면, 동학 교도들이 신앙고백을 한 경우는 교주인 해월 등 그 가르침의 말씀을 남긴 사람 이외에는 없다. 이 또한 시대적 상황 때문이다. 그러므로 입도한 기록이 없다거나, 신앙고백이 없다는 사실을 들어서 동학 교도이자 접주임을 부인하는 것은 견강부회한 면이 없지 않다.

결정적으로 미나미 소좌의 전봉준 신문 내용은 전봉준이 동학에 입도하였음을 입증하는 자료가 된다. 이를 인용하면 다음과 같다.

문 : 너는 평소 어떠한 학문을 하고 있었는가.
답 : 공맹(孔孟)의 학을 닦았다.

문 : 동학에 언제부터 관계했는가.

답 : 3년 전부터.

문 : 어떠한 것에 감동해서?

답 : 보국안민이라는 동학당의 주의에 감동하고 있던 바 동학인 김치도(金致道)라는 자가 나에게 동학의 문건을 보여준 적이 있다. 그중에 '경천수심(敬天守心)'이라는 문장이 있는데, 그 속에 '대체정심(大體正心)'이라고 하는 것에 감동해서 입당했다.

문 : '정심(正心)한다'는 점은 동학당에 한한 것이 아니라, 무엇인가 달리 너의 입당을 재촉한 이유가 없는가.

답 : 단지 마음을 바로 한다는 것뿐이라면 물론 동학당에 들어갈 필요가 없지만, 동학당의 소위 '경천수심'이라는 주의에서 생각할 때는 정심 외에 '형통일치'의 뜻을 포함하고 있기 때문에 결당하는 것의 중요함을 본다. 마음을 바로 한 자의 일치는 간악한 관리를 없애고 보국안민의 업을 이룰 수 있기 때문이라고 생각한 탓이다. (『동경조일신문』 1895년 3월 6일자, 『사회와 사상』 1988년 9월호 전문 게재)

미나미 소좌의 문초를 보면, 분명하게 전봉준이 동학에 입교했다고 대답하고 있다. 전봉준이 체포된 것은 음력 1894년 12월 2일이다. 또 신문을 받은 날짜는 음력 1895년 2월이다. 신문 내용에서 보는 바와 같이 '동학과 관계한 때가 3년 전부터'라고 했으니, 그때는 1892년이라고 상정된다. 이와 같이 전봉준은 동학의 '보국안민' 정신이 좋아서 동학에 입도했던 것이다.

이 당시 입도한 사람들 중, 손천민과 손병희는 숙질 간이다. 손천민이 먼저 동학에 입도하고, 조카의 권유를 받은 손병희는 동학이 보국안민과 제세구민의 가르침이라는 사실을 알고 입도하였다. 손병희는 훗날 해월로부터 도통을 전수받아 동학의 3세 교주가 된다. 또한 김낙철, 김낙봉은 형제지간으로, 해월이 공주군 신평리에 있다는 말을 듣고 찾아와 입도한 사람들이다.[10] 김덕명은 이름이 준상(峻相)이고 자가 덕명(德明)이다. 어려서 훈장을 초빙하여 가르침을 받을 정도로 가정이 넉넉한 사람이었다. 20년간 타지를 출입하면서 식견을 넓혔고, 나라를 구하고 세상을 건질 수 있는 경륜을 가슴에 품고, 새로운 개혁에 뜻을 두게 되었다. 이러던 중 동학에 관심을 갖게 되었고, 42세 되던 1886년 10월 같이 뜻을 하는 여러 사람들과 함께 상주 앞재로 해월을 찾아가 입도했다. 이후 김덕명은 고향인 금구를 중심으로 태인, 김제, 익산, 고부 등지에 많은 포덕을 하며 지도자로 부상하였다.

김개남은 본래 이름은 김기범(金基範)이다. 훗날 호를 개남(開南)으로 하면서 '김개남'으로 불리게 되었다. 어린 시절부터 성격이 활발하고, 또 힘이 좋았으며 목소리가 매우 컸다고 한다. 김개남이 동학에 입도한 것은 해월이 호남 지역을 방문한 1884년 이후로 추정된다. 동학에 입도한 이후 태인을 중심으로 호남 일대에 많은 인물을 포덕하였다. 또한 손화중은 이름이 정식(正植)이고, 자가 화중(化中)이다. 그래서 손화중이라고 불리게 되었다. 20대 때부터 외지를 출입하며 식견을 넓혔고, 부패한 사회상을 통탄하며 이를 어떻게 하면 바로 잡을 수 있을 것인가 많은 고민을 했다. 이러던 중 경상도 청학동(靑鶴洞)[11]에 갔다가 동학도를 만나 입도[12]했다고 한다.

면면을 살펴본 바와 같이 이때 새로이 부각된 동학 입도자들은 한결같이 나라를 걱정하고 또 현실을 비판하는 급진적인 생각을 지닌 사람들이 많았다. 훗날 교조신원운동에 있어서도, 서병학이나 서인주 등은 해월을 찾아와 교조신원운동을 일으킬 것을 건의하기도 한다. 또한 전봉준, 김덕명, 김개남, 손화중 등은 서로 친분관계가 돈독한 사이였다. 김개남은 전봉준과 태인 동곡리 지금실 마을에서 동네 친구로 지내던 사이였다. 또한 손화중은 전봉준이 집안 조카인 손여옥(孫如玉)과 친한 관계로 교유하게 되었고, 김덕

명과는 이미 20대부터 교분을 쌓은 사이였다.[13]

1880년대 중후반에 이르러 동학에 입도하는 인사들이 늘어나고, 1890년대에 이르면, 이들 신진 인사들이 동학의 중간 지도자로서 자리를 잡아 가고 있었다. 이들 중에는 김연국과 같이 현실 개혁보다는 개인적인 수행을 중시하는 지도자가 있었는가 하면, 서병학이나 서인주같이 급진적인 현실 개혁파도 있었고, 손병희 · 박인호처럼 중도적 입장을 견지한 인물도 있었다.[14]

그러나 시대적인 상황이 급변하며 서병학, 서인주, 전봉준 등 적극적인 방법으로 새로운 활로를 모색하던 사람들에 의하여 동학의 운동은 교단 내적인 문제에서 대사회적인 문제로 그 중심이 서서히 옮겨 가게 되었다.

이러한 변화를 해월은 어느 의미에서 우려하기도 했다. 그 우려가 현실로 드러난 사례가 전라좌도 편의장 남계천과 우도 편의장 윤상오의 갈등이다. 해월의 조처에 대해 윤상오가 남계천의 신분 문제를 제기하며 지도자로서 마땅하지 않다고 항의를 한 것이다. 이러한 문제에 관해서 해월은 교도들 간의 화합을 강조함으로써 이 사건을 마무리하고자 했다.[15] 이어 "우리 도중(道中)에는 두목 아래 백배 나은 큰 두목이 있게 마련이니, 그대들은 삼가 서로 공경하기를 주로 하여 일을 복잡하게 하지 말라."[16]고 훈계를 했다. 또한 인심이 위태롭고, 도심이 미미해졌음을 한탄하며, 혹 사사로운 욕심으로 도심(道心)을 상하게 될까 두렵다고 말을 했다. 이어서 『동경대전』 중 「팔절」의 가르침과도 같이 사사로움으로 마음을 잃지 말며, 지극한 정성과 지극한 공경을 다하고 화(和)와 순(順)으로 도성덕립을 이루라고 훈계를 하였다.[17]

이러한 사건과 함께 호남 지역을 순회하고 돌아온 해월은 "도를 알려고 하는 이가 적다."[18]라고 우려하였다. 이는 새로 입도한 급진적인 사람들이 먼저 수도를 통한 자기 수양을 한 후에 개혁의 길을 가야 하는데, 개혁만을 먼저 앞세우는 모습을 우려한 것으로 생각된다.

특히 해월에게 교조신원을 제기했던 한 사람인 서병학은 동학에 입도한 목적이 혁명적 방법에 의한 현실 개혁에 있었음이 분명해 보인다. 그러므로 동학을 통하여 정치를 하려던 욕망이 좌절이 되자 관군에 빌붙어 동학 소탕 작전의 주구로 활동하기도 했다.[19] 바로 이런 사람들이 사사로운 마음으로 도심을 상하게 할 것이 해월에게는 심히 걱정이 되었던 것이다. 이와 같은 해월의 우려가 가시적으로 드러나기 시작한 것은 1893년 여름부터이다. 이때에 이르러 호남지방에서는 전봉준과 김개남이 관내 도인들을 가끔씩 불러 모아 조직을 다져 나가고 있었다.[20]

1880년대 후반과 1890년대 초반에 이르러, 전국적인 조직으로 발전한 동학 교단은 현실 문제를 다른 시각에서 바라보는 인사들의 주도로 신앙운동을 방향을 서서히 바꾸어 가고 있었다. 이러한 새로운 물결의 중심에는 전봉준, 손화중, 김개남 등 호남지역의 동학 지도자들이 자리하고 있었다.

2. 전봉준의 기포와 해월, 그리고 수운 선생

전봉준이 중심이 되어 일으킨 고부(古阜)에서의 기포는 바로 1890년대로 들어서면서 동학 교단 내에 불던 '새로운 바람'이 마침내 현실화된 사건이다. 전봉준이 고부에서 처음 기포하였을 때, 해월은 청원군 문암리, 곧 문바윗골에 거처하고 있었다. 문바윗골은 지금의 옥천군 청산면 한곡리(閑谷里)의 작은 마을이다. 해월이 이곳으로 이주한 때는 1893년 8월이다. 조재벽(趙在壁)이라는 제자가 문바윗골의 김성원(金聖元)의 집으로 이사하기를 권하였기 때문이다.[21] 이곳에 거처하면서, 대도소(大都所)를 마련한 시기는 1894년(갑오년) 1월 새해를 맞으면서이다. 해월은 문바윗골 대도소에 강석(講席)을 마련하여, 각처의 지도자들을 오게 하여 강론을 펼쳤다.

'문바윗골'은 한문으로는 '문암동(文岩洞)'이라고 표기하며 한곡리에서도 한참을 들어가는 골짜기의 마지막 동네이다. 마을이 끝나는 뒤로는 천관산(天冠山, 해발 445.4m)이 자리하고 있어 산 밑 첫동네라 할 수 있다. 지금은 천관산 초입에 저수지가 만들어져 있는데, 동학농민혁명 당시에는 저수지는 없었고, 지금의 이 저수지 위쪽으로 동학군들이 훈련을 했다는 '동학군 훈련장 터'가 남아 있다. 이 마을이 '문바윗골'이라고 불리게 된 것은, 마을에 '문바위'라고 불리는 큰 바위가 있기 때문이다. 문바위는 집채만한 큰 바위 하나를 중심으로 그보다 작은 여러 개의 바위가 얼기설기 겹쳐져 커다란 바위군을 이루고 있다. 가장 큰 바위 옆에는 오래된 소나무가 바위들의 전설을 아는 듯 바위에 몸을 기대듯 서 있다.

겹쳐진 바위의 틈으로 겨우 사람이 들어갈 수 있는 정도의 작은 통로가 하나 있다. 이 통로를 통해 들어가 올려다 보면 바위틈으로 하늘이 보여, 마치 동굴에 들어가 위로 터진 하늘을 바라보는 듯하다. 이 바위틈이 하늘로 통하는 문(門)과 같다고 해서 처음에는 이 바위를 문(門)바위라고 했다. 갑오년에 이르러, 바위에 박회근(朴晦根)·김정섭(金定燮)·박맹호(朴孟浩)·김영규(金永圭)·김재섭(金在燮)·박창근(朴昌根)·신필우(申弼雨) 등 당시 일곱 명의 동학 교도들이 결의를 다지기 위하여 자신들의 이름을 새겨놓았다. 지금도 바위에 새겨진 이름들을 확인할 수 있다. 이때부터 '문(門)바위'가 '문(文)바위'로 표기가 되었고, 오늘까지 그 이름으로 불리게 되었다.

마을 가구 수는 현재 20여 호가 살고 있다. 갑오년 당시에도 30여 가구가 사는 크지 않은 마을이었다고 한다. 해월은 당시 이 마을의 중간에 있던 큰 집에서 살았고, 해월이 살던 집과 연이어 있는 아래쪽 집에 '글방'을 차렸으며, 이 글방에서 강론이 진행되었다고 한다. 그러므로 갑오년 당시에는 많은 사람들이 이곳을 내왕을 하여 나귀와 말들이 동리 어구에 가득 메여 있었다고 한다. 한적한 시골 마을에 이렇듯 많은 사람들이 부산하게 왕래하여, 마치 서울이나 된 듯해서, 마을 사람들이 작은 장안(서울)이라고 불렀다는 이야기도 전한다. 이렇듯 당시 한곡리 문바윗골은 수많은 인파들이 말을 타고 드나들어 동학군의 심장부 구실을 했던 곳이다.

해월이 살던 집 자리에는 현재 박승재(현재 76세)라는 사람이 살고 있다. 박승재 씨의 할아버지도 동학교도로 '박회근(朴晦根)'이라는 이름이 바위에 새겨져 있다. 동학혁명 당시 일본군이 이 집에 불을 질렀고, 지금도 집 자리 밑에는 불에 탄 보리알이 나온다.

당시 동네 사람들은 해월을 '최버풀'이라고 불렀다. '최버풀'은 '최법헌(崔法軒)'을 사투리로 부른 것이다. 해월은 이곳에서 부인과 아들, 딸 등의 가족들과 함께 살았다. 그러나 아들(덕기)은 불행하게 이곳에서 17세라는 아까운 나이로 죽었다. 지금 마을 뒤편 저수지 우측 산기슭에 덕기(德基)의 무덤이 있다. 마을 사람들은 이 무덤을 '최버풀이무덤'이라고 한다. 실은 해월의 아들 무덤인데, 해월을 부르던 이름 그대로 '버풀이'라고 부르고 있다. 지금은 연고가 없는 초라한 이 무덤을 마을 사람들이 매년 벌초를 한다.

또한 갑오년 당시 일본군의 소행으로 마을이 전소되었고, 해월의 부인과 딸이 잡혀 관아에 갇히기도 했다. 훗날 다시 상세하게 기술하겠지만, 관아에 잡혀가, 관아의 아전과 강제로 혼인한 해월의 딸 최윤, 그리고 이 부부 사이에서 태어난 음악가 정순철의 이야기에는 참으로 많은 슬프고도 아픈 역사가 담겨져 있다.

전봉준이 고부에서 기포할 당시 해월은 이곳 문바윗골에서 장석을 펴고 찾아온 지도자들에게 강론을 하였다. 문바윗골에 있으면서 해월은 전봉준의 기포에 관해서 사전에 알지 못한 것으로 기록에 나와 있다. 전봉준이 고부에서의 기포를 위해, 사발통문이나 격문 등을 마련하여 각처의 동학교도들에게 보내는 등 사전에 많은 준비를 했던 것은 널리 알려진 사실이다. 이 과정에서 전봉준이 해월과 상의를 했는가 하는 문제는 중요하다.

　대부분의 기록은 전봉준이 해월과 상의하지 않았음을 암시하고 있다. 『천도교창건사』에는 "호남의 도인이 찾아와 급하게 고하기를 고부의 전봉준이 도인들을 취합하여 고부군을 격파하였다는 기별을 전해주었다."[22]라고만 되어 있다. 다시 말해서, 전봉준이 고부군을 격파한 이후에 그 소식을 해월은 호남에서부터 온 어느 동학 교도로부터 전해 들었다는 것이다. 이때 소식을 전해 준 동학교도가 부안의 김낙봉(金洛鳳)이었음을 암시하는 대목이 필사본 『김낙봉이력』에 있다. 이를 인용해 보면 다음과 같다.

　　翌年 甲午春을 當하야 古阜郡 全琫準이가 其父親이 該郡守 趙秉甲이의 死한 事로 報讐하기 爲하야 民擾를 惹起하다가 事不如意하야 茂長郡居 孫化中을 運動하야 大亂이 將起할 幾微를 見하고 心神이 悚惶하야 舍伯의 書簡을 奉하고 不日內 騎馬上去하여 大神師을 靑山 文岩里에 拜謁하옵고 事由를 告達한대 大神師分付內의 此亦時運이니 禁止키 難하다.[23]

　당시 김낙봉은 가형인 김낙필(金洛必)의 서한을 가지고 해월이 있는 청산 문암리로 말을 타고 달려가 전봉준이 기포를 한 사실을 알렸다고 한다. 글의 내용은, 갑오년 봄에 전봉준이 민요(民擾)를 일으켰다가 일이 뜻과 같이 되지 않자, 무장의 손화중과 함께 크게 난을 일으키려고 한다는 것이다. 이로 보아, 김낙봉이 해월에게 알리기 위하여 문바윗골에 온 때는 갑오년 3월로 추정된다. 전봉준이 이끄는 동학농민군이 3월 3일 부임한 신임 군수 박명원의 회유로 해산한 것은 3월 13일경이다. 이후 전봉준이 무장의 손화중을 찾아가 함께 기포할 것을 종용한다. 이러한 사실들로 보아 해월이 전봉준의 기포를 안 것은 일이 이미 많이 진행이 되어 무장의 손화중과 연대를 하려는 시점이 된다. 이들 자료들은 전봉준이 기포를 준비하며 해월과 아무 상의 없이 독자적으로 했음을 말해주고 있다.

그러나 또 다른 자료에는 기포하는 이유를 알리기 위하여 사람을 보냈다고 되어 있다. 즉 전봉준이 송두호(宋斗浩)·송대화(宋大和) 등과 더불어 조병갑을 징치하기 위하여 기포를 도모하면서 접주 송주성(宋柱晟)을 통해 문바윗골의 해월에게 알리며 호서(湖西)에서도 기포하여 접응(接應)하기를 부탁하였다고 되어 있다. 이때 전봉준은 동시에 태인, 금구, 남원, 무장, 부안 등지의 동학 지도자들에게 격문을 띄웠고, 계사(癸巳) 중동(仲冬), 즉 1893년 한겨울에 각 집강에 통문을 돌려 "간신적자(奸臣賊子)를 제거하고, 탐관오리(貪官汚吏)를 격징(擊懲)하고 나아가 왜(倭)와 양(洋)을 몰아내어 나라를 만년반석 위에 확립하고자 하니, 동학도인들은 물론, 일반 동포형제들도 11월 20일을 기하여 고부 마항시(馬項市), 곧 말목장터로 모이라."[24]고 하였다.

이는 전봉준이 기포 이전에 해월에게 사람을 보내 이유를 설명하고 접응을 부탁했다는 사실을 말해준다. 이 기별을 받은 이후, 해월이 어떠한 답을 했는지, 또 교단 내의 지도자들과 어떤 논의를 했는지는 자료가 없어 알 수가 없다. 다만 전봉준이 기포하고, 한참 시간이 지나 무장의 손화중과 연계를 시도하는 시점에 또 다시 동학 교도로부터 급한 보고를 받은 것으로만 나와 있다.

1893년 한겨울에 전봉준으로부터 기포를 준비한다는 보고를 받고, 또 1894년 3월에는 손화중과 연계하여 더 크게 기병을 한다는 보고를 받은 해월의 반응은 '걱정스러움'이었다. 해월은 스승인 수운 선생이 남긴 「탄도유심급(歎道儒心急)」의 "현묘한 기틀이 나타나지 않아도 마음을 급하게 갖지 말라. 공이 이루어지는 훗날 좋은 신선의 인연이 이루어질 것이다."[25]라는 구절을 들어 기포를 자제할 것을 당부했다. 이 구절을 인용한 해월의 의도는 사실 기포 자체를 반대했다기보다는, 적합한 시기가 아니라는 의미가 더욱 강한 것으로 풀이된다.

「탄도유심급」은 수운 선생이 '도를 이루려는 급한 마음보다는 수련에 정진하며 공을 이룰 그때를 기다리는 것이 더 중요하다.'는 의미로 말씀하신 글이다. 특히 '좋은 신선의 인연이 이루어질 때를 기다리라.'는 이 말씀에는, 모든 여건이 성숙되는 '그때'를 기다리는 것이 무엇보다 중요하다는 가르침이 담겨 있다. 따라서 해월의 뜻은 아직 무력을 행사하며 기포를 할 때가 아니라는 것이지, 기포 자체를 반대한 것은 아니라고 해석된다.

해월의 본뜻은 『시천교역사』에서 더욱 분명하게 알 수 있다. 여기에는 해월이 "경(經)에 현묘한 기틀이 드러나지 않았다고 해도 마음을 급하게 하지 말라고 하지 아니하였는가. 이는 스승님의 가르침이다. 운(運)이 아직 열리지 아니하고 시(時) 역시 이르지 아니하였으니, 망녕되게 움직이지 말라. 더욱 진리를 궁구하여 천명을 어기지 말지어다."[26]라는 내용의 「유서」를 전봉준에게 보낸 기록이 나온다.

전봉준을 비롯한 급진적 성향을 지닌 중간지도자들과 해월의 생각은 같지 않았던 것으로 나타난다. 특히 시기(時期)에 대하여 좀 더 신중해야 한다는 것이 해월의 태도였음을 이 자료는 말해주고 있다. 따라서 해월이 기포 자체를 반대했다는 기존 연구는 재고되어야 할 줄로 믿는다.

해월은 동학의 최고 지도자답게 모든 일에 있어 매우 신중한 태도를 취하고 있었다. 특히 1871년 이필제와 연계하여 난에 가담하여 영양 일월산에 어렵게 구축해 놓았던 용화동 신앙공동체의 마을이 풍비박산이 났을 뿐만 아니라, 수많은 동지를 잃어버리는 아픔을 겪은 경험을 해월은 지니고 있다. 그러므로 해월은 객관적으로 모든 대세와 민심이 충분히 성숙하지 않았는데 먼저 결정적인 집단 행동을 하는 것은 옳지 않다는 뜻[27]을 이렇듯 전한 것이다.

동학 창도자인 수운 선생의 『용담유사』 여덟 편을 분석해 보면, '시운(時運)'·'천운(天運)' 등의 어휘가 쉰여덟 번이나 나온다. 이 용어는 사용 빈도가 가장 높을 뿐만 아니라, 『용담유사』 여덟 편 전편에 모두 분포되어 있는 유일한 단어이기도 하다.[28] 그만큼 수운 선생은 시운을 중시하였다. 또한 『동경대전』 중 「포덕문」에서도 동학을 세상에 펴는 중요한 이유 중 하나로 '시운'을 들고 있다. 즉 당시 세상의 사람들이 시운이 도래하였는데도, 이를 모르고 있기 때문에 이를 알리기 위하여 가르침을 폈던 것이다.[29]

수운 선생에게 '시운'은 다만 '때'나 '시기'를 의미하는 것은 아니라 '거대한 차원의 변화' 또는 '새로운 전환을 맞이할 우주적 비밀'이기도 했던 것이다. 이와 같은 가르침을 이은 해월 역시 '시운'을 중시하여, 자신의 이름을 '경상'에서 때 시(時)가 들어가는 '시형(時亨)'으로 바꾸면서, '용시용활(用時用活)'의 가르침을 폈던 것이다.

이와 같은 점에서 본다면, 전봉준에게 보낸 「유서」에 나오는 '운(運)이 아직 열리지 아니하고 시(時) 역시 이르지 아니하였다.'는 표현은 바로 기병을 할 시운이 아직 오지 않았다는 말이기도 하다. 전봉준이 기병한 것은 수령의 탐학과 징세의 폐단에 그 원인이 있다. 그러므로 기병을 한다는 것은 이와 같은 탐학과 폐단을 혁파하는 데에 그 목적이 있는 것이며, 나아가 체제를 개혁하여 새로운 세상을 이루는 데에 그 목적이 있다. 그러나 새로운 전환을 맞이할 '시운'이 아직 완숙되지 않았는데, 기병을 한다면 그 목적을 달성하는 것이 가능하지 않다는 것을 지적한 것이다.

특히 고부와 무장 등지에서 기포할 때, 내건 목표는 부패한 현실 개혁과 반외세였다. 이는 교조신원운동, 특히 보은취회 때의 내용과 동일한 것이다. 그런데도 해월이 전봉준의 기포에 '걱정스러움'을 표명한 것은 다름 아니라, 앞에서 논의한 바와 같이 '때가 아직 이르지 않았는데도 일으킨 기병(起兵)'한, '시기에 맞지 않는 군사적 행동' 때문으로 판단된다.

일찍이 수운 선생은 시대의 혼란함과 무질서함을 요(堯)나 순(舜) 같은 성인(聖人)도, 또 공자(孔子)나 맹자(孟子)같은 성현(聖賢)들도 어쩔 수 없는 세상이라고 한탄한 바 있다.[30] 그런가 하면 당시의 세상을 '효박(淆薄)한 이 세상'[31], 또 당시의 사람들을 '효박(淆薄)한 세상사람'[32], 심지어는 '금수(禽獸)같은 세상사람'[33]이라고까지 극단적으로 표현하였다. 그러나 이러한 시대적 상황은 쇠운에 의한 것이고, 이렇듯 쇠운이 지극한 것은 다름 아닌 '십이제국(十二諸國)', 곧 온 세상이 '괴질운수(怪疾運數)'에 빠져 있기 때문이라고 진단하였다. 그러나 이 괴질운수가 바로 '다시 개벽'이 될 그러한 조짐[34]이라는 것이 수운 선생의 생각이고 가르침이기도 하다.

특히 수운 선생은 이와 같은 시대를 맞아, 당시의 억압을 받는 민중들에게 '모든 인간은 무궁한 존재로서 평등하며, 또 평등해야 한다.'는 시천주(侍天主)의 가르침을 폄으로써, 새로운 자각을 불어넣어 주었다. 나아가 당시의 시대적 어려움을 극복할 수 있는 힘이 다른 곳에 있는 것이 아니라, 민중들 자신에 있음을 일깨워주었다. 따라서 수운 선생의 이러한 가르침은 당시 빈천한 삶에서 위기를 겪고 있는 많은 사람들에게 새로운 희망이 되었던 것이다. 그런가 하면, 지금은 비록 빈천을 면치 못하고 있지만 이내 오는 시절에는 좋은 삶을 맞이하게 되고, 나아가 이 시대의 주역이 될 것이라는 희망을 불어넣어 주었던 것이다.[35]

그런가 하면, 시천주의 가르침을 통해 한울님 모셨음을 깨닫게 하고, 깨달음이라는 내적인 변화를 통해 자기중심적·이기적 자아를 벗어나 새로운 인간으로 거듭 태어남을 체험하게 하여, 자신이 지닌 소아적 자아를 보국안민·광제창생이라는 대의적 사회윤리로 전환시키는 계기를 이루는 데에 수운 선생 가르침의 궁극적인 의의가 있었다. 그러므로 이러한 가르침 속에서 동학 교도들은 불의한 인간관계나 사회구조에 저항하는 비판적 에너지를 공급받게 되고, 불의를 거부하고 일어날 수 있었던 것이다.

이러한 수운 선생 가르침의 핵심은 다름 아닌 '새로운 변혁에의 요구'이다. 따라서 이와 같은 변혁을 통한 새로운 세상, 새로운 차원의 삶을 이룩해야 한다는 수운 선생의 가르침에 매료되어, 당시의 많은 사람들이 동학에 입도를 했던 것으로 평가된다. 즉 동학에 입도를 한 사람들은 수운 선생의 가르침 속에서 시대를 개혁하고자 하는 의지를 읽기도 하였을 것이고, 또 어떤 사람들은 이에서 한 걸음 더 나아가 다만 개혁이 아닌, 조선조라는 봉건 체제를 뒤바꾸는 혁명으로 받아들이기도 했을 것이다.

그러면 수운 선생의 가르침에서 읽을 수 있는 '개혁'이란 무엇인가. 이는 곧 동학에서 말하고 있는 '다시 개벽'이다.

수운 선생이 당시 19세기 중엽이라는 시대를 인식한 모습은 각자위심(各自爲心)에 의한 도덕적인 타락과 이로 인한 혼란이었다. 수운 선생은 당시 사회의 제도나 체제의 문란이 조선조 사회를 부패와 질곡으로 몰아간 것도 사실이지만, 좀 더 근원적으로 인간의 내적 문제인 윤리적인 타락이 부패와 혼란을 초래하였다고 보았다. 따라서 엄밀하게 말해서, 수운 선생이 지녔던 당시 시대적 어려움을 극복하기 위한 방안은, 제도나 체제의 비판을 통해 그 변혁을 촉구한 것이 아니라, 타락하고 부패한 시대적·사회적 윤리를 어떻게 하면 다시 회복할 수 있는가에 초점이 있었다. 즉 수운 선생은 제도나 체제의 변혁을 위해서만이 아니라, 인간 내면의 문제인 타락한 윤리, 타락한 심성을 한울님의 도와 덕을 통해 회복하여 새로운 삶의 질서를 이룩하고자 동학이라는 가르침을 세상에 내놓았던 것이다.

다시 말해서 수운 선생은 당시의 부정과 부패는 어느 한 계층, 즉 지배계층의 타락에만 기인하는 것이라고 보지 않았다. 즉 지배계층이나 피지배계층을 막론하고 모든 계층의 사람들, 그들 모두의 심성이 총체적으로 타락했으므로 일어난 사회적 현상이라고 보는 것이 수운 선생이 지니고 있던 당시에 대한 인식이었다. 따라서 수운 선생은 어느 한 계층에 대한 비판을 통해서나, 또는 어느 한 계층의 힘에 의하여, 당시의 어려움이나 혼란이 극복될 수 있다고 보지는 않았다.[36]

그러므로 당시 지배계층이나 피지배계층을 막론하고 모든 사람들이 궁극적으로 그 심성(心性)이 타락하였으며, 이를 극복하기 위해서는 세상 사람들이 모두 한울님을 도와 덕을 회복해야 한다는 것이 바로 수운 선생의 생각이었다. 이는 지배계층의 혁신만으로 세상이 달라질 수 있다고 생각하는, 지배계층과 피지배계층이라는 이원적 차원에서의 인식이 아님을 알 수 있다. 다시 말해서 당시의 어려움이나 위기는 총체적인 차원에서 온 것이지 결코 어느 한 계층, 어느 한 분야의 잘못에 의하여 도래한 것이 아니라는 것이 수운 선생의 당시 현실 인식이었다.

이와 같은 수운 선생의 당시 시대적 삶에 대한 인식은 다음과 같은 『용담유사』의 구절에 잘 나타나 있다.

매관매작(賣官賣爵) 세도가(勢道家)도 일심은 궁궁(弓弓)이요

전곡(錢穀) 쌓인 부첨지(富僉知)도 일심(一心)은 궁궁이요

유리걸식(流離乞食) 패가자(敗家者)도 일심은 궁궁이라

풍편(風便)에 뜨인 자도 혹은 궁궁촌(弓弓村) 찾아가고

혹은 만첩산중(萬疊山中) 들어가고 혹은 서학(西學)에 입도해서

각자위심(各自爲心)하는 말이 내 옳고 네 그르지[37]

수운 선생이 동학의 도를 펴던 19세기 중엽은 도참류(圖讖類)의 참서(讖書)와 무고사(巫蠱事) 등의 미신이 사회 전반으로 창궐하였었다.[38] 이는 곧 당시 사회를 견지시켜 오던 유교적 이념이 무너지고 현재적인 삶과 미래에의 보장이 없으므로, 사람들이 미신이라는 불확실한 믿음, 또는 『정감록』 등이 제시하고 있는 막연한 미래에 기대를 걸게 되는 당시 사회적 심리의 한 반영이기도 하다.[39]

「몽중노소문답가」에 등장하는 '매관매작(賣官賣爵) 세도가'나 '전곡(錢穀)이 산같이 쌓인 부첨지'는 당시 권력과 부를 지닌 지배계층을 지칭하는 말이다. 그런가 하면 '유리걸식(流離乞食) 패가자(敗家者)'나 '풍편(風便)에 뜨인 자'는 곧 경제적 파탄으로 가정도 가족도 모두 뿔뿔이 흩어진 유랑 하층민을 뜻한다. 당시의 현실은 바로 이렇듯 권력을 지닌 사람이나, 부자나 가난한 사람이나 하층민이나, 일컫는 바 빈부귀천(貧富貴賤)을 막론하고 모두 자신 혼자의 삶만을 도모하기 위하여, 당시 떠도는 도참서에서 말하고 있는 궁궁촌을 찾아 떠나는 지극히 비정상적인 세태였다.

수운 선생은 바로 이와 같은 현실을 직시하고 이를 비판하였다. 따라서 수운 선생은 이와 같은 현실인식을 바탕으로, 지배계층과 피지배계층, 또는 상층계층과 하층계층 모두를 망라하고 모두 각자위심에서 벗어나는 것이 바로 새로운 삶을 열어가는 그 첫 번째임을 강조하였다. 즉 시천주(侍天主)의 '모심'을 통한 마음의 개벽이 우선되어야만이 새로운 차원의 삶을 이룰 수 있다고 보았다. 그런가 하면 이러한 마음의 개벽과 천리(天理)가 서로 부합될 때에 비로소 개벽이 이루어진다고 역설하고 있다.[40] 그러므로 수운 선생은 늘 제자들에게 "운수야 좋거니와 닦아야 도덕이라."[41]라는 가르침을 강조했다. 또한 성운이 오고 쇠운이 오는 것도 궁극적으로는 세상의 사람들이 군자의 덕을 지녔느냐, 그렇지 않으면 소인의 삶을 사느냐에 달려 있다고

말하고 있다.[42]

수운 선생과 해월이 추구하는 '다시 개벽'은 '마음의 개벽을 바탕으로 하는 사회의 개벽이며 우주의 개벽'이었다. 즉 마음의 개벽이 되지 못하면 사회 개벽 역시 이룩될 수 없다는 것이 동학의 종교적 가르침이다. 이와 같은 스승의 가르침을 이은 해월이 지도하였기 때문에, 보은 장내리 교조신원이 질서 정연한 가운데서 전개되는 평화적인 모습을 보여주었던 것이다.

그러나 전봉준의 변혁에 대한 생각은 다른 듯했다. '내적인 역량 강화'를 우선하기보다는 새로운 변혁을 위해 '직접적이고 또 현실적인 투쟁'을 앞세우고자 했던 것이다. 즉 해월은 수운 선생의 가르침을 이어 내적 심화를 통한 외적 개혁을 추구했다면, 전봉준은 수운 선생의 가르침에서 현실 개혁에만 초점을 맞추고, 직접적으로 현실 개혁을 위한 방향으로 나간 것으로 평가할 수 있다.

한편으로 훗날 해월이 전봉준의 거사에 대하여 '이 또한 시운이다.'[43]라고 인정한 것은 얼핏 애초의 태도와 모순된 것처럼 보인다. 그러나 '시운'은 우주적 변화와 함께 오는 것이지만, 이를 열어 가는 것은 바로 '사람의 능동적인 참여'에 의한 것이라는 동학의 시운관(時運觀), 개벽관(開闢觀)[44]을 염두에 두면 이는 쉽게 이해가 된다. 따라서 아직 시운은 아니지만, 그 시운을 열어 가려는 의지와 노력을 인정한 것이라고 하겠다. 이로 보아도 해월이 호남에서의 기병을 근본적으로 부인한 것이 아니라는 것을 알 수가 있다.

특히 동학교도들이 관에 의하여 타살을 당하는 등 극단적인 탄압을 받자, 해월은 동학교도들에게 적극적으로 나서라는 지시를 내린다. 최근에 발견된 자료에 의하면, 전봉준 등이 기포한 직후인 4월에 이미 해월은 통문을 돌려 청산(靑山) 소사전(小蛇田)에 교도들을 모이게 하고 충청도 일대의 관청을 공격하여 무기를 탈취하는 등 활동을 벌였다고 한다. 그런가 하면, 전라도의 무장 동학농민군에게, '기일 전에는 절대 함부로 동요하지 말고 지휘를 기다리라.'는 통고를 4월 16일자로 보내기도 하였다고 한다.[45] 이와 같은 사료는 해월 역시 무장 기포 이후 적극적으로 대응했음을 말해주고 있다.

해월은 거사를 앞두고 '성숙된 시기', 곧 '시운'을 강조하였다면, 전봉준은 직접적으로 현실 문제에 뛰어들었음을 알 수 있다. 그러나 이미 기포를 하였다는 소식을 접한 이후, 이 역시 시운이라고 하며 해월 역시 적극적으로 참가했음을 알 수 있다. 이와 같은 해월과 전봉준의 모습에서, 두 사람이 현실에 대응하여 '다시 개벽'을 추구하는 두 모습을 발견할 수 있다.

3. 전주화약, 총기포 그리고 마지막 전투

고부에서 기포 이후 전봉준은 무장의 손화중을 찾아가 함께 기포할 것을 호소한다. 동학교도들에 대한 이용태의 만행이 계속되고, 손화중은 마침내 전봉준의 제의를 받아들여 기포를 결정한다.

3월 16일 무장현 동음치면(冬音峙面) 구암리 당산마을 일대로 모여든 동학교도들은 죽창 등의 무기를 마련하고 군량을 확보하는 등 기포를 준비한다. 준비를 마친 동학교도들은 3월 20일 무장현 당산에서 포고문을 낭독하고 기포하게 된다. 무장을 떠난 동학농민군은 고창, 흥덕, 부안을 거쳐 고부에 이른다. 고부를 향하던 중 태인의 김개남(金開南)군이 합류하였고, 3월 25일 백산에서 전봉준을 총대장으로, 김개남과 손화중을 총관령으로, 김덕명(金德明)과 오시영(吳時泳)을 총참모로, 최경선(崔景善)을 영솔장으로, 송희옥(宋憙玉)과 정백현(鄭伯賢)을 비서로 정하는 등, 동학농민군을 정비하고, 이내 격문 등을 발한다. 이러한 과정을 거쳐, 각 처에서 동학농민군과 합류하며 그 세를 불려 갔다. 황토현 전투에서 크게 전승을 거둔 동학농민군은 남하를 거듭하며 세력을 키워 갔다. 즉 각 지역을 경유하며 지역민들의 합류를 유도하여 봉기 참여 지역을 넓히고 동학농민군의 숫자를 확대해 나갔던 것이다.

동학농민군은 다시 황룡촌에서 경군과의 전투에서 승리를 하였고, 이후 북쪽으로 기수를 돌려 정읍·태인·원평 등지를 거쳐 전주성을 향해 나아 갔다. 동학농민군이 원평에 이르렀을 때 전주성은 무방비 상태로 놓여 있었다. 전주성에 있던 감사 김문현은 4월 18일자로 파면이 되었고, 후임 감사인 김학진(金鶴鎭)은 아직 부임하지 않았다. 따라서 전주성은 다만 적은 수의 군 사만이 지키는, 거의 무방비 상태나 다름이 없었다. 26일, 동학농민군은 전주 삼천까지 진격하여 하룻밤을 머물렀고, 다음날에는 전주성 공략 준비를 마친 3만여 명의 동학농민군은 서문 밖에 이르렀다.

27일은 전주 서문 밖 장날이었다. 무장, 영광 등지에서 사잇길로 흩어져 오던 많은 동학농민군들이 장꾼들과 함께 섞여 이미 시장 안에 들어와 있었다. 장터 건너편 용머리 고개에서 대포소리가 터져 나오며 이내 동학농민군의 총소리가 일시에 시장판을 뒤덮었다. 대포소리와 총소리에 놀란 장꾼들이 정신을 잃고 뒤죽박죽이 되어 서문과 남문으로 물밀듯이 들어가자, 장꾼들과 섞여 있던 동학농민군들이 성안으로 들어가며 함성을 지르고 총을 쏘았다. 서문을 지키던 군졸들이 혼비백산하여 도망하고, 이때 전봉준이 대군을 이끌고 서문으로 들어와 선화당(宣化堂)에 자리하게 되니, 전주성은 이렇듯 무혈입성이 되었다.

동학농민군이 전주성을 함락하자, 조정에서는 당황한 나머지 청나라에 구원병을 청하였다. 국내에서 일어난 일을 막기 위하여 다른 나라에게 군대를 요청한다는 참으로 어처구니없는 일이 벌어진 것이다. 당시 상황은 외세의 위협이 가시화되고 있던 때이다. 이러한 때에 외세를 자진해서 불러들인다는 것은 이미 나라를 포기한 것이나 다름없는 조처였다. 민비 일당은 청나라를 불러들임으로써 망국의 화를 스스로 초래한 것이다.

청군이 조선에 파병을 결정하자 오래전부터 조선 진출을 엿보고 있던 일본은 더할 수 없이 좋은 기회로 여겼다. 일본은 '조선 내 일본공사관원과 일본거류민을 보호한다.'는 명분 아래에 조선 조정의 요청도 없는데도 불구하고, 5월 4일 출병을 통보했다. 당황한 조선 조정이 일본 출병을 반대하고 나섰으나, 아랑곳하지 않고 일본은 5월 6일부터 12일까지 6,300여 명의 병력을 인천에 상륙시켰다. 청나라는 동학농민군이 있는 지역과 가까운 아산으로 군대를 상륙시킨 데 반하여, 일본은 조선 조정이 가까운 인천으로 상륙을 시킨 것이다. 일본의 야심이 어디에 있는가를 말해 주는 대목이다.

잘못된 판단으로 인하여 조선 조정은 안으로는 동학농민군을 진압하여야 하고, 밖으로는 청과 일본 양군을 철수시켜야 하는 처지에 놓이게 되었다. 그러나 조선으로서는 이들 양국의 군대를 철수시킬 수 있는 힘이 없었다. 조선 조정은 조선에 주재하고 있는 서양 각국의 공사들에게 도움을 요청을 했다. 서양 각국은 청나라든 일본이든 어느 나라가 조선에 확고한 영향력을 지니게 되는 것을 원치 않는 입장으로 지켜볼 뿐이었다.

청일전쟁이 발발할 때까지 청나라와 일본 양국은 타협할 기회가 여러 번 있었다. 조선 조정의 요청으로 청나라 군대가 내한하고 일본이 파한되어 즉시 전투가 벌어지지 않았고, 그동안에 난의 진정으로 양군 동시 철수의 일시적 합의라든지, 한국 내정의 공동개혁의 교섭, 또는 열강의 조정에의 기대 등이 있었다. 그러나 일본은 오직 전쟁의 구실을 찾기 위한 길로만 나아갔다.[46] 즉 일본은 어떠한 빌미를 찾아서라도 한반도를 점유하기 위해 혈안이 되어 있었던 것이다.

일본은 청나라와 전쟁을 도발하기 위하여 먼저 무력으로 경복궁을 점령하고, 민씨 친청파를 축출한 이후 대원군을 세워 꼭두각시 정권을 만들어놓았다. 이후 조선 조정으로 하여금 청군 철퇴를 일본에 의뢰하도록 강압하였던 것이다. 일본의 협박에 이기지 못한 조선 조정은 이와 같은 조치를 내리게 되고, 일본은 6월 23일 아산만 앞 풍도(豊島)에 주둔하고 있는 청군을 공격하여 청일전쟁을 도발하였다.

청일전쟁이 벌어지는 동안 조선의 중부 이북은 전쟁터가 되었고, 일본은 조선을 전쟁에 끌어들이기 위하여, 강제로 '조일공수동맹조약(朝日攻守同盟條約)'을 체결하여 일본군이 조선 내에서 우마차 등을 마음껏 징발하거나 편리한 대로 식량 등을 마련할 수 있도록 했다. 조선은 두 나라의 전쟁터가 되어 황폐화됨은 물론, 일본의 물자 강제 동원으로 이중고를 겪게 되었다.

한편 전주성을 함락하고 입성한 동학농민군은 두 가지 어려운 일에 봉착하였다. 전주성을 탈환하고자 홍계훈(洪啓薰)이 이끌고 온 관군과의 전투에서 많은 손실을 입었다는 것이 그 하나요, 다른 하나는 조정이 청군을 불러들임으로써 청군과 일본군이 모두 우리 강토로 들어와 있다는 사실이었다. 청군과 일본군의 개입은 동학농민군이 원하지 않던 일이었다.

전주성을 둘러싸고 공격을 해오던 홍계훈이 '바라는 바를 들어주겠다.'는 글을 보냈고, 이에 대하여, 전봉준은 '동학농민군이 봉기할 수밖에 없었던 당위성과 함께 폐정개혁안을 임금에게 보고해 줄 것'을 요구하는 소지문을 보내 협상안을 제시하였다. 그러나 홍계훈은 '여러 가지 조목이 이치에 맞지 않아 들어줄 수 없으니, 무기를 반납하고 성문을 열고 해산하라. 목숨을 구하려거든 성문을 열고 나가라. 그러면 결코 쫓아가 잡지는 않을 것이다.'라는 등의 답변을 보냈다. 이와 같은 홍계훈의 조치에 동학농민군은 또한 '귀가하는 동학농민군에 대한 신분 보장'을 요구하자, 홍계훈은 '해산하는 자에게는 물침표(勿侵表)를 만들어 주겠다.'는 약속을 하였다.

그러나 동학농민군은 곧바로 철수하지 않고, 자신들의 폐정개혁 요구에 관해서 임금이 어떤 긍정적인 조처가 있을 때, 무기를 반납하고 해산하겠다는 뜻을 보냈다. 이에 관해 구체적으로 홍계훈이 수용했다는 기록은 없지만, 이후 동학농민군의 글에, '홍계훈이 개혁안을 임금께 상주하겠다는 약속을 하였고, 따라서 화해의 칙령에 따라 해산을 하였다.'는 내용으로 보아, 홍계훈이 동학농민군의 신변을 보장하고 나아가 폐정개혁안을 임금에게 올리겠다는 조건으로 전주화약(全州和約)이 이루어진 것으로 판단된다.

'전주화약'은 당시 동학농민군의 의지를 잘 나타내주는 것이라고 하겠다. 홍계훈의 공격이 만만치는 않았다는 점도 있지만, 일본과 청나라가 우리나라 강토에 각기 군대를 진주시켰고, 그리고 일본이나 청나라의 야욕이 어디에 있는가를 잘 알고 있는 전봉준을 비롯한 동학농민군은 화약을 체결하여 조정의 부담을 덜어주고, 그러므로 외세가 물러가기를 희망하며 화약을 하고는 철수를 한 것이다. 이는 동학농민군의 전투는 다만 자신들의 정치적 입지를 위한 전투가 아니라, 진정한 보국안민에 있었음을 증명하고 있다.

전주화약 이후, 동학농민군들은 53개 군현에 집강소(執綱所)를 설치하여 민정(民政)을 실시하였다. 그러나 (일본군의 경복궁 침탈에 절치부심하던 동학농민군들은) 8월에 이르러 전라도와 충청도, 경상도 지역에서부터 재기포를 시작하였다.[47] 일본군이 평양에서 청나라군을 격파하고, 이어서 압록강을 넘어 진격하자, 황해도 각지에서도 동학농민군의 기포가 시작되었다.

한편, 9월에 이르러 조선 조정은 일본군과 연합하여 대대적으로 동학군 토벌을 도모해 나갔다. 서울에서 연합군은 세 갈래로 군대를 편성하여 남하를 시작했다. 이 과정에서 경기도의 용인 · 안성 · 장호원 등지의 동학교도는 물론, 충청도의 진천 · 괴산 · 음성 등지의 동학교도들이 토벌대에 쫓기면서 해월이 머물고 있는 청산으로 몰려오기 시작하였다.

관군과 일본군의 연합 토벌 작전에 의하여 각 지역에서 동학교도들이 살상을 당하게 되자, 해월은 「초유문(招諭文)」을 발송하여 대접주들로 하여금 교도들을 인솔하고 청산 문바윗골로 모이도록 하였다.

> (전략) 이 老物이 나이가 70이 가까운지라, 氣息이 奄奄하되 傳鉢의 은혜를 생각하면 눈물이 옷깃에 차는 것을 견디지 못하여 어찌 할 바를 모르겠도다. 이에 또 통문을 發하노니, 바라건대 여러분은 이 老夫의 마음을 諒察하고 기 필코 會集하여 菲誠을 다하여 天威絨續의 아래 크게 부르짖어 先師의 숙원 을 쾌히 펴고 宗國의 急難에 同赴할 것을 千萬 바라노라.[48]

해월은 이제 나이가 70에 가까이 이르러 기식(氣息)이 점점 쇠약해지고 있 으나, 수운 선생의 숙원을 펴고, 급난(急難)에 처해 있는 우리나라를 구하고 자 하니, 동학 교도들은 문바윗골로 모이라는 통문을 돌린 것이다.

해월의 「초유문」을 받고 손병희, 손천민 등 주요 대두목들이 문바윗골로 모여들었다. 두목들로부터 호남의 정세를 들은 해월은 "이 또한 천명에 의 하여 나온 것이다. 누가 옳고 그름을 과히 탓하지 말라."[49] "이 모두 한울님 뜻에 의한 것이니 여러분들은 전봉준과 협력하여 스승의 원한을 풀고 우리 도의 큰 원을 실현하라."[50] 하며 각 포(包)에 기포령을 내렸다.

동학 교도들이 청산에 모이자, 해월은 통령기를 손병희에게 주면서 동학 농민군을 이끌도록 명을 내렸다. 손병희는 전열을 정비하고, 출전에 앞서 치성제(致誠祭)를 지냈다. 첫잔은 통령인 손병희가, 다음 잔은 영장 임정재 (任貞宰)가, 축문은 참모 손천민, 봉향은 이관영(李觀永), 봉로(奉爐)는 이원팔(李元八), 장령(將令) 이종옥(李鍾玉, 鍾勳)·신택우(申澤雨)·정경수·조재벽·장건 희·박용구·이상옥·신재련(辛在璉) 등이 차례로 참례하여 치성을 하였다.

청산에서의 기포령에 앞서서 전봉준이 이끄는 전라도 중심의 동학농민군은 전라도의 요충지인 삼례에 도소를 차려놓고 재기포를 위한 대회를 개최하기에 이른다. 이러한 전봉준과 협력하여 스승의 원한을 풀고 우리 도의 큰 원을 실현하라는 해월의 기포령은 지금까지 각기 활동을 하던 동학의 남접과 북접이 하나가 되는 순간이기도 하다. 따라서 청산에서 내린 해월의 기포령은 말 그대로 '총기포령'이 된 것이다.

해월의 총기포령은 고부에서 시작된 동학농민혁명을 전국적으로 확산시키는 중요한 계기가 되었다. 고부에서 무장·백산을 거쳐 호남 일대로 확산된 동학농민혁명은 해월의 총기포령에 의하여 충청도의 호서지역, 경상도의 영남지역, 강원도의 관동지역, 그리고 황해도의 해서지역, 나아가 평안도의 관서지역 일부까지 확산되었다. 이로써 동학농민혁명은 비로소 전국화가 되었다.[51]

이와 같이 해월이 총기포령을 내린 것은 동학농민군들이 지역적 한계를 넘어서 전국적인 규모로 똑같은 구호와 목표를 가지고 하나가 되어 일어났다는 의미를 지닌다. 따라서 해월의 총기포령이야말로 동학농민혁명의 이념과 원칙과 진영이 완성되어 전국적·역사적 혁명이 되는 순간이었다.

이와 같은 총기포령을 기념하는 비가 천도교중앙총부에 의하여 청산면 입구에 세워져 있다. 기념비 옆으로는 이 지역에서 지방관을 지낸 군수, 현감 등의 공덕비 또한 즐비하게 서 있다. 그러나 이들 공덕비들 중에는 민보군 대장으로 동학농민군을 진압한 공이 인정되어 군수가 된 박정빈(朴正斌)의 공적비 또한 나란히 있어, 역사의 아이러니를 느끼지 않을 수 없다. 어찌 보면 이것이야말로 오늘 우리가 처한 적나라한 모습인지도 모른다.

해월의 총기포령에 따라 동학농민군은 무장을 위하여 9월 25일에는 음죽(陰竹) 관아를 공격하여 군기를 탈취하고,[52] 29일에는 진천 관아를 공격하여 군기를 탈취하였다.[53] 군기를 갖춘 동학농민군은 충북 북부지역과 경기도

남부, 강원도 서남부 일부 지역, 그리고 전라북도 일부 지역의 동학교도들이 합류하여 음성 만승면 광혜원(廣惠院, 당시는 진천군)에서 첫 회합을 가졌다. 또한 손병희 충의대접주 휘하의 동학농민군과 강원도 일부 동학농민군들은 보들(洑坪, 현 금왕읍 도청리, 신평리 일대)에 모였다. 모두 황산대도소의 지휘를 받아 움직였다. 그러므로 황산에는 수만의 동학농민군이 모여들었고, 세를 불린 동학농민군은 괴산·보은을 거쳐 해월이 있는 청산으로 갔다. 이때 청산에는 영동과 옥천의 동학농민군까지 합류를 하여 근 2만 명에 이르는 동학농민군이 집결했다. 이후 10월 16일 전봉준이 이끄는 호남의 동학군과 논산에서 합류하여 10월 20일부터는 곰티전투와 이인(利仁)전투를 벌이며 공주성을 공략하였다. 치열한 공방전을 벌였으나, 막강한 일본군과 관군의 화력에 밀려 여산·전주·금구·원평·태인·정읍을 거쳐 내장산 가을재를 넘어 순창 복흥을 거쳐 임실 갈담(葛潭)으로 철수를 하였다.

갈담(葛潭)에서 손병희는 해월을 만난다. 그 이전에 손병희는 해월로부터 '갈담'으로 오라는 전갈을 받은 것으로 되어 있다.[54] 갈담에서 손병희는 지휘권을 해월에게 다시 넘겨주었다.[55] 따라서 해월이 직접 지휘하는 동학농민군은 무주(茂朱)를 향하다가 장백리(長白里)에서 이응백(李應伯)이 이끄는 민보군과 접전하여 크게 물리친 다음, 계속 북상하여 영동군(永同郡) 용산(龍山)에 이르러 뒤에서 추격하는 일본군과 앞으로 밀려오는 관군에 포위가 되었다. 그러나 결사적으로 포위를 뚫고 보은(報恩) 북실과 충주 외서촌 되자니(지금의 陰城 道晴里)에서 각각 한 차례씩 전투를 치른 후 해산을 하였다.

보은 읍내에서 속리산 쪽으로 향해 가다, 오른쪽으로 삼년산성을 지나고 다시 왼쪽으로 바람불이를 지나, 그 옆으로 난 길을 따라 북쪽을 향해 들어가면 마을 위편에 마치 종처럼 생긴 작은 봉우리가 솟아 있는 것을 볼 수가 있다. 이 봉우리가 종 모양이라고 해서, 산의 이름은 '종산(鐘山)', 또는 '북산'

이라고 한다. 그러나 다만 모양만 종같은 것이 아니라, 옛날에 과거를 보러 가는데, 그때 이 산에서 종소리가 은은히 들려오면 이 마을에 세거하는 경주 김씨 문중에서 과거에 합격하는 사람이 나왔다는 전설 또한 지니고 있다. 마을 이름도 이 산의 이름을 따서 북실, 곧 종곡(鐘谷)이라고 부른다.

북실은 안북실과 바깥북실로 나누어지고, 이 두 북실에는 열두 북실로 불리는 작은 마을들이 있다고 한다. 산줄기를 따라 골짜기마다 작은 마을들이 형성이 된 것이다. 동학농민군이 머문 곳은 바깥북실 쪽 마을이었다.

북실로 들어선 북접 동학농민군은 지칠 대로 지쳐 있었다. 비록 1만이나 되는 많은 동학농민군이었지만, 곳곳마다 전투를 치르며 일본군과 관군의 추격을 피하느라고 모두들 지쳤던 것이다. 제대로 먹지도 못했고, 또한 혹독한 추위 때문에 동학농민군의 사기는 말할 수 없이 저하되었다. 그러므로 동학농민군은 추격군을 물리치기보다는 퇴로를 찾기에 급급했다.

이와 같은 동학농민군의 실상을 파악한 추격군은 정면 공격할 것을 결정하고 준비에 들어갔다. 일본군과 관군은 북실로 들어가는 어귀에서 파수를 보던 동학농민군을 붙잡아, 북실 안의 상황과 동학농민군의 동정을 탐문했다. 북실 마을 안에는 마을 사람들은 모두 피신을 했고, 동학농민군만 가득 차 있으며, 이들 중에는 최시형, 임국호, 손병희 등의 고위 간부들도 포함되어 있음을 파악하였다. 그런가 하면 비록 그 숫자는 많아도, 모두 지쳐 있음을 알게 되었다.

동학농민군이 경계가 허술할 것으로 파악하고 관군과 일본군은 야간 기습을 하기로 결정하였다. 어둠이 쌓인 북실에 숙영하고 있는 동학농민군에 대한 공격은 주로 일본군이 맡았다. 전투가 시작되고, 서로 밀리고 밀리는 듯하였다. 그러나 무라다 소총이라는 최신식 무기로 무장한 일본군의 저격에 동학농민군은 하염없이 쓰러졌다. 일본군은 한 사람도 사상자가 없었는데 비하여, 대부분 철창과 환도로 무장한 동학농민군은 처참하게 죽어 갔다. 당시 동학농민군에게는 신식 모젤총은 몇 정이 있을 뿐이었고, 화승총으로 무장한 사람도 몇 되지를 않았다.

북실을 점령한 일본군과 관군 등에 의하여 동학농민군은 무차별 학살을 당하였다. 북실 일대는 죽은 시체와 피로 인하여, 그야말로 시산혈해(屍山血海)를 이루었다. 온 산의 계곡과 나무 사이로는 죽은 동학농민군의 시신이 서로 베개를 베듯 겹쳐 있어 그 처참한 광경은 목불인견이었다고 한다.

민보군 대장 김석중이 사로잡은 파수병을 문초하여 알아본 것에 의하면, 해월은 저녁 무렵에 김소촌가(金召村家)에 있었는데, 그간의 거취는 알지 못한다고 한다. 이와 같은 기록으로 보아, 해월이 이곳 북실에 와서 머물었던 것은 분명한데, 전투 이후에 어떻게 되었는지는 자세하게 알 수가 없다.

이곳 북실 전투에서 동학농민군은 얼마나 많이 희생이 되었는가. 유격대 대장으로 참가를 했던 김석중의 진중일기인 『동비대략(東匪大略)』에 의하면, 야간 전투에서 살해된 사람이 393명, 난포(亂砲)에 죽임을 당한 수가 2,200여 명이라고 되어 있다.[56] 그야말로 처참한 학살이 아닐 수 없다. 이와 같이 동학농민군은 일본군에 의하여 학살을 당하고, 필사로 도망을 하여 괴산 화양동을 거쳐 음성 되자니에 이른다.

천도교 측의 여러 기록에 의하면, 동학농민군이 보은 북실에서 도망하여 마지막 전투를 치른 곳이 충주 외서촌(外西村)이라고 되어 있다.

道衆이 遂히 報恩郡 北室里에 至하야 夜에 淸州兵의 襲擊함을 遭하야 死傷이 甚衆하엿고 淸州郡 華陽洞을 經하야 忠州郡 外西村 屛里에 轉至하야 官軍의 又急擊함을 受하고 忠州 無極市場으로부터 迎擊할지라. 道衆이 失伍하야 各散逃走하니 十二月 二十四日이러라.[57]

이에 北으로 直進하야 淸州 華陽洞을 지나 忠州 外西村에 이르니 官兵이 忠州 無極市에서 迎擊하는지라 餘衆이 이에 四散하니 때는 十二月 二十四日 이엿다.[58]

『천도교회사초고』와 『천도교창건사』 모두 충주군 외서촌에서 관군과 마지막 전투를 치른 것으로 나온다. 그러나 외서촌이라는 지명을 오늘의 지도상에서는 찾을 수가 없다. 이 충주 외서촌에 관하여 표영삼이 고찰한 바는 다음과 같다.

> 교중 원로분들도 그렇고 충북도에 사는 교인들도 외서촌이 어디에 있는지 모르고 있었다. 결국 충주지방에 가서 탐문하는 길밖에 없다는 결론을 내리고 지난 11월 30일 (1978년) 충주로 갔다. 우연히 고로(古老) 한 분을 만나 물어보니 뜻밖에도 외서촌은 충주(충원군) 지방에서 서쪽으로 백여 리나 떨어져 있는 음성군 관내에 있음을 알게 되었다. 외서촌이란 작은 동리 이름이 아니라, 군(郡) 정도의 넓은 지역을 지칭하는 지방명이다. 즉 음성군 관내에 있는 금왕읍(金旺邑)을 위시하여 삼성면(三成面), 대소면(大所面), 맹동면(孟洞面), 감곡면(甘谷面), 생극면(笙極面) 등 6개 읍 면에 걸쳐 있는 지역을 충주 외서촌이라 한다는 것이다. … 〈중략〉 … 처음 준비하여 갔던 5만분의 1 지도를 펼쳐놓고 우선 무극(금왕읍) 지역을 샅샅이 뒤졌다. 처음 눈에 들어오는 것이 '되자니'였다. 이 명(里名)을 보니 도청리(道晴里)였다. 『의암손병희선생전기』에 보면 "충주 경내의 외서촌 도장리(道場里)에 이르러 관군과 격전하였으니" 라는 기록이 있다. 도청리(道晴里)와 도장리(道場里)를 비교하여 볼 때 도(道) 자가 들어 있다는 공통점을 발견하였다. … 〈중략〉 … 도청1리의 마을 이름은 '되자니'로 표기되어 있는데 이것도 이종해 선생이 쓴 『천도교서』에 도잔리(都孱里)라는 기록과 발

음이 같으므로 거의 틀림이 없다고 단정한다.[59]

이렇듯 답사와 고증, 증언 등을 통해 표영삼이 지도상에도 보이지 않는 지명을 찾아, 마지막 격전지인 외서촌이 바로 음성의 되자니라는 마을임을 알아냈다. 이곳에서 12월 24일 관군의 공격을 받아 동학농민군의 지도자들은 뿔뿔이 흩어졌다. 해월은 마르택의 이상옥의 집으로 피신하였고, 손병희·홍병기·이승우·최영구·임학선 등은 죽산 칠장사로 피신하여 들어갔으나, 이곳에서 다시 관군의 공격을 받았다.

일본군의 강력한 화력과 관군 그리고 민보군 등의 공격으로 수많은 희생자를 낸 동학농민군은 해산을 하여 각기 도생하기에 이르렀다. 해월 역시 난(亂)을 일으킨 동학의 수괴(首魁)로 또 다시 지명수배자가 되어 험난한 피신의 길에 올랐다.

4. 국권운동 · 항일투쟁으로서의 동학농민혁명

동학농민혁명을 바라보는 시각은 다양하다. 동학농민혁명 당시에서부터 오늘까지 다양한 견해가 제기되었다. 황현(黃玹, 1855-1910)이나 박주대(朴周大, 1836-1912) 등, 동학농민혁명 당시의 유학자들은 동학을 사교(邪敎)로 보았다. 따라서 동학 교도들을 동비(東匪)로 칭하였으며, 동학농민혁명을 반역의 난으로 보았다. 이것은 당시의 지배적인 시각이었다. 그러므로 조선조 조정은 동학농민군과 싸우다가 목숨을 잃거나 공을 세운 관군, 또는 반농민군 활동을 주도한 인물들을 기념하고 칭송하였고, 동학농민혁명의 여러 격전지에 사당과 기념비를 세워, 이들을 추모하거나 칭송하였다.[60]

그러나 구한말에서 일제 강점기에 이르기까지, 민족주의 사학자들에 의하여 동학농민혁명에 대한 인식과 시각은 새로운 차원으로 전환되기 시작하였다. 그중 대표적 인물인 박은식(朴殷植, 1856-1926)은 동학란을 유례없는 평민혁명이라고 평가하였다. 이후 장도빈(張道斌, 1888-1963), 황의돈(黃義敦, 1890-1964), 김상기(金庠基, 1901-1977) 등에 의하여 동학농민혁명은 민중혁명으로 높이 평가되었다. 즉 동학농민혁명의 사회 경제적 배경, 그리고 동학사상과 동학 교단의 역할 등 다양한 검토와 연구를 바탕으로 조선민중운동사상에 일대 선구를 이룬 민중혁명으로 평가하였다. 이들이 동학농민혁명을 보는 관점은 동학이라는 종교와 농민들의 정치·경제적 불만이 결합하여 일어난 민중혁명이라는 데에 그 초점이 모아져 있었다. 이러한 평가와 관점은 그 후 오랫동안 지속되었다.

반면에 북한 학자들의 시각은 매우 달랐다. 동학농민혁명(갑오농민전쟁)을 동학과는 관계없는 계급혁명으로 파악하였고, 농민봉기는 동학사상과는 아무런 관계가 없다는 견해를 보였다.[61] 그런가 하면, 재일동포 학자인 강재언(姜在彦) 역시 동학은 농민봉기와 관계가 없으며, 동학은 다만 외피(外皮) 정도라고 평가하였다.[62]

이와 함께 우리나라에서도 1980년대 후반부터 기존의 동학연구사를 검증하고 비판하는 분위기가 일기 시작하였다. 역사적 전환기에 초점을 맞추어 농민을 변혁운동의 주체 세력으로 규정하는 동시에 동학 연계설에 대한 찬반 논쟁이 시작되었다.[63] 또 동학농민혁명 100주년이 되는 1994년을 전후하여 동학 연구자들이 대폭 늘어나게 되었고, 이 무렵부터 동학농민혁명이 혁명이냐 전쟁이냐, 운동이냐 봉기냐를 놓고 그 성격과 호칭 문제가 쟁점화되었다. 이와 같은 논의는 궁극적으로 동학농민혁명의 주체를 동학 교도로 보느냐 농민으로 보느냐의 시각 차이이기도 하다. 나아가 동학농민혁명이 지향하는 바가 경제사회 변혁에 바탕을 둔 투쟁이냐, 그렇지 않으면 동학의 사유를 바탕으로 한 동학적 세계의 지향이었느냐의 문제이기도 하다.

그런데 대다수의 연구자들은 동학농민혁명이 동학의 종교성과는 크게 관련이 없고, 다만 경제·정치·사회적인 측면에서 농민들의 의식성장 등에 의하여 일어났고, 또 진행되었다는 의견을 제시하였다. 이와 같은 인식이 우리 학계에서 우위를 점하게 된 것은 1980년대라는 시대 상황과 무관하지 않다. 즉 권위주의를 청산하고 민주정치 체제를 이룩하고자 하는 시대적 변혁과 혁신에의 열망이 동학농민혁명에 대한 인식과 시각을 이와 같은 측면으로 이끌었다고 생각된다. 따라서 당시 대부분의 동학 연구에서, 동학사상은 서론 정도에서 개념적으로 다루어지거나, 심지어는 동학사상에 대하여 철저한 고찰 없이 기술되는 반면, 농민항쟁과 민란 등이 더 상세하게 연구되어, 이것이 동학농민혁명의 중요한 요인이 된다는 식으로 기술하게 되었다. 이러한 경향이 심화되어, '동학'이라는 이름조차 배제된 채, 농민전쟁 또는 농민봉기로 불리는 경우 또한 있었다.

이러한 학계의 시각에 의하여 갑오동학농민혁명은 동학의 기여도는 부정되고, 민중적 이데올로기에 의한 전쟁으로 자리매김을 하였다. 동학농민혁명에 있어 '동학'이 본질이 되지 못하고 다만 '외피'가 된다는 주장의 핵심에는 동학농민혁명을 '민중 이데올로기에 입각한 계급투쟁'으로 파악하는 시각이 자리하고 있다. 그러므로 당시 팽배한 학계의 시각을 불식시키고자 천도교단의 연구자인 표영삼은 동학의 포·접 등 동학 교단의 조직이야말로 전국적 봉기를 가능하게 했던 유일한 매개체였으며, 따라서 동학이 없었으면 전국적 봉기가 사실상 불가능했다는 주장을 펴기도 했다.[64] 그러나 일부 연구자들은 이러한 주장에 대하여서도, 동학은 다만 포와 접이라는 조직만을 제공한 외피에 불과하였다는 견해를 펼치며, '외피론'을 고수하였다.

이러한 학계의 동학농민혁명에 대한 인식에 대하여, 장영민은 '동학이 단순히 조직이나 환상만을 제공하지 않았음[65]이 분명하다고 하면서, 더구나 동학농민혁명은 '민중 이데올로기에 입각한 계급투쟁'으로만 보기에는 또 다른 많은 면을 지니고 있다고 피력하였다. 또한 김경재는 "동학이라는 종교성이 혁명과정에 직·간접으로 미치는 영향에 대하여서는 크게 주목되지 못한 감이 있다. 특히 동학농민혁명은 일종의 사회적 '태풍'과 같은 사건인데, '동학농민혁명'의 전 과정에서 '종교성'의 망각은 동학농민혁명 전 과정에서 '태풍의 눈'을 제거해 버리는 일과 같다."[66]고 주장하였다. 그런가 하면, 남태욱은 뮌처의 독일농민전쟁과의 비교연구를 통해 종교적 외피론을 비판하고, 이어서 동학농민혁명과 종교적 외피론을 비판하면서 종교성 역시 사회변혁의 주체임을 입증하였다. 이어서 그는 이러한 입론을 바탕으로 지금까지 동학농민혁명에서의 동학 외피론을 부인하고, 동학이 변혁과 혁명의 본질임을 밝히고 있다.[67]

비록 많은 연구자는 아니지만, 동학농민혁명에 있어 동학이라는 종교가 얼마만큼이나 중요하게 작용을 하였는가의 문제제기는 동학농민혁명을 새로운 인식과 시각으로 이끄는 매우 중요한 성과들이다. 갑오 동학농민혁명은 그 지도자들이 모두 동학의 접주들이었다. 그런가 하면, 주체 세력이 동학교도들이었으면서도 동학이 다만 '외피'로만 작용을 하였다는 것은 납득하기 어려운 점이 너무 많다. 비록 공초에서 전봉준이 진술한 바와 같이, 동학교도들보다 원민들이 더 많기는 하였으나, 이들 역시 그 기간 동안 마당 포덕으로 대부분 동학교도가 되었다는 점[68]은 동학농민혁명이 동학교도들에 의하여 이끌어졌다는 중요한 단서이기도 하다.

또한 지금까지 동학농민혁명에 관한 연구에서, 동학은 다만 지도자나 조직만을 제공했을 뿐 아니라 동학의 세계관이 동학농민혁명의 중요한 동기로서 전 과정을 이끌어가는 힘이었음이 간과된 점 없지 않다. 이와 같은 연구 현실에 대하여 황선희는 동학농민혁명의 성격을 규명하기 위해서는 동학사상이 과연 정신적 원동력이 될 수 있었는가 하는 문제를 사상사적으로 연구할 필요가 있으며, 또한 운동의 구성원이 어떠한 사상을 지니고 있었으며 의식의 정도가 어떠했는지가 가장 우선적으로 검토되어야 한다고,[69] 동학농민혁명 연구에 있어 사상사적 연구의 중요성을 제기한 바 있다.

수운 선생이 펼친 가르침의 핵심은 잘 알려진 바와 같이 '시천주(侍天主)'이다. 모든 존재가 한울님을 모시고 있다는 이 시천주에 의하여, 수운 선생은 당시 시대적 위기를 극복할 수 있는 주체는 특정 계층만이 아니라, 지배계층과 피지배계층 '모두'에게 있다는 가르침을 펼쳤다. 따라서 소외되고, 또 현실인식이나 현실 문제에 대하여 수동적이었던 피지배계층 역시 시대적 위기를 극복할 수 있는 주체임을 스스로 깨닫게 했던 것이 바로 수운 선생의 가르침이었다.[70]

종교의 가르침은 바로 이와 같이 새로운 삶에의 가치를 일깨워주는 데에 그 기능과 힘이 있는 것이다. 동학은 바로 당시의 부당한 힘에 의하여 지배당하면서도 다만 수동적으로 임하던, 억압받던 하층계층의 사람들로 하여금 스스로 시대의 주역임을 깨닫게 하는 가르침이었다. 그러므로 이들로 하여금 시대적 과제에 맞서게 하는 힘의 원천이 되었던 것이다.

탐관오리에 의하여, 또는 부당한 외세에 의하여 억압당하고 또 침탈을 받던 농민들로 하여금, 자신이 한울님을 모신 존재로서 이러한 부당함을 극복할 수 있는 존재임을 스스로 깨닫게 한 가르침이 바로 동학이었다. 그러므로 당시 부당한 힘에 억압을 당하고 있던 많은 사람들이 동학에 모여들 수 있었고, 동학의 사상과 조직을 기반으로 비로소 억압에 항거하는 기포를 할 수 있었다. 다시 말해서 '의식화된 농민'으로 거듭 태어나게 한 것이 바로 동학이었다. 즉 동학농민혁명은 궁극적으로 농민들에 내재되어 있던 개벽에

의 열망이 동학의 가르침을 만나 더욱 확고하고 견실하게 되었고, 또 구체적인 실천으로 현현된 것이라고 하겠다. 또한 이러한 실천은 동학이 지닌 조직력에 의하여 비로소 전국적으로 확대될 수 있었다.

또한 동학이 지향하는 이상적인 세계는 '다시 개벽'에 의한 새로운 차원의 세상이다. 그러나 동학이 말하는 새로운 차원의 세상은 다른 종교와는 다르게 초월된 공간에 자리하고 있는 것도, 또 과거 지향적인 것도 아니다. 매우 현세적인, 사람이 발을 딛고 있는 이 공간에서 이룩하고자 하는 세계이다. '다시 개벽'을 이루기 위해서는 시천주(侍天主)의 '모심'과 사인여천(事人如天)의 '섬김'에 의한 '마음의 개벽'이 우선되어야 하는 것이지만, 이 마음의 개벽만으로는 다시 개벽이라고 말할 수가 없다. 즉 현실적 개혁이 반드시 수반되어야 한다. 이와 같은 이유에서 해월의 시대에 이르러 동학사상의 현실 개혁의지가 현실적이고, 또 사회적으로 요구되었고, 그러므로 정치사회운동으로 가시화되었던 것이다.[71]

동학의 '다시 개벽'이란 자신이 발 딛고 있는 현실에 새로운 차원의 삶, 새로운 차원의 세상을 이룩하는 것을 말한다. '새로운 차원의 삶, 새로운 차원의 세상'이란 다름 아닌 인류가 겪고 있는 죽임의 삶을 살림의 삶으로, 부조화와 불균형의 삶을 조화와 균형의 삶으로 바꾸는 것을 의미한다.

동학은 수운 선생 시절부터 '보국안민(輔國安民)'의 문제를 제기해 왔다. 이 보국안민은 교조신원운동, 나아가 동학농민혁명에 이르기까지 지속적으로 제기되어 왔다. 보국안민이란 단순히 나라를 보필하고 백성을 편안하게 하는 것이 아니라, 타락한 도덕과 부패한 관료에 의하여 균형을 잃은 나라를 바로 잡아(輔國) 백성의 삶을 편안하게 하는(安民) 것이며, 또한 부당한 외세의 침탈로 인하여 무너진 질서를 바르게 하여(輔國) 올바른 삶을 이룩하고자 하는 것(安民)이다.

동학농민혁명은 관군 또는 일본군을 죽이고 또 죽이는 것으로 동학농민군이나 지도부가 현실적인 권력을 쟁취하려 하지 않았다. 다만 불균형의 삶을, 부조화의 세상을 조화와 균형의 삶과 세상으로 바꾸고, 이를 바탕으로 '종교적 정의로운 삶'을 이룩하는 데[72]에 궁극적인 목적이 있었다. 따라서 동학농민혁명은 윤노빈의 주장과 같이 인간이 인간을 천대하던 역사에 종지부를 찍는 혁명적 사상인 인내천(人乃天)[73]의 실현이었다.

그러므로 동학농민군은 출정식에서도 청수를 모시고 주문을 외운다는 동학의 종교의식을 행하였다.[74] 그런가 하면, 당시의 여러 기록에 의하면, 체포된 동학농민군들이 청수(淸水)를 모시기 위한 주발과 염주, 영부(靈符) 또는 동학의 책자들을 소지하고 있었다.[75] 또한 전봉준 역시 늘 한 손에 105염주[76]를 걸고 있었으며, 입으로도 늘 주문을 외웠다고 한다.[77] 또 동학농민군의 진중에서 개구리 우는 듯한 소리, 즉 주문 소리가 들렸음을 증언하는 기록이 있는가 하면, 둥근 모양의 그림을 붙여 상대와 구분하고자 했다는 기록들이 있다. 이러한 기록들은 결국 동학농민군이 진중에서 밤과 낮으로 주문을 합송하는 모습이며, 영부를 의복에 부착한 모습을 잘 알지 못하던 관군 측에서 이렇듯 기술한 것이다. 또한 박인호의 경우 신례원 전투에서 승리한 후 홍주성 공격을 앞둔 시점에서 '청수'와 '주문'을 동학군의 규율로 정하였음을 밝히고 있다.[78] 뿐만 아니라 『조석헌역사』에 의하면, 홍주성 전투를 앞두고 교조인 수운 선생 탄신일을 맞아 기도식을 봉행하였다고 한다.

이 모든 사례들은 동학의 의례와 주문으로 정신력을 고취시키고 나아가 서로의 신앙적 결속을 강화하여 전투력을 높이기 위함으로 풀이된다. 나아가 이와 같은 종교의식을 통하여 결속된 동학농민군들은 새로운 삶의 질서를 자신들이 발 딛고 있는 현실 위에 이룩하고자 죽음을 불고하고 관군들과, 또 일본군과의 전투에 나섰던 것이다.

일부 연구자들에 의하여, 동학농민군이 진중에서 주문을 외운다거나 영부를 견장으로 붙인 사실에 관하여, 주문과 영부로 적들의 총알을 피할 수 있다는 환상을 가졌다고 기술하고 있다. 그러나 이것은 사실이 아니다. 앞에서 이야기한 바와 같이 영부와 주문은 '종교적 신념으로 정신력을 고취시키고, 서로의 신앙적 결속을 통해 전투력을 높이기 위함'이었을 뿐이다. 동학교도들이 신통력을 발휘한다고 믿은 것은 오히려 관군 측이었다. 다음의 실례는 바로 이와 같은 사실을 방증하는 것이 된다.

덕산말까지 동학군이 나아갔을 때 관군이 또 마주 나와서는 대포를 묻고 우물에는 독약을 풀고 풍설에는 마름쇠를 감추어 놓고 하여 동학군을 일거에 격멸코자 하였었소. 그런데 동학군은 밤이면 주문을 외이는 규율이 있어서 전군이 저녁 후에는 청수를 모시고 주문을 외이고 있었는데, 그동안에 덕산 역말의 관군 사이에는 큰 야단이 일어났다고 하오. 관군이 동학군을 영격(迎擊)하려고 가진 군비를 배치해 놓은 채 밤이 되었는데, 이때 역말 사는 술장사 노파 한 사람이 동학군이 눈앞에 와서 진을 머무르는 소식을 듣자 동학은 조화가 많다는데 이 동리서 싸움이 벌어진다면 무죄한 사람이 곤욕을 당할 것이라고 우물로 가서 물을 퍼다가는 몰래 관군이 묻어 놓은 대포 구멍을 찾아다니면서 물을 부어 놓았소. 그런 줄 모르는 관군은 이튿날 그것을 발견하고는 동학군은 총구멍에서 물을 나오게 하는 조화를 가졌다고 그냥 도망을 쳐 버리는 것이었소. 동학군은 도망하는 관군을 발견하고 쫓아가서 잡아다가 문초를 하니까 모든 것을 자백하여 우리도 그 당시는 그것이 조화로만 생각하였던 것이지요.[79]

내포지역 동학농민혁명에 참여하였던 박인호의 회고와 같이, 동학농민군들이 스스로 조화를 부리고, 또 영부나 주문이 지닌 주술적인 힘으로 적을 퇴치한다고 믿었던 것이 아니라, 관군들이나 다른 사람들이 그렇게 믿고 또 생각을 했던 것이다.

임술민란(1862년) 이후 많은 민란이 전국 각지에서 오랜 세월 동안 지속적으로 일어났다. 그러나 동학농민혁명 이전의 민란은 단발적인 것이 대부분이었고, 조직이나 규모에 있어 전국적이지를 못했음이 대부분이다. 이러한 민란에 비하여 동학농민혁명은 여러 면에서 차별을 갖는다. 다양한 격문과 창의문, 그리고 조직의 측면, 광범위한 지역의 측면 등, 여느 민란과는 비교될 수 없는 규모임에 틀림이 없다. 다양한 격문과 창의문을 통해 동학농민혁명이 지향하는 세계를 세상에 공표하였고, 동학의 조직망을 통해 대대적인 전투를 벌였는가 하면, 이것은 다만 전라도 일원에 머물지 않고, 삼남(三南)은 물론, 강원도, 그 이북 지역에까지 확산이 되었다. 이와 같이 될 수 있었던 가장 핵심적인 원인은 다름 아닌 동학의 가르침에 의하여 농민들이 의식화되었고, 동학적인 세계관을 향해 동학의 조직을 통해 이끌고 갔기 때문이다. 따라서 동학농민혁명은 다만 동학이 '외피'로서 자리했던 것이 아니라, 동학이 주체가 되었으며, 또 중요한 본질로 작용을 했음을 알 수가 있다.

모든 '존재가 한울님을 모셨다.'는 동학의 시천주 가르침이 억압받는 민중들의 의식을 일깨웠고, 동학의 '다시 개벽'이라는 종교적 지향은 민중의 열망을 고취시켜 민중들로 하여금 전면에 나서게 했던 것이다. 따라서 '동학농민혁명'이라는 이름은 김경재의 인명과도 같이, '동학'이라는 어휘가 그 다음으로 나오는 단어인 '농민'을 직접 규정하는 지시적 형용사로, 농민군의 정체성을 규정하는 말이 된다.[80] 즉 동학의 정신과 세계관에 의한 농민들의 혁명이 바로 갑오동학농민혁명인 것이며, 동학이 지향하는 다시 개벽의 개벽운동이었다.

동학농민혁명은 전봉준이 주도하여 봉기한 기포, 그리고 손화중과 연계하여 일어난 무장 기포 등과 해월에 의하여 청산에서 일어난 총기포 등으로 나누어 볼 수가 있다. 고부와 청산에서의 기포는 그 성격상 같지만, 기포의 원인, 기포 이후의 투쟁 대상 등을 면밀하게 살펴보면 다소 다른 점들을 발견할 수가 있다. 따라서 기포를 하며 내놓은 창의문 등을 통하여 이 두 기포의 성격을 보다 내밀하게 구명할 수 있다고 생각된다.

전봉준에 의한 고부에서의 기포는 잘 알려진 바와 같이 고부군수 조병갑(趙秉甲)과 전운사 조필영의 수탈에 의한 것이다. 전봉준은 문초에서, 조병갑의 수탈에 관하여, 만석보를 수축할 때는 수세를 징수하지 않겠다고 약속을 하고는 정작 추수 때에는 과다하게 징세하여 착복을 하였으며, 진황지를 개간하면 일정 기간은 면세를 하겠다고 약속을 해놓고 개간 후 추수 때에는 지세를 부과 하였고, 부민(富民)들에게는 죄를 씌워 돈을 늑탈하였으며, 대동미를 징수할 때에는 좋은 쌀을 받고는 조정에 납부할 때는 하등미로 바꾸어 그 차액을 착복하였다고 증언하였다.[81] 또한 전운사 조필영은 세미의 이중 징수 및 운송비용, 운송선박 수리비 등, 각종 명목으로 부당하게 수탈을 자행하였다고 밝히고 있다.[82]

이와 같은 면으로 볼 때, 고부에서의 기포는 그 원인이 지방관이나 관리의 수탈, 부정, 부패, 그리고 학정에 있음을 알 수가 있다. 이와 같은 점은 전봉준이 작성하여 포고를 한 「통문」에서도 또한 확인할 수가 있다.

右文爲通諭事는 無他라. 大厦將傾에 此將奈何오. 坐而待之可乎아. 扶而求之可乎아. 奈若何오. 當此時期하야 海內同胞의 總力으로 以하야 撑而擊之코저하와 血淚를 灑하며 滿天下 同胞에게 衷心으로서 訴하노라.

吾儕飮恨忍痛이 已爲歲積에 悲塞哽咽함은 必無贅論이어니와 今不可忍일

새. 玆敢烽火를 擧하야 其衷痛切迫之情을 天下에 大告하는 同時에 義旗를 揮하야 蒼生을 濁浪之中에서 구제하고 鼓를 鳴하야써 滿朝의 奸臣賊子를 驅除하며 貪官汚吏를 擊懲하고 進하야써 倭를 逐하고 洋을 斥하야 國家를 萬年盤石의 上에 確立코자 하오니 惟我道人은 勿論이요 一般 同胞兄弟도 本年 11月 20日을 期하야 古阜 馬項市로 無漏內應하라. 若不應者 有하면 梟首하리라.[83]

전봉준, 송두호, 정종혁, 송대화, 김도삼, 송주록, 송주성, 황홍막, 황찬오, 송인호, 최홍렬, 이성하, 최경선, 김응칠, 황채오 등이 서명을 한 사발통문인 이 문서에 의하면, 탐관오리에 의하여 고통을 받고 참아온 지 오래되었다. 이와 같은 현실을 타개하기 위해서 봉화를 올리고 의기를 휘날려 고통 속에서 창생을 구해야 한다고 그 목소리를 높이고 있다. 그러므로 조정에 가득한 간신적자(奸臣賊子)와 탐관오리를 몰아내고, 나아가 왜와 서양을 몰아내어 국가를 반석 위에 확립해야 한다고 외치고 있다.

즉 척왜양(斥倭洋)을 하여 국가를 반석 위에 확립하기 위해서는, 먼저 조정의 간신적자를 축출해야 한다고 이「통문」은 강변한다. 따라서 전봉준 기포의 일차적인 목적은 다름 아닌 학정과 부정을 일삼는 탐관오리를 징치하고 축출하는 데에 있음을 알 수가 있다.

이와 같은 면은 다음에 일어나는 무장 기포에서 마찬가지로 나타난다. 무장 기포 당시의「포고문」을 보면 다음과 같다.

사람이 세상에서 가장 귀중한 것은 인륜이 있기 때문이다. 군신부자는 인륜 중에서 큰 것인데, 임금이 어질고 신하가 강직하며, 아버이가 인자하고 자식이 효도를 한 이후에 나라가 이루어지고 끝이 없는 복이 올 수가 있다. 지금 우리 전하께서는 어질고 효성스러우며 자애롭고 사랑하는 마음을 지니셨으며, 신명(神明)과 성예(聖睿)를 지니셨다. 또한 현명하고 강직한 신하가 주위에서 명석하시도록 도와주면, 요순의 교화와 문경(文景)의 통치를 가히 이루실 것으로 생각이 된다.

지금 신하라는 자들은 나라에 보답할 것을 생각하지 않고 다만 녹봉과 지위를 훔치며, 전하의 총명을 가려서 아부하고 뜻만 맞추면서, 충성스럽게 간언(諫言)을 하는 선비에게는 요망한 말을 한다고 하고, 정직한 사람을 비도라고 부른다. 안으로는 나라에 보답하는 인재가 없고, 밖으로는 백성을 학대하는 관리가 많아, 백성들의 마음은 날마다 더욱 변하여 가정에서는 생업을 즐거이 하는 일이 없고, 밖에서는 몸을 보호할 방법이 없으며, 학정이 날로 심하며, 좋지 않은 소리가 계속되고 있으며, 임금과 신하의 의리와 부모와 자식의 윤리, 위와 아래의 분별이 무너져 남은 것이 없게 되었다.

관자(管子)가 말하기를 "사유(四維)가 펼쳐지지 않으면 나라가 곧 멸망한다."라고 하였으니, 지금의 형세는 옛날보다 더 심각하다. 정승 이하부터 방백과 수령에 이르기까지 나라가 위태로운 것을 생각하지 않고 다만 자신을 살찌우고 자신의 집안이나 윤택하게 할 계획에만 마음에 간절하고, 인사를 하고 관리를 선발하는 통로는 재물을 생기게 하는 길로 생각하고 있으며, 과거시험 장소는 물건을 교역하는 시장과 같게 되었고, 많은 재물과 뇌물이 왕실 창고에 납부되지 않고 도리어 개인 창고를 채워 나라에는 채무가 쌓였다.

나라에 보답할 것을 생각하지 않고 교만하고 사치하며 음란하고 멋대로 놀아 두려워하고 거리끼는 것이 없으니, 전국은 어육(魚肉)이 되고 만백성은 도탄에 빠졌는데 수령들의 탐학은 참으로 그대로이다. 어찌 백성이 궁핍하고 또 곤궁하지 않겠는가? 백성은 나라의 근본이며, 근본이 깎이면 나라는 쇠약해지는데, 나라를 돕고 백성을 편안하게 하는 방책을 생각하지 않고 시골에 저택을 건립하여 오직 혼자만 온전히 살아갈 방법만을 찾고, 다만 녹봉과 지위를 훔치니, 어찌 그것이 사리이겠는가?

　우리 무리는 비록 시골에 남겨진 백성이지만, 임금의 땅에서 먹고 살고 임금의 옷을 입고 있으므로 앉아서 나라가 위태롭게 되는 것을 볼 수 없어, 팔도가 마음을 같이하고 수많은 백성이 의논하여 지금 의로운 깃발을 내걸고 보국안민 하는 것으로 죽고 사는 것을 맹세하였다. 지금의 모습은 비록 놀라운 것에 속하지만 절대로 두려워하지 말고, 각각 백성의 생업을 편안하게 하고 태평한 세월이 되도록 함께 기원하며, 모두 임금의 교화에 감화된다면 천만다행이다.[84]

　무장 기포의 「포고문」은 먼저 부패하고 타락한 조정의 벼슬아치들과 지방 방백들을 고발한다. 바로 이와 같은 부패한 관리들에 의하여 임금이 올바르게 정사에 임할 수 없으며, 백성은 살아갈 길을 잃게 되었다고 주장한다. 그러므로 동학교도들은 보국안민을 위해 죽기를 각오하고 의기(義旗)를 들게 되었다고 말한다. 즉 보국안민이 되는 길은 부패한 관료들을 축출하고 올바른 정치와 함께 백성들의 생업을 편안하게 하는 것이라고 말하고 있다.

　또한 동학교도들 역시 한 사람의 백성으로 임금의 땅에서 먹고 살고 임금의 옷을 입고 있기 때문에 앉아서 나라가 위태롭게 되는 것을 볼 수 없어 일어나게 되었다고 기포의 이유를 밝히고 있다. 이와 같은 「포고문」에서 확인되는 바는 다름 아니라, 조선조라는 체제 속에서 바른 정사를 펴는 것이 우선되는 것이지, 체제를 전복하는 등의 혁명성을 찾기는 어렵다. 이와 같은 모습은 앞에서 거론한 전봉준의 「통문」과 그 차이를 지니지 않는다.

　그러나 백산 대회에서 나온 「격문」이나 「강령」은 좀 더 구체적이며 강한 면모를 지니고 있다.

우리가 義를 들어 此에 至함은 그 本意가 斷斷 他에 있지 아니하고 蒼生을 塗炭의 中에서 건지고 國家를 磐石의 위에다 두고자 함이라. 안으로는 貪虐한 관리의 머리를 베고 밖으로는 橫暴한 强敵의 무리를 驅逐하자 함이다. 兩班과 富豪의 앞에 苦痛을 받는 民衆들과 方伯과 首領의 밑에 屈辱을 받는 小吏들은 우리와 같이 怨恨이 깊은 者라. 조금도 躊躇치 말고 이 時刻으로 일어서라. 萬一 期會를 잃으면 後悔하여도 믿지 못하리라.[85]

백산 대회에서의 「격문」은 보다 강렬하다. 국가를 반석 위에 올려두기 위해서는 안으로는 탐학한 관리의 머리를 베고 밖으로는 횡포한 무리를 구축해야 한다고 주장하고 있다. 다시 말해서 안으로는 관리들이 부패하여 탐학을 저지르고 밖으로는 횡포한 외세가 침략을 하고 있으니, 이들 모두를 축출해야 만이 비로소 국가가 반석 위에 편안해질 수 있다는 것이다. 따라서 탐학한 관리와 강포한 외세를 몰아내기 위하여 모두는 일어나야 한다는 것이다.

이와 같은 「격문」과 함께 나온 「강령」, 곧 '4대 명의'는 그 지향하는 바가 더욱 구체적이고 또 강력하다.

첫째, 사람을 죽이지 않고 물건을 함부로 없애지 않는다.(不殺人 不殺物)

둘째, 충과 효를 함께 온전히 하며 세상을 구하고 백성을 편안하게 한다.(忠孝雙全 濟世安民)

셋째, 일본 오랑캐를 쫓아내 없애고 성스러운 도를 맑고 깨끗하게 한다.(逐滅倭夷 澄淸聖道)

넷째, 군대를 몰고 서울로 들어가 권세를 부리는 귀족을 모두 없앤다.(驅兵入京 盡滅權貴)

'4대 명의'인 「강령」에는 동학의 가르침과 세계관, 그리고 구체적인 행동 강령이 담겨져 있다. '사람을 죽이지 않고 물건을 함부로 없애지 않는다.'는 첫째는 이미 연구자들이 밝힌 바와 같이 해월의 삼경(三敬)에 의한 경인(敬人), 나아가 경물(敬物) 사상이 내포된 것이기도 하다.[86] 그런가 하면, '일본 오랑캐를 쫓아내고 성스러운 도를 맑고 깨끗하게 한다.'는 셋째는 다만 척왜(斥倭)의 문제만이 아니라, 척왜양(斥倭洋)이 궁극적인 보국안민임을 강조한 수운 선생의 가르침을 그대로 떠올리게 하는 대목이다. 서양의 침공으로 인하여 보국안민의 계책이 없음을 한탄하는 모습[87]과 일치한다. 따라서 침략을 하는 왜이(倭夷)를 쫓아내어 성도(聖道)를 맑고 깨끗하게 한다는 것은 다름 아닌, 수운 선생의 성스러운 도를 세상에 맑고 바르게 편다는 의미로 해석이 된다.

비록 '구병입경(驅兵入京)과 진멸권귀(盡滅權貴)'라는, 조정의 관료들의 간담이 서늘해지는 넷째 대목인 '군대를 몰고 서울로 들어가 권세를 부리는 귀족을 모두 없앤다.'는 부분에 이르러서는 부패한 지배계층과의 일전을 불사한다는 의지를 읽을 수 있다.

이와 같이 전봉준 등에 의하여 일어난 고부·무장·백산의 기포는 부패한 관료와 탐학, 나아가 당시 우리나라를 침탈하는 외세에 대하여, 이를 척결하고 보국안민을 하고자 하는 데에 그 목적이 있었다. 또한 가장 중심이 되는 원인은 탐관오리와 부패한 관료의 횡포였음을 알 수가 있다. 나아가 그 대상은 조정의 탐관과 부패한 지방의 관료들이었다.

이와 같은 1차 기포에 비하여, 해월이 청산에서 내린 총기포령은 그 성격과 대상이 다름을 알 수가 있다. 앞에서 이야기한 바와 같이 전주화약 이후 일본의 본격적인 침략이 시작되고, 국가는 더 어려운 상황에 빠져 버렸다. 따라서 해월은 각지에 「통문」을 돌리고, 동학교도들을 집결하게 하고, 총기포령을 내렸던 것이다.

해월의 총기포령은 어찌 보면 죽음을 향한 기포령이라고 할 수가 있다. 일본군이 청군을 격파할 정도로 그 화력이 우수함은 이미 동학 내부에서도 알고 있는 바이다. 그러니 비록 수효는 많아도, 화력의 면에서 결코 상대가 되지 못함을 그 누구도 인지하고 있었을 것이다. 따라서 이와 같은 상황에서의 기포령은 죽음으로 가는 길이 아닐 수 없다. 다시 말해서 해월의 총기포령은 죽음으로써 일본의 침략으로부터 나라를 구하겠다는 구국의 기포령이다.

앞에서 이야기한 바와 같이 해월의 총기포령 이후 모든 전투는 실질적으로 일본군과의 전투였다. 우수한 화력에 의하여 목천 세성산, 공주 우금치, 보은 북실, 음성 되자니 등지에서 무수한 동학농민군이 학살을 당하였다. 많은 연구자들의 추산에 의하면 당시 30만 명이 넘는 숫자의 동학농민군이 희생이 되었다고 한다.

이와 같은 면에서 볼 때 청산에서의 총기포령은 일본의 침략에 대항한 항일투쟁이었으며, 외세 침략으로부터 국가를 지키기 위한 국권 수호 운동이었다. 따라서 농민전쟁으로만 볼 것이 아니라, 일본이라는 외세에 의한 침략으로부터 국가를 지키기 위한 항일투쟁, 나아가 국권 수호 운동이며, 넓은 의미에서의 독립운동으로 보아야 할 것이다. 이와 같은 면에서 볼 때, 총기포령에 의하여 일본군과 전투를 벌였던 동학농민군은 일정(日政)과 투쟁을 한 의병과 마찬가지로 독립유공자가 되어야 한다.

정부는 1962년 5월 31일 각령 제795호로 '국가유공자 및 월남귀순자 특별원호법 시행령'을 발령하였다. 이 시행령에 의하면, 원호대상자의 심사 기준으로 1) 애국자, 2) 4·19 의거자, 3) 월남귀순자 등을 정하고, 이어서 '애국자'로서는 첫째, 의병을 일으켜 일정(日政)과 투쟁하여 널리 그 공정이 알려진 자, 둘째, 을사보호조약을 반대하여 사망하였거나 3년 이상 영어 생활을 한 자 등 열세 가지의 조목을 열거하였다.[88] 이어 1964년 7월 7일 정부는 국무회의에서 '일반 의병 희생자도 독립유공자로 새로이 심사 기준의 대상자로 추가'시켰다.[89] 따라서 1984년에 이르러 원호처에서 독립유공자 포상을 종결하면서 내놓은 자료에 의하면, 그때까지 포상된 애국지사들의 독립운동 내용은 3·1운동이 1,117명으로 가장 많고, 광복군이 512명, 의병이 390명, 친일파 제거가 313명, 독립운동 지도자가 287명 등이다.[90]

의병이 독립유공자로 선정된 것은, 1895년 을미의병이 일어난 이래로 1910년대 초까지 지속된 반제국주의 성격을 보여주었고, 또 일제 군사력과 비교도 안 되는 열악한 상태에서 투쟁함으로써 비록 국권 회복이라는 목적은 달성할 수 없었으나, 전민족적 항일 세력을 형성하여 제국주의 침략에 저항하는 등 일제강점기 항일민족운동을 전개할 수 있는 저항 정신의 기반을 제공하였기 때문이다. 이와 같은 면에서 본다면, 해월에 의한 총기포령과 함께 일본군과의 전투에서 희생이 된 동학농민군 역시 독립유공자의 반열에 올라야 함이 당연하다. 동학농민군은 2004년 2월에 이르러서야 비로소 '동학농민혁명군의 명예회복 특별 법안'이 국회에서 통과되었을 뿐이다. 동학농민군은 다만 명예회복에 그치지 말고, 서훈은 물론 독립유공자가 되어야 할 것이다.

부패한 관료와 탐관오리, 이로 인한 부조화의 삶을 조화의 삶으로 이끌려는 고부 기포 및 무장·백산에서의 기포는 반외세 및 부패한 조정과의 투쟁이었다면, 해월의 총기포령 이후 동학농민혁명은 항일투쟁이었으며, 국권 수호 운동이었다. 동학농민혁명은 다만 민중혁명만이 아니라, 국권 수호 운동이라는 또 다른 차원의 혁명이었음을 새롭게 인식해야 할 줄로 믿는다.

X.
내일을 향한
법설

1. 나를 향해 위패를 세우다

1894년 12월 24일(양력 1895년 1월 30일)은 (북접)동학군이 음성 되자니에서 최후의 결전을 치른 날이다. 되자니 전투에서 패한 해월은 지도자들에게 해산령을 내렸다. 이후 되자니에서 15리 정도 떨어진 마르택(현 금왕읍 구계리)의 집으로 피신하였다가, 마르택 부근에서 헤어졌던 손병희 등 지도자들을 만나 마르택과는 개울 하나 건너 황새말에 있는 이용구의 집으로 피신을 하였다.

이곳 이용구의 집에서 하룻밤을 지내려고 하였는데, 다시 관군이 추격을 하여 손병희(孫秉熙)가 해월을 업고 마이산(馬耳山) 속으로 피신을 하여 화를 면하였다. 마이산은 전라도 진안(鎭安)의 마이산이 아니라, 이용구의 집이 있는 황새말에서 북서쪽 지점에 있는 산이다. 현재 이 산의 이름은 '매산'이다. 한자 표기로는 '마이산(馬耳山)'이라고 한다. '매산'을 길게 발음하면 '마이산'이 되기 때문에 이러한 이름이 붙은 것으로 추정된다. 이 산에서 밤을 지낸 일행은 이목정(梨木亭)에 있는 손병흠(孫秉欽)의 집으로 갔다. 이곳에서 해월은 손병희, 손천민(孫天民), 손병흠, 김연국(金演局), 홍병기(洪秉箕), 임학선(林鶴仙) 등과 더불어 강원도 방면으로 향하였다.

강원도로 향하던 중 노림(盧林)에 도착하였으나, 마침 그곳에 관군이 주둔하고 있자, 손병희의 기지로 관군과 동숙한 후에 홍천을 거쳐, 홍천의 고대촌(高垈村, 높은터)을 연락장소로 정하고, 북으로 1백 리 정도 떨어진 인제 남면 느릅정이(楡木亭)에 있는 최영서(崔永瑞)의 집으로 피신처를 정하였다.

이때가 12월 30일 그믐이다. '느릅정이'는 순수 우리말이고, 한자로 '유목정(楡木亭)'이라고 한다. 느릅나무로 된 정자가 있던 마을이기 때문에 이러한 이름이 붙은 것이라고 한다. 지금 이 마을 인근에 '유목 가든'이라는 음식점이 있어, 이곳이 그 오래전의 '느릅정이', 곧 '유목정'이었음을 말해 주고 있다. 느릅정이는 해월이 1880년 최초로 『동경대전』을 목판으로 찍어 낸 갑둔리와 그리 멀리 떨어지지 않은 곳이다. 지금은 이곳 바로 앞으로 왕복 4차선 자동차 전용도로가 나 있고, 이 마을 앞으로는 신남휴게소가 있어 많은 차량이 왕래하지만, 당시는 깊은 첩첩산중으로 인적이 드문 지역이었다. 특히 동학농민혁명 당시 기포를 하지 않아 관의 지목이 상대적으로 심하지 않은 곳이었으므로 해월이 숨어 있기에 좋은 곳이기도 했다. 해월은 일행들과 함께 이곳에서 1년 가까운 시간을 숨어 지냈다.

최영서의 집이 가난하기도 하고, 또 워낙 깊은 산간의 마을이라, 먹고 지낼 식량 구입을 위해 함께 간 손병희·손병흠, 그리고 인제 접의 이종훈 등이 원산(元山)과 강계(江界) 등지로 다니며 장사를 하여 생활비를 마련하였다. 안경 등을 팔아 그 돈으로 물건을 사서 세 사람이 짊어지고 다니며 팔아 쌀 등 생활 물품을 구입했다. 또 이종훈이 전답을 팔아 생활비를 대기도 하였다.

해월은 한곳에 머무는 것이 위험하다는 판단에, 1895년 12월 초에 인제 느릅정이를 떠나기로 하였다. 손병희가 해월을 모시고 임학선의 인도로 원주 치악산(雉岳山) 속 수례너미(水禮村, 현 횡성군 안흥면 강림리)에 있는 3간 초옥(草屋)에서 겨울을 지냈다.

수례너미는 치악산 정상인 비로봉(飛蘆峰) 북동쪽 10리 지점에 있는 산골이다. 횡성에서 남동쪽으로 내려오다가 우천면(偶川面)에서 치악산 북동쪽 능선에 있는 수례너미재를 넘으면, 매화산(梅花山) 아래에 있는 '수례너미 마을'이 나온다. '수레'라는 말은 수레를 한자로 표기하기 위하여 '수례(水禮)'로 쓴 것이다. 본래 조선 3대 임금인 태종이 자신의 스승인 원천석을 모시기 위해서 친히 수레를 타고 이곳에 오면서 '수레가 넘었다.'는 의미의 이름이 붙었다. 이곳에서 해월 일행은 이듬해 1896년 2월 초까지 지냈다. 깊은 산중이고 춥고 눈이 많이 내리는 겨울철이기 때문에 사람의 왕래가 없어 숨어 있기에 적당한 곳이었다. 더구나 지리적으로 인제와 홍천 등지와도 그리 멀지 않아, 그곳의 교도들과 소통이 용이하기 때문이기도 했다.

해월은 이곳에서 동학 교단을 재건하기 위한 준비를 하였다. 조직을 재정비하기 위하여 1월 5일에는 손병희에게 "그대의 절의는 천하에 미칠 자(者) 없다." 하고 도호(道號)를 '옳을 의(義)'를 붙여, 의암(義菴)이라 지어주었다. 이어 11일에는 손천민에게 송암(松菴)을, 김연국에게는 구암(龜菴)이라는 도호를 내렸다. 이로써 해월은 자신의 큰 제자 세 사람에게 각기 '암(菴)'이 들어가는 도호를 지어 주었으므로, 이들 세 사람을 '삼암(三菴)'이라고 부르게 되었다. 또한 이후 동학을 이은 천도교에서 교도들에게 '암(菴)'을 붙여서 도호를 삼는 전통이 생겼다.

해월이 손병희 등에게 도호를 내린 것은 다름 아니라, 동학농민혁명 실패 이후 새로운 각오로 제자들을 다시금 추스려 교단을 일으키기 위함이었다. 이후 해월은 비밀리에 충주와 청주 지방을 순회하여 교도들의 동정과 향배를 살피게 하였고, 또 인심을 수습하도록 하니 교도들의 성심이 다시 일어나기 시작하였다. 이 무렵 호남의 박치경(朴致景)·허진(許鎭)·장경화(張景化)·조동현(趙東賢)·양기용(梁琦容) 등이 해월을 찾아왔으며, 각지 교인들도 점차 왕래가 늘어나 동학 교단이 조금씩 활기를 띠기 시작하였다.

해월은 손병희·손천민·김연국 등을 불러 자리에 앉히고, 손천민에게 집필(執筆)을 하게 한 후 '하몽훈도전발은(荷蒙薰陶傳鉢恩) 수심훈도전발은(守心

薰陶傳鉢恩)'의 구(句)를 쓰게 하였다. '한울님과 스승님으로부터 가르침을 받는 은혜를 입었으니, 이 가르침을 마음으로 지키라.'는 엄훈(嚴訓)이 담긴 글이다. 이어서 "이것은 나의 사의(私意)가 아니요 천의(天意)에서 나온 바니라."라고 하며, 또 "너희들 세 사람이 마음을 합하면 천하가 이 도를 흔들고자 할지라도 어찌하지 못하리라."라는 가르침을 내렸다.[1] 이로부터 연로한 해월을 대신하여 세 사람이 함께 동학 교단을 이끄는 지도자들이 된 것이다.

해월로부터 명을 받은 삼암은 곧 각지 도인에게 다음과 같이 「통유문」을 발하였다.

아! 나무는 뿌리 없는 나무가 없고 물은 근원 없는 물이 없나니 물질도 오히려 이와 같거든 하물며 이 광전절후(曠前絶後) 오만년초창(五萬年初創)의 도운(道運)이겠는가. 나의 불민(不敏)으로써 훈도전발(薰陶傳鉢)의 은혜를 하몽(荷蒙)한 지 흘금삼십여년(訖今三十餘年)에, 어렵고 험(險)한 일을 다 맛보고 인액(人厄)을 자주 거쳐 사문정맥(斯門正脈)이 거의 질펀하게 흐름을 순(淳)한 데로 돌리며 잡박(雜駁)함을 버리고 순수(純粹)한 데로 나아가게 하였으되, 호해풍상(湖海風霜)에 형영(形影)이 막혀 반도(半途)의 발(發)도 있고 또한 일궤의 휴(虧)도 많으니 진실로 슬픈 일이로다. 대개 우리 도(道)의 진행여부(進行與否)는 오직 내수도(內修道)의 선불선(善不善)에 있는지라 전(傳)에 이르기를 한울은 친(親)함이 없고 극경(克敬)함을 오직 친(親)한다 하였으며 또 이르기를 아내에게 본받아 집과 나라에 나아간다 하였으니, 그러면 내수도(內修道)에 공경과 정성을 다하는 것이 어찌 우리 도(道)의 대관건(大關鍵)이 아니겠는가. 근일(近日) 교도(敎徒)가 내정(內政)을 경계함은 오히려 말할 것 없거니와 수신행사(修身行事)에도 또한 경만(輕慢)하고 게으름이 많으니 이러고서 입실(入室)은 고사(姑捨)하고 문진(問津, 나루터를 묻는 것)도 기약할 수 없으니 어찌 황송하고 민망하지 않으랴. 본래 생이 지지자(生而知之者)가 아니면 반드시 하학(下學)하여 상달(上達)하는 것이라 대개 가르치지 않고 선(善)한 것은 상지(上智)요, 가르친 후에 선(善)한 것은 중지(中智)요, 가르쳐도 또한 선(善)치 못한 것은 하우(下愚)니 사람의 지우(智愚)가 같지 않고 성범(聖凡)이 비록 다르나 힘쓰기를 말지 않으면 어리석은 사람도 가(可)히 써 지혜로운 사람이 될 수 있고 범인(凡人)도 가(可)히 써 성인(聖人)에 이를 수 있으니 모름지기 명심수덕(明心修德)에 힘써 늙은이 말이라 하여 버리지 말고 더욱 마음을 함양(涵養)하는 데 힘쓸지어다.[2]

음성 되자니에서 해산한 이후, 일 년여 만에 처음으로 각지의 교도들에게 보내는 통문이다. 이 통문을 시작으로 동학 교단은 본격인 활동을 재개해 나가고자 결의를 다졌다. 이후 해월은 상주 높은터, 충주 외서촌, 음성 동음리(東音里) 아래창골(倉谷), 청주군 청천면(靑川面) 산막리(山幕里), 상주군 은척면 은척원(銀尺院) 등지로 옮겨 살면서 각처의 제자들에게 많은 가르침의 글들을 보냈다. 이 기간 중에 특히 눈에 띄는 것은 지금까지 유교적 관습에 의하여 실행해 오던 제례를 동학의 정신이 담긴 제례법으로 바꾸어 시행한 일이다. 이 무렵 교도들 가운데 상변(喪變)이 있을 때 초하루와 보름, 곧 삭망(朔望)으로 치성(致誠)을 하는 사람이 있다는 말을 듣고, 해월이 "이것은 사문(師門)의 유법(遺法)이 아니니 영영(永永) 물시(勿施)하는 동시에 다만 조석(朝夕)으로 식고(食告) 예(禮)를 행하며 지성껏 한울님을 봉양하라." 하고, 이어서 말하기를 "수도(修道)는 내외화순(內外和順)이 제일인데 그 근본은 힘쓰지 않고 한나라 때 무고(巫蠱)의 여풍(餘風)을 사모하니 실로 통탄할 일이로다. 도가부인(道家婦人)이 혹 경외지심(敬畏之心)이 있어 청수(淸水)를 받들려거든 3·7일이나 7·7일 또는 100일 등 기일을 정하여 목욕재계(沐浴齋戒)하고 정성과 공경으로 한울님의 감응(感應)을 받도록 하라."고 분부하였다.

이와 같은 해월의 가르침은 지금까지 관습적으로 행해 오던 전래의 유교적 제례를 버리고 동학의 정신이 담긴 제례를 행함으로써 그 종교적 심지를 공고히 하고자 한 것이다. 이렇듯 해월은 이곳저곳으로 숨어 지내면서 각처의 교도들에게 가르침의 법설과 동학의 정신이 담긴 의례 등을 시행하여 무너진 교단을 추스르고 또 재건하고자 했다.

특히 해월이 1897년 2월 음죽군(陰竹郡) 앵산동(鶯山洞, 현 이천군 설성면 수상리)으로 이주한 이후, 그해 4월 5일 수운 선생 득도일을 맞아 제례를 행할 때 향아설위(向我設位)에 의한 제례를 모시도록 하였음이 주목된다.

해월이 오천 년 동안 그 누구도 바꿀 수 없다고 말을 한 새로운 제례법인 '향아설위' 제례를 처음으로 거행한 앵산동 일대는 들판과 야산이 연달아 있는 자그마한 마을이다. 남쪽에서 북쪽을 향해 있는 능선의 끝부분 남쪽에 있는 마을이 해월이 향아설위의 가르침을 폈던 마을이다. 이 마을이 앵산동(鶯山洞)이라고 불린 것은 동네 뒤에 있는 능선에 앵봉(鶯峯)이라는 언덕이 있기 때문이다. 앵산동은 아주 작은 마을이다. 조그마한 야산 밑에 이십여 호 안팎의 마을이 자리하고 있고, 마을 앞에는 넓은 논이 펼쳐져 있다. 그러니 벌판의 끝에 자리한 마을이라고 하겠다. 그러나 넓은 평야의 끝에 있는 마을임에도, 그 지형상 마을의 모습이 잘 드러나지 않는다. 앞마을과 뒷마을은 서로 보이지 않으면서도 뒷마을 쪽에서 넓은 들판을 가로질러 오는 사람은 훤하게 보이는, 그러한 위치에 마을이 있었다. 앞은 툭 터졌고, 뒤쪽으로는 빨월마을과 고공 · 단공 · 기골 등으로 나가게 되는 오리나무 고개가 있다. 그러므로 밖에서 들어오는 사람을 관찰하기도 좋고, 또 뒷고개를 통해 피신하기도 좋은 마을이다. 즉 앵산동은 도주로가 혼선을 주는 곳이며, 또 진입로 역시 혼선을 주는 곳이다.

향아설위는 지금까지 위패를 벽을 향해 세운다는 '향벽설위(向壁設位)'를 전면으로 부정한 것으로 인류 역사상 초유의 대사건이기도 하다. 이를 인용해 보면 다음과 같다.

신사 물으시기를 "제사를 지낼 때에 벽을 향하여 위를 베푸는 것이 옳으냐, 나를 향하여 위를 베푸는 것이 옳으냐." 손병희 대답하기를 "나를 향하여 위를 베푸는 것이 옳습니다." 신사 말씀하시기를 "그러하니라. 이제부터는 나를 향하여 위를 베푸는 것이 옳으니라." …(중략)… 임규호 묻기를 "나를 향하여 위를 베푸는 이치는 어떤 연고입니까." 신사 대답하시기를 "나의 부모는 첫 조상으로부터 몇만 대에 이르도록 혈기를 계승하여 나에게 이른 것이요, 또 부모의 심령은 한울님으로부터 몇만 대를 이어 나에게 이른 것이니 부모가 죽은 뒤에도 혈기는 나에게 남아 있는 것이요, 심령과 정신도 나에게 남아 있는 것이니라. 그러므로 제사를 받들고 위를 베푸는 것은 그 자손을 위하는 것이 본위이니, 평상시에 식사를 하듯이 위를 베푼 뒤에 지극한 정성을 다하여 심고하고, 부모가 살아 계실 때의 교훈과 남기신 사업의 뜻을 생각하면서 맹세하는 것이 옳으니라."[3]

위(位)를 벽을 향해 세운다는 것은 비단 우리나라의 유교적 제례만이 아니라, 전 인류의 공통적인 제례법이다. 선천에서는 신이 멀리 초월의 공간에 계시고, 또 죽은 혼백 역시 신이 계신 초월된 공간으로 간다고 믿었기 때문이다. 그러므로 신이 계신, 조상의 혼백이 계신 곳을 향해 신위를 세웠던 것이다. 그 한 예로 유교의 제례법을 보면, 혼백(魂魄)이 멀리 구천(九天)에 있다고 생각하여, 먼저 이 혼백을 부르는 초혼(招魂)을 한다. 그래서 향을 피우고 향기 나는 술을 뿌린다. 향을 피워서 천상으로 떠도는 혼(魂)을 지상으로 내려오게 하고, 술을 뿌려서 지하에 있는 백(魄)을 오게 하여, 안치한 신위(神位)

에 모셔 놓는다. 즉 이 위(位)에다가 신이나 조상을 모셔 놓는 것이다. 그러므로 신이나 돌아가신 조상이 계시는 곳, '나'라는 살아 있는 사람과는 다른 저쪽, 곧 벽에 이 신위를 세웠던 것이다.

그러나 '나를 향해 위를 세운다.'는 향아설위는 나의 혈기와 부모의 혈기, 그리고 한울님의 영기가 모두 하나로 이어져 있다는 동학의 시천주 정신이 그대로 담겨진 제례법이다. 시천주의 정신에 의하면, 나는 한울님을 모시고 있고, 한울님은 나의 근본이 되는 천지부모이다. 따라서 이 천지부모인 한울님은 나의 근본인 동시에 모든 조상의 근본이기도 하다. 그러니 나의 조상이 다른 먼 곳, 혹은 내가 바라다보는 상대 쪽인 벽에 계신 것이 아니라, 내가 모시고 있는 것이다. 따라서 저 벽에 신위(神位)를 세울 것이 아니라, 나를 향해, 나의 안에 모셔진 조상을 향해 신위를 세워야 한다는 말씀이다.

이와 같이 향아설위는 선천의 어느 가르침, 어느 제례법에서도 찾아볼 수 없는 독특한 제사법이다. 이 향아설위의 정신이 발현된 것은 이미 1875년부터이다. 이때 해월은 단양 송두둑에서 새로운 시작을 다짐하는 제례를 열며, '청수일기(淸水一器)'의 제례법[4]을 이야기한 바 있다.

제수(祭需)란 흔히 조상이나 산천의 신들에게 바치는 제물로 조상이나 신들이 흠향(歆饗)하게 하기 위하여 차려놓는 것이다. 그런가 하면, 제수는 곧 제를 지내는 사람의 정성의 표현이기도 하다. 제수를 마련하고 또 차리면서 살아 계신 조상께 음식을 대접하는 듯한, 그러한 정성으로 제수를 마련하고 차리는 것이다. 즉 제수라는 것은 이렇듯 두 가지의 의미를 지닌다. 그러나 육신을 지니지 않은 조상, 그러므로 이제 한울님의 영기라는 근원적 생명과 혼연일체가 된 조상이 차려진 제수를 흠향할 수 없다는 것이 해월의 생각이다. 그러므로 비록 청수 한 그릇이라고 해도 조상을 생각하는 마음이 지극하고 또 정성이 있으면, 이는 제수를 차리지 않아도 그 마음이 다하는 것이라는 말씀이다.

이렇게 1875년 제안한 '청수일기(淸水一器)' 제례법은 앵산동에서 제창한 향아설위(向我設位)의 바탕이 되었다. 즉 해월이 제기한 '청수일기의 제사법'이 동학 제례의 외양적인 형식이 된다면, 나를 향하여 위패를 세운다는 '향아설위'는 곧 그 내용, 곧 정신이 되는 것이라고 하겠다.

앵산동에서 거행했다는 '향아설위'는 지금까지 인류가 벽을 향해 위를 세우고 제를 지내던 형식을 일시에 무너뜨리고, 나를 향해 위를 세운 전혀 새로운 제례법이 아닐 수 없다. 향벽설위는 '조상과 나', '신과 나', '죽음과 삶' 등을 이분화시키므로, 내가 조상을, 내가 신을, 삶이 죽음을 섬기기만 하는 제례법이 된다. 이는 다시 말해서 조상이 나를, 신이 나를, 죽음이 삶을 지배하고 억압하는 제례이기도 하다.

그러나 향아설위는 조상과 내가, 신과 내가, 죽음과 삶이 모두 하나이고, 그러므로 모두 혼연일체가 되어 어우러져 살아가는 동학의 정신이 그대로 투사된 제사 혁명이며 후천개벽을 실천하는 전환점이 되는 제례법이다.[5]

2. 만국 병마(兵馬)가 모두 물러나야

관의 지목 속, 제자들의 도움을 받아 이곳저곳으로 숨어 지내면서도 해월은 각처의 교도들에게 통문을 보내고 또 법설을 펼치면서, 다시금 교단을 재건하려는 노력을 그치지 않았다. 마지막 일각까지도 교단의 재건을 위하여 노력하는 일흔 살 고령인 해월의 눈물겨운 노력과 투지를 읽을 수가 있다.

1897년 4월 하순을 넘기며, 동학 교단은 차츰 활기를 띠기 시작하였다. 교도들의 왕래가 잦아졌다. 이러한 동정을 살피며 해월은 5월에 이르러 '심신

회수(心信回水)' 네 글자를 써서 각 포의 두령들에게 반급하였다. '심신회수'는 마음과 믿음을 대선생인 수운 선생의 마음과 믿음으로 되돌리라는 가르침 이다. 동학의 근원이 바로 대선생인 수운 선생에 있으니, 그 근본을 잊지 말 라는 말씀이다. 또한 6월부터 지목이 어느 정도 풀리자 7월에는 팔도의 지 도자들의 왕래가 잦아졌다. 특히 황해도와 평안도에 포덕이 늘어나 그곳 지 도자들의 왕래가 많았다. 아울러 접주와 육임 임첩 발행도 늘어났다. 해월 은 이때 종전에 북접법헌(北接法軒)의 명의로 발행하던 육임 임첩을 폐지하고 용담연원(龍潭淵源)이란 명의로 바꾸어 발행했다.

도피의 생활과 노환, 그리고 여름의 무더위에 지친 해월은 8월이 되면서 하혈(下血)이 잦아졌다. 손병희는 연로한 해월을 편하게 지낼 수 있는 곳을 물색했다. 때마침 여주 임순호(林淳灝)가 원주 전거론(지금은 여주군 강천면 도전 리)에 새 집 두 채를 지어 놓은 것을 알았다. 임순호와 상의하여 이곳 전거론 으로 모시도록 했다. 전거론에서 해월은 낙향한 이교리(李校吏)로 위장하고 은거하였다.[6]

전거론에서도 해월은 병세가 호전이 되지 않았다. 마치 학질같이 오한이 들고, 설사를 계속하였다. 다섯 달 동안이나 대소변을 받아 내면서 간호에 힘을 다하며 널리 약을 구하여 써 보아도 차도가 없었다.

비록 몸은 병환으로 불편하였지만, 10월 28일 스승인 수운 선생의 탄신일 을 맞아 탄신향례를 이곳 전거론에서 거행하였다. 각지의 제자들이 찾아왔 다. 탄신향례를 행하고는 모인 제자들을 향해 해월은 많은 법설을 한다. 이 때 행한 법설은 첫째, 기운과 이치에 관한 법설, 둘째, 강화(降話)와 천어(天語) 해석에 관한 법설, 셋째, 후천개벽에 관한 법설, 넷째, 이천식천(以天食天)에 관한 법설, 다섯째, 심화(心和)와 물약자효(勿藥自效)에 관한 법설 등이다.[7]

이러한 법설들은 동학의 가르침이 다만 당대에만 머무는 것이 아니라, 내

일이라는 새 시대를 열어가는 가르침임을 새삼 확인하게 해 준다. 특히 '후천개벽에 관한 법설' 곧 '개벽운수(開闢運數)'에 관한 법설은 오늘이라는 이 시대 우리나라가 처해 있는 현실 속에서 더욱 깊이 생각해야 하는 법설이다. 세계 유일의 분단국가로 남북이 갈려 있는 현실과, 이로 인하여 야기되고 있는 국제정세 등을 고려해 볼 때 「개벽운수」는 시사하는 바가 매우 많다. 제자들이 해월에게 언제 '다시 개벽'의 새로운 시대를 맞이할 수 있느냐고 묻자 해월은 다음과 같이 대답했다.

> 이 세상 운수는 천지가 개벽하던 처음의 큰 운수를 회복한 것이니 세계 만물이 다시 포태의 수를 정치 않은 것이 없느니라. 경에 말씀하시기를 "산하의 큰 운수가 다 이 도에 돌아오니 그 근원이 가장 깊고 그 이치가 심히 멀도다." 하셨으니, 이것은 바로 개벽의 운이요 개벽의 이치이기 때문이니라. 새 한울, 새 땅에 사람과 만물이 또한 새로워질 것이니라.[8]

만물이 새로워지기 위해서는 새롭게 포태가 되어야 한다는 것이다. 여기서 '다시 포태의 수'란 지금의 '관념적인 나'를 버리고 '새로운 나'로 거듭 태어남을 의미한다. 다시 말해서 시천주의 '모심'을 통해 한울사람으로 다시 태어나고 사인여천의 '섬김'을 통해 '모심'을 사회적으로 실천하는 것[9]을 해월은 '다시 포태의 수'라고 표현한 것이다. 나아가 '새로운 나'로 거듭 태어나야만이 만물 역시 새롭게 될 수 있다는 것이다. 이와 같이 새로운 차원의 삶이 이룩되는 것이 바로 '다시 개벽'이라고 말하고 있다.

그때가 언제인가를 제자들은 해월에게 묻는다. 이에 대하여 해월은 그때는 "산이 다 검게 변하고 길에 다 비단을 펼 때요, 만국(萬國)과 교역을 할 때이다."라고 답했다. 또 다시 제자들이 어느 때에 이같이 되겠느냐고 재차 묻자, "때는 그때가 있으니 마음을 급히 하지 말라. 기다리지 아니하여도 자연히 오리니, 만국병마가 우리나라 땅에 왔다가 후퇴하는 때이니라."라고 대답을 했다.[10]

관군과 일본군에 쫓기면서 펼친 이러한 해월의 가르침은 매우 예언적인 가르침이다. 예언은 앞을 예단하는 말이다. 그러므로 때로는 허무맹랑한 말로 인식되기도 한다. 그러나 해월의 예언은 100년 전에 했다는 말로는 도저히 믿어지지 않는, 그러한 요소들을 너무 많이 지니고 있다.

'산이 다 검게 변하고 길에 다 비단을 펼 때'라는 말은 어떻게 해석을 해야 할까. '산이 검어지는 것'에 관하여 검푸른 녹음으로 온 세상의 산이 덮인다는 뜻으로 해석하는 경우가 있다. 그러나 이러한 해석은 아직 예단하기 어려운 점이 있다. 또한 '길에 다 비단을 펼 때'는 지금의 아스팔트가 시골의 작은 길에까지 깔려 있는 모양을 이렇게 예언한 것이라는 해석도 있다. 해월이 살던 시대뿐만 아니라, 1970년대까지만 해도, 포장이 되지 않은 길이 많았다. 특히 시골길은 대부분 포장이 되지를 않아, 무더운 여름철에 자동차라도 한 대 지나가면 먼지가 풀풀 날려 지나가는 사람들이 수건으로 코와 입을 막기도 하였다. 그러나 지금은 시골 깊은 곳까지 대부분 포장이 되어 마치 멀리서 바라다보면 비단을 깐 듯하다. 다만 이 역시 예단하기 어려운 해석이라고 생각이 된다. 이어서 '만국과 교역을 할 때'라는 예언은 오늘 우리나라가 만국과 교역을 하고 있는 실정으로 보아 이는 분명하다고 하겠다. 19세기 해월이 살던 시대에는 감히 생각조차 하지 못하던, 오늘의 한국은 세계의 중심에 서서 만국과 무역을 한다.

그런가 하면, 오늘의 한국은 세계 유일의 분단국가이며, 두 다른 이념이 대치하고 있는 유일한 나라이다. 이 문제가 해결이 된다면, 우리나라와 세계의 판도는 크게 바뀔 것으로 판단이 된다. 그러므로 오늘 우리나라의 문제는 매우 의미심장한 것이 아닐 수 없다. 개벽의 그때가 언제이냐고 묻는 제자들에게 해월은 '만국 병마가 우리나라 땅에 왔다가 후퇴하는 때이니라.'라고 답했다. 한국전쟁인 6 · 25 때에 우리나라를 위해 유엔 산하 16개국의 병마가 참전했다. 또 중국도 참전했다. 그야말로 만국의 병마가 이 땅에 들어왔다. 이 또한 해월이 예언한 그대로이다. 그러나 전쟁이 끝나고 만국의 병마는 우리나라 강역에서 나갔지만 미국의 군대가 여전히 주둔하고 있다. 즉 해월이 말하는 '만국의 병마가 우리나라의 강역에서 모두 후퇴한 것'이 아니다. 미국의 군대가 우리나라에서 철수를 하여 나갈 때에는 다름 아닌, 우리나라의 남북의 문제가 어떠한 형태로든지 해결이 되는 때이요, 그렇게 된다면, 우리나라는 물론 세계사의 판도가 오늘과는 다르게 바뀔 것이 분명하다.

강원도 · 충청도 · 경상도에 걸친 태백산맥과 소백산맥이 어우러진 깊고 깊은 산간마을 50여 곳을 전전하며 살아온 해월이 100년 후의 세상을 눈앞에 본 듯이 한 예언은 어떻게 해석해야 할까. 이러한 해월의 예언이 구체적인 사실로 드러나지 않는 한 해월이 꿈꾸던 새로운 차원의 세상, 새로운 차원의 삶은 아직 이루어진 것이 아니라고 생각된다. 온 산이 검게 변하고, 세상의 길이란 길에 모두 비단이 깔린, 그리고 만국의 병마가 우리 강토에 들어왔다가 모두 나가는 그 시간, 우리나라와 세계는 어떻게 변화될 것인가. 아직 해월의 예언은 끝나지 않았다. 그러므로 해월의 그 가르침은 아직 끝나지 않은 채 우리에게 경종을 울리며 남아 있는 것이다.

3. 한울로써 한울을 먹는다

전거론에서 여러 법설들과 함께 펼친 '한울로써 한울을 먹는다.'는 이천식천(以天食天)의 법설은, '이기식기(以氣食氣)' 등을 아울러 함께 말씀한 것으로 나와 있다. 『천도교서』에 나오는 부분을 인용해 보면 다음과 같다.

以氣食氣하며 以氣治氣하며 以天食天하며 以天奉天하며 以心治心하며 以善化善은 是 吾道의 大化니 人이 來하거던 人이 來하엿다 云치 勿하고 天이 來하신다 云하라.[11]

여기서 '이기식기(以氣食氣)하며 이기치기(以氣治氣)하며 이천식천(以天食天)하며 이천봉천(以天奉天)' 부분은 오늘 『해월신사법설』에는 「영부주문(靈符呪文)」편에 실려 있다. '기운으로써 기운을 먹는다.'는 것이나 '한울로써 한울을 먹는다.'는 것은 동학에서는 같은 의미이다.

동학에서 신(神)은 '지기(至氣)와 한울님, 또는 천주(天主)'로 이야기된다. 이때 지기를 흔히 한울님의 기운이라고 이해한다. 그러나 지기는 다만 한울님의 기운만은 아니다. 한울님은 이 지기를 통하여 우주에 편만(遍滿)해 있으며 동시에 내 안에도 모셔져 있기 때문이다. 따라서 지기는 다만 한울님의 기운만이 아니라, 한울님의 존재양식이기도 하다. 즉 지기와 한울님은 둘이면서 하나이고, 하나이면서 둘이다. 이와 같은 면에서 본다면, 이기식기(以氣食氣)나 이천식천(以天食天)은 같은 의미가 된다.

'이천식천'은 먹고 먹히는 만유가 모두 한울님을 모시고 있다[12]는 '시천주(侍天主)'를 바탕으로 한 가르침이다. 시천주의 '시(侍)', 곧 '모심'을 수운 선생은 '내유신령(內有神靈), 외유기화(外有氣化), 각지불이(各知不移)'[13]로 해의하는데, 이는 바로 한울로서의 우주생명이 개별 생명과 어떠한 방식으로 관계하는지에 대한 생명론적 언명이기도 하다.[14] 다시 말해서 '개별생명인 만유는 우주적 생명을 안으로 품고 있으며(內有神靈)', '밖으로는 기화를 통해 전 생명계와 관계성을 지니며 상호작용을 한다(外有氣化).'는 의미를 지닌다.

따라서 '시천주의 모심'을 바탕으로 하는 '이천식천'에서 동학적 생명론 또는 생태론을 찾을 수 있을 것으로 기대된다. '이천식천'에 관해서는 별도의 제목 아래 『해월신사법설』에 실려 있다. 이를 인용하면 다음과 같다.

> 내 항상 말하기를 "물건마다 한울이요(物物天), 일마다 한울이라고(事事天)" 하였다. 만약 이 이치를 옳다고 인정한다면 모든 물건이 다 한울로써 한울을 먹는 것 아님이 없을지니, 한울로써 한울을 먹는 것은 어찌 생각하면 이치에 서로 맞지 않는 것 같으나, 그러나 이것은 인심(人心)의 편견에 치우쳐서 보는 말이요, 만일 한울 전체로 본다면 한울이 한울 전체를 키우기 위하여 동질(同質)이 된 자는 서로 도움으로써 서로 기화(氣化)를 이루게 하고, 이질(異質)이 된 자는 한울로써 한울을 먹는 것으로써 서로 기화(氣化)를 통하게 하는 것이니, 그러므로 한울은 한쪽 편에서 동질적 기화로 종속을 기르게 하고, 다른 한쪽 편에서 이질적 기화로써 종족과 종족의 서로 연결된 성장 · 발전을 도모하는 것이다. 합하여 말하면 한울로써 한울을 먹는 것(以天食天)은 곧 한울의 기화작용으로 볼 수가 있는 것이다.[15]

서구적 근대화 물결 속에 만연한 인간 중심적이며 이기적인 행태의 폐해로 오늘의 지구 환경은 심각한 위기를 겪고 있다. 지구 온난화, 오존층 파괴, 지하수 오염과 이상고온 등 지구 곳곳에서 일어나는 이루 헤아리기 어려울 정도로 많은 재해는 한계에 이르러, 생태계의 건강성을 다시 회복할 수 없을지도 모른다는 위기감이 고조되고 있다.

오늘날 인류가 직면한 생태계 위기를 극복하기 위해서는 과학적인 접근보다는 철학적인 접근이 더욱 요구된다고 학자들은 주장한다.[16] 이와 같은 주장과 함께 20세기 말 이후 생태와 생명 문제는 철학의 핵심 과제로 떠오르게 되었다. 오늘 제기되고 있는 생태·생명 문제의 핵심은 근대적 경쟁 이데올로기를 벗어나 '더불어 삶'에 있다고 연구자들은 입모아 말한다. 인간과 인간, 인간과 자연, 나아가 생명이 없다고 간주되는 자연의 온갖 물상과도 조화와 균형 속에서 더불어 살아갈 때 오늘날의 생태계 문제가 해결되고, 나아가 생명이 진정으로 존중받을 수 있다는 데에 의견이 모아지고 있다.[17] 따라서 '생태 및 생명의 문제'에는 인간 중심적 사고와 삶을 과감히 벗어 버리는 코페르니쿠스적인 사고의 전환이 요구된다.

첫째로는 인간이 모든 자연을 지배한다는 '인간 중심'에서 '생명 중심'으로 사고가 전환되어야 한다. 인간의 삶과 환경은 다른 생명체들뿐만이 아니라 모든 무생물체까지도 따로 떼어 생각할 수 없기 때문이다. 나아가 이러한 사고의 전환을 할 때만이 인간을 중심으로 한 원심적·구심적 세계관을 지닌 '환경'이 유기적·총체적 세계 인식인 '생태계'의 테두리 안에서 비로소 그 참된 의미를 지닐 수 있기 때문이다.[18]

둘째로는 지금까지 생명의 기본 단위라고 여겨 온 '개체생명'에 대한 인식을 '우주적 생명 또는 온생명'과의 관계 속에서 재정립해야 한다. 인류는 그동안 개체생명에 절대적인 가치를 부여해 왔기 때문에, 배타적인 '투쟁과 죽임'을 어쩔 수 없는 것으로 치부하는 과학과 철학을 발전시켜 왔다. 그러나 온생명의 관점을 취하면 자연의 본원적 질서는 경쟁이 아닌 협동으로 이해할 수 있다.[19] 나아가 온생명 안에서 특별한 지위에 있는 인간이 온생명 자체가 자신의 몸이라는 깨달음을 통해 더불어 사는 길을 택하게 되면, 인류는 스스로 온생명에게 치명적 위해를 주는 암적인 존재라는 오명을 벗어 던질 수 있다는 것이다.[20] 따라서 죽임과 투쟁이 아닌, 조화와 공존의 삶을 위하여 필연적으로 개체생명이 아닌, 온생명으로서의 생명이라는 관점을 취해야 한다는 견해가 제기된다.

「이천식천(以天食天)」 법설에는 현재 인류가 겪고 있는 위기를 슬기롭게 극복하는 데에 긴요하게 요구되는, 인간 중심에서 생명 중심으로 인식을 전환하고, 생명의 근원을 온생명으로 인식할 수 있게 하는 중요한 가르침이 담겨 있다. 또 이러한 사고의 전환이 왜 필연적인 것인지를 제시한다.

해월은 늘 제자들에게 사사천(事事天)·물물천(物物天)을 강조해 왔다. 일마다 물건마다 모두 한울님이라는 이 해월의 범천론적(汎天論的) 신관의 의의는 신을 세속화하고 인간 존엄을 강조하는 근대 지향성[21]에 국한되는 것은 아니다. 해월의 사사천·물물천은 '우주만물과 인간과 신과의 관계'를 위계에 의한 지배와 억압의 관계로 보는 인간 중심주의의 서구적 근대성을 뛰어넘는다. 해월의 이 가르침은 자연과 인간과 신이 유기적으로 서로 조화를 이룸을 전제로 하는 가르침이다. 따라서 사사천, 물물천의 가르침에는 '더불어 삶'의 필연성이 담겨 있다.

동학은 '우주'에 '지기(至氣)'가 가득 차 있으며, 만유(萬有)와 혼원지일기적(混元之一氣的) 연대[22]를 이루고 있다고 본다. 동학에서는 이 우주를 '무궁한 울'[23]로 지칭하기도 한다. 즉 동학에서 우주란 '한울님의 무궁한 기운으로 가득 찬'[24], '그 시작과 끝을 알 수 없는' '무궁한 울'이다. 또한 지기는 삼라만상에 간섭(干涉)하지 않는 것이 없고, 명(命)을 부여하지 않는 것이 없는[25] 한울님의 위대한 작용이기도 하다. 즉 동학에서 말하는 우주란 한울님의 지기(至氣)가 그 본체를 이루며, 나아가 한울님 지기의 작용과 연관을 이루며 삼라만상이 현현되고 또 순환되는 것이라고 하겠다.

이와 같은 지기(至氣)는 기왕의 기론자(氣論者)들이 말하는 기 개념과 유사해 보인다. 특히 우주의 모든 활동이 기(氣)의 적극적 표현이라는 점에서 그러하다. 그러나 '지기'의 '지(至)'는 수운 선생이 직접 해의한 바와 같이 '가늠

할 수 없을 정도로 큰 것[26]을 의미하며, 나아가 '지기(至氣)'란 단순한 '기(氣)'와는 질적으로 다른 것이다. '기와 지기'의 결정적인 차이는 기(氣)가 생명력, 활동력 등의 힘 또는 그 근원[27]인데 비하여 지기(至氣)는 허령(虛靈)으로서 영(靈)적인 성격이 강조된 것이라는 데 있다.[28]

그러므로 이 우주에 수많은 만상(萬象), 곧 삼라만상(森羅萬象)이 편만(遍滿)해 있어도, 궁극적으로 이들 모두는 이 우주에 가득 차 있는 한울님의 지기와 함께 서로 유기적인 연관을 맺고 있고, 동시에 이들 모두는 '하나의 커다란 영(靈), 곧 생명'이 된다는 것이다. 즉 이 우주를 한울님의 지기에 의한 하나의 커다란 영성(靈性)의 생명체[29]이며, 동시에 삼라만상과 유기적인 연관을 맺고 있는 것으로 보는 것이 동학의 우주관이다. 일컫는 바 우주적 생명, 온생명으로서의 인식을 바탕으로 한 우주관이라고 할 수가 있다. 따라서 이 무궁한 우주, 곧 한울님의 지기에 의하여 명(命)을 부여받은 만유(萬有)는 궁극적으로 같은 뿌리를 지닌 모두 같은 존재이다. 그러므로 동학에서는 다만 이 우주에서 인간만이 홀로 가장 존귀하다는 인간 중심의 인간 존엄주의에 머물지 않는다.

해월은 이와 같은 가르침을 스승인 수운 선생으로부터 받고, 깊은 수련을 통해 우주적 본체를 깨닫는다. 그러므로 '우주가 한 기운 덩어리, 또는 한 기운 울타리'[30]임을 깊이 터득하였고, '우주에 가득 찬 혼원한 한울님 신령스러운 기운으로 인하여 한 걸음, 한 발자국이라도 감히 경솔하게 내딛으면 안 된다.'[31]고 말하고 있다. 따라서 해월은, 이와 같은 우주를 인심(人心)의 편견, 곧 인간 중심적인 사고에 치우쳐서 바라볼 것이 아니라, 우주 그 자체를 '전일적(全一的) 하나의 커다란 생명체', 곧 '온생명'으로 볼 것을 「이천식천」을 통해 강조하고 있다. 이어서 이 크나큰 한 생명체인 우주는 한편으로는 햇살을 보내고 비를 내리게 하여 만유를 자라나게 하고 또 살아가게 하는 '동질적 기화(氣化)'로 종속을 기르고 있는 것이요, 또 한편으로는 먹이를 위하여 먹고 먹히는 '이질적 기화(氣化)'로 서로의 연결된 성장 · 발전을 도모하고 있다고 설파한다. 즉 '기화'[32]를 통해 만유가 서로 유기적인 관계 속에 자리하고, 그러므로 인간 역시 만유의 유기적 관계 속에서 만유와 더불어 '공존해야 하는 부분'이라는 사실을 강조하고 있다.

이와 같이 해월은 생명을 개별적인 대상으로 한정하지 않는다. 천지만물 속에서 신령한 모습을 띠며, 전체적인 생명체와 기화를 통해 관계한다고 피력한다. 개체생명은 전체생명을 내재하고, 전체생명은 개체생명을 포괄하기 때문이다. 따라서 개체생명은 개별 존재의 생사문제에 한정하는 것이 아니라, 전체생명이 공존하는 생명[33]으로 보고 있다.

이와 같은 면에서 본다면, 동식물이 먹이를 위하여 다른 동식물을 잡아먹는 것은 '약육강식에 의한 살육과 다툼'이 아니라, 한울이 한울을 먹으므로 일으키는 '기화작용', 곧 비를 내리고 햇살을 보내어 만유를 살아가게 하는 그러한 작용과 동일한 것이라는 것이 해월의 생각이다. 즉 동물이나 식물은 자기 이외의 종에게 먹힘으로써 자기 종을 확산시키며 우주 전체의 변화에 참여한다[34]는 것이다. 해월은 '한울로써 한울을 먹는다.'는 이질적 기화와 '한울이 한울을 도와준다.'는 동질적 기화를 통해 만유가 지닌 생명의 공생과 순환[35]을 피력하므로, 인간 중심의 사고를 벗어버린, 생명 중심 사고가 바로 우주적 생명의 본연임을 강조하고 있다.

「이천식천」은 우주적 삶이 살육과 다툼이 아니라, '한울이 한울 전체를 키우게 하는 것'임을 밝히므로, 오늘 인류의 삶에 있어 가장 긴요하게 요청되는 생명 중심의, 생태 중심의 문제를 근원적인 면에서 제기하고 있다. 뿐만 아니라, 왜 생명 중심이어야 하며 생태 중심이어야 하느냐 하는 필연적인 이유를 피력하고 있다. 또한 '이천식천'은 세상 만물이 모두 한울님을 모시고 있으므로, 한울님으로서 공경해야 한다는 삼경(三敬) 사상으로 이어지면서, 해월의 동학적 생태 · 생명사상의 한 특성을 보여주고 있다.

해월은 경천(敬天)과 경인(敬人)을 넘어 사물까지 공경해야 한다는 '경물(敬物)'을 강조한다. '경물'은 말 그대로 자연을 다만 보호하는 데에 그치지 않고, 공경하라는 가르침이다. 해월은 '경물'이야말로 도덕의 극치를 이루는 일이요, 천지기화(天地氣化)의 덕에 합일될 수 있는 길이라고 말한다.[36] 이는 바로 만유의 가장 깊은 내면에는 한울님이 우주 법칙으로 내재해 있기 때문[37]에, 경물이 한울님의 도, 곧 천리를 따라, 천리에 어긋나지 않게 사는 길이라는 의미이다. 인간의 이기적 욕망에 따라서 자연 생태계를 이용하는 것이 아니라 자연 생태계의 도, 곧 만유에 내재된 한울님의 법칙을 깨달아 이에 어긋나지 않는 삶을 사는 것이 곧 경물이라는 것이다.

이는 또한 '나'라는 개체만이 아니라, 전체 생명 곧 온생명이 의식을 지닌 존재로 깨어나게 함을 뜻한다.[38] 그러므로 경물을 실천하면 그 덕이 만방에 미치게 된다는 것이다.[39] 이와 같이 동학이 지향하는 생태 · 생명의 문제는 인간이 행할 수 있는 최고의 경지인 천리를 깨닫고 천리를 따라 사는 삶에 그 뿌리를 두고 있으며, 나아가 만유에 내재한 한울님의 도를 실천하므로 개별 생명이 전체 생명이 펼치는 천리(天理)에 함께하는 길이기도 하다.

이러한 해월의 생각은 수운 선생의 '불연기연(不然其然)'론에 입각한 것이다. 불연기연은 동학의 중요한 사유 체계로서, 경험을 바탕으로 추론해 나가는 '기연(其然)'과, 궁극적인 원인을 천착하는 '불연(不然)'의 두 축으로 우주의 존재 방식을 파악하는 것이다. 기연(其然)의 관점만으로 본다면, 이 우주는 모두 다른 개체로 이루어져 있다. 즉 나는 우리 아버지의 자식이고, 너는 너희 아버지에게서 태어났으니, 너와 나는 다른 사람이라는 것이다. 이에 따르면, 우리의 삶과 우주적인 원리는 이원적이고 이질적이며 개별적이다.

그러나 차원을 달리해서 이들 모두가 궁극적인 면에 있어, 우주적 공동체와 그 근원을 같이 하는 것이라고 본다면, 이들 만유는 개체이며 동시에 전체에 잇닿아 있다. 나의 아버지와 너의 아버지는 그 첫 조상이 누구이며, 그리고 그 첫 조상은 또 누가 낳았는가의 문제에 이르면, 우리의 일반적 경험을 토대로는 알 수 없는 일, 곧 '불연(不然)'에 직면[40]하지만, 이와 같은 불연을 일반적 경험이 아닌, 차원을 달리해서 바라보면, 우리 모두의 첫 조상은 우주적 크나큰 생명으로부터 화생되었다는 사실을 깨닫게 된다. 그러므로 우리의 일반적 경험으로는 알 수 없는 불연이 '그렇구나' 하는 기연이 되며,[41] 너[42]와 나는 현상적으로는 다른 아버지의 자손이지만, 궁극적으로는 같은 뿌리를 둔 같은 존재임을 깨닫게 된다.

이러한 불연기연론을 근거로 하는 「이천식천」의 가르침은 생태·생명의 문제 해결은 물론 우주적 삶, 곧 전체와 개체, 인간과 자연, 신과 인간, 서양과 동양, 남성과 여성, 인종과 인종을 비롯한 모든 이원적인 대립과 모순을 극복하여 조화와 균형을 이루는 데에 그 핵심이 있다. 나아가 이것은 오늘의 포스트모던 시대가 안고 있는 문제인, 자기 아닌 타자를 자기 속에 귀속시킴으로써 자기 동일성을 확보하고자 하는 폭력으로부터 벗어나는 길이며, 사람과 사람, 사람과 자연이 서로 어우러져 조화와 균형의 삶, 진정한 생태·생명의 길을 여는 것이라고 하겠다. 즉 이성의 도구화, 과학기술의 이데올로기화 등으로 인하여, 이 우주마저 인간에 종속시키려는 포스트모던의 시대, 해월의 「이천식천」은 인간 중심에서 생명 중심[43]으로 인류의 행보를 옮겨 놓고자 하는 가르침을 담고 있는 법설이다.

해월의 이와 같은 가르침은 오늘의 우리 현실 속에서 가장 절실하고, 또 필요한 가르침들이다. 현대사회 속에서, 인류가 가장 심각하게 직면하고 있는 생태·생명의 문제를 포함한, 모든 이원적 대립으로 인하여 야기되는 문제의 대안을 근원적인 면에서 제기하고 있다. 이와 같은 점에서 해월의 사상은 다만 근대에 머물지 않고, 근대를 뛰어넘어 현대 철학적인 의미를 지니고 있음을 확인할 수가 있다.

XI.
해월,
순도의 길을 가다

1. 도통 전수, 그리고 체포

해월이 여주 전거론에 머문 기간은 4개월 정도였다. 1897년 8월에 이곳으로 와서 이듬해인 1898년 1월 4일 관병들이 돌입하는 사태가 벌어져 급하게 몸을 피하여 양평 방향으로 떠났다.

전거론에서 해월은 여러 지도급 인사들과 함께 있었다. 손병희를 비롯하여 김연국, 손병흠, 김낙철, 신현경, 염창순, 이용환, 이춘경 등이 함께 있었다. 또한 이곳에는 해월의 가족도 함께 기거하였다.

전거론에 오기 전부터 있었던 병이 좀처럼 낫지 않아, 해월은 많은 고생을 하였다. 그러나 이러한 고통 속에서도 오늘의 우리나라뿐만 아니라, 인류가 나아갈 바의 방향을 제시하는 소중한 법설들을 내놓았다. 특히 이곳 전거론에서 당시 동학 교단의 중심인물들인 삼암(三菴), 곧 의암 손병희, 구암 김연국, 송암 손천민 중에서, 의암 손병희를 주장으로 삼고, 나아가 대도(大道)의 주인, 곧 대도주(大道主)로 삼는 도통 전수를 했다. 다음은 이 사실을 전하는 천도교의 기록들이다.

> 12월 24일 삼암을 불러 앉힌 뒤에 일로 가로되 "너희 3인 중에 또한 주장이 없지 못할지니 의암으로써 주장을 삼노라." 하시고, 인하야 의암으로 북접대도주를 정하시었다.[1]

> 12월 24일에 신사 도통을 의암에게 전하시고 송암, 구암에게 위하사 왈 "여

등 3인 중에 주장이 불무할지라. 고로 의암으로써 대도주를 삼노라." 하시다.[2]

해월은 이제 새로운 시대를 열어갈 새로운 동학의 지도자, 곧 대도주를 정하여주고, 이렇듯 서서히 자신의 삶을 마무리해 가고 있었다. 이제 71세라는 적지 않은 나이와 조여 오는 관군의 추적을 실감하며 이렇듯 동학의 앞날을 의암 손병희에게 맡긴 것이다. 수운 선생에서 비롯된 동학의 도통은 해월에 이르러 30여 년이라는 길고 긴 시간을 관의 추적을 받으며 고난 속에 지켜져 왔다. 이와 같은 도통이 관이 추적을 한다는 긴박한 시간에 다시 의암 손병희에게로 이어진 것이다. 이로서 의암 손병희가 동학의 3세 대도주가 되어, 후천 오만년을 향한 그 첫걸음을 이곳 전거론에서 뗀 것이다.

1898년의 새해를 맞은 해월은 노환으로 자리에 누워 있었다. 정초부터 폭설이 온 산천을 덮어 왕래가 어려웠다. 이때 충주 외서촌(外西村) 지방에서 지도급 교인들이 체포되었다. 이천의 관군에게 충주군 외서촌 두의동(豆衣洞)에서 이상옥(=容九), 음죽군 앵산동에서 신택우(해월의 사돈), 이천 보통리에서 권성좌(權聖佐) 등이 체포되었다. 이 세 사람은 가혹한 고문을 당하게 되었고, 그중 고문을 이기지 못한 권성좌가 해월의 소재를 실토하고 말았다.

이때 여주에서 이종훈이 와서 임순호에게 "지금 권중천의 집에서 오는 길인데 오늘 새벽 군관이 권중천 형제의 집을 포위하고 권성좌를 체포하였으니, 이리로 오기 전에 대책을 마련하라."고 하였다. 임순호는 곧 밤길을 걸어 전거론으로 가서 해월에게 이 사실을 전하였으나, 해월의 환후가 심한데다가 혹한과 폭설로 어떻게 할 방법이 없었다. 이때 손병흠이 해월에게 피신할 것을 간청했으나 해월은 급즉완(急則緩)이라 하면서 "일이 이미 이에 이르렀으니 이러한 경우에는 다만 천명을 기다릴 따름이라."고 하였다.

해월의 소재를 파악한 이천의 군졸 20명은 1월 4일 오후에 전거론에 당도하여 해월과 김연국의 집을 포위했다. 이때 해월의 집에는 손병희를 비롯해서 손병흠 · 염창순 · 임순호 등이 있었고, 울타리를 사이에 둔 아랫집에는 김연국 · 김낙철 · 김낙봉 등이 살고 있었다. 김연국의 집에는 마침 모두 출타하고 김낙철이 혼자 있었는데 군졸이 길가에 있는 김연국의 집으로 먼저 들어섰다. 권성좌를 앞세우고 들어선 군졸이 김낙철에게 "최법헌, 손응구(孫應九), 김치구(金致九)는 어디 있는가?" 하고 심문하자, 김낙철이 "나는 은진 사람으로 이 집 주인이 훈학을 해 달라기에 머물러 있으며, 주인의 성은 이씨로 그런 사람은 금시초문이다."라고 대답하였다. 군졸이 다시 재차 묻자 김낙철이 "그저께 성묘하러 광주에 갔다."고 꾸며댔다. 옆에 있던 권성좌는 "기갈이 심해 죽을 지경이니 침채 한 그릇과 냉수 한 그릇만 달라."고 청하여 침채와 냉수를 받아먹고 "최법헌이 없다."고 하였다.

김연국의 집에서 해월을 찾지 못한 군졸들이 이웃의 해월이 있는 집으로 갔다. 이때 손병희가 나서며 "팔십 노인이 몇 달째 병환으로 누워 계신데 이렇게 무도할 수 있는가?" 하고 꾸짖었다. 병정들은 손병희를 불러내어 권성좌와 대질시켰다. 손병희는 목침을 들어 문지방을 내리치면서 권성좌를 향하여 "네가 누군데 자세히 나를 봐라. 알거든 안다고 해라." 하며 호통을 치자 권성좌는 손을 내저으며 아니라며 물러섰다. 권성좌는 차마 "저분이 최법헌이고 이분이 손응구이고 김치구요." 할 수가 없었다.

권성좌가 매에 못 이겨 횡설수설하다가 해월이 삿갓봉(笠山) 마을에 있다고 거짓 자백하자 군졸들은 그를 앞세우고 4킬로미터 정도 떨어져 있는 고개 넘어 삿갓봉으로 갔다. 권성좌는 마을글방 훈장인 김상률(金商律)을 가리키며 이분이 해월이라고 하였다. 군졸들은 무조건 훈장을 포박하여 끌어냈으나 권성좌에게 속은 것을 알게 된 군졸들이 심하게 폭행하자 견디지 못해 권성좌는 은진서 왔다는 사람(김낙철)이 바로 최법헌이라고 말했다. 다시 전 거론으로 되돌아 온 병정들이 김낙철을 포박하여 끌고 갔다. 그 후에 김낙 철은 여주와 이천을 거쳐 한성으로 압송되었다가 수원으로 다시 이송, 그해 6월에 석방되었다.

김낙철이 대신 잡혀가 해월 일행은 한숨을 돌렸으나 사실이 밝혀지면 다 시 올 것이 분명하였다. 밤이 깊어지자 이춘경과 이용한이 해월을 업고, 손 병희와 김연국·손병흠·임순호 등이 앞뒤를 따르며 그곳을 떠났다. 길을 따라 십여 리를 가서 산밑에 비어 있는 산막을 하나 발견하고는 그곳에서 하룻밤을 지내며, 밥을 지어 시장기를 면한 뒤, 지평군 갈현(葛峴, 현 양평군 청 운면 갈운리 하갈)으로 가서 이강수(李康壽)의 집에서 며칠 있다가 홍천군 서면 제일동(濟日洞, 현 홍천군 남면 제곡리 제일) 오창섭(吳昌燮)을 찾아갔다.

그러나 가난한 오창섭의 집에 오래 머무를 수가 없어 사촌인 오문화 집 으로 갔다가 10여 일 후 1월 22일에는 방아재(홍천군 동면 방량리 방량골) 용여수 (龍汝洙)의 집으로 가 1월 28일까지 머물렀다. 그리고 임학선의 주선으로 1월 30일(양력 2월 28일)에 원주군 호저면(好梅谷面) 고산리 송골(松洞) 원덕여(元德汝) 의 집으로 옮겨 약 3개월간(윤 3월이 있었음)은 지목을 피할 수가 있었다. 이와 같이 해월은 27일간이나 병든 몸으로 추위에 시달리며 이곳저곳으로 옮겨 다녀야 하였다.

원주 송골은 해월이 관군에게 체포된 곳이다. 그러니 해월이 거처하던 마 지막 장소이다. 원주 송골에 관해서는 기록들마다 서로 다르게 나오고 있 다. 천도교단에서 나온 기록들은 대부분이 '송동'이라고 되었다.[3] 여타의 기 록에는 원주 고산 광격면 송곡리(松谷里),[4] 원주 북거 30리 송산(松山),[5] 원주 북면 송골 등으로 나온다. 그러나 '송동', '송곡리', '송골' 모두 소나무골이라 는 면에서는 서로 일치하는 지명이다.

송골은 열서너 가구가 사는 아주 작은 마을이다. 북쪽으로는 광격리(光格里), 남쪽으로는 옥산리(玉山里)가 있다. 옥산리는 한강의 상류인 섬강(蟾江)을 끼고 있다. 해월의 피체지인 송골 원덕여의 집은 6·25 전쟁 때에 포격을 당하여 반파되었다가, 이후 남은 사랑채마저 없어져, 오랫동안 공터로 남아 있었다.[6] 이후 송골 앞을 지나는 도로 가에 무위당 장일순 등의 원주고미술동우회가 1990년 4월 12일 해월이 체포된 92주기를 맞아 그 뜻을 기리기 위해 '해월 선생 추모비'를 건립하였다. 무게 6톤의 흰 대리석 기단 위에 검은 돌을 올려 만든 비이다. 하단 대리석 기단에는 해월의 법설「천지부모」중, '天地卽父母요 父母卽天地니 天地父母는 一體이라.'라는 구절을 새겨 넣었다. 상단 검은 돌에는 '모든 이웃의 벗 최보따리 선생님을 기리며'라는 문구를 새겨 넣고, 뒷면에는 해월의 행장을 기록하였다.

'모든 이웃의 벗'. 해월은 오늘까지, 그의 참모습을 아는 사람들에게 다정한 벗으로 이렇듯 남아 있는 것이다. 이후 2008년 원주시의 보조금과 마을 기금 등 8000여만 원을 들여 6·25전쟁 때 소실된 원덕여의 집을 복원했다. 하지만 복원된 집의 관리 주체가 없고, 관련 예산이 편성되지 않아 지금은 많이 훼손된 채 방치되어 있어 사람들을 안타깝게 한다.

1898년 3월 평안남도 성천에서부터 찾아와 이곳 원주 송골에서 해월을 처음 뵌, 3·1독립운동 당시 민족대표 33인 중의 한 사람인 나용환(羅龍煥)의 회고에 의하면, 비록 해월이 추위와 기근 속에서 피신하던 중이었어도 그 위의가 당당했으며 모든 사람들이 그 앞에서 머리를 숙이는 기품을 지녔었음을 알 수가 있다. 다음은 회상의 일부이다.

72세가 되신 노 할아버지가 억조창생의 생사고락을 생각하시면서 초당에 단좌하고 계시다가 우리 청년 제자를 인견(引見)하시고 "원로에 편안히 오신 것을 기쁘게 생각합니다. 서북(西北)에 포덕이 많이 난다는 소식을 들으니 더욱 기쁩니다."라고 말씀하실 때에 우리는 실로 감격에 넘쳐 울 뻔했습니다. 그 노당익장(老當益壯)하신 기품이라든지 그렇게도 보기 좋은 수염이라든지 그 낙발(落髮)이 다 되신 머리에 삼층관을 쓰신 것이라든지 그때 인상이 낱낱이 그대로 남아 있습니다.[7]

해월이 원덕여의 집에 머물고 있을 때, 관가에서는 해월의 소재를 알기 위하여 백방으로 사람을 놓아 정보를 수집하고 있었다. 그러던 중, 1898년 4월 3일 세찰사(細察司) 송인경(宋敬仁)이 옥천지방에 사는 박가라는 문객을 통해 정보를 입수하고 옥천에 내려와 송겸수(=宋一會)와 박윤경(朴允景=朴允大)을 체포하여 앞세우고 여주 전거론까지 와서 해월의 집안일을 보던 이치경 형제를 체포하여 심문하였다. 송경인은 이치경으로부터 3월 20일에 염창순과 안백석이 해월의 생일 찬수를 지고 간 짐꾼이기 때문에, 안백석이 소재지를 알고 있다는 자백을 받아냈다. 4월 4일 송경인은 여주로 되돌아와 안백석을 체포한 후, 이튿날 5일 새벽에 60리 떨어진 송골로 향하여 길을 떠나 12시경에 도착하였다.

한편 송골에서는 4월 4일에 손병희를 비롯해서 임순호·김연국·손병흠·신현경·임도여 등이 해월을 모시고 있었는데, 해월이 갑자기 "군 등은 각각 집으로 돌아가 향례를 지내라."라는 지시를 내렸다. 4월 5일 수운 선생의 득도 제례를 지내기 위하여 모였는데 이렇듯 급작스레 각자의 집으로 돌아가 제례를 지내라고 하니, 모두는 의아하지 않을 수 없었다. 이에 손병희가 "문도 된 자 비록 먼 곳에 있을지라도 반드시 한곳에 모여 예식을 거행함이 가하거늘 어찌하여 돌아가라고 명하십니까?" 하고 반문하였다. 이에 해월은 "내 생각한 바 있으니 명을 어기지 말라."고 말하므로, 부득이 모였던 사람들이 모두 집으로 돌아가고, 다만 임순호와 임도여만 남았다. 4월 4일 밤에는 해월은 밤이 깊도록 잠을 이루지 못한 채 적연히 홀로 앉아 있었다.

1898년 4월 5일 낮 12시경, 송인경은 이치경 형제와 함께 경병 4~5명을 이끌고 송골 원덕여의 집을 급습하여 해월과 임문호를 체포하였다. 체포 당시의 모습을 훗날 제자들이 기록한 것을 보면, 스승인 수운 선생이 경주 용담에서 선전관 정운구에게 체포당할 때의 모습을 떠오르게 한다. 경주 시내에서부터 달려온 제자들이 경주부에 조정에서 선생님을 체포하기 위하여 선전관이 내려와 있으며, 이내 용담으로 들어 닥칠 것이니 몸을 피하라는 전갈에도, 수운 선생은 의연히 마치 사람을 기다리듯이 불을 환하게 켜 놓고 묵념양구의 모습으로 앉아 있었다고 한다. 해월 역시 송골 원덕여의 집에 제자들인 손병희, 김연국, 신현경 임순호 등 여러 사람들이 함께 있었는데, 모두 각기 집으로 돌아가 향례를 지내라고 하며 돌려보냈다. 그래서 임순호와 임도여만이 남아 있으면서, 임도여는 산에 나무를 하러 가고, 임순호는 답답하여 동구 밖으로 나갔더니, 관병 4~5명이 몰려오는 것이 보였다고 한다.[8] 또한 다른 제자의 기록에도 이와 비슷한 이야기가 전한다. 손병희와 김연국 등을 돌려보내고 향례치성을 마친 뒤, 다음 신현경과 임정국도 모두 보내고 해월은 홀로 앉아 있었다고[9] 한다.

4월 5일 수운 선생이 한울님으로부터 도를 받은 득도 향례에 모든 제자들과 함께 향례를 치성했는데, 이때만은 유독 제자들은 각기 돌아가 향례를 치르도록 하고는 혼자 향례를 치렀다는 것은 마치 자신이 체포될 것을 미리 안 것과 같은 행동이 아닐 수 없다. 그러므로 제자들로 하여금 집으로 돌아가게 하여 체포를 모면하게 하였으며, 해월 자신은 이미 의암 손병희에게 도통을 물려주었으니 자신이 체포가 되므로 해서 관의 지목을 덜 받게 하기 위함이 아닌가 추측되기도 한다.

2. 외국 기자의 사진 속 해월

송인경이 해월을 포박하고 문막참(文幕站)에 이르자 황영식(黃泳植=萬巳)이 나타나 이치경 형제는 아무런 죄가 없으니 자기를 체포해 가라고 하므로, 이치경 형제는 석방되고 대신 황영식을 체포하고 무수히 구타하였다. 이것을 보고 있던 해월이 큰소리로 꾸짖어 말하기를 "무죄한 사람을 때리는 것은 도리어 죄가 되나니 너희들은 한울님을 두려워하지 않느냐."고 하자, 그들이 더 이상 행악하지 못하였다. 해월은 여주까지 배편으로 압송이 되어 일단 수감되었다가, 임순호는 석방되고 해월과 황영식은 배편으로 한강을 따라 한성으로 압송되었다. 또한 문막점에 이르렀을 때 황명현(黃明賢), 원용일(元容馹) 등이 눈물을 머금으며 따라오자 관예배(官隷輩)들이 주먹과 발길질로 행패를 부렸다.[10] 해월을 따르는 제자들이 해월의 피체를 얼마나 안타까워했는가를 볼 수 있는 대목이다.

해월이 체포되었다는 전갈을 듣고, 손병희 · 김연국 · 권병덕 등의 제자들이 송골로 다시 와서 확인을 하고는 대책을 논의했다. 한편으로는 해월의 부인을 횡성으로 급히 이주하도록 조처를 했다.

해월은 서울로 압송이 되어 처음에는 광화문 경무청에 수감이 되었다. 이곳 경무청에서 10여 일을 갇혀 있다가, 다시 서소문감옥으로 옮겨 수감이 되었다.[11] 서소문감옥은 서소문정 75번지(일본인의 관사로 平田豊丈의 집, 1927년)로, 당시 한성 부내의 8개 감옥 중에서 가장 규모가 큰 곳이다.

서소문감옥에 갇힌 해월은 설사로 많은 고생을 하고 있었다. 이종훈이 서소문감옥의 청사(廳使)인 김준식(金俊植)이라는 사람에게 접근하여, 해월의 안부를 알게 되었고, 편지를 전하기도 하였다. 감옥에서 해월이 보낸 답장에는 "여러분의 안부를 몰라 궁금했노라. 내게 관한 일은 조금도 염려 말고 수도에 극진하라. 이번 일은 천명이니 마음을 편하게 최후를 기다리노라. 우리 도의 장래는 대도 탕탕할 것이니 내 뜻을 이어 형통케 하라. 그리고 긴요히 쓸 곳이 있으니 엽전 50냥을 넣어 달라."는 전갈을 보내왔다.

감옥에 갇히어 설사로 몸도 가누지 못하면서 수도에 극진하라는 가르침, 그리고 동학의 도가 이제 미래에는 대도 탕탕할 것이니 뜻을 따라 형통하라는 가르침은 죽음을 앞둔 사람의 말이라고 믿기지 않는, 한 종교 지도자로서의 참모습이라고 하겠다. 특히 엽전 50냥은 떡을 사서 당시 감옥 안에서 굶주리는 많은 죄수들에게 나누어 주었다고 한다.[12] 어려운 처지에 있으면서도 남을 먼저 생각하는 모습에서 해월의 대인접물(待人接物)과 사인여천(事人如天)의 정신, 그 실천을 볼 수 있다.

서소문감옥에 수감되어 있으면서 해월은 종로사거리 공평동 100번지에 있던 고등재판소로 재판을 받으러 다녔다. 이곳은 조선시대 의금부와 의금부에 딸린 감옥이 있었던 자리였으나, 갑오개혁 이후에 법무아문 의금부(1894)가 되었고, 이후 고등재판소, 평리원, 경성지방법원, 통감부 대심원, 통감부 고등법원, 경성지방법원 및 경성복심법원, 종로경찰서 등이 차례로 들어서 있던 곳이기도 하다.

이종훈은 날마다 김준식 집에 내왕하며 해월의 재판 날을 미리 알고 있었다. 그래서 그날이 되면 새벽에 아침을 먹고 서소문감옥 문 밖에서 기다리고 있다가, 10~11시경에 목에 칼을 쓰고 나오는 해월을 보곤 하였다. 해월은 목에 씌운 칼이 너무 무거워서 옥졸 한 사람이 칼 앞머리를 받들고서야 고등재판소까지 갈 수 있었다. 이렇듯 재판을 받으러 갈 때 길목에 지키고 있던 이종훈이 해월의 곁을 따라다니며 얼굴을 내보이곤 했는데, 해월은 그저 묵묵히 바라보기만 했고, 어떤 때는 무척 비감해 하는 듯도 했다고 한다.[13] 자신이 아끼는 제자를 눈앞에서 보고도 아는 체도 못하는 심정이 오죽

했겠는가. 이와 같은 해월의 모습을 보며 이종훈은 너무 가슴이 아파 자신도 모르게 눈물이 줄줄 흘러내렸다고 한다. 해월은 피체되기 전부터 설사로 고통을 겪고 있었는데 수감되면서부터는 더욱 그 증상이 악화되어 중태에 이른 상태이었다. 그래서 해월은 모전교(毛廛橋)나 혜정교(惠政橋)[14]를 지날 때는 한두 번씩은 그대로 길바닥에 주저앉아 쉬어야만 하였다.[15] 해월은 본래 기골이 장대한 사람이다. 며칠씩 설사를 해서 몸이 오그라들고, 피골이 상접해 있었다고 한다.

해월은 이런 모습으로 서소문감옥에서 공평동 고등재판소를 왕래하면서 10여 차례의 재판을 받았는데, 고등법원에서는 중죄인을 병사(病死)시키는 것은 나라의 체면이나 법의 위엄을 해친다고 생각하여 재판을 서둘렀다.

4월 20일경부터 고등재판소에서 10여 차례에 걸쳐 재판을 받았으며, 5월 29일(양력 7월 18일) 대명률 제사편 금지사무사술조(大明律祭祀編 禁止師巫邪術條)에 해당하는 죄목으로 교수형(絞首刑)에 처한다는 평결을 받았다.[16] 당시 고등재판소 검사 윤성보, 검사 태명식, 검사시보 김낙헌 등이었고, 재판장은 조병직, 판사는 주석면, 조병갑이었다. 재판 판결문에 의하면 해월은 갑오년 동학운동과 연관시켜 반국가사범으로 취급하지 않고, 혹세무민하고 좌도난정하는 사교를 편 죄목으로 5월 29일(양7.18) 고등재판소 재판장 조병직(趙秉稷)으로부터 교수형을 선고받았다.

당시 해월을 비롯한 함께 압송이 되어 재판을 받았던 사람들의「판결선고문」은 다음과 같다.

사법판결선고문

강원도 원주군 평민 피고 최시형 나이 72세. 경기도 여주군 평민 피고 황만이 나이 39세. 충청도 옥천군 평민 피고 박윤대 나이 53세. 충청북도 영동군 평민 피고 송일회 나이 33세. 우 피고 최시형과 황만이, 박윤대, 송일회 등의 안건을 검사 공소에 연유해서 이를 심리하니, 피고 최시형은 병인년에 간성에 살며 필묵상 박춘서 등에게 소위 동학을 전하고 선도(善道)로 병을 치료하며 주문으로 신을 내린다고 칭하고 여러 군과 각 도에 주유편행하여 시천주조화정영세불망만사지(侍天主造化定永世不忘萬事知)란 열세 자 주문과 지기금지원위대강(至氣今至願爲大降)이라는 여덟 자 강신문(降神文)과 동학 원문 제1편 포덕문과 제2편 동학론과 제3편 수덕문과 세4편 불연기연과 궁궁을을지부로 인민을 선동 현혹하며 도당을 체결하고 또 죄를 짓고 사형을 당한 최제우의 만년지상화천타(萬年枝上花千朶) 사해운중월일감(四海雲中月一鑑)이라는 시구를 우러르며, 법형법제(法兄法弟)의 실심경심(實心敬信)으로 인하여 법헌(法軒)의 호를 칭하고, 해월의 장을 새겨 교장과 교수와 집강과 도집과 대정 중정 등 두목을 각 지방에 두고, 또 포와 장이라는 모임 장소를 설치하여 뭇 무리를 모이게 하여 천만 명이 이르렀다. 죄를 짓고 사형을 당한 최제우를 신원(伸寃)한다고 하며 지난 계사년에 교도 수천명으로 궁궐에 나아가 진을 치고 상소를 하였다가, 선회하여 해산을 하고 또 보은 장내리에 많은 군중을 모이게 하여 이때 순무사의 선유함으로 인하여 가자 흩어져 갔었다. 갑오년 봄에 이르러 피고의 도당 전봉준과 손화중 등이 고부지방에서 당을 모아들여 기회를 타고 바람을 일으켜 관리를 죽였으며, 성과 진을 함락하여 충청도와 전라도 양호 지방이 어지러이 혼란한 지경에 이르니, 피고가 차에 지시하고 서로 응한 일은 없다고 하나, 난의 원인을 살펴보면 피고의 주문이 대중을 현혹함에 연유함이다. 피고 황만이는 지난 갑오년 5월에 동학교도인 임학선의 협박을 받아 입도를 하여 바꾸어 귀화하였다가, 작년 7월에 또 임학선의 말을 듣고 경상도 지방의 대종선생을 보지 않으면 안 된다고 하여 도망하고 있는 최시형을 방문하여 보고는 생선을 구입하였다. 피고 송일회는 갑오년 4월에 동학에 입도하여 최시형이 청산군 지방에 있을 때에 일차 방문하여 만난 후 금년 정월에 이르러 친한 동학교도 박윤대 있는 곳에서 최시형이 이천군 지방에 있음을 듣고는 옥천 사람 박가처에 말을 했더니, 경무청 관인에게 피촉이 되어 박윤대와 같이 이끌리어 원주군 지방에 가서 최시형을 포획하였고, 피고 박윤대는 동학에 투입하여 최시형의 사위 김치구의 집에 고용살이를 하다가, 경무청의 관인에게 피촉되어 송일회와 함께 이끌리어 원주 지방에서 최시형을 획득한 후, 이로 인하여 석방되어 돌아가는 길에 친한 동학교도 박치경을 만나 이 사람에게 부탁을 받고 돈 20냥을 지니고 서울에 들어와 최시형의 식비를 조달할 목적으로 경무청에 왔다가 잡힌 사실은 피고 등 모두 자백하여 증명한지라, 이를 법에 비추어 피고 최시형은 대명률 제사편 금지사무사술조에 응하여 좌도난정(左道亂正)의 술(述)과 혹은장도상소향집중야취효산양수선사선혹인민위수자율(惑隱藏圖像燒香集衆夜聚曉散伴修善事扇惑人民爲首者律)로 교수형에 처하고, 피고 황만이는 같은 편 사조(司條)의 위종자율(爲從者律)로 장 100대를 치고 종신 징역에 처할 만하나, 피고 최시형을 체포할 때에 앞으로 인도한 효노(效勞) 없지 아니하니 본 법률의 이등을 감하여 장 100대와 징역에 처하고, 피고 박윤대는 같은 편 같은 조에 위종사율(爲從者律)로 장 100대를 치고 종신 징역에 처할 만하되 최시형을 체포할 때에 지도한 효노(效勞)가 없지 아니한지라, 송일회와 같이 이등을 감하고자 하나, 최시형 수감 때에 식비를 조달한 까닭으로 일등만 감하여 장 100대와 징역 15년에 처한다.[17]

해월이 평결을 받은 다음 날인 6월 1일(양7.19) 의정부 찬정대신이 임금에게 재판 결과를 상주(上奏)하였다. 조정으로부터 곧바로 집행 명령이 떨어졌고, 6월 2일(양7.20) 정오에 서소문 감옥에서 단성사 뒤편 고등법원 감옥서(監獄署, 교형장)로 옮겨져 수감되었다가, 오후 5시경에 교형이 집행되었다. 교형이 된 단성사 뒤편은 서울 종로구 수은동(현묘동) 59번지로, 옛 좌포청 자리였으며, 당시에는 고등법원 감옥서(警務廳 監獄署)가 자리하고 있었다. 지금은 오가는 사람들로 붐비는 종로 한복판, 종로3가 지하철역 입구(단성사 앞) 도로변이다. 이 자리에서 해월은 교수형을 당함으로써, 36년간 깊고 깊은 산간마을을 전전하며 동학의 가르침을 세상에 펴던 그 꿈을 후인들에게 물려주고, 삶을 마감하였다. 지금은 서울특별시에서 설치한 「최시형 순교터(동학 제2세교조 해월 최시형이 동학혁명을 지도하다가 순교[1898]한 터)」라는 표지석만이 하나 길가에 덩그마니 서 있을 뿐이다.

처형 직전에 러시아 공사인 파블로프가 해월의 탁월한 사상에 감복하여 최후의 모습을 사진으로 찍어 오늘에 남겨 주었다. 당시 러시아 공사였던 파블로프는 조선 조정의 허가를 받아 촬영한 것이다. 이렇듯 파블로프가 찍은 사진을 브세로프스키가 1909년 러시아에서 조선의 풍물을 소개한 자신의 저서 『고려』에 실으며, '죄인으로 몰려 사형 선고를 받은 동방의 탁월한 혼인 최시형'이라고 소개를 함으로써 세상에 널리 알려지게 되었다. 그러나 전해지는 사진이 러시아어와 독일어 설명이 붙은 사진이 각각 있고, 또 해월의 손 위치가 다른 것으로 보아 한 사람이 여러 각도에서 촬영을 하였거나 또는 몇 명의 외국기자들에 의해 촬영이 되었을 개연성이 있다.

오늘 전하는 외국기자가 찍은 사진에는 '處絞罪人 東學魁首 崔時亨'이라는 문구가 붙어 있고, 윗저고리는 오른쪽으로 쏠려 있으며, 퉁퉁 부은 두 발등이 그대로 드러난 채 엉거주춤 앉아 있는 모습이 담겨 있다. 윗저고리가 오른쪽으로 쏠려 있는 것은 해월이 오랫동안 설사 등의 병고로 너무 기진하여 앉아 있을 수도 없어서, 뒤에서 사람이 숨어 있으며, 쓰러지지 않게 옷을 꽉 잡았기 때문이라고 한다.

남루한 의복이지만, 슬기롭고 또 인자한 눈으로 세상을 바라보듯 앉아 있는 해월. 이제 얼마 후에는 교살을 당해야 하는 처지에 놓여 있으면서도 그 표정이나 모습은 한 성자(聖者)를 보는 듯하다. 외국기자의 사진 속이나마 그 인자하고 또 그윽한 모습으로 남아 있는 해월 최시형. 그 마지막 모습은 100년이 더 지난 오늘 우리의 가슴에 그렇게 남아 있는 것이다.

3. 해월, 천덕봉에서 그 고단한 몸을 뉘이다

당시에는 사형을 집행한 시체는 3일 후에 광희문(光熙門) 밖에 버리도록 되어 있어 해월의 시신은 고등법원 감옥서(교형장) 뒤뜰에 2일 동안 그대로 방치되었다.

6월 4일 저녁에 해월의 시신이 나오기를 기다리던 이종훈은 쇠초롱 1개, 황초 5가락, 우산 1개, 베 1필, 칠성판 1개 등을 준비하여 김준식과 상여꾼 두 사람을 데리고 광희문으로 향하였다. 광희문 앞에 이르러 살펴보니 감옥서(좌포청) 포교 두목(捕校頭目)으로 배가 뚱뚱하고 별명이 민배때기라는 민홍오(閔興五)가 버티고 서 있었다. 일행은 광희문을 통과하기가 어려운 것을 알고 슬그머니 되돌아 동대문으로 나가 성 밖 길로 해서 광희문 밖에 이르렀다. 캄캄한 밤에 마침 비가 쏟아지기 때문에 다니는 사람도 없고 광희문을 지키는 사람도 보이지 않았다. 이종훈은 김준식과 함께 '東學魁首 崔時亨'이라 쓴 팻말이 세워져 있는 무덤을 찾을 수 있었다.

초롱과 우산을 김준식에게 들게 하고 상여꾼 두 사람이 훼손이 된 시신을 수습하였다. 살펴보니 몸에는 허름한 요 한 겹이 감겨져 있을 뿐이었다. 요는 벗겨서 무덤 속에 버리고 시신을 칠성판 위에 놓고 그대로 베를 감으려고 했으나 후두(後頭)가 크게 상해 상한 부분을 바르게 맞춰서 베로 쌌다. 그리고 무덤은 처음처럼 만들고 팻말도 다시 세워 놓고 비가 쏟아지는 밤을 새워 광나루를 건너 손병희·김연국·박인호 등이 기다리는 광주 송파에 도착하여 이상하(李相夏)의 집 뒷산에 장사를 지냈다.[18]

그 후 1900년 3월 12일 이상하가 관의 지목이 두려워 묘소 이장을 요청함에 따라, 손병희와 박인호 등은 의론하여 이장할 곳을 광주·이천·여주 등지에서 물색하다가 여주 원적산(圓積山) 천덕봉(天德峰 또는 천왕봉)으로 정하였다. 그리하여 손병희와 김연국 등은 원적산에서 기다리기로 하고, 박인호는 유해를 거두어 운구하기 위해 송파로 떠났다. 아침 일찍 상제(喪制) 차림을 한 박인호는 단신으로 송파를 향해 떠났다. 송파에 도착한 박인호는 해월의 묘소에 예를 올린 후에 유해를 거두어 준비해 가지고 간 칠성판에 두상으로부터 순서대로 모시고 칠포로 칭칭 감고 유지(油脂)로 쌌다.

석양이 다 되어 박인호는 해월의 유해를 등에 지고 송파를 출발하여 빠른 걸음을 재촉하여 그 밤으로 원적산에 당도할 예정이었다. 그러나 날이 어스름해지면서 비가 쏟아지기 시작하더니 밤이 깊어 갈수록 더욱 세차게 쏟아졌다. 박인호는 도저히 갈 수가 없게 되자 음고개 마루턱에 있는 외딴 주막집 처마 끝에 해월의 성골(聖骨)을 모셔놓고 죽장을 짚고 시립해서 비가 멎기를 기다리면서 주문을 외우고 있었다. 주막집 주인이 박인호의 거동을 내다보면서 아무리 효자기로서니 저럴 수가 있느냐면서, 따뜻한 국을 끓여 야참을 해 주었다.

새벽이 되어 비가 잦아들자 박인호는 다시 유해를 등에 지고 걸음을 재촉하여 원적산에 당도하였다. 박인호를 기다리고 있던 손병희를 비롯하여 원처근처에서 참예한 동학도들이 울분과 비통을 삼키면서 유해를 안장하였다. 해월은 이렇게 원적산에 안장이 되어, 그 고단함을 내려놓고, 비록 유해나마 그 육신을 쉬게 되었다.

19세기라는 변혁의 시대에, 새로운 차원의 세상을 이루고자 가르침을 펴며 36년간을 우리나라의 가장 오지인 태백산맥과 소백산백이 어우러지는 산간마을 50여 곳을 전전하며 살아간 해월. 청년시절까지 비록 한 사람의 머슴, 제지소 용인, 화전민의 삶을 산 사람이었지만, 동학에 입도하고 스승인 수운 선생을 만나 그 가르침을 실천하고자 한 생애를 불꽃과도 같이 살아온 인물이다. 그러므로 한국 근대사의 우뚝한 민중 지도자로, 인류에게 새로운 빛을 전하는 위대한 사상가로 그 자취를 오늘에 남겨 놓은 것이다.

해월, 그는 형장에서 교수형으로 생애를 마감하였지만, 그가 걸어온 길은 우리의 역사, 아니 인류의 역사에 그 무엇과도 비견할 수 없는 소중한 가르침이 아닐 수 없다. 여주 천덕봉 아래 그 고단한 몸을 누이고, 해월은 비로소 깊은 휴식에 들어간 것이다. 후천의 새로운 세상이 이룩되는 그날을 꿈꾸며.

갑오년의 일로 말하면 인사(人事)로 된 것이 아니요, 천명(天命)으로 된 일이니, 사람을 원망하고 한울을 원망하나 이후로부터는 한울이 돌아와 화함을 보일 것이니, 원성이 없어지고 오히려 찬성을 할 것이다. 갑오년과 같은 때가 되어 갑오년과 같은 일을 하면, 우리나라 일이 이로 말미암아 빛나게 되어 세계 인민의 정신을 불러일으킬 것이니라.

(論學甲午之事則不爲人事 天命之爲事 怨人怨天 自後 天示歸聲 無爲怨聲 反於贊成 如甲午之時到來而爲甲午之事 則吾國之事 緣由於此而光輝 喚起世界人民之精神也)

『해월신사법설』「오도지운(吾道之運)」 중에서

연월일 (간지, 나이)	장소	사건
1827.3.21	경주 東村 皇吾里	崔宗秀와 月城 裵氏 사이에서 태어남.
1832. (6)		어머니 별세. 계모 鄭氏 섬김.
유년기	연일군 신광면 터일	15세까지 서당 공부.
1842. (16)	이곳저곳	부친 별세. 계모는 떠나고, 누이와 친척집 전전. (일화) 손님이 오거든 밥 먹었는가 물어보지 말고 밥상부터 차려 주라. 배고픈 것도, 추운 것도 참을 수 있으나, '머슴애'라는 말은 죽기보다 싫었다.
1844. (18)	터일 안쪽 올금당 마을	19세 봄까지 製紙所에서 일함. (일화) 오씨라는 젊은 과부로부터 청혼이 있었음. 猝富가 됨은 不祥이라며 거절 하고, 이해에 밀양 손씨와 결혼하여 梅谷에 살게 됨.
1854. (28)	마북동으로 이사	(일화) 坊人이 特薦하여 마을에서 執綱을 맡음.
1859. (33)	마북동 안쪽 금등골 (劍谷)로 이주	화전민 생활 시작. 1864년 봄까지 살다.
1861.6. (신유 35)	금등골(劍谷)	수운 선생을 뵙고 동학에 入道. (일화) 용담에서 밤길 70리를 걸어 검곡으로 돌아와, 다음 해까지 문앞 대숲 아래 못의 얼음을 깨고 매일 밤 두 시간씩 수련을 함. 그러던 어느 날 찬물에 갑자기 들어가는 것은 건강에 해롭다는 天語를 들음. 뒷날 이가 수운 선생의 말씀임을 알게 됨.
1862.7. (임술 36)	검곡	金伊瑞로부터 벼 100석을 빌려 포덕에 나섬. 영덕의 오명철 등 여러 지역의 사람을 포덕함.
1862.9.29	검곡	수운 선생이 박대여의 집에서 체포되자, 해월 선생이 도인들을 경주로 모이게 하여 항의함. 관이 두려워서 5일만에 석방.
1862.10.하순	검곡	수운 선생에게 해월 선생이 자기 집으로 가기를 청함. 그러나 집이 좁아, 梅谷 孫鳳祚의 집을 천거하고, 11월 9일 수운 선생을 이곳으로 모셔감.
1862.12.26	검곡	손봉조의 집에서 수운 선생은 각지의 接主를 정함.
1863.7.23 (계해 37)	검곡	수운 선생으로부터 北接主人의 명을 받고, 경주 북쪽 지역을 맡아 교화를 함. (일화) 수운 선생으로부터 "성공자는 가는 법(四時之序 成功者去)"이라는 말과 함께, "이 運은 그대를 위하여 나온 것이니 신중히 처리하라." 하고 이후부터 모든 문도는 검곡을 거쳐서 오라는 명을 내림.
1863.8.14	검곡	공식적으로 道統을 전수받음. (일화) 守心正氣 네 글자와 '龍潭水流四海源 劍岳人在一片心'이라는 訣詩를 받게 됨.
1863.12.10	검곡	龍潭에서 宣傳官 정운구에게 수운 선생 체포됨.

1864.1. (갑자 38)	대구, 안동, 영덕, 평해, 울진 等地	수운 선생이 대구로 압송되자, 여러 도인들과 함께 대구에 모임. 1월 20일부터 국문이 시작되고, 수제자인 해월 선생을 잡고자 하자, 金春發을 대동하고 安東 李武中의 집으로 피신. 그러나 탄로가 되어 盈德으로 피신. 直川 姜洙의 집에 들러 수운 선생의 불행을 전하고, 평해 黃周一을 만나니, 울진 竹邊에 있는 고을을 알선해 줌. (일화) 수운 선생으로부터 옥중에서 '高飛遠走'의 문구와 遺詩를 받음.
1865.3. (을축 39)	영양군 龍化洞	용화동, 대치, 윗대치 등의 마을로 피신 중인 김덕원, 황재민 등 여러 도인들이 들어오게 됨.
1865.7.	용화동	尙州 동관음에 있던 수운 선생 부인과 가족이 찾아옴. 자신이 살던 집을 내주고 아래 마을로 이주.
1865.10.28	용화동	세상이 조용해지자 검곡으로 가서 설법을 함. (일화) "사람은 곧 하늘이다 고로 고귀하다. 귀천의 차별을 철폐하라." 등의 설법을 함.
1866.3.10 (병인 40)	용화동	수운 선생의 忌日임. 姜洙, 全聖文 등 많은 도인이 참가함. (일화) 嫡庶의 차별을 철폐하라는 설법을 함.
1866.10.28	용화동	수운 선생 생신제일. 8월 丙寅洋擾로 나라가 어지러워 많은 도인들이 찾아오고, 수운 선생 순도일과 탄신일에 정기적으로 모이는 禊를 조직함. 계장에 姜洙의 부친 姜鋌.
1867.10.28 (정묘 41)	용화동	검곡에서 수운 선생 탄신제를 올리고, 養天主의 법설을 함.
1868.3 (기사 42)	영양군 윗대치	이곳으로 이주함.
1869.2. (무진 43)	윗대치	양양에서 崔惠根과 金慶瑞가 찾아와 수도법을 묻자, 이에 대해 지도함.
1869.3.	윗대치	朴春瑞와 함께 양양에 가서 직접 지도함.
1870.10. (경오 44)	윗대치	양양도인 孔生이 수운 선생 큰아들 世貞을 영월군 小密院으로 유인해 감. 이웃에는 李經化와 張基瑞가 같이 살았음.
1870.10.	윗대치	영해도인 李仁彦이 李弼濟의 심부름으로 찾아옴.
1871.1. (신미 45)	윗대치	이필제 일로 朴君瑞, 朴士憲 등이 이어서 찾아옴.
1871.2.	윗대치	權一元 5번째로 찾아와, 필제 만나보기를 권함.
1871.2.10.	영해 朴士憲의 집	도인들의 생각을 알아보고자 朴士憲의 집 방문. 寧海의 도인들은 李弼濟의 선동으로 모두 동원이 된 상태임. 그러나 인원이 100명이 넘지 못하여 擧事를 못하니 지원 요청. 3월 10일에 거사하도록 요구. 姜洙와 함께 가서 만나고, 할 수 없이 동조하고 16개 接主에게 동원령을 내림.
1871.3.10	李弼濟의 亂	병풍바위에 모인 인원이 600여 명. 저녁에 天際을 지내고 해월 선생은 집으로 돌아옴. 30리 거리의 영해읍을 공격. 9시경 읍 도착, 이내 함락. 부사 이정을 죽임. 11일 정오경 철수. 이 난으로 처형자, 정배자, 도망자가 300여 명 생김.
1871.3.15	윗대치	이필제, 강수 등 주요 간부들이 윗대치로 모여들고, 14일 출발한 관군이 윗대치를 포위 공격. 해월 선생, 이필제, 강수 등이 봉화로 피신. 해월 선생 등은 寧越 小密院 사모님댁에 이름.

1871.3.15 이후~5월까지	단양 佳山	丹陽 佳山 鄭基鉉의 집에 당도. 해월 선생은 鄭錫鉉의 집, 이필제는 金昌和의 집, 강수와 전성문은 金用權의 집으로 감. 가족과 함께 고용살이로 살림을 시작함.
1871.5.	영월 稷洞(피골)	姜洙의 권유로 가족을 두고 피골의 鄭進一의 집으로 피신. 포졸들에 의하여 부인 손씨는 체포.
1871.8.2	영월 소밀원	李弼濟가 다시 聞慶 草谷에서 亂을 일으키려다 모두 체포됨. 관의 검문이 강화되고 피골에 초막을 치고 검색을 함. 해월 선생은 朴龍傑의 집에 있다가 산으로 피신, 이후 小密院 사모님댁으로 감.
1871.9.	태백산 속	사모님댁을 떠나 姜洙, 黃在民과 함께 산속으로 들어감. 추위 속에 굶주리며 14일간을 지냄.
1871.9.하순	영월 직동	다시 朴龍傑의 집으로 내려와 겨울을 보냄. 당시 영월 관아의 池達俊의 보호를 받음. 이곳에서 '待人接物'과 '愚黙訥'의 설법을 함.
1872.1.(임신 46)	직동	5일 뉘우치는 祝文을 지어 祭禮를 올림. 6일 姜洙를 대동하고 소밀원에 가서 사모님을 위로. 8일 順興에서 쌀을 얻어 사모님께 드림. 25일경 世貞이 양양옥에 갇힘.
1872.1.28	직동	사모님 모든 가족들을 이끌고 박용걸의 집으로 옮김. 1개월간 머묾.
1872.3.	영춘 의풍 獐谷峴	旌善 도인의 50금, 박용걸의 성금 등으로 獐谷峴에 집을 짓고 옮김.
1872.5.	정선 霧隱潭	旌善 劉寅常의 집에서 머물며, 49일 기도를 함. 7월부터 정선도인들 왕래.
1872.9.	무은담	관의 지목이 심해져, 사모님을 정선 동면 米川(싸내)으로 이주시킴.
1872.10.15	태백산 寂照菴	12월 5일까지 49일 기도. (일화) 哲秀子라는 스님의 꿈, 해월 선생의 꿈이 있었음. 기도가 끝난 뒤, '太白山工四十九日'로 시작되는 시를 씀.
1873.1~12.(계해 47)	정선	영월의 全聖文 재당질녀의 집에 가서 過歲를 함. 1월부터 정선 劉寅常의 집에서 머묾. 박씨 사모님이 12월 9일 환원함.
1874.1.(갑술 48)	영월 박용걸의 집	단양으로 가서 강수와 사모님 장례 의논. 2월 19일 장례하기로 결정. 싸내로 가기 전, 2월 10일 적조암에 찾아가 노승에게 옷 선사. 다음날 노승이 죽자 화장으로 장례.
1874.4.10	단양 남면 寺洞	이곳에 집을 마련. 3월에 권씨 부인과 재혼. 姜洙, 金演局 등도 이웃에 같이 살게 됨.
1875.1.24(을해 49)	사동	첫아들인 德基 출생. 1월 22일 수운 선생 둘째 아들인 世淸이 환원함. 이후 수운 선생 향례를 주관함.
1875.2.	단양 남면 松皐(송두둑)	송두둑으로 옮겨 농사를 지음. 양양, 인제도인들이 해월 선생을 찾아오고, 해월 선생 단일체제가 됨.
1875.8.15	단양 송두둑	여러 지역 도인들을 불러 새 출발을 다짐하는 제례. 강수 등과 남쪽 지방을 한 달여 동안 순회. 교단을 재정비함.
1875.10.18	송두둑	새로운 제례복과 절차로 告天祭禮. 시월 상달에 天祭를 지내던 풍속을 원용한 것임. 종교적인 수행과 의례의 확립을 위한 것임. 강수를 道次主로 임명. '用時用活' 설법을 하고 이름을 '時亨'으로 바꿈.

1875.11.13	송두둑	단양 劉時憲(寅常)의 집에서 告天祭. 接主 임명. 이해 가을 손씨 부인이 찾아옴.
1877.10.3 (정축 51)	송두둑	告天祭의 명칭을 九星祭로 바꿈. 禳案도 만듦.
1878.7.25 (무인 52)	송두둑	단양 霧隱潭 劉時憲의 집에서 開接을 부활. '侍天主'의 문제와 함께, '向我設位'를 논의.
1879.3.26 (기묘 53)	송두둑	姜時元(洙), 金演局 등과 嶺西지방 순회. 九星祭를 引燈祭로 바꿈. 10월과 11월에 도가에서 인등제를 행하고, 동학의 의례로 정착.
1879.11.	송두둑	정선 房時學의 집에서 道源記書를 발행.
1880.5.9 (경진 54)	송두둑	麟蹄 甲遁里 金顯洙의 집에 간행소 설치. 6월 14일 東經大全 100여부 출간. 15일 봉고식.
1881.6. (신사 55)	송두둑	단양 泉洞에서 龍潭遺詞 발간.
1882.6. (임오 56)	葛川 長亭里	壬午軍亂으로 민심이 어지러워 이곳으로 이주.
1883.2. (계미 57)	장정리	목천 伏龜亭 金鏞熙가 동경대전과 용담유사 100부 정도를 간행.
1883.3.	장정리	徐仁周, 黃河一, 孫天民 등이 찾아옴.
1883.6.	장정리	경주판 東經大全과 龍潭遺詞 간행.
1884.6. (갑신 58)	익산 獅子庵	찾아오는 사람이 늘자, 관의 지목을 받게 되어 이곳에서 4개월간 피신.
1884.10.	상주 화서면 鳳村里 앞재(前城)	초가 삼간을 매입, 이주함.
1884.10.	공주 가섭사	손병희, 박인호, 宋甫汝 등을 대동하고 공주 伽葉寺에서 49일 기도.
1884.10.24	가섭사	六任制 구상. 또 관의 지목을 피해 새 呪文을 제정. 그러나 이내 쓰이지 않음.
1884.10.28	상주 앞재	본댁에서 수운 선생 탄신기념제.
1885.5. (을유 59)	報恩 帳內里	指目의 기미가 보이자 이곳으로 옮김. 전주와 진천 등지를 순회. (일화) 진천 金城洞을 다녀오다 청주 북이면 今岩里 徐澤淳의 집에 들러 '天主織布說'을 설법함.
1885.6.3	공주 마곡사	충청감사가 장내리를 급습, 강시원, 이경교, 김성집이 체포됨. 해월 선생은 장한주를 대동하고 공주 마곡사로 피신.
1885.8.	영일 星溪里 花溪洞	경상도 영천 阜場垈를 거쳐 이곳으로 피신.
1885.9.15	상주 앞재	서인주, 황하일과 상의한 끝에 다시 이곳으로 돌아옴. '최보따리'라는 별명이 이곳에서 붙음. (일화) 보은에서 모든 옷도 관에 압류당해, 여름옷으로 겨울을 맞이함. 李致興이 무명 7필을 가져와 옷을 지어 추위를 면하게 됨. 이곳에서 '夫和婦順'과 '事人如天'의 설법을 함.
1886. 봄 (병술 60)	앞재	농사를 시작함. 찾아오는 사람들이 많아짐. (일화) 금년에는 악질이 유행할 것이니 수도와 위생을 유념하도록 가르침. 과연 6월 하순에서 추석까지 콜레라가 유행함. 道家는 이에 피해가 없음.
1887.1. (정해 61)	앞재	1일 '無極大道作心誠 圓通峰下又通通' 시 지음.

1887.1.15	앞재	아들 德基 결혼.
1887.2.24	앞재	김씨 부인 환원.
1887.3월초	보은 장내리	손씨 부인과 살림을 합침.
1887.4월초	정선 葛來寺	徐仁周와 갈래사에서 49일 기도. 孫天民은 능아암에서 기도. (일화) 기도 후, '不意四月四月來 金土玉土又玉土'로 시작하는 시를 지음.
1887.5.하순	보은 장내리	이곳으로 돌아오자 많은 도인들이 모임.
1887.6.중순	장내리	六任所 설치. 행동지침은 1889년 3월에 제정.
1887.가을	장내리	益山의 남계천, 김정운, 김집중의 집에 가서 많은 도인을 포덕.
1888. (무자 62)	장내리	호남지역 순회, 全州 도인들의 요청에 의함.
1888.2.하순	장내리	의암 선생의 누이와 혼례.
1888.3월초	장내리	경진판 東經大全과 신사판 龍潭遺詞를 김병래의 발의로 100부 重刊. 특히 이해는 흉년이 심해 많은 사람들이 동학에 입도.
1889.7. (기축 63)	괴산 새양지말(新陽洞)	문경 사변으로 관의 지목이 강화되자 피신.
1889.10.	인제, 간성	동학 禁令이 발동되어 갑둔리 김현경의 집에서 다시 간성 김도하의 집으로 피신. 이때 동학 지도자가 많이 잡힘.
1890.3. (경인 64)	호남	南啓天과 尹相五가 다툼. (일화) '우리 도는 木運이라…나무를 세워 두령을 삼아도….'
1890.5.	호남	호남지역 수습을 위해 남계천 대동하고 순회. (일화) '양반 상놈을 가르는 것은….'
1890.5.그믐	부안 釜井(花峰)	김윤식의 집에서 다시 古阜를 거처, 태인 김낙삼의 집으로 감.
1890.6.15일경	원평	김덕명의 집. 전주를 거쳐 올라옴. 많은 동학의지도자들을 만남.
1890.11.	경상도	금릉군(김천) 伏虎洞 김창준의 집에서 '內則'과 '內修道文'을 반포함.
1890.12월초	충주 외서면	신재련의 주선으로 이주. (일화) 신재련의 물음에 '모든 산이 검어지고, 모든 길에 비단…' 등의 설법.
1891.봄, 여름 (신묘 65)	인제, 충주, 간성	충청감사의 부임으로 탄압이 심해지자, 김연국의 집으로 피신. 2월에는 성황거리 이명수의 집, 3월 다시 충주 보뜰, 4월 양구 죽곡리 길윤성의 집, 7월 양구와 간성을 넘나들어 피신. 이때 가족들은 활원에서 동막으로 이주.
1891.7.초순	인제 성황거리	이명수의 집에서 '새 우는 소리도 시천주 소리'라는 설법을 함.
1891.8.	홍천, 공주	홍천에서 공주 활원에 가 가족을 만남. 가족은 윤상오의 주선으로 보뜰에서 활원으로 와 있었음.
1891.9.	청주 금성동	서택순의 주선으로 이곳으로 이주.
1891.10.	금성동	臨事實踐10個條를 명시한 통유 발송.
1892.1.19 (임진 66)	진천 부창리	관의 지목으로 피신. 1월 19일에는 경계와 수도하는 자세의 통유 발송.
1892.1.25	진천	도인다운 생활 자세 확립 등 通諭 발송.
1892.1.26	진천 부창리	수운 선생 춘추향례 절차 시달. 향례 전후로 100일간 기도를 시달.

1892.5.15	상주 윗왕실 (上旺室)	부창리는 관아가 가까워 오래 머물기 불안하여 김주원의 주선으로 이곳으로 이주함. (일화) '주문 13자는 곧 사람이니라. 밥은 곧 한울님이니라.'는 설법.
1892.4.	윗왕실	충청, 전라에서 관의 핍박이 강화됨.
1892.7.	윗왕실	徐仁周, 徐丙鶴 등이 敎祖伸冤運動 건의.
1892.10.17	윗왕실	해월 선생 入義文을 지어 각지에 보냄.
1892.10.18	윗왕실	입의문을 받은 각 접주 동학도들을 동원.
1892.10.20	윗왕실	의관을 갖춘 동학도 公州 관아로 들어감. '議送單子'를 보냄.
1892.10.22	윗왕실	충청감사 '題音'을 보냄.
1892.10.24	윗왕실	각읍 수령에게 '甘結'을 시달. 동학도들 해산.
1892.10.25	윗왕실	參禮에 동학도회소 설치.
1892.10.27	윗왕실	11월 1일까지 삼례로 모이도록 '敬通' 발송.
1892.11.1	윗왕실	동학도수 수천명 삼례에 집결.
1892.11.2	윗왕실	서병학이 작성한 議送單子를 전라감사에게 전달.
1892.11.9	윗왕실	전라감사가 '題音'을 보냄. 토벌군도 보냈으나, 폭도가 아님을 확인하고 그대로 돌아옴.
1892.11.11	윗왕실	전라감사의 조치에 의해 동학도들 해산.
1892.11.12	윗왕실	사후 대책을 마련, 각 接에 통문 전달.
1892.11.19	윗왕실	朝廷을 상대로 伏合上疏 단행 통문을 보냄.
1892.11.21	윗왕실	각읍에 감사가 甘結을 내림.
1892.11.하순	윗왕실	報恩 장내리에 東學都所를 설치. 六任 임명. 복합상소 준비.
1893.1. (계사 67)	청원 용곡리	서병학이 찾아와 복합상소를 권유. 이에 도소를 청원 송산면 손천민의 집에 설하도록 명함.
1893.1.	청원 송산면	각처 두령에게 2월 10일까지 上京하도록 지시. 2월 8일은 왕세자 탄생 기념 특별 과거일로, 동학도들이 과시에 나가는 선비로 차리고 상경.
1893.2.1	송산면	선발대가 상경하여 도소를 南署 崔昌漢의 집에 설치.
1893.2.10	청원	지도부는 伏疏 전략을 세우고 전면에 나설 이를 선정.
1893.2.11	청원	아침에 奉疏人 9명이 疏帳을 받들고 光化門 前에 나가 자리를 펴다.
1893.2.13	청원	御命이 발해짐.
1893.2.15	청원	동학도들 해산.
1893.2.	청원	7일, 18일, 24일 외국인에 대한 掛書.
1893.3.10	청성면 갯밭(浦田)	김연국의 집에서 순도 기념을 하고, 斥倭洋倡義運動을 단안.
1893.3.11	갯밭	척왜양과 보국안민을 위하여 報恩으로 모이라는 통문을 보냄. 이날 새벽에는 행동지침을 담은 榜을 내붙임.
1893.3.12	갯밭	보은 군수가 충청감사에게 보고.
1893.3.15	보은 장내리	해월 선생 장내에 옴. 수만 명이 모임.
1893.3.16	보은	보은과 전라 원평에 모였다는 말을 듣고 정부는 해산 명령을 내림.
1893.3.17	보은	호조참판 어윤중을 兩湖都御使로 파견.

1893.3.18	보은	해월 선생이 包名을 정해주고, 대접주를 임명. 이 시기에 금구 원평에도 동학도가 모임.
1893.3.25	보은	정부는 淸國 借兵論은 의논. 어윤중이 보은 관아에 이름.
1893.3.26	보은	어윤중과 동학 대표자와 만남. 27일 어윤중은 경위를 적어 보고함.
1893.3.28	보은	어윤중의 장계를 심의하여 윤음을 내림.
1893.4.1	보은	어윤중이 윤음을 봉독하고 3일내에 퇴거하도록 명령.
1893.4.2	상주 왕실	동학군들이 퇴거하기 시작함. 그러나 정부에서 약속과는 다르게 중요 간부를 체포함.
1893.4.10	왕실	잡힌 서장옥의 입을 통해 주모자를 색출함.
1893.5.	칠곡 유림리	덕기와 김연국을 대동하고 이곳 곽우원의 집에 3개월간 머묾.
1893.7.	안동	이곳 배성범의 집, 손병희, 손천민이 방문.
1893.7.중순	능금 오청계	편사언의 집. 이때 서병학 등이 신원운동을 재개하도록 권유, 그러나 해월 선생 거절.
1893.7.그믐	상주 왕실	황간 김선달의 집에 들렸다가 본가로 돌아옴.
1893.8.	청산 문바위골	이제벽이 이곳 김성원의 집으로 이주시킴.
1893.10.15	문바위골	아들 덕기 환원.
1893.11.	문바위골	각처에 法所를 둠.
1893년 말	청산	관의 횡포가 심해지고, 古阜와 利川에서 규탄 항의함.
1894.1. (갑오 68)	문바위골(文巖里)	講席을 마련, 강도회를 베풂.
1894.1.10	문바위골	전봉준을 필두로 하여 고부 관아를 습격. 2월 하순경 해산.
1894.3월 초	문바위골	전봉준, 김개남, 김덕명, 손화중과 기포 결의. 무장에서 3월 20일 총기포를 결의. 「포고문」 반포.
1894.3.21	문바위골	손화중, 전봉준이 이끄는 동학군이 무장출발, 김덕명의 포가 원평에서, 김개남 포가 태인에서, 서장옥 포가 금산에서 백산으로 모임. 지도부는 全琫準을 동도대장으로 추대.
1894.3.28	문바위골	태인과 금구를 공격.
1894.4.1	문바위골	부안으로 쳐들어감.
1894.4.7	문바위골	급보를 받고 출동한 전주감영의 1만명 군과 고부 황토재에서 격돌하여 완파. 장성에서도 경군을 격파하고, 11일에는 전주성에 입성.
1894.4.12	문바위골	여시매에서 영광으로 이동, 함평과 무안을 점령. 전라북부 지역을 완전 장악.
1894.4.24	문바위골	정읍, 태인, 원평, 전주 등지를 점령. 홍계훈의 관군은 28일에야 완산에서 대치.
1894.4.30	문바위골	淸國에 請兵을 요청.
1894.5.5	문바위골	청국이 900명 군으로 牙山에 상륙.
1894.5.7	문바위골	일본군이 즉각 400 명을 인천에 상륙시킴. 이에 놀란 정부가 동학군의 요구조건을 받아들이고 和約을 함.
1894.5.8	문바위골	동학군이 전주성을 철수하자, 정부는 일본군 철수를 요구, 그러나 받아들여지지 않음. 청일전쟁 발발됨.
1894.6.3	문바위골	전라감사 김학진이 집강소 설치를 승인함.

1894.6.21	문바위골	일본군이 경북궁에 난입, 친일정권인 김홍집 내각을 세움.
1894.8월 초	문바위골	일본군 침략을 막기 위하여 총기포 준비.
1894.9.18	보은 장내리	해월 선생 총기포령을 내리다.
1894.10.6	장내리	충청, 경기의 동학군 보은으로 집결, 이들이 다시 논산으로 이동, 호남의 동학군과 합류.
1894.10.11	청산	대통령 기를 써주며 기포를 명함. 일본의 19연대와 신식무기로 무장한 관군과 전투를 벌임.
1894.10.14	전라도 임실	하동 고승 당산 전투.
1894.10.21	임실	세성산 전투.
1894.10.22	임실	홍천 서석 풍암리 전투.
1894.11.6	임실	해주 전투.
1894.11.7	임실	해미성 전투.
1894.11.11	임실	공주 우금티 전투.
1894.11.13	임실	청주 전투. 이들 전투에서는 동학군이 모두 패했다.
1894.11.25	임실	원평 전투에서 동학군의 주력은 해산됨. 이후 전봉준 등 대접주가 관군에 체포됨.
1894.11.하순	장수, 무주	의암 선생이 임실에 있던 해월 선생을 모시고, 장수, 장계와 무주를 거쳐 영동까지 진출. 상주에서 관군을 물리침.
1894.12.12	보은	청산현을 점령. 15일까지 유지. 상주군과 일본군이 추격해온다는 소식을 듣고 16일 보은 북실로 후퇴.
1894.12.17	보은 북실	일본군과 관군 동학군을 공격.
1894.12.18	북실	이 전투에서 동학군이 300명 정도 사상. 동학군 대부분 해산. 몇 백 명만 해월 선생을 따라 괴산으로 후퇴.
1894.12.20	되자니	음성군 금왕읍 되자니에 이름.
1894.12.24	되자니	일본군과 관군이 공격. 동학군의 마지막 전투가 된다.
1894.12.30	인제 느릅정이	홍천을 거쳐 인제 남면 느릅정이 최영서의 집에 도착. 손병희 등은 한 달 후 떠나고, 해월 선생과 이종훈은 함경도, 평안도 등으로 다니며 장사를 했다. 이곳에서 1년 정도 살았다.
1895.3.30 (을미 69)	인제	전봉준, 손화중, 김덕명, 성두한 등 순도.
1895.4.	인제	황해도와 함경도 일부에서는 동학군의 활동이 있었음.
1895.12.5	원주 수레촌	손병희 등이 주선하여 원주 수레너미로 떠남.
1896.1.6 (병신 70)	수레촌	도인들의 동태를 살피기 위하여 손병희 등을 충주 방면으로 보냄. 이때 전라도 등지에서 많은 도인들이 찾아옴.
1896.1.11	원주	'荷蒙薰陶傳鉢恩 守心薰陶傳鉢恩'의 시를 지어 손천민이 받아쓰게 하고 사람들에게 보여줌.
1896.2.	원주	義菴, 松菴, 龜菴의 도호를 주다.
1896.2.17	충주 마르택	가족을 만나기 위하여 충주로 감.
1896.3.	마르택	해월 선생 연세가 높아 의암, 송암, 구암의 집단지도 체제로 바꿈.
1896.4월 초	음성 東邑里 倉谷	찾아오는 사람들이 많아 이곳 이춘백의 집으로 옮김.
1896.6.	청주 산막	손병희 주선으로 잠시 이곳 신경진의 집으로 옮김.
1896.7.	상주 높은터	이자성의 집에 머묾.

1896.8.	상주 은척원	남궁칠의 집으로 가족을 이주시킴. 이때 많은 도인들이 찾아옴. (일화) 이곳 높은터에서 '侍天主造化定'은 근본이요, '永世不忘萬事知'는 단련이다. '먼저 근본에 힘쓰고 다음에 단련에 힘쓰라.'는 설법.
1897.1. (정유 71)	음죽군 앵산동	도인들의 왕래가 잦아 이곳으로 옮김.
1897.4.5	앵산동	득도기념일, 向我設位法을 지시.
1897.5.	앵산동	'心信回水' 네 글자를 써서 각 두령에게 전함.
1897.6.	앵산동	指目이 풀리고, 7월 팔도 두목들이 왕래함.
1897.여름	원주 전거론	노환으로 인해 임순호의 집으로 이주.
1897.9.14	전거론	아들 성봉을 낳다.
1897.12.24	전거론	義菴으로 北接 大道主를 삼음.
1898. (무술 72)	전거론	각지에서 지도자들이 체포됨, 따라서 해월 선생의 거처가 밝혀짐.
1898.1.2	전거론	여주 권중천의 집이 포위되고 잡혀감. 이로부터 자백을 받음.
1898.1.4 오후	전거론	병력이 해월 선생 머문 집에 들어닥침. 위를 면한 해월 선생 일행은 지평군 갈현 이강수의 집에 갔다가, 홍천 오창섭의 집으로 갔다가 다시 오문화 집으로 감.
1898.1.22	방아재	용여수의 집.
1898.1.30	원주 호접면 고사리	28일에 방아재를 떠나 이곳 송골에 이름. 이곳에서 3개월 간을 지냄.
1898.4.5	고사리	충청도 옥천서 발각되어 출동된 군졸에 의해 元德汝 집에서 체포됨. 저녁에 여주에 이름.
1898.4.6	서울	해월 선생 새벽에 배편으로 서울로 압송.
1898.4.6	서울	의암, 구암 등이 지평 갈현에 있는 이강수의 집에 모여 각지에 알림. 해월 선생 가족은 횡성으로 옮김. 이후 의암 등이 서울로 올라와 도인들 집에 머뭄.
1898.4.6	서울	광화문 경무청에서 10여 일 갇혀 있다가, 서소문 감옥으로 옮김.
1898.5.	서울	해월 선생은 설사로 그 병세가 매우 악화됨.
1898.5.10	서울	재판을 열기 시작. 여러 차례 심문을 함. 서소문 감옥에서 평리원까지 큰 칼을 쓰고 걸어서 재판을 받으러 다님.
1898.5.30	서울	교형을 선고함.
1898.6.1	서울	의정부찬정법무대신은 상주하여 형집행 승낙을 얻음.
1898.6.2 하오	서울	서소문 감옥에서 육군법원으로 이송 후 해월 선생을 교형함. 해월 선생 殉道함.
1898.6.5	서울 송파	屍身을 형장에 두었다가 이날 저녁에 光熙門 밖에 묻음. 저녁에 李鍾勳이 시신을 파다가 6일 새벽 松波의 이상하 소유 산에 안장.
1900.	서울	이상하가 이장해 줄 것을 애원, 여러 사람들과 의논하여 天德山으로 이장할 것을 결정. 춘암 박인호가 이틀에 걸쳐 시신을 여주 三合里까지 옮김.
1900.3.12	여주	많은 두령들이 지켜보는 가운데 여주 천덕산에 모셔짐.

주석

Ⅰ. 글을 열며

1 '龍潭'은 지금의 용담정이 있는 龜尾山 계곡 일대를 지칭하는 이름이다. 이 계곡 일대를 인근사람들은 '용치골'이라고 불렀다. '용치골'은 '龍湫谷'을 말한다. 또한 이 계곡에 수운 선생의 할아버지가 퇴락한 절터를 사들여 臥龍庵이라는 집을 지어 아들인 최옥(崔鋈)을 공부시켰고, 최옥은 이 와룡암을 복원하고, 또 와룡암 근처에 龍潭書社를 지어 제자들을 가르쳤다. 용담서사는 혹 龍潭亭이라고 불리기도 했다. 수운 선생이 세상을 떠돌다가 이곳 용담으로 돌아와 수련에 임하게 되었고, 이곳 용담에서 경신년 4월 결정적인 종교체험을 하므로 동학이라는 가르침을 세상에 폈다. 그 이후 용치골을 '용담'으로 부르게 되었다. 용담은 이처럼 구미산 계곡 일대를 지칭하는 지명이며, 또한 그곳에 지은 書社, 亭子 이름이기도 하다.

2 『東經大全』, 「修德文」, '開門納客 其數其然 肆筵說法 其味其如'

3 龍潭亭 건너편에 집이 한 채 있었는데, 이 집이 수운 선생의 할아버지가 중 福齡으로부터 圓寂庵을 사들여 臥龍庵을 지은 곳이고, 또 아버지 近菴公이 무너진 와룡암을 다시 개축한 집이다. 수운 선생이 나이 20에 화재가 나서 柯亭里의 살던 집이 全燒하게 되자, 이곳 와룡암 자리에 와서 살았던 것으로 추정된다. 또한 周遊八路 이후 蔚山에서 돌아온 수운 선생은 가족과 함께 이 집에서 살았던 것으로 추정된다. 그러니 와룡암 자리에 있는 집은 살림집이고, 용담정은 수운 선생이 수련과 공부를 하던 장소였다.

4 小春, 大神師 收養女인 八十老人과의 問答, 『新人間』, 1927년 9호.

5 『道源記書』, '此邑崔先生 弟子至於千數云 若以崔先生捉治 則每名一緡言之 近爲千有餘金'

6 『道源記書』, '先生親定 各處接主 俯西以白士吉 姜元甫定授 盈德吳明哲 寧海朴夏善定授 大丘淸道畿內金周瑞定授 淸河李民淳 延日金而瑞 安東李武中定授 丹陽閔士葉 英陽黃在民定授 永川金先達 新寧河致旭定授 固城成漢瑞 蔚山徐君孝定授 本府李乃兼定授 長機崔中羲定授'

7 「愚山書院通文」, '今之所謂東學云者 不知是何等妖魔 凶醜之圖包藏於其肚 而大槪思量 則其所以造作名目者 厥罪萬浮於西洋之學之賊焉 謂之西謂之洋 謂之天主 則吾東方不逞之徒 … (중략 … 知平淺才薄 好新行怪之類 難保其必無誤入 況蚩蚩之氓' 其惑尤容易者耶 爲今之計 其惟曰 辨之宜早 計之宜嚴', 최승희 편 『韓國思想史資料選集(조선후기편)』, 아세아문화사, 1986.

8 「道南書院通文」, '一以廣收徒黨 爲第一功業 居一村而欲盡一村之人 居一鄕而欲盡一鄕之人 次次傳及 勢成滔天', 최승희 편 『韓國思想史資料選集(조선후기편)』, 아세아문화사, 1986.

9 『承政院日記』, 癸亥 十二月 二十日條, '自鳥嶺至慶州 爲四百餘里 州郡凡十數 東學之說 幾乎無日不入聞 而環慶州隣近諸邑 其說尤甚 店舍之婦 山谷之童 無不誦云其文 名之

日爲天主 又曰侍天地'

10 『道源記書』, '自甲子以後 所爲道人者 或死或存 或棄閉無相通 永爲絶跡 而彼此相見 如見仇讐 自不能相從也'

11 1890년대 동학교도 숫자에 대한 정확한 통계자료는 없다. 다만 조선조 조정이나 일본 측의 기록에 의하면, 1893년 報恩聚會에 모여든 동학교도들이 3만에서 4만 사이이다. 그런가 하면 보은취회가 있던 시기에 금구 원평에 만여 명 정도의 동학도들이 모였다고 한다. 이와 같이 보은과 금구 원평에 모여든 사람들은 어느 의미에서 목숨을 담보하고 각지에서 모여든 동학교도들이 된다. 따라서 당시 동학교도들이 이 참가를 했던 사람들의 몇 배로 실재했을 것으로 판단이 된다.

12 동학도들의 報恩聚會 당시 조정에서 파견된 兩湖宣撫使인 魚允中이 조정에 올린 狀啓(4월 3일자)에 의하면, "이 모임에는 작은 병기도 휴대하지 않았으니 이는 곧 民會라 하며 일찍이 듣건대 다른 나라에서는 민회가 있어 나라의 정책과 정령이 국민 생활에 불편함이 있으면 회의를 열어 결정하는데…" 등에서 볼 수가 있다.

13 『日省錄』, 正祖 3년 己亥 8月 25日 丙子, '士大夫之家貧漸極 或至於飢餓不出戶'

14 『日省錄』, 正祖 7年 癸卯 9月 9日 丁酉, '寒儒貧士之家 或有三四日不炊者 情境之愁慘 可勝言哉'

15 鄭奭鍾, 「朝鮮後期 社會 身分制의 崩壞」, 『대동문화연구』 제9집, 성균관대학교 대동문화연수원, 1972, 304쪽.

16 洪世泰 편찬, 『海東遺珠』 「序文」, '余獨昔其人多貧賤汩沒 不能大肆其志業 以追古之作者 而其間往往有豪傑卓異之才 不見知於世 沈抑以死者 尤可悲也'

17 鄭玉子, 『朝鮮後期文化運動』, 일조각, 1988, 189쪽.

18 金容稷, 한국근대사의 기점 문제, 『近代文學의 形成過程』, 문학과 지성사, 1983, 122쪽 참조.

19 崔珍玉, 1860년대의 민란에 관한 연구, 『전통시대의 민중운동』 하, 풀빛, 1981, 366-368쪽.

20 과다한 徵稅로 인하여 고향을 떠나 유랑하는 삶을 살아야 했던 당시의 농민들이 아주 많았다. 이러한 농민의 아픔을 노래한 서민가사가 당시에 창작되어 불렸음이 이를 뒷받침해 준다. 「甲民歌」라는 歌辭가 바로 이러한 유랑농민의 삶을 노래한 대표적인 가사이다. 과다한 징세로 인하여 고향에 살지를 못하고 징세가 상대적으로 심하지 않은 이웃마을을 찾아 떠나며 부르는 노래이다.

21 김용곤, 「전국을 휩쓴 민란의 열풍 - 임술민란」, 『민란의 시대』, 가람기획, 2000.

22 최진옥, 위의 글, 405쪽 참조.

23 이이화, 『조선후기의 정치사상과 사회변동』, 한길사, 1994, 357-382쪽 참조.

24 정옥자, 앞의 책, 216쪽.

25 「道南書院 通文」, '一貴賤而等威無別 則屠沽者往焉 混男女以帷薄爲設 則怨曠者就焉 好貨財而有無相資 則貧窮者悅焉', 최승희 편 『韓國思想史資料選集(조선후기편)』, 아세아문화사, 1986.

26 특히 白丁에 대한 조선사회에서의 차별과 천대는 심각했다. 백정들은 집에 기와를 올

릴 수 없을 뿐더러 남자들은 상투를 틀지 못했고, 여자들은 쪽을 찔 수가 없었다. 또한 이들은 일반인 앞에서 음주와 흡연은 물론 대중 모임에도 쉽게 참석할 수 없었던 사람들이다. 이상각, 『조선팔천』, 서해문고, 2011, 127-128쪽 참조.

27 「愚山書院 通文」, '如杜門求志 讀書砥行之士 圖無他虞 知平淺才薄 好新行怪之流 難保其必無誤入'― 최승희 편 『韓國思想史資料選集(조선후기편)』, 아세아문화사, 1986.

28 동학교도들의 신분을 살펴보면, 姜洙, 崔自元, 劉寅常, 全世仁 등 마을의 訓長을 지낸 사람들도 있었고, 종이장사, 약종상, 退吏 등도 많았음을 알 수가 있다.

29 이상익, 『서구의 충격과 근대 한국사상』, 한울아카데미, 1997, 13-14쪽 참조.

30 『東經大全』「布德文」, '有何仙語 忽入耳中 驚起探問 則曰勿懼勿恐 世人謂我上帝 汝不知上帝耶'

31 이와 같은 동학의 신에 관하여, 동학 연구자들은 그 연원을 우리 민족 고유의 '한'사상에 의한 것임을 강조하고 있다. 백세명, 『동학사상과 천도교』, 동학사, 1956.

32 이길용, 「수양론적 시각에서 바라본 동학의 신 이해」, 『동서 종교의 만남과 그 미래』, 모시는사람들, 2007, 229쪽 참조.

33 김승혜, 「한국인의 하느님 개념」, 『종교신학연구』 8집, 서강대종교신학연구소, 1995, 109-121쪽 참조.

34 이러한 동학의 신관에 관하여, 많은 연구자들은 '汎在神論的 神觀'이라고 말하고 있다. 그 대표적인 연구자는 김경재, 김상일 등이다. 김경재, 「최수운의 신개념」, 『한국사상』 12, 1974, 김상일, 『동학과 신서학』, 지식산업사, 2002.

35 수운이 신을 언급한 호칭은 '한울님', '天主', '上帝' 등이다. 이중 '天主'는 한문으로 표기해야 할 경우에만 썼다. 또 '上帝'라는 언급은 한울님 스스로 자신을 비유적으로 언급할 때만 썼다. 다시 말해서 세상의 사람들에게 자신을 설명하기 위하여 우리나라 사람들이 기존에 신봉하던 최고신인 上帝에 비유하여 설명한 것이다. 따라서 '天主'나 '上帝'는 동학의 신에 대한 명칭이 아니라고 본다. 윤석산, 『동학 교조 수운 최제우』, 모시는사람들, 2004 참조.

36 김태창, 「공공하는 철학으로서의 한 사상」, 동리목월문학관 학술세미나 발표문, 2011. 4, 22.

37 김승혜, 앞의 글, 107쪽.

II. 해월 동학을 만나다

1 오상준, 「본교역사」, 『천도교회월보』 1911년 1월-1914년 3월 연재, 국학진흥연구사업추진위원회 편, 『한국학자료총서』 9, 한국정신문화원, 1996, 456쪽. 해월이 입도를 한 1861년 6월은 수운 선생이 용담의 문을 열고 세상을 향해 처음 도를 펴던 때이다.

2 해월이 어떠한 계기로 동학에 입도하게 되었는지 전해지는 이야기는 거의 없다. 다만 해월의 방계손인 최정간은 집안에서 전해오는 이야기로, 해월이 경주 최씨 관가정과의 종손으로 종숙부인 최익상을 자주 만나던 중, 수운 선생의 아버지인 근암공 최옥의

이야기와 그 아들인 수운 선생의 이야기를 듣고 용담으로 찾아가 수운 선생을 만났고 한다. 최정간,『해월 최시형家의 사람들』, 웅진출판, 1994.

3 海月은 道統을 전해준 水雲이 직접 최시형에게 지어준 號이다. 즉 水雲에서 海月로 동학의 도통이 전해진 것이다. 水雲이 海月이라는 號를 지어준 것에는 어떤 의미가 있을 것으로 추정된다.

4 아버지가 돌아가신 해는 대부분 기록이 12세로 되어 있다. 그러나 해월의 방계손이며 초대경주박물관장을 지낸 崔南柱가 만든 족보에는 15세 때에 아버지를 여읜 것으로 되어 있다.

5 소춘,「대신사 생각」,『천도교회월보』, 163호, 1924년 3월호.

6 최정간,『해월 최시형家의 사람들』, 웅진출판, 1994, 44쪽.

7 해월이 口述을 하면 제자들이 받아썼다는 사실은 규장각에 보관되어 있는 官沒文書인『東學書』중「理氣大全」에 해월의 구술을 손천민이 받아썼다는 기록 등에서 확인할 수가 있다.

8 『천도교회사 초고』「지통」.

9 특히 28세 때인 1854년에는 興海로부터 昇光面 馬伏洞으로 이사를 해서 살았는데, '坊人 해월의 公廉有威함을 보고는 特薦하여 執綱의 일을 맡아보게 되었다고 한다. 이때 일을 잘 보아 功德碑를 마을 사람들이 세워주었다.'는 기록이 전한다.(『천도교회사 초고』「지통」)

10 '劍谷'의 본래 지명이 '금등골', 즉 '劍洞谷'이었다는 설도 있다. 특히『해월선생문집』과 權秉悳의 수기에 '劍洞谷', 또는 '금등골'로 되어 있음을 그 근거로 삼고 있다. 이와 같은 지명을 吳尙俊이『本敎歷史』에서 '劍谷'이라고 잘못 표기하므로, 이후 '검곡'으로 굳어지게 되었다고 한다.(표영삼,「해월신사의 생애」,(『한국사상』 24집, 한국사상연구회, 1998. 8, 258쪽). 그러나『해월선생문집』이나 權秉悳의 手記 보다 吳尙俊의『本敎歷史』가 더 앞선 기록이다. 더구나 가장 오래된 기록인『도원기서』나『수운행록』에 '劍谷'으로 되어 있는 것으로 보아 오상준의 誤記로 보기는 어렵다. 따라서 이 두 표기는 모두 가능한 것으로 판단이 된다.

11 해월이 火田民으로 살았다는 기록은 없다. 다만 표영삼 선생이 해월이 살았던 지역인 검등골을 찾고, 또 답사를 한 결과 이곳 마을이 火田의 흔적이 역력하고 또 火田이 아니면 살 수 없는 산간마을임을 알고, 이렇듯 추정한 것이다. 표영삼,『동학 1』, 통나무, 2004, 238쪽 참조.

12 이규성,「열망에 대하여」,『녹색평론』31호, 녹색평론사, 1996, 33-38쪽 참고.

13 『해월신사 법설』「성경신」, '我水雲大先生 克誠 克敬 克信之大聖也夫 誠格于天 承乎天命 敬格于天 密聽乎天語 信格于天 契合乎天 玆以其爲大聖乎'

14 『해월신사 법설』「수심정기」, '吾着睡之前 曷敢忘 水雲大先生主訓敎也 洞洞燭燭 無晝無夜'

15 『해월신사 법설』「篤工」, '余少時自思 上古聖賢 意有別樣異標矣 一見大先生主 心學以後 始知非別異人也 只在心之定不定矣'

16 『동경대전』「논학문」, '合其德定其心'

17 『해월신사 법설』「수심정기」, '守心正氣四字 更補天地隕絕之氣'

18 『용담유사』「도덕가」.

19 『동경대전』「논학문」, '君子之德 氣有正而心有定 故與天地合其德'

20 『동경대전』「논학문」, '小人之德 氣不正而心有移 故與天地違其命'

21 『동경대전』「논학문」, '君子之德 氣有正而心有定 故與天地合其德 小人之德 氣不正而 心有移 故與天地違其命 此非盛衰之理耶'

22 '隱跡庵' 표기에 관해서, '隱寂庵'(『천도교창건사』), '隱蹟庵'(玄波 朴來弘「全羅行」, 『천도교회월보』167호, 1924. 8 등이 있다. 그러나 가장 오래된 기록인 『道源記書』의 기록에 따라 '隱跡庵'으로 표기하고자 한다.

23 해월이 수운이 거처하던 박대여의 집을 찾아오는 과정에 관해서는 동학 초기 기록인 『水雲行錄』과 『道源記書』가 서로 다르다. 『水雲行錄』에서는 河致旭, 朴夏善 등과 함 께 간 것으로 되어 있다. 이에 비하여 『道源記書』에서는 해월 혼자 방문한 것으로 기 록되었다.

24 이와 같은 해월이 겪은 일종의 異蹟에 관해서 『도원기서』에는 '기름 이야기'만 나오 고, 여타의 동학 천도교의 기록에는 '찬물에 갑자기 앉는 것과 기름 반 종지'의 두 이야 기가 모두 나온다.

25 『동경대전』「논학문」, '造化者 無爲而化也'

26 『해월신사 법설』「성경신」, '克誠 克敬 克信之大聖也夫 誠格于天 承乎天命 敬格于天 密聽乎天語 信格于天 契合于天'

27 『동경대전』「포덕문」, '受我此符 濟人疾病 受我呪文 敎人爲我則 汝亦長生 布德天下 矣'

28 『해월신사 법설』「기타」, '我의 一氣 天地宇宙의 元氣와 一脈相通하며, 我의 一心이 造化鬼神의 所使와 一家活用이니, 故로 天卽我이며 我卽天이라.'

29 이규성, 『한국현대철학사론』, 이화여대학교출판부, 2012, 58-59쪽 참조.

30 관변기록에 의하면, 水雲이 체포되어 재판을 받는 과정에서 수운의 首弟子들을 파악 하고 체포하고자 한 기록이 있다. 이때 나타나는 崔景五라는 인물이 海月로 판단된다. 해월의 字가 敬悟로, 관변기록에 景五로 기록된 것으로 생각된다.(崔家最親密 稱首弟 子者 卽崔自元 姜元甫 白源洙 崔愼五 崔景五等云「徐憲淳狀啓」, 『日省錄』高宗 元年 甲子(1864 二月 二十九日條))

31 '이필제의 난'에 관하여 이필제가 敎祖伸寃을 그 명분으로 내세웠고, 또 동학의 교주 인 해월과 연계했다는 점을 들어 이를 '敎祖伸寃運動'으로 보는 견해도 있다. 그러나 이필제에게 있어 '교조신원'은 세력을 확대하기 위한 단순한 방편에 불과했다. 따라서 이를 교조신원운동으로 보기보다는 '民亂', '作變' 등으로 보고자 한다. 이에 대해서는 뒷부분에서 상론하고자 한다.

32 『道源記書』에 이필제의 난으로 쫓겨 태백산에 들어갔을 때, 해월이 바위에서 떨어져 죽으려고 했다는 기록이 있다. '相謂曰 兩人之中 誰先誰後 抱落以死 於意可也'

33 윤석산, 「동학의 다시 개벽」, 『한국언어문화연구』, 한국언어문화학회, 2010.

34 이와 같은 체득을 통해 水雲이 闡明한 것이 바로 '侍天主'이다. '侍天主'와 '萬有' 그리

고 '나'라는 개체, 나아가 무궁성의 관계에 관해서는 윤석산, 『동학교조 수운 최제우』, 모시는사람들, 2004 참조.

35 '무궁한 존재'로서의 자각에 관하여, 『용담유사』「흥비가」 중에서 "무궁한 그 이치를 불연기연 살펴내어 부야 흥야 비해 보면 글도 역시 무궁하고 말도 역시 무궁이라 무궁히 살펴내어 무궁한 알았으면 무궁한 이 울 속에 무궁한 내 아닌가."라고, 水雲 스스로 설파하고 있다.

36 해월의 '事人如天'은 그의 법설「待人接物」첫머리에 나오는 말(人是天 事人如天)로, 훗날 천도교의 종교적 윤리로 자리한다.

37 『해월신사 법설』「篤工」, '道之一念 如飢思食 如寒思衣 如渴思水'

38 『해월신사 법설』「天地父母」, '天依人 人依食 萬事知 食一碗'

39 『해월신사 법설』「其他」.

40 『해월신사 법설』「以天食天」.

41 『해월신사 법설』「천지부모」, '何獨人衣人食 日亦衣衣 月亦食食'

42 『해월신사 법설』「영부 주문」, '天地萬物皆莫非侍天主也 彼鳥聲 亦是侍天主之聲也'

43 『해월신사 법설』「성경신」, '宇宙間 充滿者 都是渾元之一氣也 一步足 不堪輕擧也'

44 『해월신사 법설』「내수도문」.

45 『해월신사 법설』「待人接物」, '羽族三千 各有其類 毛蟲三千 各有其命 敬物則德及萬方矣'

46 『해월신사 법설』「誠敬信」, '余閑居時 一小兒着屐而趨前 其聲鳴地 驚起撫胸日 其兒屐聲 我胸痛矣'

47 최준식,「우리 스승 우습게보지 말라」, 『해월 최시형과 동학사상』, 예문서원, 1999, 35-37쪽 참조.

48 『신인간』「海月神師宅訪問記」, 1933. 11. 1 통권 73호, 35쪽.

49 『천도교창건사』二編, 35쪽.

50 오문환, 『해월 최시형의 정치철학』, 모시는사람들, 2003, 171쪽.

51 『동경대전』「포덕문」, '問其所然 日余亦無功 故生余世間'

52 『용담유사』「용담가」, '나도 또한 개벽 이후 勞而無功 하다가서 너를 만나 성공하니'

53 최종성, 『동학의 테오프락시』, 민속원, 2009, 68-71쪽 참조.

54 『용담유사』「교훈가」.

55 신일철,「해월 최시형의 시와 경의 철학」, 『해월 최시형과 동학 사상』, 예문서원, 1999, 97쪽 참조

56 『신인간』「海月神師宅訪問記」, 1933. 11. 1 통권 73호, 35쪽.

57 『도원기서』, '主人在於洞口 洙獨往問師家之際 世貞之妻 挾瓮汲水 忽見洙來條 以入室 洙知婦女之面目 故欣歎而入 婦人面有怒色 不恭以問日 有何面目來耶 摳逐滋甚'

58 『해월신사 법설』「대인접물」, '言顧行 行顧言 言行一致 言行相違 則心天相離 心天相離 則雖窮年沒世 難入於聖賢地位也'

59 이와 같은 증거로 해월은 1870년대 중반부터 새로 입도를 한 도인들을 중심으로 49일간의 특별수련을 시행한 사실을 들 수가 있다. 1874년 4월에는 단양 남면 사동에서 홍

순일, 김연국 등과 함께 49일간 특별수련을 했고, 1884년 10월 새로 입도를 한 신진도 인들인 孫秉熙, 朴寅浩, 宋甫汝 등을 대동하고 公州 迦葉寺에 들어가서 49일간의 기도를 했으며, 1887년 3월에도 정선 갈래산 적조암에서 서인주, 손천민 등을 대동하고 해월은 49일간의 특별수련을 했다.

60 임상욱, 「최시형의 퍼실리테이션 지향점」, 『동학학보』 제29호, 동학학회, 2013.12.

61 김용덕, 「동학군의 조직에 관하여」, 『한국사상총서』 iv, 한국사상연구회, 1875, 240쪽 참조.

62 해월은 처음 전라도에 좌우 편의장을 두었지만, 1894년 동학운동 이후에 경상도, 충청도, 경기도, 황해도, 등 각도에 便義長을 두어 이를 총괄하는 五道便義長을 두어 동학교단을 관리하였다.

63 『해월신사법설』 「오도지운」, '人無一人捨朽 一人一捨 毁害大事 用事 人皆有特技專能 擇定於適所則 無不成功者 未之有也'

64 『천도교회사 초고』 「지통」, '敎長은 質實望厚人으로, 敎授는 誠心修道 可以傳授人으로, 都執은 有風力明紀綱 知境界人으로, 執綱은 明是非可執紀綱人으로, 大正은 持公平勤厚人으로, 中正은 能直言剛直人이러라.'

III. 수운에서 해월로

1 崔承熙, 「書院(儒林) 세력의 東學排斥運動 小考」, 『한우근박사정년기념사학논총』, 지식산업사, 1981.

2 『海月先生文集』, '自是之後 將有布德之意 始爲傳道于盈德吳明哲 尙州全文汝 興海朴春彦 醴川黃聖伯 淸道金敬和 寧德劉聖云朴春瑞 蔚珍金生員等'

3 『道源記書』 등 동학교단의 기록에는 700명 정도의 동학도들이 감영을 찾아가 항의를 하였고, 감영에 잡혀 들어갔던 수운 선생이 靈的인 기적으로 사또의 內室 병환을 고쳤기 때문에 대우를 받으며 감영을 나왔다고 되어 있다. 또한 『天道敎創建史』에는 동학도들 수백 명이 항의방문을 한 것은 없고 다만 수운 선생의 영적인 기적만을 기록하고 있다. 그러나 『天道敎會史』에는 경주감영에 수감이 되었다가 나온 이후 제자들에게 돌린 「通諭文」을 돌린 것으로 되어 있다. 이에 의하면, '靈符'를 망녕되게 사용하지 말라고 되어 있다. 이는 수운 선생이 사또의 내실을 영적인 기적으로 병을 고쳤다는 기록과는 서로 상치되는 내용의 「통유문」이라고 하겠다. 이와 같은 면으로 보아 수운 선생이 경주감영에 수감이 되었다가 7일 만에 풀려나오게 된 것은 수백 명의 동학도들이 감영으로 찾아가 시위를 한 것이 중요한 이유라고 생각된다.

4 『道源記書』, '十一月 慶翔來請日 先生枉臨生之家如何 先生日 君家狹窄 移定他處 慶翔拜退 處所定于興海梅谷洞孫鳳祚家'

5 『도원기서』, '初九日 倍先生卽到孫鳳祚家座定 翌日 各處道人 往拜紛紛 與慶翔同爲留連 而共樂甘苦'

6 『도원기서』, '先生卒爲發文 罷接定于七月二十三日 其時會集者 僅爲四五十人也 自罷

接後 蔽筆書 是時作道歌 有詩一句 龍潭水流四海源 龜岳春回一世花 慶翔適來 久與相 談 特定北道中主人'

7 『천도교서』「제4장」, '七月二十三日에 大神師ㅣ 崔慶翔으로 하야곰 北道中主人을 定 하시고 曰汝ㅣ 自此로 道中一切處務를 善攝하라 하시다.'

8 『시천교역사』, '七月二十三日 命海月 爲北接大道主'

9 『천도교창건사』, '七月二十三日에 大神師ㅣ 崔慶翔으로 하야금 北接主人을 特定하시 고 갈으되 自今으로 道中一切事務를 善攝하라 하시다.'

10 『천도교창건사』「도통전수」, '이에「傳授心法」의 式을 마치시니 崔慶翔이 이로부터 大道의 主人이 되시고 後에 天道敎二世敎祖 海月神師가 되시다.'

11 『시천교역사』, '是歲八月十四日 傳授宗于海月崔時亨'

12 『천도교회사 초고』「지통」, '布德四年(癸亥 八月十四日에 海月神師ㅣ 北接大道主가 되시다.'

13 『천도교서』「제5장」.

14 『도원기서』, '平明以守心正氣 四字授之日 日後用病以爲行之 又賜符圖 特爲執筆 以 受命二字 書告而受訣曰 龍潭水流四海源 劍岳人在一片心'

15 『동경대전 계미중춘판』, '先生布德之初 以牛羊猪肉 通用矣 至於癸亥八月 先生顧予 傳道之日 此道兼儒佛仙三道之敎 故不用肉種事'

16 朴孟洙, 『崔時亨 硏究』, 정신문화연구원 한국학대학원 박사학위논문, 1995, 40-47쪽.

17 金庠基, 「水雲行錄 解辭」, 『亞細亞硏究』13, 1984. 3, 180쪽.

18 표영삼, 「수운대신사의 생애」, 『韓國思想』20, 1985, 95쪽.

19 표영삼, 『동학 1』, 통나무, 2004, 253-254쪽.

20 표영삼, 『동학 2』, 통나무, 2005, 97-98쪽.

21 각주 2 참조.

22 『水雲行錄』, '受訣曰 龍潭水流四海源 劍岳人在一片心 此詩爲將來之事 而降訣之詩也'

23 『日省錄』高宗 元年 甲子(1864) 二月 二十九日條, '崔家最親密 稱首弟子者 卽崔自元 姜元甫 白源洙 崔愼五 崔景五等云「徐憲淳狀啓」'

24 조경달, 박맹수 옮김, 『이단의 민중반란』, 역사비평사, 2008, 62쪽.

25 吳知泳, 『東學史』「第五章」, '靑林敎員니 本派는 水雲先生當時 李白初라는 道人이 甲 山으로 定配되어 그곳에서 隱道로 道를 傳하여 靑林道士라고 稱하여 그것이 靑林敎가 되었다 하고…(중략)…東學敎派니 本派는 嶺南安東地方에 있는 金洛春, 金周煕 等의 發起로 其時北接道主崔時亨을 相對로 南接道主라는 名稱으로 角立한 것이다.'

26 崔元植, 「東學歌辭 解題」, (『東學歌辭』1, 韓國精神文化硏究院, 1979.) p. ⅲ~ⅳ 참조.

27 강동진, 『日帝의 韓國侵略政策史』, 한길사, 1980, 390쪽.

28 김상일, 「상주지역 동학교단의 활동과 동학가사」, 『동학학보』 통권 12호, 2006.12, 81 쪽, 脚註 22.

29 朴孟洙, 「崔時亨 硏究」, 韓國精神文化硏究院 韓國學大學院 博士學位論文, 1995, 225 쪽.

30 『天道敎會史 草稿』「地統」.

31 全琫準供草, '問東徒中差出接主 是誰之爲 供皆出於崔法軒…(중략)… 問湖南湖西一 切同然乎 供然矣'

32 朴孟洙,「동학농민전쟁기 해월 최시형의 활동」,『해월 최시형과 동학사상』, 부산문화 예술대학 동학연구소편, 예문서관, 1999, 172쪽 참조.

33 朴孟洙,「崔時亨 硏究」, 博士學位論文, 韓國精神文化院 韓國學大學院, 1995, 222쪽.

34 吳知泳,『東學史』, 永昌書館, 1940, 136쪽.

35 『해월신사 법설』「대인접물」, '知其其然者 恃其其然者 快哉其其然之心者 距離相異 滿心快哉以後 能爲天地大事矣'

36 『天道敎會史 草稿』「地統」, '寧海道人 李進士(名未詳) 龍潭에 來謁이어늘 大神師 問 曰 君은 劍谷으로 自하야 來乎아 對曰 不入하니이다 大神師 大責曰 君이 文士의 驕心 으로써 海月을 不見하고 곳 到此하였으니 道理에 大違라 劍谷에 卽往하야 罪를 謝하 라 하시다.'

37 『道源記書』, '崔慶翔在外 聞先生之嚴囚 惶亡奔走 以盈德劉尙浩 錢百餘金 用賂得路 完入城中 各樣周旋之際 適逢玄風郭德元 言及于先生食床之擧行 德元卽應爲奴 以爲擧 行'

38 대부분의 동학교단 측 기록에는 이「遺詩」를 수운 선생이 해월에게 감옥에서 직접 전 해준 것으로 나와 있다. 그러나『道源記書』등 초기 한문 기록에는「遺詩」를 남겼다 고만 되어 있다.

39 『東經大全』「詠宵」 중에 일부분으로 오늘 전한다.

40 윤석산,『동학 교조 수운 최제우』, 모시는사람들, 2004, 296-297쪽.

41 『道源記書』, '先生謂郭德元曰 慶翔方在城中耶 非九出捕矣 以吾之諺傳及 而高飛遠走 也 若爲所捉 則事甚危矣 勿煩愼傳'.

42 윤석산,「이야기 동경대전」,『신인간』2009년 7월호, 신인간사.

43 『道源記書』, '主人以接身之意付言 周一然其言 周旋級家 主人仍率妻子 因居而捆屨爲 業'

44 동학교단의 기록에 의하면, 해월이 머문 곳의 지명이 '蔚珍郡 竹屛里'로 되어 있다. 그 러나 '竹屛'라는 지명은 없고, 다만 '竹邊'의 그곳 사투리가 '죽뱅이'라는 점으로 보아, '죽변'을 뜻하는 것으로 판단된다. 표영삼,「일월산 대치」,『신인간』통권 378호 참조.

45 죽변에서 용화동으로 다시 돌아왔다는 부분은 기록이 분명하지 않다. 그러나『천도 교회사 초고』의 기록을 보면, "神師이 다시 蔚珍郡竹屛里로 移接하시고 大神師宅도 또한 同居하시다. 神師이 山中에 隱居하야 兩家生活을…" 등으로 되어 있다. 해월이 해안마을인 죽변으로 옮겨갔는데, 이에 이어 '神師이 山中에 隱居하야'로 되어 있는 것 으로 보아, 해월이 곧 다시 산간마을인 용화동으로 이거한 사실이 누락된 것이 아닌가 추정된다. 만약 이 '山中'이 죽변이라면, 이곳에서 해월이 각지의 도인들에게 기도식 을 봉해하도록 했고, 또『동경대전』과『용담유사』를 외워 받아쓰게 한 것이 된다. 그 러나 이러한 본격적인 신앙 지도는 모두 용화동에서 시행된 것으로 다른 기록들에 나 온다. 이로 보아 죽변에는 잠시만 머물렀고 이내 용화동으로 이거한 것으로 보는 것이 타당하다고 하겠다.

46 이와 같은 기록은 『도원기서』,『천도교회사 초고』 등에서 찾을 수 있다.

47 다른 기록에서는 평해에서 용화동으로 오기 전에 잠시 죽병리에 머물렀다고 되어 있다.

IV. 용화동(龍化洞) 시대와 영해 작변

1 『日省錄』,「徐憲淳狀啓」,'日月山騷訛之說 有何人 入山行祭云 非渠入去 更無可達云 乃兼三招 日月山之說 英陽眞寶人 結幕山底 聚會學習云 而未聞福述入山云'

2 『도원기서』,'甲子三月 北道中 盈德寧海兩接六百餘金 興海延日兩接三百金 平海蔚珍兩接三百五十金 安東英陽兩接五百金.'

3 『영양군답사보고서』, 한양대학교 국제문화대 한국언어문학과, 1993.

4 이 기록은 『천도교회사 초고』에만 나오고 있는데, 해월이 죽병리에 있을 때로 기록되어 있다. 그러나 앞에서 이야기한 바와 같이 '山中'이라는 기록이 용화동을 지칭한 것으로 판단된다. 또한 『천도교회사 초고』에는 해월이 경전을 구송하여 받아쓰게 했다는 기록이 이 부분에 같이 실려 있다. 이에 비하여 『천도교창건사』에는 경전을 받아쓰게 한 곳은 영양 용화동이라고 되어 있다. 이와 같은 서로 상치되는 기록을 보더라도, 『천도교회사 초고』에서 '죽병리에서 용화동으로 移居한 사실이 누락된 채 기록이 된 것이 아닌가 하는 의심이 든다.

5 『天道敎會史 草稿』「地統」,'先時에 東經大全과 遺詞가 大神師이 被害되심을 經하야 火爐에 屬하고 無한지라 神師이 黙念하시다가 東經大全과 遺詞를 口呼하사 人으로 하야금 書케 하시다.'

6 『천도교창건사』「제2편 제2장 도통전수」,'다시 四十九日祈禱를 行케 하되 一年에 四度로 定하야 精誠을 드리게 한 後'

7 『도원기서』,'是以尊號曰 大家云云者 是以出也'

8 『천도교회사 초고』「지통」,'布德七年(丙寅) 三月十日은 大神師還元祈禱日이라 尙州道人 黃文奎 韓振五 黃汝章 全文汝 等이 來參하고 大神師宅 調度의 方을 相議하시다.'

9 『도원기서』,'主人日 期於一年 再次生辰與忌日 各料四錢 以爲春秋之亨祭 卽修契案 而通文于各處'

10 『천도교서』에는 崔惠根으로 표기되어 있다.

11 『도원기서』에는 孔生의 이름은 未詳이라고 되어 있는데 반하여,『侍天敎歷史』에는 孔根錫이라고 그 이름을 표기하고 있다.

12 『도원기서』,'三月 主人與春瑞 枉臨陽襄 則其時道家 不滿三十餘家' 이러한 기록과 함께 『천도교회사 초고』에는 '三月에 神師 朴春瑞로 더불어 陽襄에 去하사 崔喜慶 金慶瑞의 家에 至하사 三十餘人에게 布德하시다.'라고 되어 있다.

13 『도원기서』,'庚午十月 孔生者 誘言世貞曰 方今陽襄道人 願倍大家 移遷寧越 則出入相從 惟此好矣 生計亦勝 於此 遷于寧越如何 世貞聽其孔生之言 忽爲搬移于寧越小密院'

14 『道源記書』, '其處有張奇瑞者 原州人也 入道淵源 則謫居人李慶化'

15 『천도교서』, 천도교중앙총부, 1920.

16 이때에는 멀리 尙州에서부터 黃文奎, 韓振五, 黃汝章, 全文汝 등이 참석을 했다.(『천도교회사 초고』「지통」)

17 『천도교회사 초고』「지통」.

18 『천도교서』, '布德 七年 8월에 軍艦이 江華에 入하니 全國이 騷亂한지라 各地 道人이 그 方便을 問코자 神師 所在 往한 곳을 訪하다.'

19 「座箴」은 수운 선생이 제자들에게 수도의 올바른 길을 제시하기 위하여 지은 漢詩이다. 『東經大全』 중에 所在한다.

20 『도원기서』, '四月盈德人 姜洙來問 于道修之節次 先生曰 只在誠敬信三字云'

21 『도원기서』, '先生曰 興比歌 前有頒布矣 或爲熟誦之耶 各爲面講也 第次講之後 姜洙 獨出座中 對先生而面講問旨'

22 『천도교서』.

23 황선희, 『한국근대사상과 민족운동 1』, 혜안, 1996, 77쪽.

24 신일철, 「동학사상의 전개」, 『한국사상』 17집, 1980, 104쪽 참조.

25 표영삼, 『동학 1』, 통나무, 2004, 346쪽.

26 『해월신사 법설』「천지인 귀신 음양」, '人是天 天是人 人外無天 天外無人 心在何方 在於天 天在何方 在於心 故心卽天 天卽心 心外無天 天外無沁 天與心 本無二物 心天相 合 方可謂侍定知 心天相違則 人皆曰侍天主 吾不謂侍天主也'

27 李弼濟는 처음 자신의 姓을 鄭이라고 거짓말을 하였다. 『도원기서』, '不意十月 寧海 人 李仁彦者 來謂主人曰 姓云鄭也 癸亥歲入道先生 深在智理山中 杜門不出 而近爲六 七年 故不知甲子先生之變'

28 이와 같은 기록을 하고 있는 서적은 오직 이돈화의 『천도교창건사(天道敎創建史)』와 오지영의 『동학사(東學史)』뿐이다. 다른 기록에는 이와 같은 기록이 없다.

29 『右捕廳騰錄』, '己巳四月 安德德供招 己未五月分 李泓編配於榮州地'

30 『辛未逆賊弼濟岐鉉等鞫案』과 『右捕廳騰錄』 등의 기록에 의하면, 辛酉年(1861) 12월 과 丙寅年(1866)에 계속 追捕之事 가 있었고, 己巳年(1869)에는 鎭川에서 작변을 기도 하다 고변이 있어 실패한 사실들이 기재되어 있다.

31 '周遊八路'는 수운 선생이 경신년 득도 이전에 10여 년간 세상을 떠돌며 求道 修行을 했던 사실을 지칭하는 東學敎壇의 用語이다.

32 李弼濟가 寧海 지역을 드나들며 사람을 사귄 것은 1866년 무렵부터이다. 『羅巖隨錄』 「鳥嶺賊魁等巡營招辭」, '丙寅年 卽往寧海地 聞李秀用文名 與之結交 … (중략) … 而秀 用卽東學餘黨也'

33 『도원기서』, '甲子三月 北道中 盈德寧海兩接六百餘金 興海延日兩接三百金 平海蔚珍 兩接三百五十金 安東英陽兩接五百金…'

34 『嶠南公蹟』「朴周翰更推條」, '東學之說 本邑新鄕輩 多有染習'

35 장영민, 「1840년 寧海鄕戰과 그 背景에 관한 小考」, 『충남사학』 2, 충남대, 1987.

36 『도원기서』, '主人聞其人之言 則事不近理 意不可到也 冷落不應'

37 『도원기서』, '主人曰 老兄與其人閱月隱談云 其人之動靜可知矣 向者三人之言 雖蘇秦
之說 吾不可信也'

38 『도원기서』, '曰千萬事 欲速則敗也 退停 秋成起事之端 如何'

39 『도원기서』, '吾亦受天命之人也 吾且言之 昔檀君之靈化生於劉邦 劉邦之靈化生於朱
元章 當今之世 檀君之靈復出於世 一日九變者卽吾也 一以雪先生之恥 一以濟蒼生之殃
第有吾志者 中國之創業也'

40 『右捕廳謄錄』「李弼濟供招」, '庚戌年分 往于豊基外家 適逢寅居之許生瓚 一次寒暄而
去 連三日來見 而從容執手曰 爲國盡忠 … (중략) … 大洋國不久 騷動天下 毒我爲甚矣
西勒大洋 北距凶奴 非君難矣 願君自愛 勿以老言爲耄 盡忠輔國 以樹大勳'

41 이와 같이 이필제가 자신의 이름과 생년월일 등을 이용해서 사람들을 현혹한 것은 풍
기에 있을 때 만난 許씨 성을 가진 노인의 영향이기도 하다. 『右捕廳謄錄』「朴會震供
招」, '其神奇事 則弼濟請言 吾之謫居時 聞此地前有許姓字野翁 數年前已死而遺書 於
其妻子云 後有李弼濟姓名人來 則以此書遺之 … (중략) … 又曰 弼濟之弼字 爲弓弓 又
曰 弼濟乙酉生 故曰乙乙也'

42 『嶠南公蹟』에도 이필제를 동학도라고 말하고 있다.(李濟潑段 渠本東學餘黨) 그러나
이는 이필제가 동학도를 자칭했기 때문에 그렇게 기록된 것이 아닌가 생각된다.

43 특히 이필제의 이와 같은 현혹됨이 오히려 眞人의 출현을 기대하던 당시 동학교도들
에게 유리하게 작용을 했다는 연구 결과도 있다. (장영민, 「1871年 寧海 東學亂」, 『한
국학보』 47, 일지사, 1987). 그러나 眞人 출현의 기대는 동학교도뿐만 아니라, 亂世였
던 당시 대부분 사람들의 기대이기도 하다.

44 『도원기서』, '主人與洙 卽往全東奎家 東奎欣然迎接曰 自何從來 答曰 見弼濟以來 東
奎曰 事之急矣 吾之俱備之事久矣 … (중략) … 翌日主人還家 洙亦還歸路 見春瑞 春瑞
亦謂洙曰 吾見弼濟 人雖非凡然 而人心難測 吾輩之入於其藪者 事不近理 彼人之語 但
以爲師之事爲主 故吾亦從之來之矣 洙卽往淸河 見李敬汝父子及弟侄 … (중략) … 敬
汝父子 其時則以自己事方往配所之時也 於此於彼 亦得意之秋也 卽從之'

45 당시 참가 인원에 관하여 각 기록마다 서로 다르게 나타난다. 『嶠南公蹟』에는 200 여
명(徒黨之來會者 爲二百餘名), 『辛未衙變時日記』에는 5-600명(當夜戌亥時分 兇盜五
六百 突自城西南兩門入), 『道源記書』에는 500여 명(厥處聚集 近於五百餘人) 등으로
나와 있다.

46 이들 참가 지역에 관해서는 『嶠南公蹟』 등의 취조와 진술서를 참고하여, 참가자의 출
신 지역을 근거로 작성한 것임.

47 『嶠南公蹟』, '隨到上竹峴 則徒黨爲三十餘名'

48 『辛未寧海府賊變文軸』, '今日午時量捉得 權永和一漢 嚴加取招 則所告內 賊黨至爲
三十七名 而留在英陽日月山'

49 『도원기서』, '英陽倅大發軍器 遂入山中擁圍 故炮非如井中 急當難脫之勢 事不偕心
各自散亡'

50 이 기록은 『도원기서』를 따른 것이다. 『교남공적』에는 중요 도망자의 명단으로 29명
을 기재했고, 『도원기서』에는 47명을 기재하고 있다.

51 『東經大全』「論學文」, ‘吾亦生於東 受於東

52 『도원기서』, ‘先生云 生於東受於東 故名其道東學 東起於東 故至於寧海 我國之東海也’

53 이와같은 평가는 『左捕廳謄錄』이나 『慶尙監營啓錄』 등에서 이필제와 관련된 사람들인 成夏瞻, 沈弘澤, 鄭晚植, 崔鳳儀 등을 취조한 결과를 기록한 부분에서 찾을 수 있다.

54 『右捕廳謄錄』「安鍾德供招」, ‘李泓性本怪毒 詐取騙財 行惡爲能事 雖爲甥姪不可近信 且以班脈 行事不美 至於被配之擧’

55 연갑수, 「이필제 연구」, 『동학학보』 6호, 2003. 12, 190-197쪽.

56 『辛未寧海府變文軸』, ‘申時量矣 賊漢等男女 屯聚於山谷間 故卽爲向砲前進 當場砲殺 十三漢 生擒男爲十名 女爲數十名’

57 『辛未寧海府變文軸』, ‘魁首未捉餘黨 尙在其所 剿滅時刻是急 故多發將羅’

58 『도원기서』, ‘因其聞經 而又有一國之囂動 各陳捕卒 遍滿方曲 無處不及’

59 해월이 태백산 중에 숨어들어 이렇듯 고생을 하고 또 스스로 목숨을 끊겠다는 말을 한 기록은 『도원기서』에만 있다. 동학교단의 모든 다른 기록들은 해월이 산중에 있을 때 호랑이 굴에 있었으며, 호랑이가 와서 보호해 주었다는, 다소 신비로움이 강조된 기록들이다.

60 『도원기서』, ‘携手上壁而顧顧 相謂曰 兩人之中 誰先誰後抱落以死 於意可也’

61 朴龍傑에 관하여 천도교 측 많은 기록들은 ‘少年’으로 되어 있는데, 『도원기서』를 보면, 해월이 ‘老兄’ 등으로 呼稱하는 것으로 보아 해월과 거의 연배가 같은 것으로 생각이 된다.

62 『도원기서』, ‘卽爲偕往 在於寧越 鄭進一之家’

63 『도원기서』, ‘以鄭士一之名 本府將差 付慶尙監營移文 進一之家 擧執家庄 捉致士一之妻 洙與主人 時在所處 朴龍傑之家也’

64 『도원기서』, ‘卽爲偕往 在於寧越 鄭進一之家 此人本是 襄陽之人也 基鉉之族也’

65 『도원기서』, ‘其老樂爲結義 明日爲始 在於內房而過冬 順興有主翁之兄 來爲入道 當臘月 主翁擔一人之服 厥兄一人之服也’

66 『海月先生文集』, ‘寧越邑捕廳 行首朴哥 敢懷不測之心乃曰 辛未八月 啓下罪人崔姜兩人 隱居於南面稷谷朴班家 今明日當發捕之際 首吏池達仲 聞知此事 招責行首曰 今已撤捕 無事之邑 何惹起鬧事 且汝心有何快乎 嚴飭禁止 得免大禍’

67 『天道敎書』「第二篇」 ‘是夜에 淸水一器를 設하사 相向誓天後에 遂히 兄弟의 誼를 結하시고 因하야 四十九日의 齋를 그 家에 設하시니 歲色이 已暮하얏더라.’

68 『天道敎會史』「地統」, ‘十二月에 各地頭目이 稷谷里에 來하야 神師를 拜謁한대’

69 『嶠南公蹟』 등 영해민란 참가자에 대한 취조 사항을 보면, 대부분 경상도 지역의 사람들이다. 이들 참가자들에서는 강원도의 영월이나 정선 지역 출신이 보이지 않는다.

70 『天道敎書』「第二篇」.

71 『侍天敎歷史』에는 正月 三日로 되어 있다.(正月三日 師自製懺悔文 祭告于天)

72 『도원기서』, ‘明年壬申正月初五日 以悔過之意 作祝文告于天主’. 그러나 『천도교회사 초고』에는 ‘布德十三年(壬申) 一月 五日에 神師가 弛禍의 意로써 祝文을 作하사 天主

께 告하시다.'로 되어 있다. '悔過之意'와 '弛禍의 意'는 그 뜻에 있어서 다르다. 이필제
의 난으로 인한 禍를 풀고, 이내 잘못된 자신에 대하여 참회를 한 것으로 판단된다.

73 마을에서 지내는 마을제사의 「축문」을 그 예로 볼 것 같으면, 이들 「축문」에는 마을
사람들의 安寧과 자신들의 財産, 그리고 福을 주고 災殃을 물리치게 해 달라는 소원
등이 담겨져 있다.

74 『동경대전』 「축문」, '生居朝鮮 忝處人倫 叩感天地 盖載之恩 何蒙日月照臨之德 未曉
歸眞之路 久沉苦海 心多忘失 今玆聖世 道覺先生 懺悔從前之過 願隨一切之善 永侍重
盟 道有心學 幾至修煉 今以吉朝良辰 淸潔道場 謹以淸酌 庶需 奉天尙饗'

75 『해월신사 법설』 「독공」, '吾雖未貫 唯望諸君之先通大道也'

76 『해월신사 법설』 「대인접물」, '孰非我長 孰非我師 吾雖婦人小兒之語 可學而可師也'

77 『東經大全』 「歎道儒心急」, '固我心柱 乃知道味'

78 장영민, 「1871년 영해 동학란」, 『한국학보』 47, 일지사, 1987, 130-132쪽 참조.

79 윤석산 註解, 『東學經典』, 동학사, 2009.

80 『備邊司謄錄』, '若値衆會 講道之席 則崔漢誦文 手執木劍 始跪而起 終乃劍歌 謄一丈
良久乃下'

81 每月朔望 殺猪買果 入去淨僻山中 設壇祭天 誦文降神(「宣傳官鄭雲龜書啓」)

82 박영학, 『東學運動의 公示構造』, 나남, 1990, 157~159쪽 참조.

V. 새로 열어 가는 하늘

1 『도원기서』, '旌善人 辛錫玹入道於聖文 崔重羲振羲入道于洙'

2 『해월선생문집』, '卽越大嶺 往麟蹄南面舞依梅里 金秉鼐家 卽本月二十三日也 金演順
叔侄 撤移次方東裝 秉鼐日此地相合 誠非偶然也 曾聞大小白山 盛名何以去之 先生日
不難也 我且前導 率男女十餘口 或先或後 至洪川東沙屯宿所 雉谷店宿所 原州台場宿
所 新林店宿所 一日宿所 至橫唄店有分路 先生卽向 旌善霧隱潭 劉道原家'『천도교회
사 초고』나 『천도교창건사』에도 이와 같은 사실이 기록되어 있다. 그러나 『도원기
서』에는 해월이 麟蹄 지역으로 순회를 간 사실이 기록되어 있지 않다. 또한 『侍天教歷
史』에는 해월이 麟蹄 지역으로 避身을 한 것으로 되어 있다.(又避地于麟蹄).

3 『侍天教歷史』 下, '金演局秉鼐之侄也 是時師歷訪演局 演局執弟子禮 師知其爲道器 賜
壽甚殷摯焉'

4 世貞이가 襄陽 감옥에 갇히게 된 것도, 金德中이라는 교도가 官衙에 잡혀가 고문을 이
기지 못하고 告變을 했기 때문이다.

5 『천도교회사 초고』 「지통」, '姜洙와 全聖文으로 더불어 家內 幽僻한 處에 入하사
四十九日 祈禱式을 行하시다.'『해월선생문집』에는 '강수와 더불어 49일의 기도를 마
치니 7월 15일이었다.(先生與姜洙 同入後房 設四十九齋 念誦已畢 時則七月望間也)'고
되어 있다. 이러한 것으로 보아 5월 하순부터 49일 기도를 시작한 것으로 생각된다.

6 『道源記書』 「劉時憲 後序」, '我一自辛未 繼主人之敎學'

7 『천도교회사 초고』「지통」, '布德十五年(甲戌) 二月 … (중략) … 仝十九日 神師이 大神師宅에 往하사 朴夫人의 喪禮를 旌善郡에서 行하시니 … (중략) … 是時에 劉寅常으로 道接主를 定하시고'

8 『해월선생문집』, '先生更問曰 君居何地 姓某名某 少年日 居於寧越直谷里 姓朴名龍傑也 曰距此爲幾里 宅號云何曰 爲達十餘里 宅號謂海州'

9 『道源記書』「劉時憲 後序」, '時憲本以逃士一寒之士 僻在一隅之桃源 而又稱霧隱之潭名 來太白山者 世所謂名勝之地也'

10 『도원기서』, '主人與洙 將有入山 四十九日之計 洙使海成澤鑌 入葛來山寂照庵'

11 癸酉年(1873)이라고 되어 있는 동학교단의 기록은 『天道敎書』를 비롯한 『천도교회사 초고』, 『천도교창건사』, 『시천교역사』, 『東學史』 등이다.

12 박맹수, 東學史書 『崔先生文集 道源記書』와 그 異本에 대하여, 『韓國宗敎』 15, 원광대 종교문제연구소, 1990. 12.

13 『도원기서』, '至十二月初十日 主人時在寅常之家 師母氏 訃坪忽報 主人哀痛不已'

14 『도원기서』, '主人巢穴未定 周流四方 洙時在丹陽 以舌耕爲業'

15 『도원기서』, '吾之所工 但以呪文矣 僧曰呪文何呪 答曰主僧前或聞 東學之說乎 其僧良久曰 前有聞之也 曰自今爲始誦呪矣 主僧勿爲忌憚焉

16 『천도교회사 초고』「지통」, '時에 諸人 念珠를 手執하고 一日夜에 三萬回를 誦하기도 하다.'

17 『도원기서』, '竟過於四十九日 其後數日 將習符圖'

18 『東經大全』「布德文」, '吾有靈符 其名仙藥 其形太極 又形弓弓 受我此符 濟人疾病 受我呪文 敎人爲我 則汝亦長生 布德天下矣'

19 『東經大全』「論學文」, '曰呪文之意 何也 曰至爲天主之字'

20 윤석산 註解, 『東學經典』, 동학사, 2009. 4, 90쪽.

21 侍天主, 造化定, 萬事知는 동학 주문의 핵심으로, 도에 이르는 과정을 담고 있다. 이에 관한 보다 상세한 논의는 '오문환, 『동학의 정치철학』, 모시는사람들, 2003, 47~68쪽 참조.

22 『海月神師 法說』「靈符呪文」, '弓乙其形 卽心字也'

23 『海月神師 法說』「靈符呪文」, '心和氣和 與天同和 弓是天弓 乙是天乙 弓乙 吾道之符圖也 天地之形體也'

24 太極이나 弓弓이 뜻하는 '마음'에 관하여 李敦化는 '創造心'이라고 말하고 있다. 즉 "太極과 弓弓의 形으로 創造心의 躍動的 形象을 象徵케 한 것"이라고 설명하고 있다. 李敦化, 『水雲心法講義』, 천도교중앙종리원, 1926, 27쪽 참조.

25 오문환, 『사람이 하늘이다』, 솔, 1996, 67쪽.

26 『東經大全』「修德文」, '胸藏不死之藥 弓乙其形 口誦長生之呪 三七其字'

27 『해월신사 법설』「독공」, '絶其私慾 棄其私物 忘其私榮以後 氣聚神會 豁然有覺矣 行則 指足坦途 住則 凝神太虛 坐則調息綿綿 臥則 神入幽谷 終日如愚 氣平正 心神淸明矣'

28 수운 선생도 근원적인 밝음(明)의 세계에 관하여, '不知明之所在 遠不求而修我'(『東

經大全』「前八節」)라고 말한 적이 있다. 곧 밝음이 있는 곳을 알지 못하거든, 멀리에서 구하지 말고 자신을 닦는 修煉에 지극해야 한다고 말하고 있다.

29 「太白山工四十九」의 시에 관하여, 동학교단의 기록에는, 훗날 이 시에 對句가 될 다른 隻句가 나올 것이라는 예언과 같은 말을 담고 있다. (『천도교서』, 『천도교창건사』, 『시천교역사』 등)

30 해월이 寂照庵에서 기도를 시작한 첫날 '봉황새 여덟 마리를 받아 각기 주인을 정해주었다.'는 現夢을 하게 된다. (『도원기서』) 이러한 사실을 말한 것으로 생각된다.

31 박씨 부인 환원일은 1873년 12월 9일이다.(『도원기서』) 그런데 장례는 1874년 2월 19일에 치렀다.(『천도교회사초고』「지통」) 장례가 늦어진 것은 사람들이 많이 모이지 못해서라는 견해도 있으나, 한겨울이라 땅이 얼어 매장을 할 수 없어서라고 보는 것이 더 타당하다.

32 『天道敎創建史』「辛酉布德」.

33 小春, 「大神師 收養女인 八十老人과의 問答」, 『신인간』 1927년 9월호, 16쪽.

34 표영삼, 『동학』 2, 통나무, 2005, 58쪽.

35 『海月先生文集』, '甲戌正月望後 往順興誼兄伯氏家 辨造哲秀子 上下衣一襲 …(중략)… 投往寂照庵 卽二月初旬'

36 『도원기서』, '四月于歸于丹陽南面 時有安東人權明夏者 以補於寓接之資'

37 『海月先生文集』, '先生曰 廣大天地 尊居無地 將何爲哉 主僧曰 丹陽兜率峯下 卽可居之地也'

38 『시천교역사』, '二月師又移居 于同面松皐洞'

39 『侍天敎歷史』, '自主之次子 世淸沒後 主之生辰茶禮 諱日享禮 師之專奉' 또한 『도원기서』에도 '自乙亥世淸之死後 先生忌誕兩節之祭 主人行之云'

40 박맹수, 『최시형 연구』, 한국정신문화연구원 한국학대학원, 박사학위 논문, 1995. 8, 82-83쪽.

41 『도원기서』, '癸酉正月 聖文謂主人曰 彼此客地 主人與姜兄結義 以呼兄呼弟 於意有仰歎之心也 願乞主人廣念周思 以鄙人同參 結義之中 如何 主人萬念千思曰 自古有信之端 極爲難矣 詩云靡不有初 鮮極有終 世之於千萬事 最難者 信一字 然庶觀君之情地 許以施之 相以敬信之義 互爲慎之似好耳'

42 『도원기서』, '乙亥八月 旌善道人 誠出大義致祭于主人家'

43 『천도교회사 초고』「지통」, '八月 十五日에 神師이 祈禱式을 行하실새 魚肉酒草 勿用의 意로써 降話의 敎를 得하시고 仍히 說法하시다.'

44 『도원기서』, '主人降話之敎 而勿用黃肉也 卽爲撥肉以行 祀今番始創之祭'

45 표영삼, 『동학』 2, 통나무, 2005, 66-68쪽.

46 『東經大全 癸未仲夏版』, '至於癸亥八月 先生顧予傳道之日 此道兼儒佛仙 三道之敎 故不用肉種事'

47 上帝敎人이었던 사람들의 증언에 의하면, 특히 구암을 따라 계룡산으로 갔던 상제교 가족의 후손인 임금복 박사(성신여대 강사)의 증언에 의하면, 상제교, 훗날 천진교에서는 義菴의 天道敎와 같이 淸水를 저녁 9시에 가족이 둘러앉아 모시지는 않았어도,

上帝教 교인들의 집안에는 清水 그릇이 있었고, 수시로 清水를 모셔놓고 呪文을 읽었다고 한다. 이러한 사실로 보아 해월 당대에도 清水는 있었지만, 저녁 9시나 새벽 5시 清水 祈禱式은 의암에 의하여 1906년 제정된 五款의 하나임을 알 수가 있다.

48 『도원기서』, '前日主人 許有動靜之氣 故以是設創云'

49 『해월신사 법설』 「向我設位」, '房時學問日 奉祭祀之時 拜禮如何乎 神師日 以心爲拜 可也 又問日 祭需喪服 如何可也 神師日 萬般陣需 非爲精誠 但淸水一器 極誠致祭 可也 … (중략) … 趙在壁問日 喪期如何而可也 神師日 心喪百年 可也'

50 윤석산, 『천도교』, 천도교중앙총부, 2002, 24쪽.

51 『侍天敎歷史』 「第二篇」, '乙亥制法冠法服行設法祭 … (중략) … 法冠四圍三疊中 盖正圓 前後葉圓而稍竦 左右葉尖而稍低 色或紫或黑 內貼綢而無定色 法服正斜 幅前五後四 袂身直徑一尺三寸 縱徑七寸 袂後方直 貼於前後幅兩縫 間袂口僅容覆手 法帶廣二寸 圍二尺 餘結釦於右腋下 前垂二條 廣亦如之長稱身色純黑'

52 『도원기서』, 十一月十三日 說法祭行于旌善接主寅常家 … (중략) … 四月主人日 麟蹄接主金啓元之家 行說法祭

53 『도원기서』, '丁丑三月初十日 行先生忌祭 十月初三日 行九星祭 … (중략) … 十月十六日 九星祭行于旌善劉時憲家'

54 『도원기서』, '時元作祝文 其時祭官分定 初獻道布德主崔時亨 道次主 姜時元 金時明 終獻張春甫 金致雲 金龍鎭 …'

55 박인호, 「박인호의 회고」, 『신인간』 통권 503호, 1992. 2, 37쪽.

56 박인호, 위의 글.

57 『도원기서』, '九星玆以應九州之理也 故玆以九星之理 創爲九星之祭 乃其一身之應也 天道與地理相合之理也 則人於其間 亦三才之理 至人不應天理乎哉 九星之理 雖不詳言略以所知 以應九星之理 玆成九星之禨'

58 安本英夫(朴仁載 譯), 『종교학』, 김영사, 1983, 67-68쪽 참조.

59 『天道敎會史 草稿』 「地統」, '九月에 神師이 姜洙와 全聖文으로 더불어 新寧郡 道人 河致旭家를 訪問하시고'

60 『水雲行錄』, '是歲三月 新寧人河致旭 問於朴夏善日 或知先生之居處乎 答日 昨夢與朴大汝共見先生 今欲往拜也 二人偕行 路遇崔慶翔 料外訪到'

61 『月城崔氏家牒』에서 崔世祚의 생일이 음력 4월 5일임을 확인할 수가 있다.

62 『도원기서』, '其十月 其侄孟倫 來請入道 先生傳之'

63 '辛酉布德'이란 수운 선생이 경신년에 도를 받고, 일 년 가까이 修而度之한 이후, 辛酉年(1861) 6월에 이르러 용담의 문을 열고 비로소 세상을 향해 포덕을 했던 사실을 일컫는 말이다.

64 『天道敎會史 草稿』 「地統」, '丹陽郡으로 還次하사 姜洙로 次主人으로 定하시다.'

65 『도원기서』, '其時主人頒布日 吾有十二時字 又十二活字 則爲先以三人 時字改名 以賜之 以活字 改字 以授之 此時活二字 有命毅 故敬以傳授'

66 『天道敎會史 草稿』 「地統」, '神師이 名字를 改하실 意로써 降話의 敎를 受하시고 仍히 徒弟에게 用時用活의 義로써 說法하시다.'

67 『천도교서』「第二篇」, '於是에 神師의 名은 時亨으로 改하시고 姜洙의 名은 時元으로 劉寅常의 名은 時憲으로 改하시다.'

68 오문환, 『사람이 하늘이다』, 솔, 1996, 98쪽 참조.

69 『해월신사 법설』「독공」, '富貴者 修道乎 有權者 修道乎 有文者 修道乎 雖貧賤者 有誠可以修道也'

70 『해월신사 법설』「기타」, '道는 高遠難行한 處에 在한 것이 아니라.'

71 『해월신사 법설』「대인접물」, '日用行事 莫非道也'

72 오문환, 『사람이 하늘이다』, 솔, 1996, 96-105쪽 참조.

73 윤석산, 「천도교 정신사의 맥락에서 본 갑진개혁」, 『동학연구』20집, 한국동학학회, 2002.

74 신일철, 「해월 최시형의 시(侍)와 경(敬)의 철학」, 『해월 최시형의 동학 사상』, 예문서관, 1999, 97쪽.

75 『侍天教歷史』, 下, '自主之次子 世淸沒後 主之生辰茶禮 諱日享禮 師之專奉'

76 『도원기서』, '吾道之開接 云者 是何謂也 先生時有罷接之理 故來今爲開接 是非文士之開接也 天地之理 陰陽相合 有日月晝夜之分 而又有十二之時 以定元亨利貞之數 元爲春 亨爲夏 利爲秋 貞爲冬也 四時之盛衰 度數之循環者 始自子方開而 至於丑以閤 則是爲天地之常也 而應以接 接以應五行 出於其間 而人以化生於三才之氣 故開闔之理 日生子丑 以始也 先生道受於天 故行自天修 自天也 是以開於天而接於天 則受運於天 受命於天 開接之理 是豈不宜哉'

77 『해월신사 법설』「성경신」, '我水雲大先生 克誠 克敬 克信之大聖也 誠格于天 承乎天命 敬格于天 密聽乎天語 信格于天 契合乎天'

78 『도원기서』, '其時會集者 僅爲四五十人也'

79 『天道敎書』第十章.

80 『東經大全』後八節, '不知道之所在 我爲我而非他'

81 『東經大全』「論學文」, '侍者 內有神靈 外有氣化 一世之人 各知不移者也'

82 『海月神師 法說』「靈符 呪文」, '內有神靈者 落地初 赤子之心也 外有氣化者 胞胎時 理氣應質而成體也'

83 김지하는 이와 같은 '不移'가 지닌 의미를 보다 확대 해석하여, 인위적인 착취, 약탈, 파괴, 오염, 멸종 등과 같은 비본질적이며 반생명적인 세력, 조직, 사상, 경향, 생활과의 투쟁이며, 이와 같은 모든 인간의 생명 파괴와 맞서 있는 것이라고 말하고 있다. 김지하, 『동학 이야기』, 솔, 25~28쪽.

84 『용담유사』「흥비가」.

85 『龍潭遺詞』「敎訓歌」, '시킨 대로 施行해서 차차차차 가르치면 無窮造化 다 던지고 布德天下할 것이니 次第道法 그뿐일세 法을 定코 글을 지어 入道한 세상사람 그날부터 君子되어 無爲而化될 것이니 地上神仙 네 아니냐.'

86 申一澈, 「崔水雲 先生의 歷史意識」, 『韓國思想叢書』IV, 泰光文化社, 1980, 41쪽 참조.

87 文明淑, 「東學 · 生命 · 人間」, 『東學學報』1集, 2000, 154쪽.

88 윤석산,「龍潭遺詞에 나타난 水雲의 人間觀」,『韓國學論集』第5集, 漢陽大學校 韓國學研究所, 1984.

VI. 도적 편찬과 경전의 간행

1 이 책의 표지에는『崔先生文集道源記書』라고 되어 있다. 그러나 본 글에서는 이를 줄여서『道源記書』라고 표기한다. 이에 관한 논의는 뒤에서 해나가고자 한다.

2 『道源記書』가 기획되고 또 출간된 시기가 1879년 11월이라고 되어 있지만(『天道教會史 草稿』), 실상 그 출간 시기는 1880년 6월『東經大全』이 출간된 이후라고 추정된다. 이에 관하여서는 뒤에서 상론하고자 한다.

3 『해월선생문집』, '刊出大全 百餘卷 頒布各處'

4 『천도교회사』,「地統」, '六月에 神師이 大神師의 所著하신 歌詞를 發刊하사 道人에게 頒給하시니 是時 開刊所는 丹陽郡南面泉洞 呂圭德家러라.'

5 박영학,『동학운동의 공시구조』, 나남출판사, 1990, 184-187쪽. 또한 해월의 손자인 崔益煥은 현전하는 '해월장'이라는 목각 도장은 해월이 직접 판각한 것이라고 증언을 했다. 이와 같이 해월 스스로 목각을 할 수 있는 능력을 지닌 사람이었다.

6 박맹수,『최시형 연구』, 한국정신문화연구원 한국학대학원 박사학위논문, 1995, 96쪽. 이와 같은 견해는 오문환,『최시형의 정치사상 연구』, 연세대학교 대학원 박사학위 논문, 1995. 이에도 마찬가지로 기술하고 있음.

7 오문환,『사람이 하늘이다』, 솔, 1996, 122-123쪽.

8 『癸未仲春版 東經大全』,「跋文」, '昔大神師著一經 以詔後世 當時門弟親炙者 隨聞箚記 或不無異同錯謬 惟我海月先師 懼夫愈久而愈夫眞也 乃命剖劂'

9 『海月神師法說』,「其他」, '余夢寐間 先生遺訓忘却'

10 『天道教會史』「地統」.

11 『道源記書』가 최초의 동학기록인가에 관해서는 다소 논란가 있다. 『水雲行錄』이라는 기록이 이보다 앞선 1865년경에 되었다는 견해도 있다. 표영삼,「수운대신사의 생애」,『한국사상』20집, 1985, 95쪽.

12 『道源記書』「後序」.

13 일반적으로『도원기서』의 저자를 강시원으로 보고 있다. 그러나『도원기서』는 어느 한 개인의 저술이 아니라, 당시 기획을 했고 또 참여를 했던 모든 사람의 공동 집필이라고 봄이 타당하다.

14 『道源記書』「劉時憲 後序」, '於戲 余不聞丈席之訓 又不見先生之儀形 而今日聞其先生之風化 見其先生之道源 則余自有追遠 感古之心 而自不覺愧歎也' 또한「辛時一 後序」, '余自歎修後 未覺之悔'

15 박맹수,「東學史書『崔先生文集 道源記書』와 그 異本에 대하여」,『韓國宗教』15, 원광대 종교문제연구소, 1990. 12.

16 『東經大全』「修德文」, '覺來夫子之道 一理之所定也 論其惟我之道則 大同而小異也'

17 『東經大全』「修德文」, '仁義禮智 先聖之所敎 守心正氣 惟我之更定'

18 『東經大全』「論學文」, '運則一也 道則同也 理則非也'

19 『天道敎會史』「地統」.

20 『도원기서』가 堅封揀印이 되어 숨겨져 있었으나, 1906년 경부터 세상에 알려지게 되었다. 그리하여 동학교단의 역사서 기록에 활용된다. 그러던 중 任置하고 있던 劉時憲의 아들인 劉澤夏로부터 金演局이 가져가게 되었고, 이후 1978년 金演局의 아들인 金德經이 세상에 공개함으로 알려지게 되었다. 표영삼, 『동학』 2, 통나무, 2005, 97쪽 참조.

21 『道源記書』, '五月初九日 設爲刻板所而十一日 爲始開刊 至於六月十四日 畢爲印出 十五日別爲設 祭其時表功別錄記文'

22 『도원기서』, '於戲 先生文集 鋟梓之營 歲已久矣 今於庚辰 余與姜時元全時晥 反詣盆 將營刊板 而發論各接中 幸同余議 而刻所定 于麟蹄甲遁里'

23 『도원기서』는 오직 한 부만 筆寫로 간행이 되었다. 이 한 권이 유시헌에게 맡겨졌고, 유시헌에게 맡겨진 필사본을 金演局이 가지고 갔다. 그러한 것을 全世仁이 1908년 김연국이 천도교에서 분립하여 나간 상제교가 있는 계룡산에 찾아가 필사를 해 온 것이 한 부 더 있다. 이 전세인 필사본은 유시헌의 후손인 유생돈이 현재 보관하고 있다.

24 1879년에 『도원기서』가 발간이 되었다는 기록은 『天道敎會史 草稿』와 『侍天敎宗歷史』 등에 나온다.

25 그러나 최근 간지를 알 수 없는 목판본 『동경대전』이 발견이 되었다. 이 새로 발견된 목판본이 『동경대전』 경진판일 것으로 추정이 된다. 이에 관하여서는 윤석산, 「새로 발견된 목판본 동경대전에 관하여」, 『동학학보』 20호, 2010. 12, 동학학회 참조.

26 『道源記書』, '先生文集 鋟梓之營…'

27 현재 1880년에 인제에서 간행된 『東經大全』인 庚辰板이 발견이 되지를 않아 그 표제가 정확하게 무엇으로 되어 있는지는 알 수가 없어도, 그보다 3년 후인 1883년 봄에 간행된 癸未仲春板이 최근 발견이 되었는데, 그 표제 역시 '東經大全'으로 되어 있다. 또 1883년 여름(癸未仲夏板)에 간행된 판본에도 '東經大全'으로 되어 있다. 그러나 규장각 官沒文書에 癸未仲春板의 필사본이 전하고 있는데, 그 표제는 '聖經大全'으로 되어 있다. 또한 1892년에 간행된 표제에는 '聖經大全'으로 되어 있다. 이와 같은 사실들로 보아 1890년대에 이르러 동학교단에서 '東經大全'을 '聖經大全'이라고 부른 때가 있었던 것으로 추정된다.

28 『도원기서』 중에 나오고 있는 別功錄이 지금은 발견이 되지 않은 『동경대전』 庚辰板의 跋文과 유사하지 않을까 추정된다.

29 『東經大全 癸未仲春版』이 최근 발견이 되었다. 이 판본을 처음으로 발견한 사람은 김종식이라는 사람이다. 발견한 시기는 2005년도로 天安地域에서 동학에 대한 조사를 하다가 발견했다고 한다. 발견할 당시 이를 공개하고자 하였으나 소장자 金燦菴(燦菴은 號로 여겨짐)의 반대로 공개되지 못하다가, 최근 공개를 하게 되었다. 김찬암이라는 사람은 해방 후에도 충청도 지역 天道敎 책임자로 활동하였다고 한다. 발견자의 이야기로는 이 판본을 혼자만이 아는 곳에 숨겨두고 아들도 잘 볼 수 없도록 하였다고

한다. 최근 이 판본의 복사본은 천안지역 향토사학자인 임영순씨가 국사편찬위원회에 기증하였다. 기증 시기는 2009년 6월경쯤 된다.

30 『동경대전 계미중춘판』「跋文」, 또는『동경대전 계미중하판』「跋文」, '以著无極之經篇'

31 '口誦說'은 주로 天道敎側의 國漢文混用本 기록인『天道敎書』나『天道敎創建史』등을 기초한 것으로, 韓㳓劤, 李光麟, 愼鏞廈, 姜在彦 등이 제기를 하였다.

32 『天道敎創建史』「第二編 第五章 開接과 遺蹟刊行」.

33 『癸未仲夏板 東經大全』「跋文」.

34 '原本說'을 제기한 학자들은 崔東熙, 申一澈, 表暎三 등이다.

35 『東經大全 癸未仲春板』「跋文」에 나오는 '至於庚辰 極念前日之敎命 謹與同志 發論詢約 以成刳劂之功矣 文多漏闕之歎'의 구절 등이 이러함을 말해 준다.

36 『侍天敎東經大全』「跋文」, '海月聖師 以斯經傳斯道 或恐聖德之有誤 收其散編 大成刳劂之功'

37 布德四十八年 孟冬 發刊『東經大全』「跋」, '夫經者神聖之言 經而不傳 卽湮沒神聖也 昔大神師著一經 以詔後世 當時門弟之親炙者 隨聞記 或不無異同錯謬 惟我海月先師 懼夫愈久而愈失眞也 乃命刳劂…(중략)…收拾於蠹爐之餘者 較諸原本 又十誤八九….'

38 『천도교회사 초고』를 비롯한 여러 기록에 계미년(1883) 2월에 간행된 것으로 나온다. 그러나『시천교역사』에는 임오년(1882)에 출간된 것으로 나온다. '임오판'과 '계미판'이 다른 것이 아니라, 그 기록이 모두 '목천 구내리 김은경의 집에서 간행되었다.'는 것으로 보아 같은 판본을『시천교역사』에서 잘못 기록한 것으로 판단된다.

39 계미중춘판(癸未仲春板)『동경대전』은 그 간 발견이 되지 않고 있다가 근년에 발견이 되었다. 그러나 계미중춘판『용담유사』는 아직 발견이 되지 않았다.

40 이들 계미중하판『동경대전』과 계미중추판『용담유사』는 동학 천도교의 어느 기록에도 간행 사실이 없는 판본이다. 이 판본들은 강원도 속초에 거주하고 있는 문용익(文龍翼)씨가 소장하고 있던 것으로, 1969년 천도교 중앙총부에 의하여 입수되어 공개하므로 세상에 알려졌다.

41 이 판본 역시 간행 사실이 동학·천도교의 기록에는 보이지 않는다. 1978년 충남 아산군 염기면 송곡리에 거주하던 박명순(朴明淳) 씨 소장본이 공개되면서 알려진 판본이다.

42 『동경대전 계미중춘판』「발문」, '於戱 先生布德當世 恐其聖德之有誤 及于癸未 親與時亨 常有鋟梓之敎 有志未就 越明年甲子 不幸之後 歲沉道微 迨將十八年之久矣 至於庚申 極念前日之敎命 謹與同志 發論詢約 以成刳劂之功矣 文多漏闕之歎 故自木川接中 燦然復刊 以著无極之經編 玆豈非慕先生之敎耶 敢以拙文 妄錄于篇末 歲在癸未仲春 道主 月城 崔時亨 謹誌

43 『동경대전 무자계춘판』「跋文」, '於戱 先生布德當世 恐其聖德之有誤 及于癸亥 親與時亨 常有鋟梓之敎 有志未就 越明年甲子 先生不幸運否 歲久道微 迨將十八之久矣 至於庚辰 時亨極念前日之敎命 謹與同志 發論詢約 新爲開刊 而書或有漏闕 卷不過幾許 然而彌留 自丁亥季冬 至於戊子 秉齋心尙慨歎 忘其孤陋 謹與八九諸益誓同 極力大成

刉剛之功 幷以二秩 眞諺卽爲重刊 以著无極之經編 是亦吾道之一幸 接中之大事也 玆
豈非慕先生之敎而邃弟子之願哉'

44 필자에 의하여 '경진판'으로 고증이 된 '새로 발견된 목판본 동경대전'을 계미중춘판
이나 계미중하판, 무자계춘판 등과 비교해 보면, 「유고음(流高吟)」, 「우음(偶吟)」 등
이외에 '탄도유심급' 중에서 '纔得一條路 步步涉險難 山外更見山 水外又逢水 幸渡水
外水 僅越山外山 且到野廣處 始覺有大道', '苦待春消息 春光終不來 非無春光好 不來
卽非時 玆到當來節 不待自然來 春風吹去夜 萬木一時知', '一日一花開 二日二花 三百
六十 三百六十開 一身皆是花 一家都是春', '瓶中有仙酒 可活百萬人 釀出千年前 藏
之備用處 無然一開封 臭散味亦薄 今我爲道者 守口如此瓶'이 부분이 빠졌고, 「화결
시」 중에서도 '萬里白雪紛紛兮 千山歸鳥飛飛絕 東山欲登明明兮 西峰何事遮遮路' 부
분이 누락되었으며, 「영소」 중에서도 '風來有迹去無跡 月前顧後每是前 煙遮去路踏無
跡 雲加峯上尺不高 山在人多不曰仙 十爲皆丁未謂軍 月夜溪石去雲數 風庭花枝舞蝴尺
人入旁(房)中風出外 舟行岸頭山來水 花扉自開春風來 竹籬輝疎秋月去 影沉綠水衣無
濕 鏡對佳人語不知 勿水脫乘美利龍 問門犯虎那無樹 蓮花倒水魚爲蝶 月色入海雲亦地
杜鵑花笑杜鵑啼 鳳凰臺役鳳凰遊 白鷺渡江乘影去 晧月欲逝鞭雲飛 魚變成龍潭有魚 風
導林虎故從風'이 부분이 누락되어 있다. 또 당시 동학의 의식을 기록한 '布德式 人有
願入者 則先入者 傳道之時 正衣冠 禮以授之事 入道式 入道之時 或向東或向北 設位 致
誠行祀 焚香四拜 後以初入 呪文 敬以受之事 致祭式 入道後 致祭節次 設位四拜 後讀祝
而卽誦降靈呪及本呪文事 祭需式 設其醴酒餠麵魚物果種脯醢菜蔬 香燭 用之 而以肉種
論之 雉則例用猪則或用 祭需之多小 隨其力行之也 先生布德之初 以牛羊猪肉 通用矣
至於癸亥八月 先生顧予 傳道之日 此道兼儒佛仙三道之敎 故不用肉種事'부분이 빠져
있다.

45 高峰屹立 群山統率之像 流水不息 百川都會之意 明月虧滿 如節符之分合 黑雲騰空 似
軍伍之嚴威 地納糞土 五穀之有餘 人修道德 百用之不紆.

46 風過雨過枝 風雨霜雪來 風雨霜雪過去後 一樹花發萬世春.

47 『동경대전 계미중춘판』 「발문」, '於戱 先生布德當世 恐其聖德之有誤 及于癸未 親與
時享 常有鋟梓之敎 有志未就 越明年甲子 不幸之後 歲沉道微 迨將十八年之久矣 至於
庚申 極念前日之敎命 謹與同志 發論詢約 數年前 自東峽與木川 雖是齊誠刊出 實無慶
州之判刻 爲名 此亦似欠於道內 而惟我慶州 本先生受道之地 布德之所 則似不可不 以
慶州刊出爲名 故自湖西公州接內 發論設施 與嶺南東峽 幷力刊出 以著无極之經編 而
謹與二三同志 不顧世嫌 掃萬除百 誓同極力 大成之功 玆豈非慕先生之敎 而邃弟子之
願哉 特以三人別錄于篇左 歲在 癸未仲夏 道主 月城崔時亨 謹誌.

VII. 베 짜는 한울님

1 『해월선생문집』, '壬午六月軍撓後 李敏夏來謁 此時搬移 于葛川長亭里 各處道儒之來
謁者 不許其數'

2 『동학도종역사』, '被告二十六歲 壬午臘月中 入學斯道'

3 박인호가 입도를 한 때는 1883년 3월 18일이다. 『천도교회월보』 1915년 2월 「大道主略史」 참조.

4 『천도교회사 초고』 「지통」.

5 『侍天教歷史』 「第二世教主海月大神師」, '是時嚮風入教者 如忠州 淸風 槐山 延豊 木擅 鎭川 淸州 公州 燕岐 等也.

6 『천도교서』 「제2편」.

7 『東經大全』 「歎道儒心急」, '如斯大道 勿誠小事 臨勳盡料 自然有助'

8 오강남 · 성해영, 『종교, 이제는 깨달음이다』, 북성재, 2011, 130쪽 참조.

9 이현희, 『의암 손병희』, 동아일보사, 1995.

10 『천도교회월보』 「益山宗理院沿革」 통권 제189호, 1926년 9월.

11 『천도회교사 초고』 「지통」, '六月에 神師이 指目의 嫌으로 益山郡 獅子庵에 隱居하실 새 朴致京의 周旋으로 四朔 동안을 經過하다가 ….'

12 『천도교서』, '十月에 神師 孫秉熙 朴寅浩 宋甫汝로 더불어 인히 致誠을 迦葉寺에서 行하다.'

13 『천도교회월보』 「敎會의 月史」, (통권 제236호), '때(1883년) 8월 中旬이다. 神師의 命을 承하사 場所를 公州 迦葉庵에 定하시고 祭壇을 設하시니'

14 『東經大全』 「論學文」, '視之不見 聽之不聞 心尙怪訝 修心正氣而問曰 何爲若然也 曰 吾心卽汝心也 人何知之 知天地而無知鬼神 鬼神者吾也'

15 『水雲行錄』, '或招而入道 或命而布德 所傳者 只二十一字而已'

16 『東經大全』 「論學文」, '次第道法 猶爲二十一字而已'

17 조경달, 앞의 책, 72쪽.

18 윤석산, 『동학교조 수운 최제우』, 모시는사람들, 2004.

19 『천도교회사 초고』 「지통」, '神師이 降話의 敎로써 六任을 定하시다.'

20 『천도교회사 초고』 「지통」, '敎長은 質實望厚人으로, 敎授는 誠心修道 可以傳授人으로, 都執은 有風力明紀綱 知境界人으로, 執綱은 明是非可執紀綱人으로, 大正은 持公平勤厚人으로, 中正은 能直言剛直人이러라.'

21 『도원기서』, '至十一月作不然其然 又作八節句 輪示於各處 各作八節句理合爲此文之旨 封送丈席'

22 『천도교서』 「제2편」, '明者 暗之變也 日之明兮人見 道之明兮獨知 命者 道之配也 天地命兮莫致 人之命兮難違 德者 盡誠盡敬 行吾之道 人之所歸 德之所在 道者 保若赤子 大慈大悲 修煉成道 一以貫之 誠者 心之主 事之體 修心行事 非誠無成 敬者 道之主 身之用 修道行身 惟敬從事 畏者 人之所戒 天威神目 無處無臨 心者 虛靈之器 禍福之源 公私之間 得失之道'

23 『용담유사』 「교훈가」, '心學이라 하였으니 不忘其意 하였어라.'

24 『해월신사 법설』 「수도법」, '明德命道 四字 天人成形之根本也 誠敬畏心 四者 成物後克復赤子心之路程節次也'

25 『천도교서』 「제2편」, '鷄鳴而夜分兮 犬吠而人歸 山猪之爭葛兮 倉鼠而得所 齊牛之奔

燕兮 楚虎而臨吳 中山兎之管城兮 沛澤龍之漢 五蛇之無代兮 九馬而當路'

26 『천도교서』「제2편」, '哀此世人之無知兮 顧將鳥獸而諭之'

27 『侍天教宗繹史』, '十一月 門徒李致興 悶師之當寒衣薄 獻納綿布七段 賴以配絮送寒'

28 『동학사』第二章.

29 최문형,「에코페미니즘과 동학사상의 모성론」,『동학학보』제18호, 2009, 97쪽 참조.

30 『해월신사 법설』「부인수도」, '問日 吾道之內 婦人修道 獎勵 是何故也 神師曰 婦人家 之主也 爲飮食 製衣服 育嬰兒 待賓奉祀之役 婦人勘當矣 主婦若無誠而俱食則 天必不 感應 無誠而育兒則 兒必不充實 婦人修道 吾道之大本也'

31 『해월신사 법설』「부인수도」, '過去之時 婦人抑壓 當今此運 婦人道通 活人者 亦多矣 此 人皆是母之胞胎中 生長者如也'

32 최문형, 위의 글, 92쪽 참조.

33 『해월신사 법설』「내칙」.

34 최문형, 앞의 글, 95쪽 참조.

35 『해월신사 법설』「천지부모」, '天地卽父母 父母卽天地 天地父母 一體也 父母之胞胎 卽天地之胞胎 今人 但知父母胞胎之理 不知天地胞胎之理'

36 『해월신사 법설』「도결」, '今世之人 只言父母氣血胞胎之理 而不知天地造化 氣成理 賦之本焉 或言理氣胞胎之數 而全昧落地以後 長養於天胞地胎自然理氣之中 可歎也'

37 『해월신사 법설』「개벽운수」, '斯世之運 天地開闢初之大運回復也 世界萬物 無非更定 胞胎之數也 經曰 山河大運 盡歸此道 其源極深 其理甚遠 此是開闢之運 開闢之理故也 新乎天 新乎地 人與物 亦新乎矣'

38 이와 같은 면에 대하여, 수운 선생은 盛運과 衰運의 삶을 맞게 되는 것은 다름 아닌 세상의 사람들이 성인의 덕을 쌓느냐, 소인의 삶을 사느냐에 달려 있다고 말하고 있 다.(『동경대전』「논학문」, '聖人之德 氣有正而心有定 故與天地合其德 小人之德 氣不 正而心有移 故與天地違其命 此非盛衰之理也')

39 『해월신사 법설』「부인수도」, '婦人修道 吾道之大本也 自此以後 婦人道通者 多出矣 此 一男九女而比之運也'

40 『천도교서』第十三章.

41 『海月神師 法說』「內修道文」.

42 윤석중,「천도교 소년운동과 그 영향」,『한국사상』12, 1974.

VIII. 교조신원운동의 성격 및 의의

1 『海月先生文集』, '是時 錦伯趙秉式 少有指斥之嫌 五月望間 率移于尙州旺室 金周元家'

2 한철호,「조선정부의 대응(1885-1893)」, 국사편찬위원회,『한국사』39, 1999, 94-100쪽 참조.

3 김경태,「丙子開港과 不平等條約關係의 構造」,『梨大史苑』11, 1973.

4 김구,『백범일지』, 1947, 27-30쪽.

5 성암, 「교사이문」, 『천도교회월보』, 1934. 8, '접주 이인환이 동학대모임을 연 뒤, 들려오는 말은 접주는 조화가 비상하여 앉아서 십여 장 되는 나무를 뛰어넘고, 용도 되고 범도 되고, 또 고읍면 송현리 등지에서는 侍女가 나고 최제우의 신원운동이 나서, 들바위 밑에 용천검이 있고, 갑옷이 있으니 파라고 해서 날마다 사람들이 구름 모인 듯하였다.'

6 『용담유사』「안심가」 중에 '그 모르는 세상사람 그거로사 말이라고 치켜들고 하는 말이 용담에는 명인 나서 범도 되고 용도 되고' 라는 구절이 있다. 이 부분은 특히 용담에서 가르침을 펴고 있던 수운 선생이 명인이며, 범도 되고, 용도 되는 신한 도술을 부리는 사람이라는 소문이 경상도 일대에 떠도는 것을 수운 선생 스스로 듣고 어이없음을 나타낸 구절이 된다.

7 장영민, 『동학의 정치사회 운동』, 경인문화사, 2004, 157-158쪽 참조.

8 『東學書』「都所朝家回通」, '永同泳川靑山之守 虐民奪財 各以萬數 蕩敗離散 亦各有餘 全羅則金堤萬頃茂長井邑勵山等邑 偏被貪官之禍 葬亡相續'

9 「각도동학유생의송단자」임진년 10월 21일, '生等 以聖門 涵泳之徒 常存敬畏 公納與私債 暫不延拖 懺悔前過 頓無傷人害物之心 日夜操心 如履薄氷 讀者讀耕者耕 布衣蔬食而已 豈意小人輩 誣陷斯道 於閣下 視民如傷之下 使此無辜之氓 當此嚴冬於流離死境 迻夫別父 呼號道路 以何罪過 若是當堍之重乎'

10 「각도동학유생의송단자」임진년 11월 2일, '目之以西學餘派 列邑守令 査櫛捉囚 杖索全載 致斃相續 鄕曲豪民 隨聞侵侮 毁家奪財 往往流離蕩敗 則雖以禁禦端論之'

11 조경달 지음, 박맹수 옮김, 『이단의 반란』, 역사비평사, 2008, 106쪽.

12 정창렬, 「갑오농민전쟁연구」, 연세대학교 대학원 박사학위논문, 1991. 6, 44-82쪽 참조.

13 박맹수, 『개벽의 꿈, 동아시아를 깨우다』, 모시는사람들, 2011, 188쪽 참조.

14 『東學史』「伸寃運動」, '이 해 七月에 徐仁周, 徐丙鶴 二人이 先生께 告하여 曰 方今 우리 道의 急務가 先師의 伸寃一事에 있나이다. 한대 先生曰 아직 隱忍自重하라 하였더니. 이 해 十月에 四方에 있는 道人들이 指目에 쫓기여 모여온 者이 많아야 伸寃할 일을 請하는 者이 많은지라. 先生은 이에 여러 사람의 뜻을 쫓아 許諾을 하고, 곧 立義文을 지여 曉踰하니'

15 박맹수, 앞의 책, 230-231쪽.

16 장영민, 앞의 책, 188-196쪽.

17 표영삼, 「보은 척왜양창의운동」, 『한국학보』 24집, 한국사상연구회, 1998. 8, 227-228쪽

18 박찬승, 「신원운동과 척왜양운동」, 『1894년 농민전쟁연구』3, 역사비평사, 1994, 372-374쪽.

19 이돈화는 이와 같은 동학·천도교 역사에 관한 시대 구분을 그의 저술 『천도교창건사』에서 하고 있다.

20 이 부분은 다른 「입의통문」에는 없고, 『해월선생문집』에 실린 「입의통문」에만 실려있다. '各該接主 簡率已往 擇望中 誠德信義知事之道儒 …〈중략〉… 入呈議迻時 正衣

冠齊蹌蹌 無或錯亂違法事'

21 「各道東學儒生議送單子」, '堯舜禹湯 繼天立極 以治天下 以化萬民者也 孔子顏回 敎人
設法 而道統之緖 傳之後世矣 … (중략) … 何幸我東方 禮樂文物 模倣中華 絃誦之聲 不
絶於里巷 庠序之風 蔚興於州郡 … (중략) … 輓近以來 夷狄之風 雜亂肆行 聖賢之學 陵
夷漸廢 三綱之分 五倫之序 罔知所在也 幸玆列聖朝 敎人之化 日月復明於東方 去庚申
四月 上帝有命 親授以無極大道 慶州龜尾 崔先生濟愚 巍乎聖學 廣布東土 盖吾東學之
道 卽儒佛仙三敎也 … (중략) … 合三爲一者 取其所長 棄其所弊也 … (중략) … 先生反
以邪道被誣 … (중략) … 尙今三十餘年 未彰於世者 以其不得伸寃之故也'

22 「參禮都會所 敬通」, '知而不赴會之人 豈可曰修道 而講五倫哉 名之以人 不識伸先生之
寃 則去禽獸遠乎近乎'

23 『海月先生文集』, '至七月晦 徐仁周徐丙鶴 謂以大先生伸寃倡出 不當之事 至有逼迫之
說 先生慮不順成 終不許之'

24 『시천교역사』에는 입의통문을 작성한 날자가 10월 7일로 되어 있다. 그러나 『동학
서』 중에 있는 입의통문이나 전라도 일대에서 발견되는 입의통문의 작성 일자는 모두
10월 17일로 되어 있다. 『시천교역사』가 17일을 7일로 誤記한 것으로 판단된다.

25 『해월선생문집』「입의통문」임진년 10월 17일자, '爲其弟子者 當竭力盡誠 以圖伸寃
之方便 而若不伸寃 則順從泉壤之下 優遊於薰陶之列 爲弟子當然之義 而嗟吾道儒 全
忘大義 只趨利欲 所望者肥己潤産 所祝者宿病自效 且日夜跂足而望者 但先生主之出世
後 富貴功名之願也 罔念師父伸寃之大義 只願自爲身謀之僥倖 … (중략) … 且甘聽奸
巧人之浮言妄辭 屈指而待者 光緖之出來 悖逆之作亂 若然則有何圖保國家之策 有何伸
寃先生之所乎 … (중략) … 望須 僉君子 克圖先生伸寃之方便 而晝夜孜孜 莫敢或怠 則
是乃修人事待天命之分也'

26 李容珪, 『時聞記』, '東學徒千餘名 聚處於錦營下 以行其道之意 敢爲呈訴 錦伯趙秉式
氏 嚴題逐送'

27 「각도동학유생의송단자」임진년 10월 21일, '去庚申四月 上帝有命 親授以無極大道
慶州龜尾 崔先生濟愚 巍乎聖學 廣布東土 盖吾東學之道 卽儒佛仙三敎也 儒敎則惟精
惟一 豁然貫通 佛敎則精進一念 況然頓悟 治心之道 大同而小異也 仙亦佛家氣化之道
而修煉養生 習靜守眞者也 合三爲一者 取其所長 棄其所弊也 … (중략) … 當今西夷之
學 混入於東土 倭酋之毒 復肆於外鎭 罔有其極 而凶逆之孽 起於輦轂之下 是乃 生等之
切齒腐心者也 至於倭國之 商通於各港 貿遷之利被敢自專 錢穀蕩竭 民難支保 … (중
략) … 生等以聖門 涵泳之徒 常存敬畏 公納與私債 暫不延拖 懺悔前過 頓無傷人害物
之心 … (중략) … 豈以閣下 明察宣化之政 不恤此無辜之蒼生乎 盡是生等 不善修道 馴
致罪戾之故也 伏願特施 慈悲廣大之德 外邑在囚之諸生 一幷放送 啓達于天陛 伸寃先
師 宿寃之地 泣血仰顧於 二天巡宣之下'

28 「충청감사 제음」임진년 10월 22일, '汝輩所謂東學 未知刱自何際 而非正學 乃異端也
… (중략) … 故朝家設法 而禁之者良有以也 … (중략) … 禁與不禁 惟在朝家處分 營門
亦遵朝令 而奉行而已 實非來訴本營之事 汝輩之無嚴 固當嚴處 而旣係呼訴之民 特姑
容原 咸須知悉 卽爲退去 各安其業俾'

29 「충청감사 감경」임진년 10월 24일, '今此齊訴 實出迫不得已也 事至此境 先務妥安之 方 俾活無辜之氓 從今以後 另飭校隷 切勿橫侵 俾得安業爲旀'

30 『남원군종리사』, '全州參禮驛에 又大會하야 徐秉學의 文筆로 陳送하야 義訟코자 할 세 官吏 壓迫의 威嚴으로 因하야 訴狀을 告呈할 人이 업서서 주저 방황 중에 右道에 全琫準, 左道에 柳泰洪氏가 自願出頭하야 觀察俯에 訴狀을 提呈한즉'

31 「각도동학유생 의송단자」임진년 10월 27일, '東西之間 便是氷炭 但以至誠敬天之 故 先生反以西道被誣 … (중략) … 目之以西學餘派 列邑守令 査櫛捉囚 杖索全哉 致斃相 續 … (중략) … 當今西夷之學 倭酋之毒 復肆於外鑛 罔有其極 而凶逆之孽 起於輦轂之 下 是乃生等之 切齒腐心者也 至於無賴之輩 聚黨山谷 白晝大都 害人取物 … (중략) … 伏乞俾伸 生等先生之寃'

32 「각도내 동학유생들」임진년 11월 7일, '伏乞巡相閣下 特憐幾死之衆生 狀聞于天陛 以伸先生之淑寃 發關各邑 嚴禁吏胥 奸鄕輩之作梗'

33 「전라감사 제음」임진년 11월 9일, '卽爲退去 一齊自新 毋敢迷惑向事'

34 『남원군종리사』.

35 「전라감사 감결」임진년 11월 11일, '官屬輩 討索一款 這這禁斷 雖分文 毋或有奪取之 弊爲旀甘到形止 卽爲報來 宜當向事'

36 『海月先生文集』, '完伯李耕植 又得發關之題 仍爲解散 自此之後 各處指目 比前尤甚'

37 「광화문복합상소문」, '輓近以來 實踐行道之 眞儒無幾 表章虛文 徒尙外飾 剝竊經典 浮薄釣名之士 十居八九 言念士習 存德性而道問學 可謂蔑如 事係國治 實非細故 自不 覺痛恨徹天 痛哭流涕者也 何幸 天運循環 無往不復 去庚申之年 夏四月 皇天黙佑 鬼神 陰騭 慶尙道慶州 故學生崔濟愚 始受天命 敎人布德 … (중략) … 先師崔濟愚之 言曰仁 義禮智 先聖之所敎 守心正氣 唯我之更定 又曰 覺來夫子之道 則一理之所定也 論其唯 我之道 則大同而小異也 小異之者 亦非異常別件事也 … (중략) … 先師崔濟愚 始刱前 聖未發之大道 使愚夫愚婦 咸知天理之本源 … (중략) … 伏願殿下 矜此化育中赤子 快 伸臣師之抑寃'

38 報恩에서 교조신원운동을 벌리기로 기획을 한 것은 1893년 3월 10일 수운 선생 殉道 日을 맞아 충청도 靑山 浦田里에 있는 金演局의 집에서 제사를 봉행하고, 이에 참가를 한 동학의 지도자들인 金演局, 孫秉熙, 李元八, 朴寅浩, 李觀永, 權在朝, 權秉悳, 任貞 準 등이 적극 교조신원과 공인을 위하여 적극 나설 것을 해월에게 권하였기 때문이다. 『시천교종역사』제2편 제10장.

39 신영우, 「1983년 보은집회와 동학교단의 역할」, 『실학사상연구』, 역사실학회, 1999, 605-606쪽 참조.

40 『東學農民戰爭史料叢書』 2권 ·「聚語」, '此村前有通路 各處學徒來會使宜之故'

41 『시천교종역사』「제2편 제10장」.

42 『동학도종역사』「통유문」, '內而修攘之政未擧 外而侵軼之勢益張 官吏焉 暴戾恣睢 任意威福 强豪焉 凌轢微索 罔有紀極 … (중략) … 始是布諭 各包敎徒 屆期齊集 一以爲 衛道尊師 一以爲輔國安民之策 寔切厚望

43 『東學亂記錄』「榜文」, '今倭洋之賊 入於心腹 大亂極矣 誠觀今日之國都 竟是夷狄之巢

穴 … (중략) … 生等數萬 同力誓死 掃破倭洋 欲效大報之義 伏願閣下 同志協力 募選有
忠義之吏 同輔國家之願 千萬祈懇之至'

44 『동경대전』「포덕문」, '西洋 戰勝攻取 無事不成而 天下盡滅 亦不無脣亡之歎 輔國安
民 計將安出'

45 「통유문」 계사 3월 16일, '中年以來 天下大亂 紀綱頹弛 法約紊亂 夷狄之擊 浸凌中土
犯于我東 而周馳橫行 聽之括然 視若尋常 莫知其末'

46 「통유문」 계사 3월 16일, '況倭賊有何同日月 不共戴踏之讐 而見困於羊豕輩 亦忍可説
乎'

47 「통유문」 계사 3월 16일, '伏願僉君子 克勵本然之義氣 以樹大忠大功於國家 甚幸'

48 「취어」, '專主擊倭洋 盡忠扶國'

49 「취어」, '方伯守令 貪虐無道 有勢豪家無斷無節 以致塗炭之境 若不今掃淸 則何時有國
泰民安'

50 「취어」, '斥洋斥倭 爲國家效忠 是白去乙 方伯長吏 待之以匪類 侵掠虐待 罔有紀極'

51 『동학농민전쟁사료총서』 2권 「취어」, '每日數百名 洛繹不絶 會之不已 不可以定其總
數 築石城於山下平地 長一百步 橫一百步 高半丈許 而四方出門 晝而盤居其內 建旗幟
整行伍 夜而出宿 于帳內及附近各洞 退歸之期 未知何日'

52 『동학농민전쟁사료총서』 2권 「취어」, '晝而盤居其內 建旗幟整行伍 夜而出宿 于帳內
及附近各洞 退歸之期 未知何日'

53 진현, 「보은 척왜양창의운동」, 『한국사상』 24집, 한국사상연구회, 1998, 226쪽.

54 『東經大全』「布德文」, '西洋戰勝攻取 無事不成而天下盡滅 亦不無脣亡之歎 輔國安民
計將安出'

55 이이화, 『沙亭日記』 해제, 『동학농민혁명사료총서』 수록.

56 『천도교창건사』 제이편, 칠장 신원운동.

57 『해월신사법설』「기타」.

58 『동경대전』「수덕문」, '衣冠整齊 君子之行 路食手後 賤夫之事'

59 『해월신사법설』「대인접물」.

60 聚語, 癸巳 三月十五日 探探, 十六日 發報.

61 『해월신사법설』「대인접물」.

62 聚語, 三月二十四日探知 二十五日 發報, '明日自邑中 率軍來到云 若或驚怯 而願歸者
不然者留之 數千萬兵 持兵刃而來 我當備禦之策 各接以此知悉云云 且各接中或有措置
棒杖之說 而自都所 嚴責禁止云云.

63 聚語, 宣撫使再次狀啓 魚允中 兼帶, '瞭察頗有戰陣 底氣像部胥 已定 行止不錯是白乎
尼 文來文待 武來武待 自有辨法 不可遽施兵滅'

64 聚語, 宣撫使再次狀啓 魚允中 兼帶, '臣日 此在朝廷處分 汝等焉敢乃爾 又日 渠等此會
不帶尺寸之兵 乃是民會 嘗聞各國亦有民會 朝廷政令 有不便於民國者 會議講定 自是
近事 豈可措爲匪類乎'

65 『東經大全』「布德文」, 天下盡滅 亦不無脣亡之歎.

66 『龍潭遺詞』「勸學歌」, 무단히 한울님께 晝宵間 비는 말이 三十三天 玉京臺에 나 죽거

든 가게 하소…(중략)…허무한 너희 풍속 듣고나니 절창이오 보고나니 개탄일세. 이에 관해서는 尹錫山, 『龍潭遺詞 硏究』, 민족문화사, 1987, 95-104쪽 참조.

67 『龍潭遺詞』「安心歌」, 개같은 왜적놈아 너희 신명 돌아보라 너희 역시 下陸해서 무슨 은덕 있었던고 前歲 壬辰 그때라도 오성한음 없었으면 玉碎 보전 누가 할까 我國名賢 다시없다.

IX. 동학농민혁명과 해월

1 이돈화, 『천도교창건사』 제2편, 천도교중앙종리원, 1933, 55쪽.

2 오지영, 『동학사』, 영창서관, 1940, 161쪽.

3 장도빈, 『갑오동학난과 전봉준』, 덕흥서림, 1926, 18쪽.

4 김상기, 『동학과 동학난』, 대성출판사, 1947, 78-79쪽.

5 조경달, 「甲午農民戰爭指導者 = 全琫準 硏究」, 『朝鮮史叢』7, 1983.

6 오길보, 「갑오농민전쟁과 동학」, 『력사과학』, '조선 민주주의 인민 공화국 과학원 출판사, 1959.

7 신복룡, 「전봉준은 동학교도가 아니었다」, 『월간 조선』, 1981년 9월호.

8 윤석산, 「전봉준은 동학도이다」, 『동아일보』.

9 「全琫準供招」.

10 『천도교회사 초고』.

11 靑鶴洞은 오래전부터 理想鄕을 일컫는 말로, 고려 때 학자인 李仁老가 청학동을 찾아 지리산에 들어갔다는 일화가 『破閑集』에 전한다. 조선조에 들어와 김일손, 조식, 허목 등의 선비들이 찾아갔고, 또 기록을 남겼다. 또 이중환의 『택리지』에도 언급되어 있다. 대체로 신선사상에 심취한 선비들이 찾던 곳이다. 그러나 이들이 말하는 청학동의 위치는 일정하지가 않다. 다만 경남 하동군 일대 지리산이라는 말만 전한다. 오늘날 흔히 청학동이라고 일컫는 곳은 한국전쟁 이후 신종교인 '갱정유도' 신봉자들이 모여 살면서 이룩한 곳이다. 이로 보아 손화중이 찾아갔다는 청학동은 갱정유도(更定儒道)의 본산인 경남 묵계리의 청학동을 지칭하는 것은 아니다.

12 최현식, 『갑오동학혁명사』, 향토문화사, 1983.

13 우윤, 『전봉준과 갑오농민전쟁』, 창작과 비평사, 1993, 39-41쪽 참조.

14 김지하, 『동학 이야기』, 솔, 1985, 111쪽 참조.

15 『侍天敎歷史』, '東方木運 春仁則木仁 和則天和 乃感應之理也 聞道者 雖指木爲敎領 一遵 無違則道自速成矣'

16 『海月神師法說』「布德」, '嫡庶之別 亡家之本 班常之別 亡國之本 此是吾國內痼疾也 吾道頭目之下 必有百勝之大頭目 諸君愼之 相互以敬爲主 勿爲層節'

17 『海月先生文集』, '曰人心惟危 道心惟微 惟精進一 允執厥中 今我諸君 或廠私慾 恐傷道心 興言及此 良覺慨歎 經曰 不知心之得失 察用處之公私 千萬同胞 克誠克敬 以和以順 卽道成德立 不外乎此也 於是 衆心乃和'

18 『海月先生文集』, '知道者鮮矣'

19 이이화,「동학인물열전 - 서병학」,『한겨레신문』, 1993. 9. 1.

20 『侍天教宗繹史』, '是時 全琫準 金開南 於湖南地方 自領教衆 或聚或散 敎人之會集'

21 『侍天敎歷史』, '八月 挈眷移寓 于靑山群文巖里 金聖元家'

22 『天道敎創建史』第八章 甲午運動.

23 「金洛鳳履歷」(필사본).

24 송재섭「갑오동학혁명난과 전봉준장군실기」, 필사본, 1954.

25 『천도교백년약사』상권, 천도교중앙총부, 220쪽.

26 『시천교역사』, '經不云乎 玄機不露 此是先師之遺訓也 運旣未開 時亦未至 勿爲妄動 益究眞理 毋違天命也)'

27 김지하,『동학이야기』, 솔출판사, 104쪽.

28 睦貞均,「東學運動의 求心力과 遠心作用」,『韓國思想』13輯, 1975.

29 『동경대전』「포덕문」, '惜哉 於今世人 未知時運 聞我斯言則 入則心非 出則巷議 不順 道德 甚可畏也'

30 『용담유사』「몽중노소문답가」, '아서라 이 세상은 요순지치(堯舜之治)라도 부족시(不足施)요 공맹지덕(孔孟之德)이라도 부족언(不足言)이라.'

31 『용담유사』「권학가」.

32 『용담유사』「몽중노소문답가」.

33 『용담유사』「몽중노소문답가」.

34 『용담유사』「안심가」.

35 『용담유사』「교훈가」.

36 조선조 후기 서민의 의식을 반영한 것으로 평가되는 '庶民歌辭作品'들에 의하면, 당시 조선조 후기사회에 있어, 시대적 위기를 극복하기 위한 길로 가장 두드러지게 나타나고 있는 것은 '堯舜과 같은 聖人이 등장하여 바른 治理'를 해야 한다는 견해이다. 즉 올바른 지배계층에 의한 올바른 王道政治를 펼 때 시대적 어려움이 극복될 수 있다는, 지극히 이상적 유교정치를 현실극복의 방안으로 생각했었음을 이는 나타내고 있다. (柳鐸一, 朝鮮 後期歌辭에 나타난 庶民의 意向,『淵民李家源博士 六秩頌壽紀念論叢』, 汎學圖書, 1977296) 이러한 의식은 곧 당시의 시대적 위기를 극복할 힘의 소재가 지배계층에게 있다는 표현이기도 하다. 이러한 당시의 의식에 비하여, 수운 선생은 당시 시대적 위기를 극복할 힘의 소재가 다만 특정 어느 계층에만 있는 것이 아니라, 피지배계층인 민중을 비롯한 모두에게 있음을 강조하고 있다. 아울러 일반 민중들 역시 시대적 위기를 극복할 주역으로 적극 참여하기를 촉구하고 있다. 윤석산,『龍潭遺詞研究』, 민족문화사, 1987, 119쪽 참조.

37 『용담유사』「몽중노소문답가」.

38 李能和, 朝鮮基督敎及外交史.

39 이와 같은 심리는 오늘에도 역시 만연해 있다. 특히 사회가 안정을 잃고 불안함이 지속되고 있는 근년에 이르러, 점집과 관련 광고가 신문 등의 매체에 대폭 증가한 점이 이를 시사해준다고 하겠다.

40 윤석산, 앞의 논문.

41 『용담유사』「교훈가」.

42 『동경대전』「논학문」, '君子之德 氣有正而心有定 故與天地合其德 小人之德 氣不正 而心有移 故與天地違其命 此非盛衰之理耶'

43 「김낙봉이력」, '此亦時運 禁止키 難하다.'

44 윤석산, 「동학의 '다시 개벽'」, 『한국언어문화』 22집, 한국언어문화학회, 2010.

45 동학교도들이 관원들에게 탄압을 당하는 현실을 좌시할 수 없어 해월이 전봉준의 무 장 기포를 전후한 4월 초에 기포령을 내렸다는 기록들인 『東匪討錄』과 『주한일본공 사기록』 등을 들어 해월이 관할하는 북접이 1차 봉기에 반대하여 참여하지 않았다는 기존의 연구를 반박한 연구 결과도 있다. 특히 해월이 4월 초6일에 자신이 머물고 있 는 청산 가까운 소사전(小蛇田)으로 모이라는 통문을 돌렸다고, 이어서 회덕을 공격하 여 무기를 빼앗는 등 활동을 하였다고 한다. 박맹수, 「동학농민혁명시 해월 최시형의 활동」, 『개벽의 꿈』, 모시는사람들, 2011.

46 노계현, 「동학혁명이 국제정치에 미친 영향」, 노태구 엮음, 『동학혁명의 연구』, 백산 서당, 1982, 236쪽.

47 『日省錄』, 8월 15일조.

48 『천도교백년약사』상, 천도교중앙총부 교사편찬위원회, 1981. 250쪽.

49 위의 책, 251쪽.

50 『천도교창건사』, 천도교중앙종리원, 1934. 65쪽.

51 성주현, 「동학혁명 120주년 어떻게 기념할 것인가(하)」, 『신인간』 2014년 3월호, 55-56쪽 참조.

52 『東學亂記錄』上·「兩湖右先鋒日記」, '二十六日 …〈중략〉… 自陰竹有移文來到云 昨 日酉時 賊黨數千名 還匪官舍 奪去軍器云云'

53 『東學亂記錄』上·「兩湖右先鋒日記」, '鎭川縣公兄文狀內 安城利川東徒數萬名 昨日 巳時 周圍邑底三四匝 先入東軒 結縛官司主 及公兄諸吏官屬 破碎軍庫 兵器一無遺漏 盡爲奪去'

54 『천도교서』, '吾 異機를 見하였으니 道人을 遣하여 葛潭市에 往見하라'

55 성주현, 「해월 최시형과 동학혁명」, 『동학과 동학혁명의 재조명』, 국학자료원, 2010.

56 『東匪大略』, '爲亂砲所斃者 二千二百餘人 夜戰所殺 爲三百九十三人'

57 『천도교회사 초고』「지통」.

58 『천도교창건사』, 제2편 제7장 갑오운동.

59 표영삼, 「음성 되자니」, 『신인간』 통권 363호, 1979. 2.

60 이진영, 「동학농민혁명 인식의 변화와 과제」, 『동학연구』 9·10 합집, 한국동학학회, 2001. 9, 73쪽 참조.

61 오길보, 「갑오농민전쟁과 동학」, 『력사과학』 3, 1959.

62 강재언, 「봉건체제 해체기의 갑오농민전쟁」, 『조선근대사연구』, 일본평론사, 1975.

63 황선희, 「동학혁명인가, 농민전쟁인가」, 『동학학보』 제3호, 동학학회, 2002, 77쪽 참 조.

64 표영삼,「포접조직과 남북접」,『동학연구』4집, 한국동학학회, 1999.

65 장영민,『동학의 정치사회 운동』, 경인문화사, 2004, 585-586쪽 참조.

66 김경재,「동학농민혁명 과정에서 종교적 영향」,『동학연구』9·10합집, 한국동학학회, 2001. 9, 33쪽 참조.

67 남태욱,「동학농민혁명과 독일농민혁명의 비교적 고찰」,『동학학보』19호, 동학학회, 2010. 9.

68 오지영,『동학사』,『동학사상자료집』, 아세아문화사, 496-508쪽 참조.

69 황선희, 앞의 글. 80-81쪽 참조.

70 윤석산,『용담유사 연구』, 모시는사람들.

71 황선희, 앞의 글. 83쪽 참조.

72 남태욱, 앞의 글, 297-298쪽 참조.

73 윤노빈,『新生哲學』, 학민사, 2003, 334쪽 참조.

74 성암(김계제),「교사이문·갑오동학 이야기」,『천도교회월보』제27호, 27-29쪽 참조.

75 『양호전기』,『갑오척사록』,『소모일기』등에 의하면, 체포한 동학농민군들이 주발, 염주, 영부, 책자 등을 소지하고 있다고 기록되어 있다.

76 105 염주는 염주의 알이 108개인 불교의 염주와 대별되는 것으로, 염주의 알이 105개된 동학의 염주이다.

77 권병덕,「갑오년 이야기」,『천도교회월보』.

78 박인호,「한말 회고 비담의 기2-갑오동학기병실담」,『中央』3권 2호, 조선중앙일보사, 1935. 2, 46-48쪽.

79 박인호, 위의 글.

80 김경재, 앞의 글, 35쪽 참조.

81 「전봉준 공초」(初招問目),『나라사랑』15, 외솔회, 1974, 151쪽.

82 오지영,『동학사』, 영창서관, 1938, 102-103쪽.

83 송재섭,『갑오동학혁명과 전봉준장군실기』(필사본), 1954.

84 「취어」「茂長 東學輩 布告文」, '人之於世最貴者 以其倫也 君臣父子 人倫之大者 君仁臣直 父慈子孝 然後 乃成家國 能逮無疆之福 今我聖上 仁孝慈愛 神明聖睿 賢良正直之臣 翼贊佐明 則堯舜之化 文景之治 可指日而希矣 今之爲臣 不思報國 徒竊祿位 掩蔽聰明 阿意苟容 忠諫之士 謂之妖言 正直之人 謂之非徒 內無輔國之才 外多虐民之官 人民之心 日益渝變 入無樂生之業 出無保軀之策 虐政日肆 惡聲相續 君臣之義 父子之倫 上下之分 逆壞而無遺矣 管子曰 四維不張 國乃滅亡 方今之勢 有甚於古者矣 自公卿以下 以至方伯守令 不念國家之危殆 徒切肥己 潤家之計 銓選之門 視作生貨之路 應試之場 擧作交易之市 許多貨賂 不納王庫 反充私藏 國有積累之債 不念圖報 驕侈淫昵 無所畏忌 八路魚肉 萬民塗炭 守宰之貪虐 良有以也 奈之何 民不窮且困也 民爲國本 本削則國殘 不念輔民安民之方策 外設鄕第 惟謀獨全之方 徒竊祿位 豈其理哉 吾徒雖草野遺民 食君土 服君衣 不可坐視 國家之危 而八路同心 億兆詢議 今擧義旗 以輔國安民 爲死生之誓 今日之光景 雖屬驚駭 切勿恐動 各安民業 共祝昇平日月 咸休聖化 千萬幸甚'

85 오지영,『동학사』, 112쪽.

86 성주현,「동학농민혁명의 격문 분석」,『동학농민혁명의 기억과 역사적 의의』, 전북사학회 편, 흐름, 2011, 118쪽.

87 『동경대전』「포덕문」, '西洋 戰勝攻取 無事不成 天下盡滅 亦不無脣亡之歎 輔國安民計將安出'

88 경향신문, 1962년 6월 1일자 기사 참조.

89 경향신문, 1964년 7월 7일자 기사 참조.

90 경향신문, 1984년 3월 1일자 기사 참조.

X. 내일을 향한 법설

1 『천도교서』「제18장」.

2 『천도교회사 초고』「지통」.

3 『해월 법설』「향아설위」, '神師問曰 奉祀之時 向壁設位 可乎 向我設位 可乎 孫秉熙 答曰 向我設位可也 …〈중략〉… 任奎鎬 問曰 向我設位지리 是何故也 神師曰 我之父母 自始祖以至於幾萬代 繼承血氣而至我也 又父母之心靈 自天主幾萬代繼承而至我也 父母之死後血氣 存遺於我也 心靈與精神 存遺於我也 故奉祀設位 爲其子孫而本位也 平時食事樣 設位以後 致極誠心心告 父母生存時敎訓 遺業之情 思而誓之可也'

4 『천도교서』, '余이 過去多年에 各種飮食의 物로써 祈禱儀式의 準的을 行하얏으나 이는 아직 時代의 關係로부터 出한 所이니 日後는 一切儀式에 但히 淸水 一器만 用하는 日이 有하리라'

5 김지하,『동학 이야기』, 솔, 1994년, 135쪽 참조.

6 천도교의 각 종 기록에는 '전거론'이라고 되어 있지를 않고, '전거언리(田巨彦里, 이종해,『천도교사』,『시천묘역사』)', '전거원(田巨院,『천도교창건사』)', '전걸언리(全乞焉里,『조헌석역사』)' 등으로 표기되어 있다. 그러나 오늘 현지의 사람들이 '전거론'이라고 부른다.

7 『천도교서』「第二篇」.

8 『해월신사 법설』「개벽운수」, '斯世之運 天地開闢初之大運回復也 世界萬物 無非更定胞胎之數也 經日 山河大運 盡歸此道 其源極深 其理甚遠 此是開闢之運 開闢之理故也 新乎天 新乎地 人與物 亦新乎矣'

9 '시천주의 모심과 사인여천의 섬김'에 관해서는, 윤석산,「모심과 섬김, 다시 개벽」을 참조.

10 『해월신사 법설』「개벽운수」, '神師曰 山皆變黑 路皆布錦之時也 萬國 交易之時也 問曰 何時 如斯乎神師曰 時有其時 勿爲心急 不待自然來矣 萬國兵馬 我國疆土內 到來而後 退之時也'

11 『天道敎書』「第二篇」.

12 『해월신사 법설』「대인접물」, '萬物 莫非侍天主'

13 『동경대전』「논학문」, '侍者 內有神靈 外有氣化 一世之人 各知不移者也'

14 김춘성,「동학 천도교 수련과 생명사상 연구」, 한양대 대학원 박사학위논문, 2009, 102쪽.

15 『海月神師 法說』「以天食天」.

16 진교훈,『환경윤리』, 민음사, 1996, 31쪽.

17 이기상,『글로벌 생명학』, 자음과 모음, 2010. 12, 14-17쪽 참조.

18 박이문,『문명의 미래와 생태학적 세계관』, 당대, 1997, 68-73쪽 참조.

19 장회익,「현대과학의 생명이해」,『생명과 더불어 철학하기』, 철학과 현실사, 2000, 150-151쪽 참조.

20 장회익,『삶과 온생명』, 솔출판사, 1998, 251-256쪽 참조.

21 신일철,「동학사상의 전개」,『동학사상의 이해』, 사회비평사, 1995, 55쪽.

22 동학에서는 '至氣'를 '混元之一氣'로 본다.(『동경대전』「논학문」, '至氣者 … 是亦混元 之一氣也')

23 『용담유사』「흥비가」, '무궁한 이 울 속에 무궁한 나 아닌가'

24 『동경대전』「논학문」, '至氣者 虛靈蒼蒼'

25 『동경대전』「논학문」, '至氣者 … (중략) … 無事不涉 無事不命'

26 『동경대전』「論學文」, '至者 極焉之爲'

27 『氣의 思想』, 日本東京大學出版部, 1978, 441쪽 참조.

28 이와 같은 면에 관하여 李敦化는 '지기는 '영(靈)'이면서도 순령(純靈)이 아니며 순기(純氣)도 아닌 물심양면을 표현할 가능성을 가진 조화의 존재'라고 말하고 있다.『人乃 天 要義』, 천도교중앙총부, 1924, 238쪽.

29 김지하는 '생명'에는 눈에 보이는 '드러난 질서', 또는 '드러난 차원'만 있는 것이 아니 라 보이지 않는 '숨겨진 질서' 또는 '숨겨진 차원'이 있다고 말하고 있다. 또한 '숨겨진 차원'이 靈性이며, 그것에 의해 '드러난 질서'가 生命이라고 말하므로 '靈性과 生命의 관계'를 설명한다. 김지하,『생명학』제1권, 화남, 2004.

30 『해월신사 법설』「천지인 귀신 음양」, '天地 一氣塊也 … (중략) … 天地 一氣圓也'

31 『해월신사 법설』「성경신」, '宇宙間 充滿者 都是渾元之一氣也 一步足 不敢輕擧也'

32 '氣化'에 관하여 수운 선생은 '大降者 氣化之願也'라고 말하고 있다.(『동경대전』「논 학문」) 즉 한울님 기운과 나의 기운이 융화일체를 이루는 것을 '氣化'라고 말한다. 또 한 이돈화는 '氣化'를 '生의 力이며, 天地萬物의 通化作用'이라고 말했다.(이돈화,『水 雲心法講義』) 이렇듯이 동학에 있어 '氣化'라 두 기운이 만나 서로 융화일체를 이루는 것이며, 동시에 융화일체를 이루므로 새로운 生으로 태어나고 변화하는 力, 곧 힘을 말한다.

33 노영필,『동학의 생명사상 연구』, 전남대학교 대학원 박사학위 논문, 2003. 8, 39쪽 참조.

34 노영필, 위의 논문, 43쪽 참조.

35 김지하,『김지하 전집 1』, 실천문학사, 2003, 158쪽.

36 『해월신사 법설』「삼경」.

37 오문환,「해월의 삼경 사상: 한울, 사람, 생태계의 조화」,『해월 최시형의 동학 사상』,

예문서관, 1999, 127쪽.

38 장회익,『삶과 온생명』, 솔출판사, 1998, 196쪽.

39 『해월신사 법설』「대인접물」, '敬物則德及萬邦矣'

40 『동경대전』「불연기연」, '去世而尋之則 惑難分於人爲人'

41 『동경대전』「불연기연」, '比之於究其遠則 不然不然 又不然之事 付之於造物者則 其然 其然 又其然之理哉'

42 이때의 '너'는 다만 사람만을 뜻하는 것이 아니라, 萬有 모두를 의미한다.

43 길희성 외,『경전으로 본 세계종교』, 전통문화연구소, 2001, 390~392쪽.

XI. 해월, 순도의 길을 가다

1 『천도교창건사』.

2 『천도교서』.

3 '송동'이라고 나온 기록은『천도교서』,『천도교창건사』,『동학사』 등이다.

4 『曺錫憲 歷史』.

5 나용환,「神聖兩席을 처음 모시든 때」,『신인간』통권25호, 1928년 7월호.

6 표영삼,「원주 송골」,『신인간』통권 359호, 1978. 7.

7 나용환, 앞의 글

8 임순호,「해월신사의 은도시대」,『신인간』통권 248호.

9 조석헌,「창산후인 조석헌 역사」,『동학농민전쟁사료총서』제10권.

10 『시천교역사』, '至門幕站 門徒黃明賢 元容駟等 飮泣隨後 官隷輩肆行拳踢'

11 조기간,「海月神師의 受刑 前後 實記」,『신인간』통권 제14호, 1927년 7월호.

12 조기간, 위의 글.

13 조기간, 앞의 글.

14 모전교(毛廛橋), 혜정교(惠政橋)는 모두 청계천과 그 지류에 있던 다리 이름이다. 혜정교(惠政橋)는 인왕산 백운동에서 발원한 하천이 흘러오며 여러 작은 물들을 합하여 중학동을 거쳐 청계천과 만나는 하천에 있던 다리이다. 오늘의 한국일보 뒤쪽에서 청진동으로 내려가는 길에 자리하고 있었다. 모전교(毛廛橋)는 오늘의 종로 입구, 서린동에 있던 다리이다.

15 조기간, 위의 글.

16 崔時亨 大明律 祭祀編 禁止師巫條 一應 左道亂正之術 惑隱藏圖像燒香集象 夜聚曉散 伴修善事 扇惑人民爲首者律 處絞 (總務處政府記錄保存所 影印資料集 1, 東學關聯判決文集)

17 江原道原州郡 平民 被告 崔時亨 年七十二 京畿驪州郡 平民 被告 黃萬已 年三十九 忠淸北道 沃川郡平民 被告朴允大年五十三 忠淸北道永同郡 平民 被告 宋一會年三十三 右被告한 崔時亨과 黃萬已와 朴允大와 宋一會의 案件을 檢事公訴에 由하야 此를 審理하니 被告崔時亨은 丙寅年에 杆城居 筆墨商 朴春瑞 爲名人의게 所謂東學을 受하야 善

道로 病을 療하며 呪文으로 神을 降한다 稱하고 列郡各道에 周遊遍行하야 侍天主造化
定永世不忘萬事知란 十三字呪文과 至氣今至願爲大降이란 八字降神文과 東學原文 第
一編 布德文과 第二編 東學論과 第三編 修德文과 第四編 不然其然文과 弓弓乙乙之符
로 人民을 煽惑하며 徒黨을 締結하고 또 伏人 崔濟愚의 萬年枝上花千朶四海雲中月一
鑑이란 詩句를 幕尙하며 法兄法弟의 實心敬信함을 因하야 法軒의 號를 稱하고 海月의
章을 刻하야 敎長과 敎授와 執綱과 都執과 大正 中正 等 頭目을 各方에 署置하고 또
包와 帳이란 會所를 設하야 徒衆을 聚集함이 千萬으로 計한지라 伏法한 崔濟愚를 伸
冤한다 稱하고 往在癸巳에 其徒弟 數千人으로 進闕陳疏타가 旋即解散하고 또 報恩帳
內에 多衆을 聚集하야슬 時에 巡撫使의 宣諭함을 因하야 各自散去러니 甲午春에 至하
야 被告의 徒黨 全琫準과 孫化中 等이 古阜地方에 黨羽를 嘯聚하야 乘機飆起하야 官
吏를 戕殺하며 城鎭을 陷履하야 兩湖之地가 糜爛波盪한 境에 至하니 被告가 此에 指
使和應한 事는 無하다하나 亂階와 孼根을 究하면 被告의 呪符惑衆함에 由함이요 被告
黃萬己는 去甲午 五月에 東從 林學善의 脅勒을 受하야 入道하야 旋即歸化하얏다가 昨
年七月에 또 林學善의 言을 聽하고 尙道之地에 大宗先生을 義不可不見이라하야 逃命
한 崔時亨을 訪見하고 魚鮮을 饋遺하얏고 被告 宋一會는 甲午四月에 東學에 投入하
야 崔時亨이 靑山郡地方에 在한 時에 一次訪見한 後 至今年 正月하야 所親東從 朴允
大 處에서 崔時亨이가 利川郡地方에 住在함을 聞得하고 沃川人 朴哥處에 說及하얏더
니 警務廳 官人의게 被捉하야 朴允大와 限同前導하야 原州郡地方에 前往하야 崔時亨
을 捕獲하얏고 被告 朴允大는 東學에 投入하야 崔時亨의 女壻 金致九 家에 雇傭타가
警務廳 官人의게 被捉하야 宋一會와 俱與前導하야 原州地에서 崔時亨을 獲得한 後 因
以得放하야 歸途에 所親東徒 朴致景을 逢着하야 該人에 囑託을 受하야 葉錢 二十兩을
帶하고 京中에 前來하야 崔時亨의 食費를 資助할 次로 警務聽에 來到하얏다가 被捉한
其事實은 被告 等 陳供自服에 証하야 確鑿한지라 此를 法에 照하야 被告 崔時亨은 大
明律 祭祀編 禁止師巫邪術條 一應左道亂正之術或隱藏圖像燒香集衆夜聚曉散伴修善
事扇惑人民爲首者律노 絞에 處하고 被告 黃萬己는 同編 司條 爲從者律노 笞一百 懲役
終身에 處하고 被告 宋一會는 同編同條 爲從者律노 笞一百 懲役終身에 處할만하나 被
告 崔時亨을 捕獲할 時에 前導한 效勞가 不無하니 本律에 二等을 減하야 笞一百 懲役
年에 處하고 被告 朴允大는 同編同條 爲從者律노 笞一百 懲役終身에 處할만 호되 崔
時亨 捕獲할 時에 指導한 效勞가 不無한즉 宋一會와 一體히 二等을 減한지나 崔時亨
在囚時에 食費를 資助하랴란 故로 一等 뿐 減하야 笞一百 懲役十五年에 處하노라.(總
務處政府記錄保存所 影印資料集 1, 東學關聯判決文集)

18 조기간, 앞의 글.

참고문헌

1. 기초 자료

『承政院日記』   『日省錄』
『備邊司謄錄』   『海東遺珠』
『道源記書』   『東學書』
『右捕廳謄錄』   『辛未逆賊弼濟岐鉉等鞫案』
『羅巖隨錄』   『嶠南公蹟』
『右捕廳謄錄』   『辛未寧海府賊變文軸』
『時聞記』   『새로 발견된 목판본 동경대전』
『동경대전 계미중춘판』   『동경대전 계미중하판』
『동경대전 무자계춘판』   『용담유사 계미중추판』
『東經大全 布德四十八年 孟冬 發刊』 『侍天敎東經大全』
『해월신사 법설』   『수운행록』
『천도교서』   『천도교회사 초고』
『천도교창건사』   『시천교역사』
『시천교종역사』   『동학도종역사』
『東學史』   『천도교백년약사』상권, 천도교중앙총부
『해월선생문집』   『全琫準供草』
『月城崔氏家牒』   『東學亂記錄』
「金洛鳳履歷」(필사본)   『남원군종리사』
『東匪大略』   『양호전기』
『갑오척사록』   『소모일기』
總務處政府記錄保存所 影印資料集 1, 東學關聯判決文集
『東學思想資料集』, 아세아문화사, 1979.
『東學農民戰爭史料大系』, 여강출판사, 1994.
『東學農民戰爭史料叢書』, 경인문화사, 1996.
경향신문, 1962년 6월 1일자 기사
경향신문, 1964년 7월 7일자 기사
경향신문, 1984년 3월 1일자 기사
『韓國思想史資料選集(조선후기편)』, 최승희 편, 아세아문화사, 1986.

2. 논문 및 저서

『氣의 思想』, 日本東京大學出版部, 1978.
『신인간』「海月神師宅訪問記」, 1933. 11. 1, 통권 73호

『영양군답사보고서』, 한양대학교 국제문화대 한국언어문학과, 1993.

강동진, 『日帝의 韓國侵略政策史』, 한길사, 1980.

강재언, 「봉건체제 해체기의 갑오농민전쟁」, 『조선근대사연구』, 일본평론사, 1975.

권병덕, 「갑오년 이야기」, 『천도교회월보』.

金庠基, 「水雲行錄 解辭」, 『亞細亞硏究』13, 1984. 3.

金容稶, 한국근대사의 기점 문제, 『近代文學의 形成過程』, 문학과 지성사, 1983.

길희성 외, 『경전으로 본 세계종교』, 전통문화연구소, 2001.

김경재, 「동학농민혁명 과정에서 종교적 영향」, 『동학연구』 9・10합집, 한국동학학회, 2001. 9.

김경재, 「최수운의 신개념」, 『한국사상』 12, 1974.

김경태, 「丙子開港과 不平等條約關係의 構造」, 『梨大史苑』 11, 1973.

김 구, 『백범일지』, 1947.

김상기, 『동학과 동학난』, 대성출판사, 1947.

김상일, 「상주지역 동학교단의 활동과 동학가사」, 『동학학보』 통권 12호, 2006.12.

김상일, 『동학과 신서학』, 지식산업사, 2002.

김승혜, 「한국인의 하느님 개념」, 『종교신학연구』 8집, 서강대종교신학연구소, 1995.

김용곤, 「전국을 휩쓴 민란의 열풍 - 임술민란」, 『민란의 시대』, 가람기획, 2000.

김용덕, 「동학군의 조직에 관하여」, 『한국사상총서』 iv, 한국사상연구회, 1875.

김지하, 『김지하 전집 1』, 실천문학사, 2003.

김지하, 『동학 이야기』, 솔, 1985.

김지하, 『생명학』 제1권, 화남, 2004.

김춘성, 「동학 천도교 수련과 생명사상 연구」, 한양대 대학원 박사학위논문, 2009.

김태창, 「공공하는 철학으로서의 한 사상」, 동리목월문학관 학술세미나 발표문, 2011. 4, 22.

나용환, 「神聖兩席을 처음 모시든 때」, 『신인간』 통권25호, 1928년 7월호.

남태욱, 「동학농민혁명과 독일농민혁명의 비교적 고찰」, 『동학학보』 19호, 동학학회,

노계현, 「동학혁명이 국제정치에 미친 영향」, 노태구 엮음, 『동학혁명의 연구』, 백산서당, 1982.

노영필, 『동학의 생명사상 연구』, 전남대학교 대학원 박사학위 논문, 2003. 8.

睦貞均, 「東學運動의 求心力과 遠心作用」, 『韓國思想』13輯, 1975.

文明淑, 「東學・生命・人間」, 『東學學報』1集, 2000.

朴孟洙, 「동학농민전쟁기 해월 최시형의 활동」, 『해월 최시형과 동학사상』, 부산문화예술대학 동학연구소편, 예문서관, 1999,

박맹수, 『개벽의 꿈, 동아시아를 깨우다』, 모시는사람들, 2011.

朴孟洙, 『崔時亨 硏究』, 정신문화연구원 한국학대학원 박사학위논문, 1995,

박영학, 『東學運動의 公示構造』, 나남, 1990.

박이문, 『문명의 미래와 생태학적 세계관』, 당대, 1997.

박인호, 「박인호의 회고」, 『신인간』 통권 503호, 1992. 2.

박인호,「한말 회고 비담의 기2-갑오동학기병실담」,『中央』3권 2호, 조선중앙일보사, 1935.2.

박찬승,「신원운동과 척왜양운동」,『1894년 농민전쟁연구』3, 역사비평사, 1994.

백세명,『동학사상과 천도교』, 동학사, 1956.

성암(김계제),「교사이문·갑오동학 이야기」,『천도교회월보』제27호.

성암,「교사이문」,『천도교회월보』, 1934. 8.

성주현,「동학농민혁명의 격문 분석」,『동학농민혁명의 기억과 역사적 의의』, 전북사학회 편, 흐름, 2011.

성주현,「동학혁명 120주년 어떻게 기념할 것인가(하)」,『신인간』, 2014년 3월호.

성주현,「해월 최시형과 동학혁명」,『동학과 동학혁명의 재조명』, 국학자료원, 2010.

소 춘,「대신사 생각」,『천도교회월보』, 163호, 1924년 3월호.

小 春,「大神師 收養女인 八十老人과의 問答」,『신인간』, 1927년 9월호.

송재섭「갑오동학혁명난과 전봉준장군실기」, 필사본, 1954.

신복룡,「전봉준은 동학교도가 아니었다」,『월간 조선』, 1981년 9월호.

신영우,「1983년 보은집회와 동학교단의 역할」,『실학사상연구』, 역사실학회, 1999.

신일철,「동학사상의 전개」,『동학사상의 이해』, 사회비평사, 1995.

신일철,「崔水雲 先生의 歷史意識」,『韓國思想叢書』IV, 泰光文化社, 1980, 41쪽 참조.

신일철,「해월 최시형의 시(侍)와 경(敬)의 철학」,『해월 최시형의 동학 사상』, 예문서관, 1999.

安本英夫(朴仁載 譯),『종교학』, 김영사, 1983.

오길보,「갑오농민전쟁과 동학」,『력사과학』, 조선 민주주의 인민공화국 과학원 출판사, 1959.

오문환,「해월의 삼경 사상 : 한울, 사람, 생태계의 조화」,『해월 최시형의 동학 사상』, 예문서관, 1999.

오문환,『사람이 하늘이다』, 솔, 1996.

오문환,『최시형의 정치사상 연구』, 연세대학교 대학원 박사학위 논문, 1995.

오문환,『해월 최시형의 정치철학』, 모시는사람들, 2003.

오상준,「본교역사」,『천도교회월보』1911년 1월-1914년 3월 연재, 국학진흥연구사업 추진위원회 편,『한국학자료총서』9, 한국정신문화원, 1996.

우 윤,『전봉준과 갑오농민전쟁』, 창작과 비평사, 1993.

柳鐸一, 朝鮮 後期歌辭에 나타난 庶民의 意向,『淵民李家源博士 六秩頌壽紀念論叢』, 汎學圖書, 1977.

윤노빈,『新生哲學』, 학민사, 2003.

윤석산 註解,『東學經典』, 동학사, 2009.

윤석산,「동학의 다시 개벽」,『한국언어문화연구』, 한국언어문화학회, 2010.

윤석산,「龍潭遺詞에 나타난 水雲의 人間觀」,『韓國學論集』第5集, 漢陽大學校 韓國學研究所, 1984.

윤석산,「이야기 동경대전」,『신인간』 2009년 7월호, 신인간사.

윤석산,「전봉준은 동학도이다」,『동아일보』.

윤석산,「천도교 정신사의 맥락에서 본 갑진개혁」,『동학연구』 20집, 한국동학학회, 2002.

윤석산,『동학 교조 수운 최제우』, 모시는사람들, 2004.

윤석산,『용담유사 연구』, 모시는사람들.

윤석산,『천도교』, 천도교중앙총부, 2002.

윤석중,「천도교 소년운동과 그 영향」,『한국사상』 12, 1974.

이규성,「열망에 대하여」,『녹색평론』 31호, 녹색평론사, 1996.

이규성,『한국현대철학사론』, 이화여자대학교출판부, 2012.

이기상,『글로벌 생명학』, 자음과 모음, 2010. 12.

이길용,「수양론적 시각에서 바라본 동학의 신 이해」,『동서 종교의 만남과 그 미래』, 모시는사람들, 2007.

李能和, 朝鮮基督教及外交史.

이돈화,『水雲心法講義』.

李敦化,『人乃天 要義』, 천도교중앙총부, 1924.

이상익,『서구의 충격과 근대 한국사상』, 한울아카데미, 1997.『東經大全』.

이이화,「동학인물열전 - 서병학」,『한겨레신문』, 1993. 9. 1.

이이화,『沙亭日記』 해제,『동학농민혁명사료총서』.

이이화,『조선후기의 정치사상과 사회변동』, 한길사, 1994.

이진영,「동학농민혁명 인식의 변화와 과제」,『동학연구』 9 · 10합집, 한국동학학회, 2001. 9.

임상욱,「최시형의 퍼실리테이션 지향점」,『동학학보』 제29호, 동학학회, 2013.12.

임순호,「해월신사의 은도시대」,『신인간』 통권 248호.

장도빈,『갑오동학난과 전봉준』, 덕흥서림, 1926.

장영민,「1840년 寧海鄕戰과 그 背景에 관한 小考」,『충남사학』 2, 충남대, 1987.

장영민,「1871년 영해 동학란」,『한국학보』 47, 일지사, 1987.

장영민,『동학의 정치사회 운동』, 경인문화사, 2004.

장회익,「현대과학의 생명이해」,『생명과 더불어 철학하기』, 철학과 현실사, 2000.

장회익,『삶과 온생명』, 솔출판사, 1998.

鄭玉子,『朝鮮後期文化運動』, 일조각, 1988.

정창렬,「갑오농민전쟁연구」, 연세대학교 대학원 박사학위논문, 1991.

조경달,「甲午農民戰爭指導者 = 全琫準 研究」,『朝鮮史叢』 7, 1983.

조경달,『이단의 민중반란』, 박맹수 옮김, 역사비평사, 2008, 62쪽.

조기간,「海月神師의 受刑 前後 實記」,『신인간』 통권 제14호, 1927년 7월호

조석헌,「창산후인 조석헌 역사」,『동학농민전쟁사료총서』 제10권.

진교훈,『환경윤리』, 민음사, 1996.

진 현,「보은 척왜양창의운동」,『한국사상』 24집, 한국사상연구회, 1998.

최문형,「에코페미니즘과 동학사상의 모성론」,『동학학보』 제18호, 2009.

崔承熙, 「書院(儒林) 세력의 東學排斥運動 小考」, 『한우근박사정년기념사학논총』, 지식
　　산업사, 1981.
崔元植, 「東學歌辭 解題」, 『東學歌辭』 1, 韓國精神文化硏究院, 1979.
최정간, 『해월 최시형家의 사람들』, 웅진출판, 1994.
최종성, 『동학의 테오프락시』, 민속원, 2009.
최준식, 「우리 스승 우습게보지 말라」, 『해월 최시형과 동학사상』, 예문서원, 1999.
崔珍玉, 1860년대의 민란에 관한 연구, 『전통시대의 민중운동』 하, 풀빛, 1981.
최현식, 『갑오동학혁명사』, 향토문화사, 1983.
표영삼, 「보은 척왜양창의운동」, 『한국학보』 24집, 한국사상연구회, 1998. 8.
표영삼, 「원주 송골」, 『신인간』, 359호, 1978. 7.
표영삼, 「음성 되자니」, 『신인간』 통권 363호, 1979. 2.
표영삼, 「일월산 대치」, 『신인간』 통권 378호.
표영삼, 「포접 조직과 남북접」, 『동학연구』 4집, 한국동학학회, 1999.
표영삼, 「해월신사의 생애」, 『한국사상』 24집, 한국사상연구회, 1998. 8.
표영삼, 『동학 1』, 통나무, 2004.
표영삼, 『동학 2』, 통나무, 2005.
한철호, 「조선정부의 대응(1885-1893)」, 국사편찬위원회, 『한국사』 39, 1999.
황선희, 「동학혁명인가, 농민전쟁인가」, 『동학학보』 제3호, 동학학회, 2002,
황선희, 『한국근대사상과 민족운동 1』, 혜안, 1996.

찾아보기

[용어]

[인명]